CONTRIBUTOS PARA O DIREITO DO ESTADO

M453c Maurer, Hartmut
	Contributos para o direito do estado / Hartmut Maurer; trad. Luís Afonso Heck. – Porto Alegre: Livraria do Advogado Editora, 2007.
	323 p.; 23 cm.

	ISBN 978-85-7348-515-8

	1. Direito Constitucional: Alemanha. I. Heck, Luís Afonso, trad. II. Título.

CDU – 342

Índices para o catálogo sistemático:
Direito Constitucional: Alemanha

(Bibliotecária responsável: Marta Roberto, CRB-10/652)

Hartmut Maurer

CONTRIBUTOS PARA O DIREITO DO ESTADO

Luís Afonso Heck
Tradutor

livraria
DO ADVOGADO
editora

Porto Alegre, 2007

© Hartmut Maurer, 2007

Tradução/Revisão
Luís Afonso Heck

Capa, projeto gráfico e diagramação
Livraria do Advogado Editora

Direitos desta edição reservados por
Livraria do Advogado Editora Ltda.
Rua Riachuelo, 1338
90010-273 Porto Alegre RS
Fone/fax: 0800-51-7522
editora@livrariadoadvogado.com.br
www.doadvogado.com.br

Impresso no Brasil / Printed in Brazil

... . O princípio moderno da liberdade jurídico-fundamental une-se no estado constitucional com o princípio clássico do bem-estar da comunidade. Kant traz a conexão ao conceito: "A proposição: Salus publica suprema civitatis lex est permanece, em seu valor e consideração, invariável; mas a prosperidade pública, que primeiro está para ser tomada em consideração, é justamente aquela constituição legal que a cada um assegura sua liberdade por lei ..."
A memória da democracia, a constituição, conserva o "velho verdadeiro" no sentido de Goethe e é capaz de, assim, resistir à pressão política do dia e dar à atuação estatal impulso e apoio:

"O verdadeiro já estava há muito achado
uniu nobre animosidade
o velho verdadeiro, aborda-o!"

Do prefácio de Josef Isensee e Paul Kirchhof ao livro
Handbuch des Staatsrechts, Bd. IV, Heidelberg:
C. F. Müller Verlag, ³2006, S. VI.

Nota do Tradutor

Os artigos reunidos neste volume indicam um outro lado da atividade científica, já conhecida no Brasil,[1] do professor Dr. Hartmut Maurer, da Universidade de Konstanz, Alemanha. O conteúdo da maioria deles está em conexão com o tema que foi objeto da pesquisa feita durante meu trabalho de doutorado;[2] os dois primeiros da série tratam de matéria igualmente importante que, como também a dos restantes, está em conexão, por sua vez, com minha atividade de ensino, âmbito[3] do direito do estado,[4] na faculdade de direito da UFRGS.[5] Com isso, é devido, aqui, um agradecimento aos alunos, sobretudo àqueles do âmbito das orientações. O estímulo das suas colocações das questões e do desenvolvimento dado a essas em seus trabalhos refletem-se também neste volume.

Ao professor Dr. Hartmut Maurer eu gostaria de manifestar aqui o meu agradecimento de coração, e precisamente, no tocante ao material, no à autorização, no aos numerosos auxílios na correção e no à atenção, sempre gentil e científica. Igualmente vale o agradecimento à sua querida esposa, Ute Maurer. A minha acolhida por ambos em sua residência, na última semana do mês de fevereiro de 2006, durante a qual foram tratadas questões relativas a este volume, foi particularmente amável e distinta.

À Livraria do Advogado Editora eu agradeço pela aceitação da publicação deste volume e pelo cuidado em sua produção.

Mais além, devem ser informados, ainda, alguns dados úteis em relação à tradução. Assim:

[1] Ver Maurer, Hartmut. Elementos de direito administrativo alemão. Porto Alegre: Sergio Antonio Fabris, 2001. Tradução: Luís Afonso Heck; Maurer, Hartmut. Direito Administrativo Geral. São Paulo: Manole, 2006. Tradução: Luís Afonso Heck.

[2] Ver Heck, Luís Afonso. O tribunal constitucional federal e o desenvolvimento dos princípios constitucionais. Contributo para uma compreensão da jurisdição constitucional federal alemã. Porto Alegre: Sérgio Antonio Fabris, 1995.

[3] À relação entre direitos fundamentais e jurisdição constitucional foi dedicada investigação de grande alcance também no âmbito da filosofia do direito. Ver Alexy, Robert. Constitucionalismo discursivo. Porto Alegre: Livraria do advogado editora, 2007, página 9 e seguintes. Tradução: Luís Afonso Heck.

[4] Direito do estado compreende direito constitucional, direito administrativo e direito internacional público. Seja, aqui, lembrado do livro de Hesse, Konrad. Elementos de direito constitucional da república federal da Alemanha. Porto Alegre: Sérgio Antonio Fabris, 1998. Tradução: Luís Afonso Heck.

[5] A produção deste volume foi realizada, em grande parte, durante o estágio probatório junto ao departamento de direito público e filosofia do direito, da faculdade de direito da UFRGS.

a) os artigos referentes à lei sobre o tribunal constitucional federal e à jurisdição na lei fundamental não foram reproduzidos, uma vez que podem ser consultados no livro Jurisdição constitucional e legislação pertinente no direito comparado. Porto Alegre: Livraria do Advogado Editora, 2006. Tradução: Luís Afonso Heck;

b) outros artigos da lei fundamental, constituição do império de Weimar e de legislação infraconstitucional encontram-se no final deste volume;

c) O sinal → indica para remissões dentro da obra (mesmo volume ou outro);

d) o número menor do lado esquerdo superior do ano indica a edição respectiva.

Porto Alegre, inverno de 2007.

Luís Afonso Heck
Prof. da UFRGS

Prefácio

O volume contém sete tratados sobre o direito constitucional, que foram por mim escritos em períodos diferentes e por motivos diferentes. Eles foram traduzidos por meu colega e amigo professor Dr. Luís Afonso Heck, da universidade federal do Rio Grande do Sul.

O primeiro tratado reproduz minha conferência de despedida pública, que eu fiz ao final de minha atividade de ensino oficial na universidade de Konstanz, em 11.05.1999. Ele trata dos graus de desenvolvimento distintos dos direitos fundamentais modernos no mundo ocidental e segue, nisso, o nascimento, o conteúdo e o poder ser imposto dos direitos fundamentais. Um desejo essencial de minhas exposições é tornar claro que a idéia dos direitos fundamentais sozinha ainda não basta, mas que eles também devem ser formulados precisamente e, sobretudo, impostos.

O segundo tratado ocupa-se com um dos direitos fundamentais mais importantes, ou seja, da garantia da propriedade. Ele apareceu no escrito comemorativo em honra de meu professor Günter Dürig, que nos primeiros anos após a promulgação da lei fundamental aprofundou os fundamentos da dogmática dos direitos fundamentais e, com isso, também influenciou determinantemente a jurisprudência do tribunal constitucional federal. Minhas exposições referem-se ao conceito de desapropriação de Dürig e tentam torná-lo fecundo para a precisação da garantia da propriedade perante outros projetos na literatura e jurisprudência.

A contribuição seguinte, com o título "garantia de continuidade e proteção à confiança", já apareceu na primeira edição do manual de direito do estado 1988, editato por J. Isensee e P. Kirchhof, e agora, para a terceira edição 2006, foi revisada e trazida à última situação. Ela ocupa-se com a exigência por evolução, mais contínua e mais conseqüente, da dação de leis e, sobretudo, a proteção da confiança do cidadão na existência de suas posições jurídicas obtidas. Nisso, trata-se, especialmente, da questão, se e sob quais pressupostos pode ser juntada às leis força retroativa, se e até que ponto medidas administrativas definitivas posteriormente podem ser corrigidas e como a modificação da jurisprudência deve ser apreciada.

A quarta contribuição, que em 2004 apareceu no escrito comemorativo dedicado a Peter Häberle, muda para o direito de organização estatal. Todos os estados federais – também o Brasil – têm, ao lado do parlamento eleito pelo povo, um chamado órgão federativo, pelo qual os estados são representados no plano federal. Todavia, esses órgãos são, nos estados federais particulares, formados muito diferentes. Eu, por isso, empreendi exemplarmente considerar comparativamente o órgão federativo nos estados vizinhos Alemanha, Suíça e Áustria e mostrar suas diferenças não-insignificantes.

Os três tratados seguintes concernem ao direito processual no contexto jurídico-constitucional. Inicialmente, trata-se das exigências estatal-jurídicas na formação das prescrições processuais. É, sem dúvida, assunto do dador de leis (ordinário) regular a organização e o procedimento dos tribunais, ele deve, nisso, porém, também observar os princípios estatal-jurídicos dados, determinados na lei fundamental, especialmente, a garantia da proteção jurídica judicial sem lacunas e os princípios de procedimento ancorados jurídico-constitucionalmente. Isso é neste tratado exposto circunstanciadamente, que apareceu no escrito comemorativo ao tribunal constitucional federal para os seus 50 anos de existência.

Como o tribunal constitucional federal, na república federal da Alemanha, enforma decisivamente a vida constitucional e o desenvolvimento constitucional, o que também no exterior atentamente é observado e, em parte, levou à assunção dessa instituição, deve, em uma outra contribuição, ser dada uma visão de conjunto sobre a jurisdição constitucional alemã, ou seja, os fundamentos, a organização, as competências, o procedimento e a relação entre a jurisdição constitucional federal e a estadual. A contribuição é retirada do meu manual para o direito do estado (4. edição 2004).

O último tratado está contido no escrito dedicado ao professor Almiro do Couto e Silva. Ele trata uma parte importante da jurisdição constitucional, ou seja, o controle normativo judicial-constitucional em suas variantes distintas e concretiza, com isso, um âmbito parcial da contribuição precedente.[6]

Agradecimento especial merece o senhor professor Dr. Luís Afonso Heck. A tradução dos tratados jurídico-constitucionais remonta à sua iniciativa e foi por ele realizada exitosamente com grande engajamento, depois que ele, já antes, traduziu minhas exposições jurídico-administrativas, feitas em Porto Alegre em 2000,[7] e meu manual para o direito administrativo geral.[8] Nós já estamos desde há anos em contato científico e pessoal e discutimos e esclarecemos todas as questões que estão em conexão com a tradução.

---

[6] Nota do tradutor: esse artigo justifica-se aqui novamente em virtude do publicado não concordar com o original entregue ao organizador do escrito, Humberto Ávila.

[7] Maurer, Hartmut. *Elementos de direito administrativo alemão.* Porto Alegre: Sergio Antonio Fabris, 2001. Tradução: Luís Afonso Heck.

[8] Maurer, Hartmut. *Direito Administrativo Geral.* São Paulo: Manole, 2006. Tradução: Luís Afonso Heck.

Eu iria alegrar-me se as traduções e o trabalho, com isso unido, contribuísse para o conhecimento e compreensão do direito alemão no Brasil e, com isso, simultaneamente, fomentasse as relações entre ambos esses países.

Konstanz, em maio de 2007.

Hartmut Maurer

Sumário

1. Idéia e realidade dos direitos fundamentais 15
2. Conceito de desapropriação e garantia da propriedade 35
3. Garantia de continuidade e proteção à confiança 59
4. O órgão constitucional federativo na comparação européia 147
5. Direito processual estatal-jurídico 175
6. Jurisdição constitucional 217
7. A revisão jurídico-constitucional das leis pelo tribunal constitucional federal 281

   Anexo – Legislação 305

   Documentações de impressão 323

— 1 —

Idéia e realidade dos direitos fundamentais*

Sumário: I. As primeiras declarações de direitos fundamentais na América do Norte; II. A declaração francesa dos direitos do homem e do cidadão, de 1789; III. Os direitos fundamentais nas constituições estaduais alemãs do século 19; IV. Os direitos fundamentais da constituição do império de Frankfurt; V. Outros desenvolvimentos; VI. A lei fundamental; VII. Os direitos fundamentais e do homem no direito internacional púbico; VIII. Proteção internacional dos direitos do homem e intervenção humanitária; IX. Conclusão.

I. As primeiras declarações de direitos fundamentais na América do Norte

A primeira declaração de direitos fundamentais de enformação moderna é o Virginia Bill of Rights, que foi votado, em 12 de junho de 1776, pela representação do povo de Virginia.[1] Ele estava em conexão estreita com a separação das colônias norte-americanas da metrópole inglesa e a fundação dos Estados Unidos da América. Os colonos ingleses na América do Norte sentiam-se progressivamente oprimidos pelas limitações da coroa inglesa e do parlamento inglês e decidiram-se, por isso, pela secessão. Para a fundamentação desse passo, eles apoiaram-se, expressamente, no direito natural e na lei divina e nos direitos, disso resultantes, da liberdade e igualdade de todas as pessoas. A declaração de independência americana, de 4 de julho de 1776, associou-se – em parte, até textualmente –, ao Virginia Bill of Rights. O Bill of Rights iniciava com a proposição que todas as pessoas, por natureza, são igualmente livres e independentes e possuem direitos inatos determinados, ou seja, o direito à vida e liberdade, o

---

* A contribuição reproduz a conferência de despedida que o escritor, por motivo de sua jubilação, em 11.5.1999, fez na Universidade de Konstanz. A forma da exposição foi mantida, somente a introdução foi omitida. As notas limitam-se ao mínimo. A discussão subseqüente, muito calorosa, no texto não mais foi incluída. Ela encontra-se publicada na Juristen Zeitung, 14/1999, S. 689 ff. (Sonderdruck). Título no original: Idee und Wirklichkeit der Grundrechte.

[1] Ela está, entre outras coisas, impressa em *F. Hartung/G. Commichau/R. Murphy*, Die Entwicklung der Menchen- und Bürgerrechte von 1776 bis zur Gegenwart, 6. Aufl. 1997, S. 70 ff.; lá também se encontram a maioria das declarações dos direitos fundamentais e dos direitos do homem citados no que segue.

direito de adquirir e conservar propriedade e a possibilidade de aspirar e obter fortuna e segurança. Dessas comprovações fundamentais foram, a seguir, derivados não somente os direitos individuais do particular, mas também a soberania popular e a estrutura democrática do estado. Já é impressionante como já nessa primeira declaração de direitos fundamentais foi produzida a união estreita entre os direitos do homem e a democracia. As constituições da maioria dos outros estados particulares norte-americanos e a constituição da união continham declarações de direitos fundamentais correspondentes, de modo que elas – com diferenças em seus pormenores – podem ser consideradas como bem constitucional comum da América do Norte.

As declarações de direitos fundamentais americanas tiveram na Inglaterra certos precursores, ou seja, a Magna Charta Libertatum, de 1215, e, sobretudo, as declarações de direitos distintas do século 17.[2] Uma comparação mostra, contudo, que na América do Norte iniciou um desenvolvimento novo. As garantias inglesas mais antigas não resultaram por lei geral, mas por contrato entre o rei e a nobreza, posteriormente, também o parlamento inglês; elas não continham direitos de liberdade para todos os cidadãos, mas somente privilégios para a nobreza; elas não trouxeram uma codificação ampla, mas diziam respeito somente a direitos particulares; elas não foram fundamentadas pré-estatalmente e jurídico-naturalmente, mas determinadas no caminho do compromisso.

O patrimônio de idéias que se expressa nas declarações de direitos fundamentais americanas, contudo, não é novo. Ele refere-se às idéias jurídico-naturais e jurídico-racionais do iluminismo europeu do século 17 e 18. Novo é, porém, que os direitos fundamentais, disso resultantes, pela primeira vez, foram formulados precisos juridicamente e trazidos como direitos na disputa política. Aqui se mostra, de novo, uma vez, que grandes idéias, primeiro, então, tornam-se eficazes, quando elas são trazidas "em forma" idiomática e, com isso, tornam-se operáveis. Em perspectiva política, as declarações de direitos fundamentais tinham uma função dupla, ou seja, uma legitimadora e uma constituinte; elas deviam, por uma parte, justificar o abandono da metrópole inglesa, e de outra parte, determinar a estrutura e os limites do novo estado. A determinação quanto ao conteúdo dos direitos particulares não ofereceu grandes dificuldades, uma vez que os colonos ingleses, no essencial, formavam um grupo socialmente homogêneo e independente. Precisamente isso foi, porém, possivelmente também o fundamento para isto, que índios e escravos negros, no fundo, não foram considerados, embora, realmente, se tratasse dos direitos inatos a todas as pessoas. Esse defeito, que pôs uma sombra grave

---

[2] A Petition of Rights, de 1628, os Habeas-Corpus Akte, de 1679, e o Bill of Rights, de 1689; impresso in G. *Franz*, Staatsverfassungen, 1950, S. 248 ff.

na marcha de então, foi só posteriormente reconhecido e, pelo menos, em parte, eliminado.

II. A declaração francesa dos direitos do homem e do cidadão, de 1789

Somente poucos anos depois, em 1789, rebentou a grande revolução francesa. Já depois de poucas semanas, a assembléia nacional fráncesa promulgou a Déclaration des droits de l'homme et du citoyen, a declaração dos direitos do homem e do cidadão, de 26 de agosto de 1789. Digno de atenção é já o preâmbulo. Na consideração, assim se diz lá, que o desconhecimento, o esquecimento ou o desprezo dos direitos do homem são as causas exclusivas da desgraça pública e da perversidade do governo, a assembléia nacional, como representante do povo francês, decidiu expor, em uma declaração solene, os direitos do homem naturais, inalienáveis e santificados. Seguem, então, os direitos particulares pessoais e políticos do homem e cidadão. Quanto ao conteúdo, eles correspondiam amplamente às declarações de direitos fundamentais americanas. Isso não é uma casualidade. O Virginia Bill of Rights era conhecido na França. *Lafayette*, o pai da declaração francesa, chegou a conhecê-lo durante sua participação na guerra de independência americana. Ele apresentou o seu projeto a Thomas Jefferson, que tomou parte na elaboração do Virginia Bill of Rights e permaneceu em Paris como enviado americano em 1789, para parecer. As concordâncias na formulação, porém, não podem enganar acerca das diferenças condicionadas pela situação. A declaração dos direitos do homem e do cidadão francesa foi essencialmente eficaz mais além e mais profundo. Na França, não se tratava, sem dúvida – como na América –, de uma fundação nova estatal. Porque a existência e integridade do estado francês não foi posta em questão. Mas a ordenação nova estatal requereu uma modificação fundamental das relações sociais. A revolução francesa dirigiu-se, pois também, primariamente, contra a ordem feudal estamental com seus privilégios para a nobreza e o clero. Seu objetivo era a produção de uma sociedade burguesa orientada na liberdade e igualdade de todas as pessoas. Sobre essa base pôde e teve de ser eliminada, então também, a ordem de domínio estatal até agora, a monarquia absoluta. Atrás disso estava o conhecimento que o estado liberal deve ser estruturado em uma ordem social liberal. No âmbito estatal foram, mais tarde, sempre de novo – com pouca felicidade e pouco resultado – concebidos, provados e rejeitados modelos de constituição novos. No âmbito jurídico-civil, *Napoleão*, com o code civil, o código civil francês, criou um ordenamento jurídico que contribuiu aos objetivos da revolução francesa, no âmbito social, para a ruptura e para o êxito.

A declaração de direitos do homem e do cidadão francesa é, também hoje, ainda parte do direito constitucional francês. Ela, sem dúvida, não mais aparece no texto das constituições novas, mas somente ainda no preâmbulo é mencionada. Com isso, porém, seu significado não é reduzido, mas acentuada a sua hierarquia que se situa sobre as constituições alternantes.

III. Os direitos fundamentais nas constituições estaduais alemãs do século 19

Na Alemanha, a revolução francesa e, sobretudo, a declaração de direitos do homem e do cidadão causaram uma repercussão positiva, em parte, até entusiasmo. A filosofia do iluminismo e a literatura clássica também prepararam o solo para isso. Seja somente chamada a atenção sobre os dramas de *Schiller, Goethe* e *Lessing*. *August Ludwig Schlözer*, um, naquele tempo conhecido, professor de direito do estado e publicista, na universidade de Göttingen, escreveu, em dezembro de 1789: "Uma das maiores nações do mundo, a primeira em cultura geral, tira, finalmente, uma vez, o jugo da tirania que ela carregou trágico-comicamente durante cem anos e meio: – sem dúvida alguma, anjos de Deus no céu entoaram sobre isso um Te deum laudamus!"[3] Os grandes clássicos *Goethe* e *Schiller* retiveram-se. Demonstra não justamente brio revolucionário quando *Goethe*, em "Hermann und Dorothea", rimou: "Quem nega, certamente, que se elevou altamente o coração nele ..., quando se ouviu do direito das pessoas, que é comum a todas, da liberdade entusiamadora e da igualdade louvável!" Para um movimento revolucionário-político faltavam, na Alemanha, o impulso e os pressupostos políticos; além disso, o domínio do terror dos jacobinos sob *Robespierre* e a ditadura em toda a Europa de *Napoleão* trouxeram uma mudança de opinião.

Os primeiros catálogos de direitos fundamentais apareceram nas constituições do sul da Alemanha de Bayern, Baden, Württemberg e Hessen-Darmstadt, 1818-1820; a elas seguiram as constituições da Alemanha central, por exemplo, as constituições de Sachsen, Kurhessen e Braunschweig, que nasceram após a revolução-junho francesa, de 1830, e os distúrbios, com isso causados, na Alemanha e, finalmente, as constituições de Preußen e Österreich após a revolução, de 1848. Essas constituições não foram – como as constituições americanas e as constituições revolucionárias francesas – promulgadas pelo povo, mas pelos monarcas. A alusão habitual, que se tratou de constituições impostas, é, certamente, equivocada. Elas não foram impostas ao povo, mas vieram, sem mais, ao encontro de seus desejos e exigências. Além disso, elas, depois que elas, uma vez, estavam promulgadas, não mais estavam à disposição unilateral dos monarcas, mas podiam ser modificadas somente ainda com aprovação da representação popular. Isso, porém, nada muda nisto, que as constitui-

---

[3] *A. L. Schlözer*, in: Schlözer's Stats-Anzeigen, Bd. XIII (1789), S. 467.

ções apresentavam autolimitações do monarca. Elas tinham, sobretudo, o objetivo de amortizar o movimento democrático-liberal com seu potencial revolucionário por concessões e tomar dele o ápice. As constituições do sul da Alemanha deveriam, além disso, integrar a população das áreas, ganhas adicionalmente depois de 1800 – Baden tinha-se, naquele tempo, quadruplicado territorialmente –, no estado. A função de integração da constituição, hoje muito invocada, foi já, naquele tempo, reconhecida.

Quanto ao conteúdo, os direitos fundamentais jurídico-constitucionais estaduais correspondiam amplamente aos direitos de liberdade clássicos das declarações de direitos fundamentais da América do Norte e França. Em sentido com estrutura de princípio, existiam, contudo, diferenças consideráveis. Eles não foram – como estes – causados e apoiados por movimentos revolucionários, a eles faltava a fundamentação jurídico-natural e a legitimação democrática, eles não requeriam – conseqüentemente – também validez universal. Ao contrário, eles eram garantias jurídico-positivas dos monarcas dadores de constituição no interesse da razão de estado. Por isso, eles limitavam-se aos próprios nacionais, por exemplo, os badianos, os prussianos, e assim por diante. Acresce a isso, que os direitos fundamentais limitavam somente a administração, não também a dação de leis e que a proteção jurídica só fracamente estava ampliada.

Na literatura histórico-constitucional retrospectiva, os direitos fundamentais estaduais de então são, por esses fundamentos, estimados minimamente.[4] Nisso, contudo, é ignorado que, naquele tempo, já somente o fato da garantia jurídico-constitucional de direitos de liberdade perante o estado em sentido político e jurídico foi um progresso considerável. Ademais, os direitos fundamentais formavam um componente essencial do direito do estado constitucional do século 19, que facilitou a travessia evolucionária da monarquia absoluta para o estado democrático-parlamentar.

O constitucionalismo foi um compromisso histórico entre a monarquia tradicional e a burguesia progressiva, que encontrou sua expressão nas constituições estaduais do século 19. O poder estatal foi, no sentido da divisão de poderes, distribuído ao monarca e ao parlamento, a representação popular. O monarca permaneceu, sem dúvida, possuidor do poder estatal, mas ele foi jurídico-constitucionalmente – constitucionalmente – integrado e limitado, e precisamente, por um lado, pelos direitos fundamentais e, por outro, pelos direitos de cooperação da representação popular na dação de leis. Ambos – direitos fundamentais e direitos de cooperação parlamentares – estavam em conexão correspondente estreita. Os

---

[4] Comparar *U. Scheuner*, Die rechtliche Tragweite der Grundrechte in der deutschen Verfassungsentwicklung des 19. Jahrhunderts, Festschrift für E. R. Huber, 1973, S. 139 ff.; *R. Wahl*, Rechtliche Wirkungen und Funktionen der Grundrechte im deutschen Konstitutionalismus des 19. Jahrhunderts, Der Staat Bd. 18 (1979) 321 ff.; *K. Hesse*, Verfassungsrecht und Privatrecht, 1988, S. 8 ff.

direitos fundamentais garantiam a liberdade dos cidadãos. Intervenções do executivo monárquico na liberdade e propriedade, isto é, porém, no âmbito privado e social, eram somente admissíveis em virtude de uma autorização legal. Leis, porém, não mais podiam – como outrora – ser promulgadas unilateralmente pelo monarca, mas careciam da aprovação da representação popular. Com isso, estava assegurado que limitações da liberdade somente eram admissíveis quando os próprios afetados – por sua representação parlamentar – antes deram seu consentimento geral. A objeção atual, que os direitos fundamentais naquele tempo não valiam muito, porque eles dirigiam-se somente contra a administração e, com isso, atrofiaram-se em uma reserva da lei, naquele tempo, certamente, mal teria encontrado compreensão. A idéia, que o parlamento, a representação do povo, aceita leis que poderiam limitar desmesuradamente os direitos dos cidadãos, estava distante. O parlamento era o garante dos direitos fundamentais. Isso, Robert von Mohl, em sua apresentação do direito do estado de Württemberg, de 1829, que, no fundo, vale como obra padrão do direito do estado estadual constitucional, já expressou impressionantemente pelo fato de ele dotar o título sobre a reunião dos estamentos, isto é, o parlamento, com o encabeçamento caracterizador: "Da defesa dos direitos do povo pela reunião dos estamentos".[5] Os parlamentos ocuparam, naquele tempo, uma posição que, até um certo grau, é comparável com a jurisdição constitucional atual.

IV. Os direitos fundamentais da constituição do império de Frankfurt

À grande marcha chegou na Alemanha pela revolução-março, de 1848, e convocação de uma assembléia nacional dadora da constituição de toda a Alemanha para Frankfurt. Os problemas eram, certamente, na Alemanha, consideravelmente maiores do que nos estados vizinhos ocidentais, porque se tratava não só de liberdade e democracia, mas também da produção da unidade estatal e nacional.

A assembléia nacional dedicou-se, primeiro, a questões de direitos fundamentais e votou, depois de discussões prolongadas, um catálogo de direitos fundamentais, que, inicialmente, foi proclamado como lei particular, em 27.12.1848, no diário oficial do império e, posteriormente, foi incluído na constituição do império, aprovada em 1849. Ocasionalmente foi feita a censura à assembléia nacional que ela perdeu com as discussões sobre direitos fundamentais tempo valoroso; teria sido melhor dedicar-se logo às questões organizacional-estatais. Isso pode ser correto. Segundo as idéias de então deviam, porém, primeiro, ser determinados os direitos fundamentais e, com isso, os fundamentos e os limites do poder estatal.

---
[5] *Robert von Mohl*, Das Staatsrecht des Königreiches Württemberg, Bd. 1, 1829, S. 451 ff.

Isso não foi de outra forma na América do Norte e na França. Já o encabeçamento "Os direitos fundamentais do povo alemão" expressa que o povo alemão, por meio de seus representantes, mesmo se deu ou – mais rigorosamente – tomou os direitos fundamentais. O genitivo deve ser entendido não só objetiva, mas também, e sobretudo, subjetivamente. Os direitos fundamentais de Frankfurt não eram – de outra forma como os direitos fundamentais jurídico-constitucionais estaduais – meras concessões do monarca, mas fundados e legitimados democraticamente. Eles estavam, segundo substância e força de efeito potencial, dignos ao lado das grandes declarações de direitos fundamentais da América do Norte e França. A Alemanha efetivou, com isso, como comprovou E. R. *Huber*, a conexão nos sistemas constitucionais ocidentais grandes.[6] Faltava, porém, a fundamentação mais profunda no direito natural ou em outras representações de valores. Os direitos fundamentais de Frankfurt eram, precisamente – como os direitos fundamentais jurídico-constitucionais estaduais –, regulações jurídico-positivas e, com isso, também disponíveïs jurídico-positivamente. Por isso, eles puderam, quando a obra constitucional de Frankfurt fracassou na resistência dos príncipes, sem mais, ser afastados. Os – entre outras coisas, também em Baden e em Württemberg – já recepcionados direitos fundamentais da constituição do império de Frankfurt foram, por resolução da assembléia federal reativada da federação alemã, de 23.8.1851, expressamente anulados[7] para eliminar última dúvida em sua continuidade da vigência. Os direitos fundamentais de Frankfurt, também na prática constitucional dos anos seguintes, não desempenharam nenhum papel. A Alemanha dominada prussianamente não tinha, nisso, interesse. A longo prazo, porém, a constituição do império de Frankfurt, inclusive seus direitos fundamentais, influenciou com efeito forte e duradouro o desenvolvimento constitucional na Alemanha. Toda uma série das formulações de direitos fundamentais de então se reencontram na constituição do império de Weimar e na lei fundamental.

Os direitos fundamentais do século 19, determinados pelo direito constitucional estadual, não foram tocados pelo desenvolvimento no plano federal. Eles continuaram a existir e ofereceram também, no essencial, proteção suficiente perante o executivo. Somente o controle judicial era ainda lacunoso. Na segunda metade do século 19 surgiram, porém, com a questão social, que foi causada pela industrialização, nascimento de uma totalidade de trabalhadores específica, aglomeração de muitas pessoas nas cidades grandes e empobrecimento de camadas da população amplas e entrou no primeiro plano, novos problemas que não se deixaram solucionar com fórmulas de direitos fundamentais concisas, mas requereram

---

[6] E. R. *Huber*, Verfassungsgeschichte der Neuzeit, Bd. 2, 2. Aufl. 1968, S. 776.
[7] Comparar resolução federal, de 23.8.1851, impresso em: E. R. *Huber*, Dokumente zur deutschen Verfassungsgeschichte, Bd. 2, 1964, Nr. 2 (S. 2).

uma intervenção condutora e dirigente do estado no âmbito social e econômico. Aqui, os direitos fundamentais encontram – bem genericamente – os limites de sua capacidade de produção.

V. Outros desenvolvimentos

A constituição do império de Weimar, à qual agora eu vou dedicar-me, é a primeira constituição de toda a Alemanha que se baseou exclusivamente em fundamento democrático e constituiu um estado democrático-republicano. Ela referiu-se, como já foi exposto, em sentidos distintos, à constituição do império de Frankfurt (fracassada), mas também acolheu elementos da constituição do império, de 1871. Seu catálogo de direitos fundamentais recepcionou – em parte, até literalmente – os direitos de liberdade clássicos da constituição do império de Frankfurt e complementou-os em vista da questão social, que se torna sempre mais urgente, por direitos fundamentais sociais, determinação de objetivos do estado e proposições programáticas estatal-sociais.

Uma nova dimensão o tempo de Weimar ganhou com a questão da vinculação aos direitos fundamentais da dação de leis. Se, no século 19, o parlamento foi o garante dos direitos fundamentais, então, agora, colocava-se a questão no arraial burguês, o que ocorre quando maiorias socialistas no parlamento recortarem ou abolirem os direitos civis. Na virada do século, essa questão ainda não se tornou atual porque, de uma parte, o direito eleitoral impedia maiorias socialistas e, de outra parte, o monarca, certamente, teria se colocado protetor diante da burguesia e denegado a sanção necessária da decisão de lei. Ambos os asseguramentos não mais existiam depois de 1919, nem no império nem nos estados. Por conseguinte, não é impressionante que a vinculação aos direitos fundamentais do legislativo e seu controle pelos tribunais foi progressivamente discutida e exigida. O direito do exame judicial, isto é, a competência dos tribunais de revisar uma lei do parlamento em sua compatibilidade com a constituição e de rejeitar no caso de anticonstitucionalidade faz parte das questões mais discutíveis do tempo de Weimar. As recomendações cresciam na literatura, o tribunal imperial afirmou-o em sua sentença, de 4.11.1925;[8] o governo imperial apresentou, em 1926 e, então, de novo, em 1928, ao parlamento imperial um projeto de lei que previa uma regulação, em geral, correspondente ao artigo 100, alínea 1, da lei fundamental. Não pode ser duvidoso que a ampliação ou até a institucionalização do direito do exame judicial teria intensificado, essencialmente, a eficácia dos direitos fundamentais.

---

[8] Comparar *RGZ* 111, 320, 322 f. O tribunal, inicialmente, comprovou que a questão do direito do exame judicial nem positiva nem negativamente estava regulada na constituição e afirmou-o, a seguir, com a alusão, que o juiz, em uma contradição entre lei e constituição, somente pode aplicar uma norma, essa, porém, deve ser a constituição vinculativa mais fortemente.

Assim como tantos inícios, discussões e desenvolvimentos jurídico-constitucionais do tempo de Weimar, também isso não chegou à conclusão. Uma constituição ainda não está pronta com a sua promulgação formal, mas deve, inicialmente, uma vez, aparecer nas circunstâncias jurídicas e fáticas presentes e, lá, impor-se. Ela está, de certo modo, em conversa com o direito ordinário, ocupa lá, todavia, um papel dominante. Para isso, os 14 anos da república de Weimar foram muito curtos.

Ela termina em 1933 com a chamada tomada do poder nacional-socialista. Se se coloca a questão, como se pôde chegar a isso, então existem muitos fundamentos, mas nenhuma explicação. A maioria dos direitos fundamentais foram já pelo regulamento para a proteção do povo e estado, de 28.2.1933, "deixados sem vigor até nova ordem".[9] Os direitos fundamentais restantes foram ignorados. Em um estado, no qual o lema diz: "Tu não és nada, teu povo é tudo", e uma parte da população até aclamava esse lema, para direitos fundamentais não tem lugar.[10]

O nacional-socialismo, que encontrou o seu final com a derrota completa das forças armadas alemãs, também deixou em perspectiva jurídica um campo de ruínas. Em grande medida, o positivismo jurídico, que direciona para a validez formal do direito fixado sem consideração ao seu conteúdo, foi tornado responsável para o falhar do direito e dos juristas. Embora os maiores delinquentes do tempo de então nem sequer estavam cobertos pela aparência do direito, todavia, é vexatório, quão rápido e sem resistência muitos se adaptaram às idéias de direito e leis nacional-socialistas, sim, até as pioraram por obediência antecipadora e interpretação extensiva. Como alternativa ao positivismo jurídico tornou-se público, após 1945, o clamor pelo direito natural suprapositivo, que deveria dar apoio firme e orientação dirigente na confusão jurídica geral. O direito natural, que desde 1800 ia dormindo, experimentou subitamente um renascimento. Ele foi não só na literatura descoberto e discutido de novo, mas também invocado pelos tribunais para decisão de casos concretos.[11] Logo se anunciaram, porém, também, as vozes contrárias. O positivismo jurídico, assim foi argumentado, faz parte mesmo das exigências fundamentais do direito, uma vez que ele garante certeza jurídica, calculabilidade e constância do direito, enquanto a intervenção enérgica imediata do direito natural, em último lugar, traz o que o juiz decididor considera com direito segundo suas idéias. A discussão de então é documentada impressionan-

---

[9] RGBl. I S. 83; também impresso em *G. Dürig/W. Rudolf*, Texte zur deutschen Verfassungsgeschichte, 3. Aufl. 1996, 213.

[10] Para isso, observou Walter Hallstein, em seu discurso de assunção da reitoria, de 1946, sarcasticamente: como pode uma totalidade de puros nadas ser algo diferente que um nada?, comparar *W. Hallstein*, Wiederherstellung des Privatsrechts, SJZ 1946, 1, 3.

[11] Comparar para isso, por exemplo, *H. Weinkauff*, Der Naturrechtsgedanke in der Rechtsprechung des Bundesgerichtshofs, NJW 1960, 1689 ff.; *H. J. Faller*, Wiederkehr des Naturrechts?, JÖR Bd. 43 (1995) 1 ff.; *B. Rüthers*, Die unbegrenzte Auslegung, 4. Aufl. 1991, S. 448 f.

temente no volume, editado por Werner Maihofer, com o título: direito natural ou positivismo jurídico?, que reproduz mais de 30 contribuições e remete a numerosas outras tomadas de posição literárias.[12] A fórmula libertadora, ou aparentemente libertadora, trouxe *Gustav Radbruch*, que na 3. edição de sua filosofia do direito, de 1932, ainda decididamente se professou pelo positivismo jurídico. Ele expôs que, no conflito entre a justiça e certeza jurídica, o direito positivo, assegurado por estatuto e poder, também então tem a primazia quando ele, quanto ao conteúdo, é injusto e não-conforme a finalidade, a não ser que a contradição da lei positiva para com a justiça obtenha uma medida tão insuportável que a lei, como direito incorreto, tem de ceder à justiça.[13] A chamada fórmula Radbruch encontrou na literatura, preponderantemente, aprovação. Ela é, ultimamente, também invocada pela jurisprudência para a apreciação do antijurídico-República Democrática Alemã. Ao meu ver, essa fórmula formal, que direciona para a proporcionalidade, em último lugar, contudo, não pode satisfazer, sobretudo, então, quando o limite a favor do direito positivo é prolongado tão amplamente. A fórmula de Radbruch deve ser suplementada e concretizada quanto ao conteúdo. Para isso, oferecem-se os direitos do homem suprapositivos que, desde 1776, em declarações numerosas nacionais e, ultimamente, também em internacionais foram formulados e positivados.

VI. A lei fundamental

Essa direção também o dador da lei fundamental seguiu. Ele solucionou o conflito potencial entre o direito positivo e o suprapositivo pelo fato de ele, de certo modo, ter posto a mão nas estrelas e incluído os direitos do homem suprapositivos no direito constitucional vigente. A lei fundamental garante no artigo 1, alínea 1, da lei fundamental, à dignidade humana como valor jurídico supremo, professa-se no artigo 1, alínea 2, da lei fundamental, pelos direitos do homem invioláveis e inalienáveis como fundamento de cada comunidade humana e registra, a seguir, uma série de direitos fundamentais particulares como direito imediatamente vigente.

Esses direitos fundamentais particulares são garantias jurídico-positivas; mas eles acolhem, simultaneamente, também a substância dos direitos do homem. Deve, por conseguinte, ser distinguido entre o âmbito nuclear dos direitos do homem e o âmbito marginal dos direitos fundamentais, que ultrapassa isso, protegido só jurídico-positivamente. Com isso, também não é necessário o recurso imediato aos direitos do homem suprapositivos. Cada violação dos direitos do homem é, simultaneamente,

---

[12] W. *Maihofer* (Hrsg.), Naturrecht oder Rechtspositivismus? 1962.
[13] G. *Radbruch*, Gesetzliches Unrecht und übergesetzliches Recht, SJZ 1946, 105, 107; também impresso in: G. *Radbruch*, Rechtsphilosophie, 8. Aufl. 1973, S. 339, 345.

uma violação de direitos fundamentais e pode – como cada violação de direitos do homem – ser repelida. O núcleo dos direitos do homem dos direitos fundamentais é idêntico com a garantia da dignidade humana no artigo 1, alínea 1, da lei fundamental, e aparece, a seguir, novamente em outras prescrições da lei fundamental. Devem ser mencionados o artigo 19, alínea 2, da lei fundamental, que declara o conteúdo essencial dos direitos fundamentais, isto é, porém, o núcleo dos direitos do homem dos direitos fundamentais, intangível, artigo 79, alínea 3, da lei fundamental, que retira os princípios constitucionais apoiadores, inclusive da garantia da dignidade humana, também da intervenção do dador de leis que modifica a constituição e, finalmente, o artigo 20, alínea 4, da lei fundamental, que positiva o direito de resistência. O direito de resistência é, em si, um direito suprapositivo, sim, até o direito suprapositivo par excellance. Ele foi, contudo, em 1968 – juntamente com a constituição do estado de emergência e como correlato às competências do estado de necessidade ampliadas dos órgãos estatais –, incluído na lei fundamental. Seu objetivo é a proteção e a conservação da ordem fundamental democrática liberal e, com isso, também – como sua parte – dos direitos do homem indispensáveis. Ele torna-se – ou melhor dito: se tornaria – atual no caso de violações de direitos do homem massivas e graves. Todavia, o direito de resistência não é um produto barato. Ele entra em consideração somente como ultima ratio. Enquanto os direitos fundamentais são protegidos pelos tribunais, especialmente, pelo tribunal constitucional federal, os pressupostos do direito de resistência não estão dados. Na história de cinqüenta anos da república federal não se deu nenhuma situação que tivesse justificado a apelação ao direito de resistência (positivo ou suprapositivo). Em contrapartida, ele pode condensar-se em dever. Assim, teriam no tempo do nacional-socialismo, o mais tardar na segunda guerra, os generais alemães, que, pelo menos, tinham uma parte do poder na mão, estado obrigados à resistência, e seja também só passivamente, por denegação.

Os direitos fundamentais particulares da lei fundamental aqui não devem ser abordados circunstanciadamente. Eles são conhecidos. Não pode ser duvidoso que o catálogo de direitos fundamentais original, em sua escassez, penetrabilidade e precisão, apresentou um grande lançamento. Os direitos fundamentais são manejáveis juridicamente e deixam realmente, como exposto, reconhecer claramente seu fundamento pré-estatal e de direitos do homem. Com isso, definitivamente, deu bom resultado a conexão nas grandes declarações de direitos fundamentais do mundo ocidental. Apesar de sua concisão, o catálogo de direitos fundamentais traz uma concepção ampla e fechada.

No ápice está a garantia da dignidade humana; ela é desenvolvida pelo direito de liberdade geral e direito de igualdade geral que, por sua vez, em contrapartida, são concretizados por direitos fundamentais particulares distintos. Se no plano inferior permanecem lacunas, intervém subsidiariamente o direito de liberdade geral ou o direito de igualdade geral. Lamentável é, todavia, que por regulações de barreira, introduzidas posteriormente – para o artigo 10, da lei fundamental (segredo postal e das comunicações), o artigo 13, da lei fundamental (inviolabilidade da habitação), e o artigo 16a, da lei fundamental (direito de asilo) –, essa imagem positiva é turbada. A boa intenção, de limitar novamente as barreiras que parecem necessárias, conduziu a um matagal de barreiras que mesmo para juristas mal ainda é compreensível. Se isso continuar assim, então o cidadão deve obter a impressão que o catálogo de direitos fundamentais mais serve à determinação de barreiras estatais do que à garantia de sua liberdade.

A questão da *proteção de direitos fundamentais* está esclarecida inequivocamente na lei fundamental. Todos os órgãos estatais, especialmente, todos os tribunais, são obrigados à proteção e ao fomento dos direitos fundamentais. O sistema da proteção jurídica judicial encontra no tribunal constitucional federal a sua conclusão que, de modo específico, é chamado à guarda da constituição e, com isso, sobretudo, à guarda dos direitos fundamentais. Na maioria dos procedimentos judicial-constitucionais é atualmente – direta ou indiretamente – objetada a contrariedade aos direitos fundamentais. Isso é digno de atenção. Enquanto, no último século, o parlamento era o garante dos direitos fundamentais, ele, agora, notoriamente entrou no papel daquele que, em perspectiva jurídico-fundamental, deve ser controlado e domado. Compreensível isso somente se torna quando se considera o desenvolvimento da monarquia constitucional do século 19 para o estado de partidos do século 20. O paralelogramo de forças político modificou-se. Os partidos do governo, os partidos de oposição e o tribunal constitucional federal formam agora o centro do poder e de decisão com, cada vez, tarefas e competências próprias no sentido de uma divisão de poderes de tipo novo.

Independente de como esse aspecto pode ser apreciado. Certo é, em todo o caso, que o tribunal constitucional federal, em direções distintas, desenvolveu, ampliou e intensificou em sua eficácia os direitos fundamentais. Âmbitos do direito inteiros foram enformados pelo tribunal constitucional federal em virtude de regulações de direitos fundamentais concisas, assim, por exemplo, o direito de radiodifusão, em virtude do artigo 5, alínea 1, da lei fundamental, o direito eclesiástico estatal, em virtude do artigo 140, da lei fundamental, e ultimamente o direito de imposto, em virtude dos artigos 3 e 14, da lei fundamental. A proteção de dados, que na maioria das constituições estaduais é regulada expressamente, foi pelo tribunal constitucional federal derivada do direito de personalidade geral do artigo 2, alínea 1, da lei fundamental.

Os direitos fundamentais são, sem dúvida, antes como depois, direitos de defesa subjetivos do cidadão perante o estado. Eles, porém, há muito se tornaram maiores que isso e influenciam, como decisões de valores e fundamentais jurídico-constitucionais, em todos os âmbitos do direito público e do privado. Por isso, o dador de leis não só na regulação das relações entre o estado e o cidadão, mas também na regulação do âmbito social e civil, por exemplo, do direito de família, do direito de locação, do direito do trabalho, e assim por diante, está vinculado aos ajustes dos direitos fundamentais – e pode, pelo tribunal constitucional federal, ser revisado na observância dessas vinculações. Com isso, é acolhida uma tradição que já iniciou com a declaração dos direitos do homem e do cidadão da revolução francesa, mas então – por falta de ancoragem jurídico-constitucional suficiente – para o direito privado – por exemplo, no Code civil francês ou no código civil alemão – migrou e agora, novamente, voltou ao seu fundamento jurídico-constitucional.[14]

De importância considerável é, ademais, que os direitos fundamentais obrigam o estado a tornar-se ativo para a proteção do cidadão quando bens jurídicos, garantidos jurídico-fundamentalmente, são prejudicados ou postos em perigo por terceiros. Isso vale, especialmente, para o artigo 2, alínea 2, da lei fundamental, que não só proíbe intervenções do estado na vida e saúde da pessoa (função de defesa), mas também ordena medidas para a proteção da vida e da saúde da pessoa diante de perigos atuais do lado de terceiros (função de proteção). Esses deveres de proteção legal-fundamentais existem, em conformidade com o âmbito de validez da lei fundamental, no âmbito do direito alemão. Eles, contudo, certamente, não podem ser insignificantes quando se trata das relações e obrigações internacionais da república federal da Alemanha.

VII. Os direitos fundamentais e do homem no direito internacional público

Depois da segunda guerra mundial, os direitos fundamentais converteram-se também em um tema internacional e, com isso, de direito internacional público. Já a carta das nações unidas, de 1945, declarou a salvaguarda da paz mundial e a proteção dos direitos do homem como seus objetivos principais,[15] dois objetivos que, manifestamente, estão unidos um com o outro e condicionam-se reciprocamente. A comprovação e imposição dos direitos do homem encontra no âmbito internacional dificuldades consideravelmente maiores do que no âmbito nacional. Devem – aqui como lá – estar cumpridos três pressupostos. Primeiro, deve o conteúdo dos direitos do homem particulares ser formulado claro e seguível;

---
[14] Comparar *Hesse* (nota 4), S. 7 ff.
[15] Comparar artigo 1, número 3, ademais, artigo 55c e artigo 56, carta das nações unidas.

declamações gerais não trazem nada. Segundo, deve ao texto de direitos do homem assim formulado ser conferido vinculatividade jurídica. Terceiro, devem ser criadas instalações que garantem a imposição eficaz dos direitos do homem. Esses pressupostos eram, na América do Norte e Europa, relativamente fáceis de cumprir, ainda que, também aqui, sempre de novo, deu problemas e fricções. A comprovação quanto ao conteúdo dos direitos fundamentais pôde referir-se às tradições e representações de valores da esfera cultural e jurídica própria. Depois que aos pais da constituição americana deu bom resultado formulações claras e fáceis de reter na memória, puderam essas ser recepcionadas amplamente pelos estados europeus. A vinculatividade jurídica deixou produzir-se pelo dador de leis estatal. A imposição é garantida pelos tribunais estatais e pelas possibilidades, também, em geral, existentes, da execução de suas sentenças. Todos esses pressupostos em 1945, no âmbito internacional, não estavam dados ou somente em pequena medida. Já um acordo sobre o conteúdo dos direitos do homem, que deveriam valer para todos os continentes e estados, parece quase impossível se se considera que mundialmente existem e deveriam ser consideradas tradições jurídicas, vinculações éticas, idéias culturais, dados sociais e circunstâncias econômicas muito diferentes. Ademais, perguntava-se quem possui a autoridade e competência para declará-los vinculativos juridicamente e como sua imposição pode ser garantida.

Os esforços das nações unidas tiveram já, em 1948, um primeiro êxito. Em 10 de dezembro, de 1948, a assembléia geral das nações unidas votou em uma sessão solene a "declaração universal dos direitos do homem". Ela contém um catálogo de direitos de liberdade civis e culturais que são complementados por algumas garantias sociais e culturais. Já na primeira visão de conjunto dá na vista que as declarações de direitos fundamentais serviram de padrinho ao mundo ocidental. A declaração-nações unidas não foi promulgada como regulação vinculativa juridicamente. A ela foi, entrementes, porém, feita referência tão freqüentemente em contratos jurídicos e declarações políticas, que sua vinculatividade jurídica aumentou e ela, agora, pode ser considerada como parte do direito internacional. Em todo o caso, ela fortaleceu a consciência geral dos direitos do homem e conferiu expressão impressionantemente à idéia universal dos direitos do homem. Seu significado moral-político é indiscutível.

Mais tarde, foram votados contratos e convenções, declarações e resoluções internacionais numerosos. Eles distinguem-se, sem dúvida, consideravelmente, segundo alcance, conteúdo e caráter de obrigação, contudo, deixam reconhecer uma existência mínima em direitos do homem vinculativos. Em parte, eles valem mundialmente, assim, sobretudo, o pacto sobre os direitos civis e políticos e o pacto sobre os direitos sociais, econômicos e culturais que, ambos, em 1976, após discussão de 12 anos, foram aprovados pela organização das nações unidas. Em parte, eles limitam-se a determinadas regiões, assim, por exemplo, a convenção dos direitos do homem européia, de 1950, a convenção dos direitos do homem americana, de 1969, e a carta africana dos direitos do homem e dos direitos dos povos, de 1981. Quanto ao conteúdo, deixam distinguir-se três grupos de direitos, ou seja, primeiro, os direitos de liberdade clássicos, especialmente, o direito à vida e saúde, liberdade e propriedade pessoal, segundo, os direitos sociais, econômicos e culturais que, certamente, são pouco precisos e apresentam mais exigências a prestações estatais, e terceiro, aquilo que no plano estatal designa-se como determinação de objetivos do estado, por exemplo, a proteção ambiental e o asseguramento da paz. Alguns contratos contêm catálogos inteiros, outros limitam-se a poucos âmbitos, por exemplo, a proibição da tortura, do genocídio, da discriminação racial e da colocação de minas terrestres.[16]

À medida que esses direitos foram determinados por contrato de direito internacional público, eles valem, pelo menos, nos estados que ratificaram o contrato. Mais além, deixa, como resultado do desenvolvimento exposto, tirar-se a conclusão que hoje há uma existência mínima em direitos do homem elementares que, independente de lugar e tempo e reconhecimento estatal, podem requerer validez. Faz parte disso, de uma parte, os direitos que concernem à existência externa, ou seja, vida, saúde, liberdade pessoal e asseguramento econômico, e de outra parte, os direitos que dizem respeito ao desenvolvimento espiritual, especialmente a liberdade de religião, a liberdade de opinião e a liberdade de informação. Eles incluem o direito de não ser discriminado e perseguido por fundamentos racistas, éticos ou religiosos.

O problema é a imposição efetiva dos direitos do homem. Ela está, em âmbitos regionais – na Europa, pelo tribunal europeu para direitos do homem, em Straßburg, e na América, pelo tribunal interamericano para direitos do homem –, pelo menos, garantida em pequena medida. No âmbito das nações unidas formaram-se, até agora, no máximo, deveres de relatório dos estados-membros e direitos de exame de comissões determinadas, por exemplo, da comissão de direitos do homem da organização das nações unidas. O objetivo deve ser a ampliação de uma proteção de direitos do homem nacional e internacional graduada. Inicialmente, os próprios estados particulares são competentes para a observância dos direitos do homem em seu âmbito. Se a proteção dos direitos do homem nacional permanece deficitária, então deve existir a possibilidade de intercalar um tribunal regional ou continental. Por fim, deve ser criado um tribunal das nações unidas, que então é competente, quando a proteção dos direitos do homem falha no plano inferior. Para a imposição das sentenças judiciais

---

[16] Comparar para isso, K. *Stern*, Das Staatsrecht der Bundesrepublik Deutschland, Bd. III/1, 1988, S. 258 ff.; K. *Hailbronner*, in: W. *Graf Vitzthum* (Hrsg.), Völkerrecht, 1997, S. 241 ff.

são responsáveis os graus respectivos, em caso de necessidade, o grau superior. Que isso não se deixa realizar de hoje para amanhã, entende-se por si mesmo. O estado federal mundial é um – talvez, até ilusório – objetivo distante. Mas já alguns passos nessa direção iriam valer a pena.

VIII. Proteção internacional dos direitos do homem e intervenção humanitária

Finalmente, coloca-se, ainda, a questão, se a comunidade de estados internacional, no caso de violações de direitos do homem graves e em massa, especialmente, em genocídio e deportação de grupos populacionais inteiros, tem o direito ou até está obrigada a intervir para a proteção das pessoas perseguidas e, quando todas as possibilidades políticas estão esgotadas sem resultado, proceder com coerção e empregar meios militares. Essa questão obteve atualidade vexatória com o ocorrer temível em Kosovo. Quando eu escolhi o tema de minha conferência de despedida, esse desenvolvimento ainda não pôde ser previsto. Eu, porém, não quero evitar completamente essa questão, também quando somente ainda alguns poucos pontos de vista podem ser aludidos.

Na literatura, esse tema é discutido sob o apontamento "intervenção humanitária".[17] Sob intervenção é, no direito internacional público, entendido a intervenção violenta de um estado nos assuntos internos de um outro estado. Ela é proibida, fundamentalmente, pelo direito internacional público, a não ser que exista um fundamento justificador. A questão é, por isso, se violações dos direitos do homem massivas e graves formam um tal caso excepcional e podem justificar uma intervenção – como intervenção humanitária –. A literatura preponderante recusa isso, certamente – ainda –, em todo o caso, então, quando não existe um mandato do conselho de segurança das nações unidas. Aumentam, porém, as vozes que consideram justificada uma intervenção – em caso de necessidade, também sem mandato-nações unidas. Já em 1988, *Klaus Stern* comprovou que, no conflito entre os direitos do homem e a proibição de intervenção, a balança lentamente deveria ser propensa em favor dos direitos do homem.[18] *Karl Doehring* salientou em seu grande manual de direito internacional público, agora publicado, o desenvolvimento ulterior e mesmo expressivamente luta pela admissibilidade da intervenção humanitária.[19]

As regulações da carta das nações unidas, de 1945, não são, sob esse aspecto, inequívocas. Elas são, como se sabe, interpretadas diferentemente. Isso, aqui – já por falta de tempo – não deve ser abordado circunstan-

---

[17] Comparar O. Kimminich, Einführung in das Völkerrecht, 6. Aufl. 1997, S. 297 ff.; K. Hailbronner (nota 16), S. 240; K. Doehring, Völkerrecht, 1999, S. 431 ff.
[18] K. Stern (nota 16), S. 300.
[19] K. Doehring (nota 17).

ciadamente. Deve ser acentuado somente ainda que na interpretação da carta-nações unidas não se deve simplesmente deter no ano de 1945, mas se deve incluir na apreciação o desenvolvimento geral, e sobretudo, dos direitos do homem, dos últimos cinqüenta anos. Prescindindo disso, um contrato de direito internacional público desse tipo não pode ser interpretado simplesmente de modo positivista como uma lei jurídico-administrativa ou jurídico-civil.

A soberania do estado que, nessa conexão, regularmente é conduzida em campo não deve ser absolutizada. Ela – como a maioria dos conceitos jurídico-estatais e de direito internacional público – nasceu como exigência política e, então, foi declarada como princípio de direito. Na época do absolutismo os monarcas, que personificavam o estado, exigiram e obtiveram a soberania plena, isto é, a independência para fora – perante outros estados, como soberanos também perante o imperador e o papa – e para dentro – perante a nobreza e outros estamentos. Posteriormente, essa soberania passou do monarca para o próprio estado. Ela, contudo, pelas vinculações progressivas de direito internacional público e pelos entrelaçamentos políticos, econômicos e sociais, que se tornam sempre mais estreitos, entre os estados e as nações, perdeu em importância e substância. Se a soberania, no fundo, ainda tem um sentido, então ele consiste na pretensão dos estados particulares de serem reconhecidos e respeitados como membros com os mesmos direitos da comunidade de estados internacional. Nesse sentido também deve ser entendido o conceito de soberania da carta-nações unidas. Disso resulta que somente ainda existe uma soberania vinculada pelo direito internacional público e, com isso, somente ainda uma relativa. Das vinculações de direito internacional público fazem parte também os direitos do homem. Isso resulta do reconhecimento de direito internacional público dos direitos do homem e é sublinhado pela sua ancoragem jurídico-natural e, com isso, supra-estatal. Os estados particulares podem, sem dúvida, antes como depois, regular os direitos e deveres dos seus cidadãos segundo suas idéias, mas eles devem respeitar os direitos do homem determinados. O povo do estado não forma uma massa de disposição qualquer do poder estatal. A soberania encontra os seus limites nos direitos do homem, não às avessas.

Esse conhecimento, contudo, ainda não auxilia nada as pessoas que estão expostas à opressão e perseguição brutal por seus estados. Ele indica, ao contrário, inevitavelmente, a questão sobre a intervenção humanitária. A meu ver, contribui essencialmente ao esclarecimento se se começa, inicialmente, nos estados e se continua, desde essa base, para a comunidade de estados. O estado tem – não só, mas também, e sobretudo –, a tarefa de produzir e de conservar a paz interna em sua área. A função assegurada da paz é até – histórica e teoricamente – o fundamento de legitimação verdadeiro do estado. Para o cumprimento dessa tarefa, o estado utiliza para si o monopólio da força que, por um lado, proíbe a aplicação da força entre os cidadãos, por outro, porém, autoriza e obriga o estado a impedir ou a eliminar litígios entre os cidadãos. Os meios que ele emprega para isso são – ao lado da dação de leis – os tribunais decididores de conflitos e a polícia, que se torna ativa com coerção em caso necessário.

O que ocorre, porém, se o estado não é mais capaz de ou não mais disposto a proteger o cidadão contra violações jurídicas graves? O que ocorre, quando os possuidores do poder estatal, sob abuso do seu potencial de poder, mesmos se convertem em delinqüentes? Nesses casos, é exigida a comunidade de estados internacional. O dever do asseguramento da paz desloca-se em violações de direitos do homem graves para o grau superior. Isso vale tanto mais quanto os direitos fundamentais não só formam direitos de defesa contra abuso estatal, mas também fundamentam pretensões de proteção de bens jurídicos, garantidos jurídico-fundamentalmente, contra prejuízos por terceiros. A função de proteção dos direitos fundamentais, desenvolvida pelo tribunal constitucional federal, sobre a qual já foi chamada a atenção, deixa transferir-se aos direitos do homem determinados internacionalmente. O dever de proteção, disso resultante, concerne, fundamentalmente, a todos os estados.

Se se afirma o dever da comunidade de estados pela intervenção em violações de direitos do homem graves, então deve ser esclarecido, mais além, sob quais pressupostos uma intervenção é ordenada, que meios entram em consideração e quem tem de decidir sobre isso. Também sob esse aspecto uma olhada no âmbito intra-estatal pode ser útil. Assim como o estado, em caso necessário, com coerção policial, deve proceder contra o infrator de direito, também a comunidade de estados internacional, no caso extremo, tem de opor-se com força contra violações de direitos do homem. Naturalmente, os meios policiais típicos nisso, em regra, não são suficientes, mas necessários meios militares. Mas isso é uma diferença somente gradual, não qualitativa. Não se satisfaz ao emprego militar para a proteção dos direitos do homem quando se o sobreestima a guerra, tão eficaz pelos meios de comunicação isso também seja. Em todo o caso, ele não tem, no fundo, nada em comum com a guerra tradicional, que visa à manutenção do poder ou até à ampliação do poder. Por isso, também é malogrado quando, nessa conexão, é discutido sobre a guerra justa ou até qualificado de agressor aquele que intervém para a proteção dos direitos do homem.

Se se traça o paralelo para o emprego de polícia intra-estatal, então também se deixam determinar mais de perto os pressupostos jurídicos e os limites da ação militar internacional. Como objetivo do emprego internacional, entra em consideração somente a proteção dos direitos do homem. Outros pontos de vista e interesses, por exemplo, concepção de objetivos político-externos, econômicos ou culturais, com isso, não entram em consideração. Todavia, seria desacertado se se renunciasse à proteção dos direitos do homem no caso concreto somente porque ela também – como efeito secundário – traz consigo vantagens econômicas determinadas.

Pelo objetivo da proteção dos direitos do homem também têm de orientar-se modo, intensidade e extensão da intervenção. Como no direito policial, deve ser observado o princípio da proporcionalidade que, como se sabe, pede que os meios a serem empregados sejam idôneos, necessários e convenientes. Isso são conceitos jurídico-policiais que não só na Alemanha, mas também em outros estados confirmaram-se na limitação de atividade policial e podem ser generalizados. Idôneos são os meios somente quando, com seu auxílio, o objetivo aspirado, a eliminação ou diminuição das violações dos direitos do homem, no fundo, pode ser obtido; necessários são eles somente, quando não existe um meio menos agravante que levam ao mesmo resultado; convenientes são eles somente, quando eles, na ponderação de todos os pontos de vista, especialmente, também das desvantagens e danos que se produzem na parte contrária, são sustentáveis. Essas exigências devem existir não só no início da ação, mas durante toda a sua duração. Se se mostra no transcorrer da ação que o objetivo, a proteção dos direitos do homem, não ou não mais de modo conveniente pode ser obtido, deve ela ser modificada ou abandonada.

Se se invoca esses critérios e coloca as questões, que disso resultam, para o caso concreto, também se chega a soluções aceitáveis de certo modo. Assim deve, por exemplo, em ataques aéreos ser examinado se eles, no fundo, são idôneos para impedir as violações de direitos do homem, se eles são necessários ou se não meios menos incisivos são suficientes e se eles, com vista a todas as circunstâncias, são convenientes. Nisso, todavia, somente é possível uma consideração ex ante não uma ex post. Depois se é sempre mais inteligente que antes. Além disso, deve, em toda limitação racionalizadora da ação militar, ser observado que ela serve à proteção de direitos do homem elementares, que a renúncia à ação pode entregar à morte ou padecer indizível grupos de população inteiros.

Finalmente, deve, ainda, ser chamada a atenção sobre isto, que nessa conexão somente se trata – preventivamente – do impedimento ou eliminação de violações de direitos do homem, não – repressivamente – de medidas penais. O direito penal deve referir-se à conduta culposa individual. Por conseguinte, medidas penais ou de revanche, que afetam a comunidade, são absolutamente inadmissíveis. É, sem dúvida, correto e importante que as pessoas responsáveis por violações de direitos do homem sejam demandadas jurídico-penalmente. Mas isso deve correr em um outro carril.

IX. Conclusão

Com isso, eu estou no fim de minha preleção. A idéia dos direitos do homem impôs-se amplamente jurídico-positivamente nos últimos 200 anos. Isso é, certamente, um êxito, mas não nos deve fechar os olhos diante disto, que na prática, sempre de novo, produzem-se reveses. Permanece, ainda, muito por fazer, especialmente, para os juristas. As regulações sobre os direitos fundamentais e do homem têm – como, no fundo, o direito – uma função tríplice, eles devem aguçar a vista para o problema, pôr à disposição soluções para a liquidação de conflitos e garantir a imposição dessa solução.

— 2 —

Conceito de desapropriação e garantia da propriedade*

Sumário: I. O conceito de desapropriação em mudança; 1. De volta ao conceito de desapropriação clássico?; 2. O conceito de desapropriação clássico; 3. A extensão do conceito de desapropriação pela jurisprudência do tribunal imperial ao tempo de Weimar; 4. O conceito de desapropriação do tribunal federal; 5. O conceito de desapropriação de Dürig; 6. O conceito de desapropriação do tribunal constitucional federal; 7. Desapropriação legal; II. As limitações da propriedade na luz da garantia da propriedade; 1. Repercussões admissíveis na propriedade e sua indenização; 2. Prejuízos à propriedade antijurídicos

I. O conceito de desapropriação em mudança

1. De volta ao conceito de desapropriação clássico?

No ano de 1954 *Günter Dürig* publicou um artigo com o título sacudidor: De volta ao conceito de desapropriação clássico![1] Ele interveio, com isso, na discussão, nascida após a promulgação da lei fundamental, sobre o alcance da desapropriação e sua delimitação para com a vinculação à propriedade sem indenização. Preponderantemente, naquele tempo, foi sustentada a opinião que o dador da constituição, com o artigo 14, da lei fundamental, que se associa quase literalmente ao artigo 153, da constituição do império de Weimar,[2] assumiu a jurisprudência da desapropriação do tribunal imperial e, com isso, o conceito de desapropriação amplo. Ela

---

* Este artigo encontra-se publicado na Festschrift für Günter Dürig zum 70. Geburtstag. Herausgegeben von Hartmut Maurer. München: Verlag C. H. Beck, 1990, S. 293 ff. Título no original: Enteignungsbegriff und Eigentumsgarantie.

[1] JZ 1954, 4 ff., também impresso in *Günter Dürig*, Gesammelte Schriften 1952-1983, 1984, S. 103 ff.; comparar, ademais, *Dürig*, Grundfragen des öffentlich-rechtlichen Entschädigunssystems, JZ 1955, 521, 522; *ders.*, Verfassungsrechtliche Eigentumsgarantien, in: Staatslexikon, Bd. II, 6. Aufl. 1958, Sp. 1079, 1083 f.; *ders.*, Der Staat und die vermögenswerten öffentlich-rechtlichen Berechtigungen seiner Bürger, FS für Apelt, 1958, S. 13, 14, também impresso in Gesammelte Schriften, S. 247.

[2] Existem, contudo, também três diferenças não-insignificantes: o artigo 14, da lei fundamental, admite expressamente uma desapropriação "por lei", pede uma regulação de indenização na própria lei de desapropriação (chamada cláusula interdependência) e proíbe uma exclusão de indenização pelo dador de leis (o que, segundo o artigo 153, da constituição do império de Weimar, excepcionalmente era admissível).

encontrou, todavia, por causa da passagem dos limites do conceito de desapropriação judicial-imperial e das dificuldades de delimitação, com isso unidas, e por causa dos problemas resultantes da cláusula interdependência, recentemente introduzida, oposição e recusa. Muitas vezes, foi exigido formular o conceito de desapropriação mais estreito e mais preciso, seja em ligação com elementos do conceito de desapropriação clássico do século 19,[3] seja por desenvolvimento de critérios materiais.[4] Na jornada dos professores de direito do estado, em Göttingen, em 1951, o "regresso ao conceito de desapropriação clássico" foi considerado pelo relator *Ipsen*, contudo, por *Scheuner* e *Stödter* recusado na discussão.[5]

Dürig ocupou-se, fundamentalmente, no artigo acima mencionado, com o conceito de desapropriação e desenvolveu, em uma base ampla e assegurada jurídico-constitucionalmente, um conceito de desapropriação formal. Nisso, ele não chegou – ao contrário do título pontiagudo – simplesmente à restauração do conceito de desapropriação clássico, mas a um "conceito de desapropriação clássico modificado"[6] que, sem dúvida, refere-se ao conceito de desapropriação clássico, mas, em conformidade com as alterações temporal-intermediárias, o continua. Ele encontrou, na literatura, aprovação,[7] mas também recusa.[8] A jurisprudência do tribunal federal que, com a decisão de princípio do grande senado, de 10.6.1952, comprometeu-se com o conceito de desapropriação amplo, em seguimento e em evolução da jurisprudência do tribunal imperial,[9] não se deixou mais impressionar. Ela dominava o campo. A literatura arranjou-se. O artigo de *Dürig* era citado nas visões gerais da literatura dos tratados, manu-

---

[3] Comparar, por exemplo, W. *Weber*, Zur Problematik von Enteignung und Sozialisierung nach neuem Verfassungsrecht, NJW 1950, 401, 402; *Forsthoff*, Lehrbuch des Verwaltungsrechts, 3. Aufl. 1953, S. 262: ambos os autores pediam como critério essencial da desapropriação que ela realize-se em favor de uma empresa determinada, que sirva ao bem estar público.

[4] Comparar para isso, a visão de conjunto em *Wolff/Raiser*, Sachenrecht, 10. Aufl. 1957, S. 223 f.

[5] H. P. *Ipsen*, VVDStRL 10 (1952), 93 f., 171; *Scheuner*, ebd. S. 154 f., *Stödter*, ebd. S. 168.

[6] JZ 1954, 8 = Gesammelte Schriften, S. 115.

[7] *Seufert*, in: *Staudinger*, Kommentar zum BGB, Bd. III, 11. Aufl. 1956, Vorbem. 35 f. vor § 903 (S. 361 f.); *Greiner*, Wiederbelebung des klassischen Enteignungsbegriffes, DÖV 1954, 583 ff.; W. *Jellinek*, Schadensersatz aus Amtshaftung und Enteignungsentschädigung, JZ 1955, 147, 148; *Schack*, Generelle Eigentumsentziehungen als Enteignungen, NJW 1954, 577, 578; fundamentalmente, também *Bachof*, Zur Bedeutung des Entschädiguns-Junctims in Enteignungsgesetzen, DÖV 1954, 592, 594 f.; comparar, ademais, *Janssen*, Der Anspruch auf Entschädigung bei Aufopferung und Enteignung, 1961, S. 190 ff.

[8] *Scheuner*, Die Abgrenzung der Enteingung, DÖV 1954, 587, 589 ff.; *ders*., in: *Reinhardt/Scheuner*, Verfassungsschutz des Eigentums, 1954, S. 91 f. Fn. 64; *ders*., Amtshaftung und enteignungsgleicher Eingriff, JuS 1961, 243, 246 Fn. 22; *Diester*, Neue Wege zur Lösung der Probleme des Enteignungsrechts, NJW 1954, 1140, 1142; *Wolff*, Verwaltungsrecht I, 1956, § 62 III d (S. 274); do mesmo modo, ainda in *Wolff/Bachof*, Verwaltungsrecht I, 9. Aufl. 1974, § 62 III d (S. 548 f.); Carl *Schmitt*, Verfassungsrechtliche Aufsätze aus den Jahren 1924-1954, 1958, S. 119 f., 122; R. *Schneider*, Rechtsnorm und Individualakt im Bereich des verfassungsrechtlichen Eigentumsschutzes, VerwArch. Bd. 58 (1967), 197 ff., 356 f.

[9] BGHZ 6, 270.

ais e comentários correspondentes, mas mal ainda observado e não mais avaliado. Ele mesmo "resignou".[10]

Tanto mais digno de atenção é que o tribunal constitucional federal, que se ocupou só posteriormente e, também então, inicialmente, só hesitantemente com o artigo 14, da lei fundamental, assumiu a concepção de *Dürig*. Embora também não se deixe comprovar se o tribunal constitucional federal associou-se conscientemente a Dürig, não se deixa, todavia, ignorar que o tribunal concorda com ele não só em princípio, mas também, em grande parte, na formação particular. Isso deve ser exposto circunstanciadamente no que segue, o que, simultaneamente, requer um esboço do desenvolvimento do conceito de desapropriação.

2. O conceito de desapropriação clássico

O conceito de desapropriação clássico formou-se no século 19. As constituições constitucionais garantiam a propriedade e admitiam – como em outras garantias de direitos fundamentais – intervenções na propriedade somente em virtude de uma lei.[11] Como para a construção de rodovias e linhas ferroviárias foram precisados terrenos, que não sempre podiam ser adquiridos amigavelmente, foram nos estados particulares promulgadas leis de desapropriação, que regulavam os pressupostos e o procedimento da desapropriação, particularmente, também prescreviam uma indenização, em regra, a ser prestada antecipadamente, no caso de desapropriação.[12] Desapropriação era, segundo isso, a retirada e transferência da propriedade de terrenos por um ato administrativo legalmente fundamentado para uma empresa determinada, que serve ao bem-estar público.[13] Elementos essenciais da desapropriação clássica eram, assim, (1) terrenos como objeto da desapropriação, (2) transferência da propriedade

---

[10] Assim, expressamente *Dürig*, in: *Maunz/Dürig*, Grundgesetz Art. 3 I Rdnr. 65 Fn. 3; essa referência, todavia, diz respeito não só ao conceito de desapropriação, mas também ao "sistema" todo das prestações de ressarcimento jurídico-públicas.

[11] Comparar artigo 9, da constituição de Preußen, de 1850; ademais, por exemplo, título IV § 8, da constituição de Bayern, de 1818, §§ 13, 14, da constituição de Baden, de 1818; §§ 24, 30, da constituição de Württemberg, de 1819; §§ 31, 32, da constituição de Kurhessen, de 1831; §§ 27, 31, da constituição de Sachsen, de 1831.

[12] Comparar para isso, por exemplo, lei de Bayern concernente à cessão forçada de propriedade imobiliária para finalidades públicas, de 17.11.1837 (GBl. S. 109); lei de Preußen sobre a desapropriação de propriedade imobiliária, de 11.6.1874 (GS S. 221); lei de desapropriação por coerção de Württemberg, de 20.12.1888 (RegBl. S. 446); ao lado disso, existia, ainda, uma série de regulações especiais jurídico-imperiais e jurídico-estaduais, comparar, por exemplo, as alusões em *Gaupp*, Das Staatsrecht des Königreichs Württemberg, 2. Aufl. 1895, S. 190 ff.

[13] Comparar para isso, da literatura contemporânea, por exemplo, *Grünhut*, Das Enteignungsrecht, 1873, S. 2 f.; *Schelcher*, Die Rechtswirkungen der Enteignung nach gemeinem und sächsischem Rechte, 1893, S. 1 ff.; *Eger*, Das Gesetz über die Enteignung von Grundeigentum, 1906, S. 1 f.; *Georg Meyer*, Lehrbuch des Deutschen Verwaltungsrechts, Teil I, 1883, S. 262 ff.; *Meyer/Anschütz*, Lehrbuch des Deutschen Staatsrechts, 7. Aufl. 1919, S. 826; *Otto Mayer*, Deutsches Verwaltungsrecht, 2. Aufl. 1914/17, Bd. 2, S. 3; *Schoen*, Deutsches Verwaltungsrecht, in: *Holtzendorff/Kohler*, Enzyklopädie der

a um novo titular jurídico como procedimento jurídico, (3) ato administrativo como forma jurídica e (4) carência para uma empresa concreta, que serve ao bem-estar público, como finalidade da desapropriação. O conceito de desapropriação era, portanto, manifestamente estreito e formal. Isso também valia à medida que ele foi estendido ao agravamento de terrenos por designação de direitos reais em favor de um terceiro, por exemplo, de uma servidão predial, e a bens móveis.[14] A desapropriação era um "procedimento de aquisição de bens", que legalmente era precisamente regulado e foi tornado dependente de uma indenização.[15]

Se na literatura é sustentado retrospectivamente a concepção, que proteção da propriedade existiu somente sobre o conceito de desapropriação e a indenização da desapropriação,[16] então, isso, assim tão genérico, não é acertado. A propriedade estava garantida jurídico-constitucionalmente. O executivo somente podia intervir na propriedade se e enquanto uma autorização legal existia para isso. O procedimento de desapropriação, sutilmente regulado, em geral, de vários graus, continha, além disso, asseguramentos distintos em favor do cidadão afetado. O fato que em conformidade com a situação jurídica de então, ainda não existia uma proteção jurídica formada, não justifica qualificar de insuficiente de antemão a garantia da propriedade, embora, em perspectiva atual, a proteção jurídica defeituosa apareça como déficit. Pelo menos, esse déficit foi compensado pela formação do procedimento administrativo, o que, também hoje, sempre de novo, é exigido.

Correto é, todavia, que a garantia da propriedade jurídico-constitucional somente se dirigia contra o executivo monárquico.[17] Mas isso correspondia, no fundo, à direção da proteção dos direitos fundamentais no estado constitucional, repelir as intervenções do executivo monárquico no âmbito social e privado e, à medida que necessário, dever tornar dependente de uma autorização legal. Justamente na lei, que podia ser promulgada pelo monarca somente com a aprovação da representação popular, via-se um asseguramento suficiente. A idéia, que se precisasse proteger

---

Rechtswissenschaft, 7. Aufl. 1914, Bd. IV, S. 193, 272; *Anschütz*, Die Verfassungsurkunde für den preußischen Staat, Kommentar, 1912, S. 165 f., com mais indicações.

[14] O alcance do conceito de desapropriação era, sob esse aspecto, debatido, comparar as indicações na nota 13. As concepções diferentes estavam, sobretudo, condicionadas pelas regulações legais diferentes ou pelo fato de elas serem invocadas diferentemente. Significado prático essas questões de litígio não tinham.

[15] Para a relação entre desapropriação e pretensão de sacrifício, segundo o § 75, do direito estadual geral para os estados prussianos, de Preußen, comparar *Anschütz*, Kommentar zur Preuß. Verf. (nota 13), S. 172 ff.

[16] Comparar, sobretudo, *Böhmer*, Die rechtsgeschichtlichen Grundlagen der Abgrenzungsproblematik von Sozialbildung und Enteignung, Der Staat Bd. 24 (1985), 157, 165 ff.; *ders.*, Grundfragen der verfassungsrechtlichen Gewährleistung des Eigentums in der Rechtsprechung des Bundesverfassungsgerichts, NJW 1988, 2561, 2562.

[17] Comparar para isso, Anschütz, Kommentar zur Preuß. Verf. (nota 13), S. 161.

contra seus representantes populares e, com isso, de certo modo, contra si mesmo, estava situada, naquele tempo, longe. É pouco conveniente medir tempos mais antigos segundo os critérios de nosso tempo; eles devem ser apreciados do seu mundo das idéias e em conexão com suas circunstâncias. A proposição "tolere mas liquide" ajusta-se ao absolutismo tardio, mas, no máximo, condicionadamente, ao constitucionalismo.

3. A extensão do conceito de desapropriação pela jurisprudência do tribunal imperial ao tempo de Weimar

O artigo 153, da constituição do império de Weimar, que garantia a propriedade e regulava a desapropriação, apoiava-se nas prescrições do direito de propriedade das constituições mais antigas. Por isso, foi, inicialmente, também sustentada a concepção que o artigo 153, da constituição do império de Weimar, deve ser entendido como seus modelos e que o conceito de desapropriação clássico persiste.[18] O tribunal imperial estendeu, contudo – em parte sugerido e corroborado pela literatura[19] –, o conceito de desapropriação em cada relação. Como resultado, deixa conservar-se: objeto da desapropriação é, agora, cada direito patrimonial privado subjetivo, portanto, não só a propriedade de terrenos e outros bens materiais, mas também créditos, direitos autorais, direitos de ações, e assim por diante; como ato de desapropriação, entra em consideração não só um ato administrativo (legalmente fundamentado), mas também uma lei mesma; a desapropriação não precisa residir na transferência, mas pode também na limitação ou na retirada dos direitos de valor patrimonial; como finalidade da desapropriação, basta, conseqüentemente, o interesse público, uma vez que com a extensão à limitação da propriedade e à retirada da propriedade não mais podia ser exigida a orientação por uma empresa concreta determinada.[20] Na literatura, as extensões do conceito de desapropriação encontraram, preponderantemente, aprovação.[21]

Digno de atenção é, sobretudo, extensão a leis. Enquanto a burguesia no século 19 sentia-se ameaçada pelo executivo monárquico e via nos direitos de cooperação de sua representação popular na dação de leis e na

---

[18] Comparar *Apelt*, geschichte der Weimarer Verfassung, 2. Aufl. 1964, S. 340 ff.

[19] Deve ser mencionado, sobretudo, o professor de direito civil *Martin Wolff*, Reichsverfassung und Eigentum, FS für Kahl, 1923; crítico para isso *Apelt* (nota 18), S. 341 f.

[20] Comparar a apresentação pormenorizada da jurisprudência do tribunal do império em *W. Weber*, Eigentum und Enteignung, in: Neumann/Nipperdey/Scheuner, Die Grundrechte, Bd. II, 1954, S. 331, 338 ff.

[21] Comparar, por exemplo, *Anschütz*, Die Verfassung des deutschen Reichs, Kommentar, 14. Aufl. 1933, Art. 153 Anm. 6 ff., em oposição à primeira edição, na qual ainda foi sustentado o conceito de desapropriação mais estreito, clássico. A jurisprudência-tribunal imperial, porém, permaneceu até o fim não-indiscutível; comparar, particularmente, *Carl Schmitt*, Die Auflösung des Enteignunsbegriffs, JW 1929, 495 ff.; *Otto Kirchheimer*, Die Grenzen der Enteignung, 1930, S. 51 ff.; ademais, a visão de conjunto em *W. Weber* (nota 20), S. 342.

vinculação da administração às leis asseguramentos suficientes, ela temia, após a introdução da democracia igualitária, prejuízos legislativos de sua liberdade e sua propriedade por parlamentos dominados por maiorias radicais de esquerda.[22] A questão, antigamente mais dogmático-jurídica e dogmático-constitucional, sobre o direito de exame judicial contra leis do parlamento tornou-se, agora, exigência atual. O tribunal imperial correu, de certo modo, na brecha. Ele não podia, sem dúvida, declarar nula uma lei infringente da garantia da propriedade, contudo, pelo controle normativo incidental e pela concessão de indenização de desapropriação, conceder proteção mediata.

Com a extensão da desapropriação a leis e a limitações de propriedade, colocou-se a questão, quando uma intervenção, legalmente efetuada ou admitida, na propriedade, é somente uma vinculação à propriedade (sem indenização) no sentido do artigo 153 I 2, da constituição do império de Weimar, e quando ela é uma desapropriação (obrigada à indenização), no sentido do artigo 153 II, da constituição do império de Weimar. O tribunal imperial tentou solucioná-la com auxílio da teoria do ato particular.[23] Na literatura, foram desenvolvidos critérios de delimitação material, por exemplo, direcionado para a dignidade de proteção da propriedade,[24] a exigibilidade da intervenção,[25] a diminuição da substância condicionada pela intervenção.[26] Uma delimitação segura eles mal possibilitaram. Na prática, produziu-se uma casuística abundante, cujos resultados no caso particular, sempre de novo, encontraram crítica e recusa, no total, porém, foram aprovados pela literatura preponderante.

4. O conceito de desapropriação do tribunal federal

Como o artigo 14, da lei fundamental, corresponde, no essencial, ao artigo 153, da constituição do império de Weimar,[27] foi natural referir-se à tradição e jurisprudência de Weimar. O tribunal federal, pois também, continuou a jurisprudência do tribunal imperial. Ele assumiu não só o conceito de desapropriação ampliado, mas, ainda, uma vez o estendeu, ao ele

---

[22] Assim, trata-se no tratado de Wolff (nota 19), de "estado governado por radicais de esquerda", e de "dador de leis estadual ávido de confiscação", (S. 18, 21).

[23] Comparar para isso, as indicações da jurisprudência do tribunal imperial em *Anschütz* (nota 21), Art. 153 Anm. 9 e em W. *Weber* (nota 20), S. 341; do mesmo modo, o tribunal estatal, RGZ 124, Anh. 33.

[24] W. *Jellinek*, Verwaltungsrecht, 3. Aufl. 1931, S. 413. A teoria da dignidade de proteção tem uma certa semelhança com a teoria, posteriormente desenvolvida pelo tribunal federal, do estar vinculado à situação, como mostram as explicações de *Jellinek* aaO.

[25] *Stödter*, Öffentlich-rechtliche Entschädigung, 1933, S. 208 ff.; comparar, ademais, *Stödter*, Über den Enteignungsbegriff, DÖV 1953, 97, 100 f., 136 ff.

[26] *Schelcher*, Gesetzliche Eigentumsbeschränkung und Enteignung, AÖR Bd. 18 (1930), 321, 350.

[27] Comparar para as diferenças, supra, nota 2.

incluir na garantia da propriedade também direitos públicos subjetivos[28] e intervenções antijurídicas na propriedade. Com respeito à delimitação entre a vinculação social no sentido do artigo 14 I 2, II, da lei fundamental, e a desapropriação no sentido do artigo 14 III, da lei fundamental, ele evoluiu a teoria do ato particular para a teoria do sacrifício especial. Segundo a decisão de princípio BGHZ 6, 270 (280), trata-se, na desapropriação, "de uma intervenção estatal, por meio de coerção, admitida legalmente, na propriedade, seja em forma da retirada ou do agravamento, que acerta os particulares ou grupos afetados desigualmente, particularmente, em comparação com outros, e coage-os a um sacrifício particular, não-exigível dos outros, para a comunidade". Critério determinante é, portanto, o princípio da igualdade que, no caso da desapropriação, converte-se em um princípio de compensação. Com isso, também é produzida a conexão para com a pretensão de sacrifício tradicional; a desapropriação é, segundo a opinião do tribunal federal, um caso especial do sacrifício, o artigo 14, da lei fundamental, é lex specialis perante a pretensão de sacrifício jurídico-costumeiro. O "sacrifício especial" deixa interpretar-se mais formal ("-especial") ou mais material ("sacrifício-"). Embora o tribunal federal, inicialmente, recusasse as teorias da delimitação material por causa de precisão defeituosa, ele incluiu sempre mais critérios materiais em sua jurisprudência. A "vinculação à situação da propriedade imobiliária" converteu-se, entrementes, em um ponto de vista dominante.[29] Importância considerável tem a extensão da indenização da desapropriação a atos antijurídicos (intervenções iguais à desapropriação).[30] A juridicidade do ato interveniente não mais desempenha nenhum papel; é indenizado sem consideração a isto, se a intervenção é jurídica ou antijurídica.[31] Desapropriação no sentido da jurisprudência da indenização da desapropriação do tribunal federal é, segundo isso, cada prejuízo soberano imediato da propriedade, que não mais é coberta pela vinculação social do artigo 14 I 2, II, da lei fundamental, ou apresenta um sacrifício especial.[32] A questão, se uma lei de desapropriação existe e se é de acordo com a constituição, se particu-

---

[28] O tribunal federal esclareceu, em sua decisão de princípio BGHZ 6, 270, que "todo o direito de valor patrimonial, ... indiferente se ele pertence ao direito civil ou ao público", deve ser associado ao conceito de desapropriação (S. 278). Na literatura e jurisprudência impôs-se, contudo, sob condução de *Dürig* (Der Staat und die vermögenswerten öffentlich-rechtlichen Berechtigungen seiner Bürger, FS für Apelt, 1958, S. 13 ff.), uma concepção diferenciadora, à qual, agora, também o tribunal federal associou-se, comparar para isso, as indicações, em seus pormenores, em *Papier*, in: *Maunz/Dürig*, Art. 14 GG Rdnr. 119 ff.

[29] Fundamental BGHZ 23, 30, 32 f.; ademais, sintética, por exemplo, BGHZ 60, 126, 130 ff.; 72, 211, 219 ff.; 87, 66, 71 f.; 90, 17, 25; 99, 24, 31 f.; *Papier* (nota 28), Art. 14 Rdnr. 326; *Nüßgens/Boujong*, Eigentum, Sozialbindung, Enteignung, 1987, Rdnr. 198 ff.

[30] BGHZ 13, 88 e 32, 208.

[31] Se a intervenção é antijurídica, reside, todavia, já na antijuridicidade o sacrifício especial, de modo que não precisa ser examinado mais, se ela também como tal – independente da antijuridicidade – excede o limite do sacrifício ou o limite da vinculação social, comparar BGHZ 32, 208, 211 f.

[32] Comparar BGHZ 57, 359, 363; 99, 24, 26 f.; *Nüßgens/Boujong* (nota 29), Rdnr. 341.

larmente corresponde à cláusula interdependência do artigo 14 III 2, da lei fundamental, o tribunal federal deixa aberto. A problemática da cláusula interdependência nem sequer é abordada. Ela parece também insignificante, uma vez que a juridicidade da desapropriação, aliás, não forma um pressuposto de indenização. Isso o tribunal constitucional federal teve de provocar.

5. O conceito de desapropriação de Dürig

Quando *Dürig* ocupou-se com o conceito de desapropriação,[33] a jurisprudência da desapropriação do tribunal federal ainda estava em seus inícios. A ligação com a jurisprudência do tribunal imperial e a decisão de princípio BGHZ 6, 270 deixavam, contudo, já reconhecer as grandes linhas, uma vez que elas, no essencial, correspondiam à concepção predominante da literatura. Embora Dürig veja, sem mais, a dimensão histórica, como mostram suas observações à "história do padecimento da dissolução (ampliação) do conceito de desapropriação",[34] ele argumenta conscientemente imanente à constituição. Ele expõe que as leis de desapropriação devem corresponder a prescrições de forma determinadas, ou seja, artigo 19 I, da lei fundamental (proibição de leis do caso particular, mandamento de citação),[35] e, sobretudo, artigo 14 III 2, da lei fundamental (cláusula interdependência). Isso somente é possível quando o dador de leis tem e pode ter idéias claras do processo que apresenta uma desapropriação. A constituição parte, por conseguinte, disto, "que somente um processo bem determinado, a qualquer hora comprovável objetiva e subjetivamente, é uma desapropriação".[36] Isso levou-o ao conceito de desapropriação clássico com seus critérios de delimitação formal, que nunca foi abandonado, mas somente ampliado, portanto, por redução do aumento, sem mais, outra vez, pode ser posto a descoberto. Do desenvolvimento constitucional temporal-intermediário, contudo, também *Dürig* não quer passar por cima. Ele defende, por conseguinte, não simplesmente o regresso ao conceito de

---

[33] JZ 1954, 4 ff. (comparar supra, nota 1).
[34] JZ 1954, 4 = Gesammelte Schriften, S. 103.
[35] A questão, se o artigo 19 I, da lei fundamental, também vale para leis de desapropriação, é discutível; ela é negada para ambas as proposições do artigo 19 I, da lei fundamental, pela BVerfGE 24, 367, 396 ff., em que, todavia, expressamente é deixado aberto se uma lei de desapropriação seria admissível contra uma pessoa particular (S. 398), ademais, *von Bryde*, in: *v. Münch*, Grundgesetz-Kommentar, Bd. I, 3. Aufl. 1985, Art. 14 Rdnr. 53 und 107, em compensação, afirmada para a proposição 1 (proibição do caso particular) e negada para a proposição 2 (mandamento de citação) por *Papier* (nota 28), Rdnr. 483/484, e por *Menger*, Bonner Kommentar, Art. 19 I GG (Zweitbearbeitung 1979), Rdnr. 86, 188, com mais indicações. – Com *Dürig*, deve ser aceito que o artigo 19 I, da lei fundamental, também vale para leis de desapropriação (comparar para a lei do caso particular, circunstanciado, infra para nota 54). Ao mandamento de citação do artigo 19 I 2, da lei fundamental, deveria, todavia, bastar já com a regulação de indenização do artigo 14 III 2, da lei fundamental, de modo que ele, praticamente, não mais obtém significado próprio.
[36] JZ 1954, 8 = Gesammelte Schriften, S. 115.

desapropriação clássico, mas uma "volta a um conceito de desapropriação clássico modificado".

As modificações são consideráveis. Inicialmente, *Dürig* recusa uma limitação do conceito de desapropriação a terrenos e outros bens materiais. Ela era, aliás, condicionada pelos tempos de então, uma vez que no século 19 somente a desapropriação de terrenos tornou-se atual e carente de regulação.[37] Como a garantia da propriedade está em conexão estreita com a dignidade humana e o direito de liberdade geral (artigo 1 I, 2 I, da lei fundamental), ela não deve ser limitada a um âmbito parcial, mas deve, fundamentalmente, incluir todos os direitos de valor patrimonial, do que *Dürig* deduz também uma ampliação correspondente do conceito de desapropriação. Ademais, ele recusa a limitação, característica para o conceito de desapropriação clássico, da propriedade à transferência de direitos (desapropriação igual à transferência). Para o proprietário afetado trata-se somente disto, se o seu direito é retirado, não também disto, se e a quem favorece do outro lado. Com isso, também deixa de existir a exigência, que a desapropriação deve realizar-se para uma empresa concreta determinada. Como finalidade da desapropriação, basta o interesse público que, contudo, segundo a opinião de *Dürig*, não é característica conceitual, mas pressuposto de admissibilidade da desapropriação.

Desapropriação é, segundo isso, como *Dürig* comprova resumidamente, "conceitualmente retirada – e somente retirada". O direito (ou o direito parcial concreto) deve ser retirado formalmente. Somente a destruição de um objeto, efetuada soberanamente, é equiparada à retirada de um direito e incluído no conceito de desapropriação. Em compensação, todas as limitações da propriedade, legalmente previstas ou admitidas, isto é, todas as intervenções e prejuízos, que não apresentam uma retirada formal de um direito ou destruição fática de um objeto, não mais caem sob o conceito de desapropriação. Sua indenização determina-se segundo a pretensão de sacrifício geral, para cuja delimitação não são determinantes critérios formais, mas materiais, justamente os pontos de vista desenvolvidos para a delimitação de desapropriação e vinculação social.[38]

Se se compara o conceito de desapropriação concebido por Dürig com o conceito de desapropriação clássico, então se mostram diferenças consideráveis: objeto de desapropriação são não só terrenos e outras coisas, mas todos os direitos de valor patrimonial subjetivo; o processo de

---

[37] Essa limitação também no século 19 não foi um dogma firme, mas dizia respeito, precisamente, à desapropriação "clássica", isto é, concernente aos terrenos. Assim, por exemplo, trata-se em *Meyer/Anschütz* (nota 13), S. 969 com vista à garantia da propriedade e à desapropriação de "propriedade ou outros direitos patrimoniais" e de "objetos ou justificações". *Meyer*, Verwaltungsrecht (nota 13), S. 423 fala de "desapropriação do direito de patentes".

[38] Comparar JZ 1954, 11 = Gesammelte Schriften, S. 123 f., ademais, JZ 1955, 521 ff. Uma indenização por intervenções antijuridicamente sem culpas na propriedade, *Dürig* recusa por falta de um fundamento legal.

desapropriação não precisa consistir na transferência da propriedade a um novo titular jurídico, mas pode também na mera retirada da propriedade; como forma jurídica entra – já segundo o texto do artigo 14 III 1, da lei fundamental –, em consideração não só um ato jurídico concreto, mas também uma lei; a vinculação a uma empresa concreta, que serve ao bem-estar público, deixou de existir. Decisivo é, contudo, que o conceito de desapropriação de *Dürig* é delimitado segundo critérios formais do mesmo modo como isso era característico antigamente para o conceito de desapropriação clássico.[39] Enquanto as teorias da delimitação materiais cambiantes entre a desapropriação e a vinculação à propriedade, inclusive a doutrina do sacrifício especial do tribunal federal, só posteriormente possibilitam uma sentença, se uma intervenção na propriedade, segundo gravidade e profundidade, apresenta uma desapropriação, pode, segundo a teoria da delimitação formal, já antes ser determinado, se uma regulação legal realiza ou admite uma desapropriação. Os pressupostos jurídicos determinantes para a desapropriação podem ser observados. Sobretudo, a cláusula interdependência, que não só deve assegurar uma indenização, mas também motivar o dador de leis a tornar-se consciente sobre isto, que sua regulação tem caráter desapropriador e causa custos consecutivos financeiros correspondentes, é cumprível.

6. *O conceito de desapropriação do tribunal constitucional federal*

A jurisprudência da propriedade e da desapropriação do tribunal constitucional federal, como já foi comprovado, começou só proporcionalmente tarde, entrementes, porém, obteve contornos firmes e claros. Após algumas observações escassas e dilatórias às teorias da delimitação materiais de uso comum,[40] o tribunal constitucional federal igualmente se decidiu por um conceito de desapropriação formal e estreito. Para *Dürig*, isso mal deveria ter sido surpreendente, predisse ele já em 1955: "Quanto mais a sério se leva a interdependência da indenização, tanto mais próximo se está intelectualmente ... da teoria da desapropriação estreita e formal. Quem, sobretudo, vê o significado da cláusula interdependência tão claramente como o tribunal constitucional federal, está, ao meu ver, imediatamente diante do conhecimento mais amplo, que a constituição parte disto, que somente um processo bem determinado, comprovável objetiva e abstratamente a qualquer hora, é uma desapropriação."[41]

A primeira determinação da desapropriação encontra-se já na sentença de ordenação de diques, de 18.12.1968 (BVerfGE 24, 367, 394), portanto, já muito antes da muito citada resolução de abolição de saibro que

---

[39] *Dürig*, FS für Apelt, S. 14 = Gesammelte Schriften, S. 247.
[40] Comparar BVerfGE 4, 219, 231; 11, 294, 296 f.; 20, 351, 356.
[41] *Dürig*, JZ 1955, 522.

afeta a água subterrânea. Ela diz: "A desapropriação admitida no artigo 14, alínea 3, da lei fundamental, é caracterizada conceitualmente pelo fato de que a propriedade, garantida pelo artigo 14, alínea 1, proposição 1, da lei fundamental, é retirada total ou parcialmente no interesse da comunidade. A retirada ... é a característica decisiva." Nessa determinação, o tribunal permaneceu. Assim, diz-se, por exemplo, na decisão do pequeno jardim, de 12.6.1979 (BVerfGE 52, 1, 27): "Desapropriação no sentido do artigo 14, alínea 3, da lei fundamental, é a intervenção estatal na propriedade do particular. Segundo a sua finalidade, ela é dirigida para a retirada completa ou parcial de posições jurídicas concretas, que são garantidas pelo artigo 14, alínea 1, proposição 1, da lei fundamental." A formulação, certamente definitiva, objetivamente, porém, plenamente correspondente às decisões mais antigas, encontra-se, finalmente, na decisão da pesca, de 19.6.1985 (BVerfGE 70, 191, 199 f.): "A desapropriação no sentido jurídico-constitucional está dirigida à retirada completa ou parcial de posições de propriedade subjetivas concretas no sentido do artigo 14, alínea 1, proposição 1, da lei fundamental, para o cumprimento de tarefas públicas determinadas".[42]

A concordância com a definição de *Dürig* é manifesta. A característica conceitual decisiva é a retirada ou privação de uma posição jurídica de valor patrimonial, em que – o que não é dito expressamente, mas em ambos entende-se por si mesmo – deve ser acrescentado: por um ato jurídico soberano direcionado, uma vez que somente por um tal, direitos de propriedade podem ser retirados. A expressão, multiplamente empregada pelo tribunal constitucional federal, "intervenção" certifica o momento final.

Diferenças existem em dois sentidos diferentes. Por um lado, cai na vista que *Dürig*, fundamentalmente, só quer deixar valer a plena retirada do direito, enquanto o tribunal constitucional federal, sem mais, fala da retirada completa ou parcial. Com isso, coloca-se a questão, o que deve ser entendido por uma retirada parcial. Segundo a jurisprudência do tribunal constitucional federal, faz parte disso, em todo o caso, o agravamento de um terreno, por exemplo, com uma servidão,[43] o que, de resto, também é reconhecido por *Dürig* por meio de nota.[44] Outras conjunturas não se encontram na jurisprudência do tribunal constitucional federal. Uma desapropriação parcial deveria, sempre então, ser aceita, quando a intervenção compreende uma parte, independentizável juridicamente, da

---

[42] Comparar, ademais, BVerfGE 38, 175, 180; 42, 263, 299; 45, 297, 326; 56, 249, 260; 58, 300, 331; 66, 248, 257; 71, 137, 143; 72, 66, 76; 74, 264, 280.

[43] BVerfGE 45, 297, 339; 56, 249, 260; comparar também BVerfGE 24, 367, 407, onde a fundamentação de uma relação de arrendamento é mencionada como alternativa à retirada da propriedade completa.

[44] JZ 1955, 522 (nota 5); comparar já JZ 1954, 10 = Gesammelte Schriften, S. 120, onde, ao lado da retirada do direito completo também é mencionada a do "direito parcial concreto".

propriedade ou de outro direito. Isso é acertado para todos os agravamentos e limitações reais e obrigacionais do direito civil, ademais, para agravamentos regulados jurídico-publicamente, por exemplo, a carga da construção, segundo as ordenações de construção estaduais. Em compensação, outras limitações de aproveitamento e de disposição, por exemplo, a limitação do aproveitamento de um terreno por modificação do plano de urbanização ou a limitação da disposição sobre um terreno por inscrição na lista de proteção a monumentos, não mais caem sob isso, uma vez que eles não afetam e "apartam" uma parte, independentizável juridicamente, da propriedade imobiliária.[45]

A segunda diferença existe nisto, que o tribunal constitucional federal – em oposição a *Dürig* – inclui a finalidade da desapropriação na definição. Todavia, isso ocorre não sem mais e também com formas diferentes (no interesse da comunidade para o cumprimento de tarefas públicas determinadas). Assim tão seguro o tribunal constitucional federal, nesse sentido, não parece ser.[46] Assim, é significativo que lá onde aparece a determinação da finalidade – em parte, também em uma outra proposição ou parte da proposição – não simplesmente é dito: "Desapropriação é ...", mas "a desapropriação é caracterizada por ..." ou "a desapropriação é dirigida para ..." Isso pode, certamente, também ter a sua causa nisto, que o tribunal, no fundo, não dá uma definição definitiva, mas somente mostra as características conceituais características. A admissão da determinação da finalidade no conceito de desapropriação é, em todo o caso, oportuna para delimitar a desapropriação de outras medidas que retiram a propriedade, por exemplo, do leilão judicial ou da retirada jurídico-penal, segundo o § 74, do código penal.

Se se complementa as referências do tribunal constitucional federal ao conceito de desapropriação de modo ajustado à coisa, então resulta a definição seguinte: desapropriação é a retirada, que resulta por meio de um ato jurídico soberano direcionado, de uma posição jurídica de valor patrimonial, no sentido do artigo 14 I, da lei fundamental, para o cumprimento de tarefas públicas determinadas.

Com isso, também se deixa responder a questão debatida, se e até que ponto o conceito de desapropriação do tribunal constitucional federal con-

---

[45] De outra forma e, certamente, mais amplo *Schmidt-Aßmann*, Formen der Enteignung, JuS 1986, 833, 834 ff. – Quando o tribunal constitucional federal, em conexão com a desapropriação, fala da "diminuição" ou "recorte" de direitos patrimoniais subjetivos (por exemplo, BVerfGE 52, 1, 27 f.), então, com isso, é considerada a desapropriação legal (e precisamente, a desapropriação legal inautêntica, comparar supra, no texto sob 7b), o que *Papier* (nota 28), Art. 14 Rdnr. 315, não observa suficientemente.

[46] Em algumas definições do tribunal constitucional federal a finalidade da desapropriação não é expressamente mencionada. Segundo *Böhmer* (NJW 1988, 2564 Fn. 27) a definição na BVerfGE 24, 367, 394 "refere-se à distinção, sempre reconhecida no direito de desapropriação alemão, de *conceito* de desapropriação e *finalidade* da desapropriação" (realce já no original).

corda com o conceito de desapropriação clássico.[47] Prescindindo da ampliação, hoje evidente, a todos os direitos subjetivos de valor patrimonial e da ampliação, prevista pela própria lei fundamental, à desapropriação por lei, ele diferencia-se da desapropriação clássica pelo fato de ele, primeiro, não exigir uma retirada *e* transferência do direito de propriedade a um outro titular jurídico, mas somente uma retirada (sem transferência correspondente)[48] e de, segundo – com isso conexo –, a desapropriação não precisar ser necessária em favor de uma empresa concreta, que serve ao bem-estar público, mas somente ao cumprimento de tarefas públicas.

7. Desapropriação legal

Consideração particular carece ainda a chamada desapropriação legal, uma vez que ela, justamente então, quando se afirma o conceito de desapropriação estreito e formal, torna-se duvidosa e problemática. Se se tem presente a jurisprudência do tribunal constitucional federal, então se deixam representar duas conjunturas de casos da desapropriação legal, que, aqui, devem ser designadas como desapropriação legal autêntica e inautêntica.

a) *A desapropriação legal autêntica*. Ela existe então, quando o próprio dador de leis – sob manutenção da ordenação da propriedade existente – retira posições jurídicas de valor patrimonial, seja porque são compreendidos mais objetos de propriedade, talvez até numerosos, para um projeto (desapropriação enfeixada), seja porque somente um objeto de propriedade é afetado (desapropriação do caso particular). Um exemplo para a desapropriação enfeixada forma o caso-ordenação dos diques de Hamburg, decidido pelo tribunal constitucional federal:[49] o dador de leis não deixou a cargo da administração, em virtude de uma autorização legal, desapropriar os terrenos precisados em maior número para a construção de dique, um projeto concreto, mas, sem demora, mesmo deitou a mão e efetuou em conjunto a desapropriação de todos os terrenos necessários. A problemática da desapropriação legal autêntica consiste nisto, que o dador de leis, em realidade, cumpre uma tarefa administrativa[50] e, com isso, dribla a

---

[47] Comparar para isso, com outras indicações *Hendler*, Zur bundesverfassungsgerichtlichen Konzeption der grundgesetzlichen Eigentumsgarantie, DVBl. 1983, 873, 878; ele próprio chega à concepção acertada que a doutrina da desapropriação do tribunal constitucional federal, "até certo ponto", está "entre a desapropriação clássica, por um lado, e a concepção de desapropriação do tribunal federal, por outro" (S. 881). *Rittstieg* persevera no conceito de desapropriação clássico (comparar Alternativkommentar zum Grundgesetz, 1984, Art. 14/15 Rdnr. 187); do mesmo modo, *Battis* para a desapropriação administrativa (Allgemeines Verwaltungsrecht, 1985, Rdnr. 440).

[48] Assim, expressamente BVerfGE 24, 367, 394: "A retirada e a perda jurídica e patrimonial, com isso efetuada – não, porém, a transferência do objeto retirado –, é a característica decisiva".

[49] BVerfGE 24, 367.

[50] BVerfGE 24, 367, 401 f.; 45, 297, 331 f.; comparar também *Dürig*, Verfassung und Verwaltung im Wohlfahrtsstaat, JZ 1953, 193, 194 Fn. 15.

separação, ordenada pelo princípio da divisão de poderes e pelo princípio do estado de direito, de regulação abstrato-geral (pelo dador de leis) e efetivação concreta (pelo executivo).[51] Com isso, é, simultaneamente, abreviada a proteção jurídica, sobretudo, então, quando se aceita com o tribunal constitucional federal, que o artigo 19 IV, da lei fundamental, vale somente para medidas administrativas, não para atos de dação de leis.[52] O tribunal constitucional federal chega, desses fundamentos, com razão, ao resultado que a desapropriação legal (enfeixada, por ele discutida), "segundo o sistema da lei fundamental, pode ser vista como admissível somente em casos estreitamente limitados".[53]

Se já existem contra desapropriações enfeixadas pelo dador de leis objeções relevantes com a conseqüência que elas, no máximo, excepcionalmente, são sustentáveis, então a admissibilidade de uma desapropriação legal concernente somente a um caso particular e, com isso, somente a uma pessoa particular deve ser negada absolutamente. Como o dador de leis não deve autorizar a uma tal desapropriação, ele também não pode fazê-la mesmo. O artigo 19 1, da lei fundamental, que expressa somente um princípio evidente, estatal-jurídico, não pode, com a referência a isto, que o artigo 14 III 2, da lei fundamental, admite desapropriações "por lei", ser suprimido; ao contrário, deve a "lei" do artigo 14 III 2, da lei fundamental, corresponder às exigências gerais à dação de leis, portanto, também ao artigo 19 I 1, da lei fundamental.[54]

b) *Desapropriação legal inautêntica*. Segundo a jurisprudência do tribunal constitucional federal, é possível que uma regulação de propriedade nova, vigente para o futuro, no sentido do artigo 14 I 2, da lei fundamental, simultaneamente, elimine posições jurídicas subjetivas, que foram adquiridas em virtude de direito vigente anteriormente, e, nesse sentido, atue desapropriadoramente.[55] Como, contudo, a retirada ou a diminuição de tais posições jurídicas, segundo a opinião do tribunal constitucional federal, somente *pode* ser uma desapropriação (-legal), portanto, nem sempre *é* desapropriação, mas também pode apresentar uma regulação de conteúdo e de barreira, coloca-se a questão, quando existe um e quando existe o outro. Na literatura, é sustentada a concepção, que, pelo menos, nesse âmbito da desapropriação legal, novamente, aparecem os velhos problemas da delimitação entre desapropriação e vinculação social e também o tribunal constitucional federal depende de pontos de vista valorativos (gravidade,

---

[51] Comparar para isso, *Maurer*, Der Verwaltungsvorbehalt, VVDStRL 43 (1985), 135, 157 ff.
[52] BVerfGE 24, 367, 401 f.; 45, 297, 333 f.
[53] BVerfGE 24, 367, 402 f.
[54] O tribunal constitucional federal deixou expressamente aberta a questão "se uma lei de desapropriação contra uma pessoa particular seria admissível", comparar BVerfGE 24, 367, 398; comparar, de resto, já supra, nota 35.
[55] BVerfGE 45, 297, 332 f.; 52, 1, 28; 58, 300, 331 f., 338, 348 ff.

profundidade, exigibilidade da intervenção, e assim por diante), o próprio tribunal constitucional federal, portanto, não pode sustentar seu conceito de desapropriação formal.[56] É falado de um "flanco aberto",[57] do "tendão de Aquiles da tentativa de formalização jurídico-constitucional".[58] Em consideração rigorosa mostra-se, contudo, que, no fundo, não se trata de um problema de desapropriação, mas de um problema de transferência. Quase todas as leis que regulam de novo um campo do direito ou também somente uma questão jurídica acertam em estados de coisas e posições jurídicas, que nasceram em virtude do direito antigo e em si ainda persistem. Isso vale não só para prescrições reguladoras de propriedade, mas também para prescrições jurídico-profissionais, jurídico-funcionalistas, jurídico-formacionais. Trata-se de um caso de "retroatividade inautêntica", que antigamente foi considerado sob o princípio da proteção à confiança derivado do princípio do estado de direito e da certeza jurídica e hoje, preponderantemente, é apreciado segundo os direitos fundamentais afetados, cada vez, mas sob inclusão dos princípios da proteção à confiança e da proporcionalidade.[59] O dador de leis deve, em uma regulação nova, também considerar as repercussões de sua regulação sobre as posições jurídicas e situações fáticas já existentes. Nisso, não se trata somente da alternativa, se os casos antigos devem ser incluídos na regulação nova ou se eles, ademais, apreciados segundo o direito mais antigo, mas também, e, sobretudo, da questão, se para os casos antigos devem ser adotadas regulações transitórias moderadas e flexíveis, por exemplo, ao serem prazos concedidos, abolição por graus prevista, regulações de inconveniência adotadas, auxílios de adaptação concedidos – e isto é uma outra possibilidade – indenização em dinheiro prestada.[60] Essas prescrições transitórias são, à medida que elas afetam a propriedade, como a regulação principal, determinações de conteúdo e de barreiras no sentido do artigo 4 I 2, da lei fundamental.[61] Por isso, a indenização, concedida nesse quadro, não é

---

[56] Assim, por exemplo, *Papier* (nota 28), Art. 14 Rdnr. 317; *Hendler*, DVBl. 1983, 879; *Schmidt-Aßmann*, JuS 1986, 836; *Schulze-Osterloh*, Entschädigungspflichtige Inhalts- und Schrankenbestimmung des Eigentums und Enteignung, NJW 1981, 2537, 2539; *Schwabe*, Die Enteignung in der neueren Rechtsprechung des Bundesverfassungsgerichts, JZ 1983, 273, 274; *Bryde* (nota 35), Art. 14 Rdnr. 54 (comparar também nota 61).

[57] Assim, *Bryde* (nota 35), Art. 14 Rdnr. 54.

[58] Assim, *Schmidt-Aßmann*, JuS 1986, 836.

[59] Comparar para isso, circunstanciado, *Maurer*, Kontinuitätsgewähr und Vertrauensschutz, in: *Isensee/Kirchhof*, Handbuch des Staatsrechts, Bd. III, 1988, S. 211, 235 ff., com mais indicações; [*nota do tradutor*: esse artigo encontra-se neste volume sob o número 3, infra] especialmente para as leis reguladoras de propriedade, BVerfGE 31, 275, 284 f., 289 f.; 36, 281, 292 ff.; 53, 257, 309 ff.; 58, 81, 120 ff.; 58, 300, 348 ff.; 70, 191, 201 ff.; 72, 9, 22 ff.

[60] Comparar para isso, *Dürig* (nota 10), Art. 3 I Rdnr. 222 (sob o ponto de vista do princípio da igualdade); *Stern*, Zur Problematik rückwirkender Gesetze, FS für Maunz, 1981, S. 389 ff.; *Maurer* (nota 59), S. 242 f., com mais indicações.

[61] Comparar para isso, também *Bryde* (nota 35), Art. 14 Rdnr. 55 que, todavia, apesar de seu início acertado, por fim, contudo, de novo, chega à desapropriação.

uma indenização de desapropriação, segundo o artigo 14 III, da lei fundamental, mas uma indenização, segundo o artigo 14 I 2, da lei fundamental, em união com o artigo 3 I, da lei fundamental, para a compensação de inconveniências particulares. Ela, em conformidade com isso, também não (somente) se orienta pelo valor do direito retirado, mas serve (também e sobretudo) ao vencimento das dificuldades causadas, dado o caso, pela regulação nova geral. Disso resulta que a "desapropriação legal inautêntica", em realidade, não é, no fundo, uma desapropriação, tão-pouco como, de resto, a retroatividade inautêntica é uma retroatividade.[62] As rupturas que a literatura descobriu na jurisprudência da desapropriação do tribunal constitucional federal (nenhuma renúncia a pontos de vista valorativos e travessias difusas entre desapropriação e vinculação social na desapropriação legal) não existem, portanto – sob esse aspecto –.

Que nesses casos não se trata de uma desapropriação autêntica, mostra também a relação dogmático-constitucional de regulação de propriedade e desapropriação. A desapropriação parte da existência e persistência da propriedade, segundo o artigo 14 I, da lei fundamental, e regula a retirada de posições jurídicas da propriedade, garantida pelo artigo 14 I, da lei fundamental.[63] Se a própria existência é modificada, então não mais se trata da desapropriação, segundo o artigo 14 III, da lei fundamental, mas de uma regulação de desapropriação, segundo o artigo 14 I 2, da lei fundamental.

c) *Resumidamente* deixa comprovar-se que para a desapropriação legal (autêntica) mal existe espaço. A extensão da desapropriação a leis durante o período de Weimar serviu à proteção perante o dador de leis. Essa função assume, contudo, já o artigo 14 I, da lei fundamental. O legislador da lei fundamental assumiu a "desapropriação por lei" sem mais reflexão com apoio na jurisprudência do tribunal imperial, uma vez que a expressão "por lei ou em virtude de uma lei", aliás, é uma fórmula corrente no âmbito dos direitos fundamentais. O artigo 14 III 2, da lei fundamental, não é, sob esse aspecto, obsoleto, contudo, limitado à desapropriação legal no sentido da "desapropriação enfeixada".

II. As limitações da propriedade na luz da garantia da propriedade

A redução do conceito de desapropriação leva à questão, como devem ser apreciadas as outras limitações de propriedade e prejuízos à propriedade (aqui, conscientemente formuladas ainda bem vagamente). O tribunal federal, sem dúvida, assumiu, entrementes, o conceito de de-

---

[62] O segundo senado do tribunal constitucional federal renuncia, em conformidade com isso, ultimamente ao conceito da retroatividade inautêntica, comparar BVerfGE 63, 343, 353 ff.; 72, 200, 241 ff.
[63] Comparar para isso, *R. Wendt*, Eigentum und Gesetzgebung, 1985, S. 324 f.

sapropriação estreito do tribunal constitucional federal.[64] Mas, com isso, mais além, os casos compreendidos pelo conceito de desapropriação amplo, as intervenções desapropriadoras e as intervenções iguais à desapropriação, ainda não estão resolvidos. Eles persistem, em todo o caso, como estado de coisas, de modo que somente ainda se pode pôr a questão, como eles devem ser apreciados jurídico-indenizatoriamente. O tribunal federal manifestou-se pela persistência da indenização por causa de intervenção desapropriadora e igual à desapropriação, mas não mais a baseia no artigo 14, da lei fundamental, mas na pretensão de sacrifício especial.[65] Essa associação *Dürig* já sugeriu em seu tratado publicado em 1954, todavia, limitada a intervenções jurídicas, enquanto ele, para intervenções antijurídicas, recusa uma indenização de sacrifício por falta de base jurídica suficiente.[66]

Mas, com isso, ainda não se escapa da questão do artigo 14, da lei fundamental. Porque cada limitação da propriedade deve-se deixar aferir pelo artigo 14, da lei fundamental. Se não existem os pressupostos do artigo 14 III, da lei fundamental, então o artigo 14 I, da lei fundamental, deve ser invocado. No que segue, deve, por isso, pelo menos, ainda concisamente, ser abordada a problemática da intervenção na propriedade do outro lado da desapropriação.

1. Repercussões admissíveis na propriedade e sua indenização

A propriedade não está dada ao direito, mas, como instituto jurídico, é primeiro criada e formada pelo direito. Em conformidade com isso, prevê o artigo 14 I 2, da lei fundamental, que conteúdo e barreiras da propriedade, portanto, aquilo que é "propriedade", são determinados pelo dador de leis. Ele, nisso, porém, não é livre, mas deve observar, por um lado, o reconhecimento fundamental da propriedade privada pelo artigo 14 I 1, da lei fundamental, e, por outro, a vinculação social da propriedade, segundo o artigo 14 II, da lei fundamental, e, nessa relação de tensão, o princípio da proporcionalidade, o princípio da proteção à confiança e o princípio da igualdade. Limitações, no quadro da determinação do conteúdo e de barreiras, o cidadão deve aceitar como expressão da vinculação social. Todavia, isso somente vale quando a regulação legal corresponde às exigências jurídico-constitucionais. Se isso não é o caso, ela é anticonstitucional e nula e os atos de efetivação, apoiados nisso, são antijurídicos. A antijuridicidade também não pode ser "sanada" pela concessão de uma indenização.

---

[64] Comparar BGHZ 99, 24, 28 f.; do mesmo modo, BVerwGE 77, 295, 297.
[65] Comparar para a intervenção igual à desapropriação, BGHZ 90, 17, 29 ff.; para a intervenção desapropriadora, BGHZ 91, 20, 26 ff.
[66] Comparar as indicações supra, nota 38.

O princípio da determinação da propriedade sem indenização, contudo, não vale sem exceção. Ele deve ser limitado para duas conjunturas de casos, que, aqui, devem ser designadas como casos transitórios e casos inconvenientes. Com os casos transitórios são consideradas as posições jurídicas discutidas já supra na desapropriação legal, que nasceram em virtude do direito mais antigo, mas agora são eliminadas ou limitadas por uma regulação nova relevante à propriedade. Eles não são, sem dúvida, como foi exposto, desapropriação legal (autêntica), mas exigem, dado o caso, uma regulação transitória moderada que, entre outras coisas, pode consistir também em uma indenização.

Um caso inconveniente existe quando uma lei reguladora de propriedade regula, de modo adequado jurídico-constitucionalmente, os casos típicos considerados pelo dador de leis para casos particularmente configurados e, com isso, atípicos, porém, traz um agravamento desmesurado e, sob esse aspecto, excede os limites jurídico-constitucionais. Exemplos formam a decisão do exemplar obrigatório do tribunal constitucional federal[67] e os casos de construção rodoviária, que, excepcionalmente, levam a perdas patrimoniais extraordinárias ou até à ruína de uma exploração de indústria e comércio confinante.[68] Esses "casos inconvenientes" cobrem-se com o "sacrifício particularmente não-exigível", mencionado por *Dürig*,[69] ou com a "intervenção desapropriadora", desenvolvida pelo tribunal federal, no último caso, pelos menos, então, quando se não o limita a conseqüências secundárias não-intencionadas, mas inclui também o agravamento compreendido, mas excepcionalmente desproporcional, pela finalidade da lei.[70] Quando existe um caso inconveniente nem sempre é comprovado facilmente. Leis abstrato-gerais levam, por causa de seu caráter tipificador, mais vezes a determinados inconvenientes no caso particular. Isso somente ainda não basta. É, ao contrário, necessário que ela leve a agravamentos particularmente graves, não mais cobertos pela vinculação social, em que a comparação com os casos típicos traz um indício importante. Esses casos inconvenientes devem ser amortizados pelo dador de leis. Ele *não precisa* indenizar, mas pode também adotar outras regulações, por exemplo, sacar o caso inconveniente da regulação geral ou

---

[67] BVerfGE 58, 137.

[68] Comparar para isso, BGHZ 57, 359, 365 f.; ademais, *Ossenbühl*, Staatshaftungsrecht, 3. Aufl. 1983, S. 108 ff.; *Nüßgens/Boujong* (nota 29), Rdnr. 106 ff., com mais indicações.

[69] *Dürig*, JZ 1954, 11 = Gesammelte Shriften, S. 123 f.

[70] Nesse sentido também deve ser entendido o tribunal federal. Segundo a sentença de princípio BGHZ 91, 20, 26 f., existe uma intervenção desapropriadora quando "uma medida soberana, em si jurídica, no afetado particular leva a desvantagens – em geral atípicas e imprevistas – que excedem o limite do exigível pelo direito de desapropriação". Não se precisa tratar, portanto, de "conseqüências secundárias", ainda que isso, muitas vezes, deveria ser o caso e, por isso, também, em geral, é incluído na definição (comparar por último BGHZ 102, 350, 361; BGH NVwZ 1988, 1066). As desvantagens ou conseqüências secundárias também não precisam ser "imprevistas", como resulta da definição geral e na BGH NJW 1986, 2423 f. particularmente é realçado.

criar outras facilitações. Sim, o dador de leis deve até preferencialmente tentar evitar o caso inconveniente. Somente quando isso não é possível ou, sob a observância da fixação de objetivos legislativa, não-sustentável, entra em consideração uma indenização. Disso resulta, simultaneamente, que é tarefa do dador de leis resolver a problemática mostrada pelo caso inconveniente. Ele não se pode subtrair dessa tarefa na esperança que a administração irá, em caso de necessidade, em virtude de uma condenação judicial, compensar eventuais casos inconvenientes por uma prestação de indenização, segundo o princípio do sacrifício geral. Também a indenização por intervenções desapropriadoras carece, segundo isso, de um fundamento legal,[71] ainda que as exigências à clausula de indenização não deveriam ser tão rigorosas como na desapropriação. Se ela falta ou se ela é insuficiente, então não pode ser indenizado "auxiliadoramente", mas a regulação legal é anticonstitucional à medida que o caso inconveniente não foi considerado.[72] Duvidoso é somente se em casos bem extraordinários, que não são previsíveis e também não são compreensíveis por uma cláusula de indenização até certo ponto substancial, vigente só complementarmente, pode ser renunciado à regulação de indenização legal e ser indenizado imediatamente em virtude do artigo 14 I, da lei fundamental, ou da pretensão de sacrifício geral.[73]

As regulações transitórias e de inconveniência correspondem-se, estruturalmente, no essencial. São, cada vez, prescrições determinadoras de conteúdo e de barreiras, segundo o artigo 14 I 2, da lei fundamental. A diferença reside somente nisto, que nos casos transitórios, trata-se de posições jurídicas existentes, afetadas pela regulação nova e, com isso, do problema da proteção à confiança, enquanto os casos inconvenientes afetam estados de coisas que se tornam relevantes ou podem tornar-se relevantes na aplicação futura da lei reguladora de propriedade e, por isso, devem ser esclarecidos não pelo princípio da proteção à confiança, que se refere ao existente, mas pelo princípio da proporcionalidade e pelo princípio da igualdade. Como, porém, todos os princípios (a proteção à confiança, a proporcionalidade e a igualdade) formam componente integral da garan-

---

[71] Na jurisprudência do tribunal federal isso ainda não está esclarecido, comparar, por exemplo, BGH NJW 1986, 2423; BGHZ 102, 350, 361 ff.; a decisão, mencionada por último, concerne, todavia, à indenização por danos à floresta e, com isso, a um manifestamente caso especial. As faltas de clareza também devem ser reconduzidas a isto, que a relação de intervenção desapropriadora e determinação de conteúdo obrigado à compensação ainda não está determinada (trata-se de dois conceitos correspondentes, de dois lados de uma medalha).

[72] Em conformidade com isso, também o tribunal constitucional federal, no caso-exemplar obrigatório, não conferiu uma indenização, mas comprovou a anticonstitucionalidade, comparar BVerfGE 58, 137, 152.

[73] Isso não pode aqui ser perseguido mais. Deveria ser esclarecido (1) se tais casos, no fundo, ocorrem e de qual tipo são, (2) se eles formam uma parte inseparável da regulação total e (3) se a intervenção baseada nisso é indispensável. Quando esses pressupostos existem, entra em consideração o artigo 14 I, da lei fundamental, ou, se isso perturba, a pretensão de sacrifício geral como fundamento de uma cláusula de indenização de reserva supralegal, de certo modo.

tia da propriedade, eles não se distanciam do artigo 14 I, da lei fundamental, mas aguçam a perspectiva para a solução do problema no quadro dessa prescrição constitucional.

Nessa conexão, também deve ser vista a figura jurídica da determinação do conteúdo, obrigado à compensação ou obrigado à indenização, da propriedade, que foi desenvolvida há alguns anos e, entrementes, em grande medida, encontrou reconhecimento.[74] Ela corresponde – ainda que considerada de outro lado – aos casos inconvenientes aqui discutidos e, com isso, também às intervenções desapropriadoras no sentido da jurisprudência do tribunal federal. Com isso, tornam-se, simultaneamente, também claros os seus limites. Ela não dá ao dador de leis a possibilidade de comprar, de certo modo, limitações da propriedade, que não mais estão cobertas pelo artigo 14 I II, da lei fundamental, ao ele prestar indenização e, com isso, pelo menos, compensa a limitação com relação ao valor. Com isso, a garantia da existência da propriedade, que está no primeiro plano, iria ser iludida. Uma compensação financeira entra em consideração, fundamentalmente, somente nos casos excepcionais mencionados (casos inconvenientes, casos transitórios), e também lá, somente então, quando, em ponderação de todos os pontos de vista determinantes no quadro do artigo 14 I, da lei fundamental, essa solução oferece-se como "recurso". No caso do exemplar obrigatório, esses pressupostos devem ser afirmados: corresponde, certamente, ao interesse público (e, de resto, também ao interesse do editor) que de *todas* as novidades literárias um exemplar de prova seja dado a uma biblioteca central para garantir uma visão de conjunto sem lacunas sobre a produção de livros total para a atualidade e o futuro; o agravamento particular, disso resultante, com respeito a livros produzidos dispendiosamente e em edição menor, pode e deve ser compensado por uma indenização.

2. *Prejuízos à propriedade antijurídicos*

Intervenções ou prejuízos da propriedade são antijurídicos quando eles não se deixam apoiar em uma regulação de conteúdo e de barreiras legal, no sentido do artigo 14 I 2, da lei fundamental, ou em uma regulação de desapropriação, no sentido do artigo 14 III 2, da lei fundamental, ou quando isso é, sem dúvida, o caso, mas o fundamento legal, por sua vez, é anticonstitucional. Uma intervenção, intencionada como determinação de conteúdo, mas não-coberta pelo artigo 14 II, da lei fundamental, na

---

[74] Primeiro, *Schulze-Osterloh*, Das Prinzip der Eigentumsopferentschädigung im Zivilrecht und im öffentlichen Recht, 1980, S. 235 ff., 275 ff.; *dies.* NJW 1981, 2543 ff.; ademais – não nessa terminologia, mas na matéria –, BVerfGE 58, 137, 150 ff.; em seguimento a isso, BVerwGE 77, 295, 297 f.; BGHZ 102, 350, 359 f.; *Nüßgens/Boujong* (nota 29), Rdnr. 339 f., com mais indicações na nota 42; recusador, *Papier* (nota 28), Art. 14 Rdnr. 283 ff.; *J. Ipsen*, Neuere Entwicklungen der Eigentumsdogmatik, in: Recht und Wirtschaft (Osnabrücker Rechtswissenschaftliche Abhandlungen, Bd. 1), 1985, S. 129, 143 ff.

propriedade não se transforma em uma desapropriação obrigada à indenização, mas é, simplesmente, antijurídica.[75]

A violação dos direitos de propriedade, garantidos no artigo 14, da lei fundamental, pode levar a reações diferentes, que são empregáveis em uma graduação: (1) defesa da intervenção na propriedade, (2) correção das conseqüências da intervenção, quando a defesa, por fundamentos jurídicos ou fáticos, não ou não mais intervém energicamente, (3) ressarcimento para o retirado, embora a correção não mais seja possível. Se o artigo 14 I, da lei fundamental, deve garantir realmente uma proteção da propriedade efetiva, então não se pode ficar parado no primeiro grau, mas deve, quando nesse nenhuma remediação é possível, continuar conseqüentemente para salvar o que deve ser salvo. Todas as três modalidades de reação têm a sua base jurídica no artigo 14 I, da lei fundamental, mas carecem, segundo tipo e conseqüências jurídicas, em seus pormenores, ainda da formação e precisação no plano do direito ordinário.

Que o proprietário, em prejuízo de sua propriedade, tem pretensões de omissão e de eliminação, apoiadas no artigo 14 I, da lei fundamental, é indiscutível, embora existam ainda dúvida e faltas de clareza referentes à classificação dogmático-jurídica e formação técnico-jurídica.[76] Essas pretensões servem à defesa de intervenções estatais e, com isso, à manutenção da existência concreta da propriedade na mão do particular. Isso vale também para oposições e demandas de impugnação contra atos administrativos, que intervêm na propriedade, uma vez que, com a sua anulação, a intervenção é eliminada.[77]

A correção no segundo grau é então necessária, quando a intervenção realiza-se e a propriedade realmente foi retirada ou limitada. Isso ocorre com auxílio da pretensão de eliminação das conseqüências que, pela literatura e jurisprudência, nos últimos decênios foi desenvolvida e formada circunstanciadamente.[78] Ela visa ao reestabelecimento do estado fático, que existiu antes da intervenção antijurídica, portanto, por exemplo, à devolução do objeto retirado ou à eliminação da instalação pública estabelecida em um terreno privado. Segundo opinião hoje predominante e acertada, a pretensão de eliminação das conseqüências tem o seu fundamento nos direitos fundamentais, em intervenções na propriedade, por-

---

[75] Comparar BVerfGE 52, 21, 27; 58, 300, 320.
[76] Comparar para isso, esclarecedor *Laubinger*, Der öffentlich-rechtliche Unterlassungsanspruch, VerewArch. Bd. 80 (1989), 261 ff.
[77] Também a demanda de impugnação apresenta, em princípio, uma demanda de defesa, uma vez que ela leva à anulação do ato administrativo que retira a propriedade. Se o ato administrativo – como provisoriamente executável – já foi efetivado e, com isso, a propriedade retirada, intervém adicionalmente a pretensão de eliminação das conseqüências, a ser discutida em seguida.
[78] Comparar BVerwGE 69, 366, 368 f.; ademais, da literatura abundante, por último, *Schoch*, Folgenbeseitigung und Wiedergutmachung im Öffentlichen Recht, VerwArch. Bd. 79 (1988), 1 ff., com indicações amplas.

tanto, no artigo 14 I, da lei fundamental.[79] Muitas vezes, ela é apoiada no princípio do estado de direito e no artigo 20 III, da lei fundamental,[80] para ganhar uma base mais ampla, o que, porém, em todo o caso, para o âmbito que aqui interessa, não significa uma diferença essencial, uma vez que o princípio do estado de direito é concretizado pelos direitos fundamentais e convertido em direitos subjetivos, prescindindo totalmente disto, que as fundamentações diferentes dessa pretensão não se excluem reciprocamente, mas complementam.

Quando as pretensões de defesa e de correção não mais são eficazes, deve ser concedido ressarcimento (indenização). Somente então, quando também se está disposto a dar esse outro passo, é concedida proteção aos direitos fundamentais de valor inteiro no âmbito da propriedade. Indenização não é ressarcimento de dano; ela não deve, como esta, pôr o prejudicado assim como ele estaria se o acontecimento prejudicial não se tivesse produzido, mas substituir e compensar aquilo que foi retirado. Pela indenização, o afetado deve ser posto em condições de readquirir um objeto de mesmo valor ou um direito de mesmo valor, pelo menos, porém, ficar conservado sua existência do patrimônio. Nesse sentido, o tribunal federal desenvolveu e moldurou, circunstanciadamente, a indenização para intervenções iguais à desapropriação.[81] Ele, inicialmente, apoiou-a – muito estreitamente – no artigo 14 III, da lei fundamental, o que levou a irritações, mais tarde, contudo, apoiou genericamente no artigo 14, da lei fundamental.[82] Somente depois da decisão de abolição de saibro que afeta a água subterrânea, do tribunal constitucional federal, ele escolheu a pretensão de sacrifício geral.[83] Isso, contudo, não foi necessário, nem sequer correto.[84] A pretensão de indenização por causa de intervenção igual à desapropriação tem – como as pretensões de defesa e a pretensão

---

[79] Assim, *Weyreuther*, Empfiehlt es sich, die Folgen rechtswidrigen hoheitlichen Verwaltungshandelns gesetzlich zu regeln? Gutachten B zum 47. DJT, 1968, S. 90; *Papier*, Münchener Kommentar zum BGB, 2. Aufl. 1986, § 839 Rdn. 78; *ders*., in: *Maunz/Dürig*, Art. 34 GG (1978) Rdnr. 58; *Bender*, Zum Recht der Folgenbeseitigung, VBlBW 1985, 201, 202; *M. Redeker*, Was beseitigt der Folgenbeseitigungsanspruch? DÖV 1987, 194, 196 f.; *Schoch* (nota 78), S. 34 ff., BVwerG DÖV 1971, 857, com nota de *Bachof*.

[80] Assim, BVerwGE 69, 366, 370.

[81] *Dürig* dirigiu-se multiplamente contra a jurisprudência do tribunal federal sobre a intervenção igual à desapropriação, comparar, sobretudo, JZ 1955, 522 ff.; *Maunz/Dürig*, Art. 3 I Rdnr. 61 ff. Nisso, trata-se para ele, sobretudo, de pontos de vista político-jurídicos, como mostram suas alusões dignas de serem tomadas em consideração, que nosso estado não é e não deveria ser nenhum estado de assistência e nenhuma instituição de seguros geral, que o estado não pode e não deve tomar do cidadão o risco de vida geral, que justamente no estado de direito social o cidadão não só deveria fazer valer pretensões perante o estado, mas, às avessas, também o estado pode colocar esperanças e exigências a seus cidadãos, que fazem parte da liberdade também o risco e a auto-responsabilidade.

[82] Comparar, por exemplo, BGHZ 6, 270, 290 f.; 7, 296, 298; 15, 268, 285; 32, 208, 212; 55, 229, 231; 76, 387, 393 f.; 81, 21, 32 ff.

[83] BGHZ 90, 17, 29 ff.; 102, 350, 357.

[84] Assim, acertadamente *Kreft*, Die Eigentumsgarantie und verfassungsrechtliche Entschädigungspflichten, FS für Willi Geiger, 1989, S. 401, 408 ff.; como o escrito comemorativo foi publicado somente depois da conclusão do manuscrito, não mais puderam ser considerados esse tratado, assim como os outros tratados correspondentes desse escrito comemorativo de *Krohn, Boujong, Kröner* e *Ossenbühl*.

de eliminação das conseqüências – seu fundamento jurídico no artigo 14 I, da lei fundamental.[85]

As pretensões dos graus distintos estão em uma relação de subsidiariedade. O afetado deve tentar, no grau inferior, repelir o dano ou mantê-lo pequeno, antes de ele ir para o próximo grau. Se ele perde isso culposamente, então, também, não entram em consideração as pretensões das conseqüências. Isso resulta para atos administrativos já de sua força de existência e efeito do tipo.[86] Nessa conexão, também se torna atual a decisão-abolição de saibro que afeta a água subterrânea, do tribunal constitucional federal,[87] cujo sentido e ganho, sobretudo, reside nisto, ter mostrado a primazia da proteção de existência e, com isso, da proteção jurídica primária. O tribunal constitucional federal quer intensificar a proteção da propriedade e impedir que a anticonstitucionalidade de leis de desapropriação seja ignorada e iludida por concessão de indenização. Com isso, é assegurada, simultaneamente, a competência do controle normativo do tribunal constitucional federal nesse âmbito; o cidadão é, de certo modo, "empregado" e, por recusa do chamado direito de escolha, "coagido" à demanda contra a intervenção na propriedade antijurídica, que, por sua vez, pode continuar, por uma apresentação judicial ou um recurso constitucional, para o tribunal constitucional federal. O proprietário afetado pode, contudo, somente então ser remetido à proteção jurídica primária, quando essa é possível e exigível e sua perda não é censurável. Isso vale para desapropriações antijurídicas do mesmo modo como para determinações de conteúdo antijurídicas. Se fosse diferente, a proteção da propriedade, nesses casos, iria reverter, em desvantagem ao cidadão, em seu contrário.

---

[85] A relação para com a responsabilidade administrativa aqui não pode ser discutida mais, mas deve ficar reservada a uma investigação particular. Deve ser observado somente ainda, que se pode avaliar o artigo 34, da lei fundamental, não só como norma de transferência de responsabilidade (deslocamento da pretensão jurídico-civil contra o funcionário ao estado). Ele está, ao contrário – como componente do princípio do estado de direito –, em conexão com os direitos fundamentais e artigo 19 IV, da lei fundamental, e forma, juntamente com eles, um sistema de proteção jurídica uniforme, escalonado. Ele, por isso, não se opõe à indenização por intervenções antijurídicas do estado nos direitos do cidadão, mas apóia-a ainda. Nessa direção aponta também a responsabilidade por intervenção nos direitos fundamentais da – declarada anticonstitucional somente de fundamentos jurídicos de competência – lei de responsabilidade do estado (§ 2 II StGH), comparar para isso, *Maurer*, Zum neuen Staatshaftungsgesetz, Die Verwaltung Bd. 16 (1983), 45, 54 ff.

[86] Isso é reconhecido genericamente para a pretensão de eliminação das conseqüências (comparar, por exemplo, BVerwGE 28, 155, 163), porém, nas pretensões por causa de intervenção igual à desapropriação, curiosamente, mal é observado; comparar para isso, também *Papier* (nota 79), § 839 Rdnr. 81.

[87] BVerfGE 58, 300.

— 3 —

Garantia de continuidade e proteção à confiança*

Sumário: A. Delimitação e classificação; I. Delimitação de garantia de continuidade e proteção à confiança; II. Desenvolvimento da idéia de proteção à confiança; III. Classificação geral da proteção à confiança; B. Proteção à confiança no âmbito da dação de leis; I. Problemática; II. Conceito de "retroatividade"; 1. Jurisprudência do tribunal constitucional federal; 2. Tomada de posição; III. Proibição da retroatividade (autêntica); 1. Desenvolvimento; 2. Fundamentos e problemática da proteção à confiança; IV. Exceções da proibição de retroatividade em seus pormenores; 1. Exceções segundo a jurisprudência do tribunal constitucional federal; 2. Orientação das exceções da proibição de retroatividade em critérios materiais; 3. Proibições de retroatividade absolutas; V. Proteção à confiança na influência de leis sobre fatos e relações jurídicas existentes; (retroatividade inautêntica); 1. Problemática geral; 2. Fundamentos da proteção à confiança; 3. Ponderação e regulações de transferência; VI. Proteção à confiança e modificação de leis para o futuro; 1. Nenhuma proteção à confiança, mas garantia de continuidade; 2. Autovinculação do dador de leis; VII. Leis-medida; C. Proteção à confiança no âmbito da administração; I. Proteção à confiança e ato administrativo; 1. Retratação de atos administrativos; 2. Revogação de atos administrativos; 3. Redução da proteção à confiança por relativização do ato administrativo; II. Proteção à confiança e outra atuação administrativa; 1. Promessa da autoridade; 2. Informação da autoridade; 3. Contrato jurídico-administrativo; 4. Prescrições administrativas; 5. Atuação administrativa fática; 6. Responsabilidade administrativa; D. Proteção à confiança no âmbito da jurisprudência; I. Coisa julgada; II. Vinculação e modificação da jurisprudência; 1. Vinculação dos tribunais inferiores à jurisprudência judicial superior?; 2. Vinculação dos tribunais supremos à sua própria jurisprudência?; 3. Modificação da jurisprudência retroativa; E. Observações finais; F. Bibliografia

A. Delimitação e classificação

I. Delimitação de garantia de continuidade e proteção à confiança

O direito somente pode cumprir sua tarefa como fator de ordem da vida social e estatal, se ele está apoiado em constância e durabilidade. A dimensão do tempo é um elemento essencial do direito. Ela proporciona-lhe, todavia, também um traço conservador. O dador de leis que se torna ativo na atualidade promulga, sem dúvida, regulações para o futuro, refere-se, nisso, porém, forçosamente, a suas experiências e conhecimentos

1

---

* Este artigo encontra-se publicado em Kirchhof, Paul/Isensee, Josef (Hg.). Handbuch des Staatsrechts. 3 Aufl., Band IV (Aufgaben des Staates). Heidelberg: C. F. Müller Verlag, 2006, S. 395 ff. Título no original: Kontinuitätsgewähr und Vertrauensschutz. Primeira edição: 1992.

obtidos no passado. Mesmo quando suas prognoses acertam e encontram regulações adequadas, elas, porém, serão superadas com o tempo. Se o direito não deve perder seu relacionamento com a realidade e, com isso, perder sua força de validez, então ele deve reagir sobre novos desenvolvimentos, sim, até, dado o caso, tentar influenciá-los. O componente temporal do direito é, assim, de natureza ambivalente. Ele pede conservação, mas também alteração. O direito está em relação de tensão de estabilidade e flexibilidade, de tradição e inovação.

2   A lei fundamental acolhe essa relação de tensão. O estado, como as prescrições jurídico-constitucionais sobre a dação de leis comprovam, tem o direito de e está obrigado à dação de leis. Como hoje quase todos os âmbitos são regulados legalmente e mal ainda existe campo novo legal, dação de leis significa, sobretudo, modificação de lei.[1] O dador de leis pode adotar nas regulações novas, fundamentalmente, segundo suas idéias políticas. Nisso ele, porém, não é completamente livre, mas tem – como dador de leis responsável objetivamente – de considerar as condições e carências fáticas de seu tempo e – como dador de leis vinculado jurídico-constitucionalmente – de observar as regulações formais do procedimento de dação de leis, assim como as vinculações materiais da constituição (direitos fundamentais, princípios constitucionais gerais). Disso fazem parte também os princípios que concernem à travessia do velho para o novo direito, ou seja, a garantia da continuidade e a proteção à confiança.[2] Eles estão, na relação de tensão intertemporal, do lado da estabilidade, tradição e conservação.

3   A garantia da continuidade não visa à existência do direito uma vez dado; ela parte, ao contrário, do desenvolvimento do direito, mas pede que ele resulte "contínuo", ou seja, constante e conseqüente, sob evitação de modificações abruptas, a saltos ou discordantes. Isso pode, excepcionalmente, também uma vez levar à omissão ou à retardação de uma modificação jurídica e, com isso, à persistência temporária de regulações determinadas ou institutos jurídicos determinados. Uma garantia de continuidade absoluta, de certo modo, barrante, que somente quer assegurar o tornado no trâmite do desenvolvimento, contudo, não pode existir. A garantia da continuidade é ajustada relativamente, ao ela orientar-se nos dados jurídicos e fáticos e evoluir esses espontaneamente em conformidade com as concepções de objetivos políticos agora determinantes.

4   O princípio da proteção à confiança parte da perspectiva do cidadão. Ele exige que sua confiança na existência de regulações estatais e na segurança de atuação estatal, às quais suas esperanças e disposições se referem, seja considerada. Seu objetivo não é somente a evolução contínua do

---
[1] Comparar *Paul Kirchhof*, Der allgemeine Gleichheitssatz, in: HStRV, ²2000, (¹1992), § 124 Rn. 139; *ders.*, Gleichheit in der Funktionenordnung, ebd., § 125 Rn. 50 f.
[2] → Bd. II, *Schmidt-Aßmann*, § 26 Rn. 81.

direito, mas a persistência de atos jurídicos estatais, pelo menos, porém, a promulgação de regulações transitórias moderadas ou a concessão de indenização compensadora no caso de desvio. A proteção à confiança apresenta, com isso, até um determinado grau, a correspondência subjetiva à garantia de continuidade objetiva. Ambas limitam os poderes de atuação estatais ao carril do tempo. Mas eles também se distiguem. A garantia de continuidade concerne à estrutura do direito e da modificação jurídica, a proteção à confiança forma uma garantia de existência no interesse do cidadão; a garantia de continuidade canaliza, a proteção à confiança barra. Mas, justamente, esse efeito de barreira também chama a atenção sobre isto, que esta não pode valer absolutamente, mas deve ser sincronizada com o interesse de modificação do estado e da comunidade.

Enquanto a proteção à confiança, nos últimos decênios, experimentou uma ascensão decididamente muito rápida e, na literatura, foi discutida pormenorizadamente,[3] a garantia de continuidade permaneceu pálida longo tempo, mas, nos últimos anos, obteve contornos por publicações mais recentes.[4] Ocasionalmente, ela também é empregada argumentativamente no quadro de princípios de direito gerais, especialmente, da certeza jurídica, e em conexão com a proteção à confiança, mencionada. Se a proteção à confiança, contudo, na prática e na literatura está no primeiro plano, então isso tem a sua causa, de uma parte, na subjetivação e processualização de nosso direito constitucional,[5] de outra parte, porém, também, no temor compreensível de invocar a garantia de continuidade, muito geral e pouco estruturada, como critério para a validez de atos jurídicos estatais.

5

---

[3] Comparar, por exemplo, *Fritz Ossenbühl*, Vertrauensschutz im sozialen Rechsstaat, in: DÖV 1972, 25 ff.; *Walter Leisner*, Das Gesetzesvertrauen des Bürgers, in: FS für Friedrich Berber, 1973, S. 273 ff.; *Eberhard Grabitz*, öffentlichen Recht, in: JuS 1973, 529 ff.; *Gunter Kisker/Günter Püttner*, Vertrauensschutz im Verwaltungsrecht, in: VVDStRL 32, (1974), S. 149 ff.; *Volkmar Götz*, Bundesverfassungsgericht und Vertrauensschutz, in: FG-BVerfG, Bd. II, S. 421 ff.; *Hans Huber*, Vertrauensschutz – Ein Vergleich zwischen Recht und Rechtsprechung in der Bundesrepublick und in der Schweiz, in: FG zum 25jährigen Bestehen des Bundesverwaltungsgerichts, 1978, S. 313 ff.; *ders.*, Vertrauen und Vertrauensschutz im Rechtsstaat, in: FS für Werner Kägi, 1979, S. 193; *Klaus Lange*, Probleme des Vertrauensschutzes im Verwaltungsrecht, in: WiVerw 1979, S. 15 ff.; *Bodo Pieroth*, Rückwirkung und Übergangsrecht, 1981; *Beatrice Weber-Dürler*, Vertrauensschutz im öffentlichen Recht, 1993; *Richard Novak*, Vertrauensschutz und Verfassungsrecht, in: FS für Karl Wenger, 1983, S. 159 ff.; *Klaus Vogel*, Rechtssicherheit und Rückwirkung zwischen Vernunftrecht und Verfassungsrecht, in: JZ 1988, S. 833 ff.; *Gerd Roellecke*, Vertrauensschutz als Rechtskritik, in: FS für Peter Schneider, 1990, S. 409 ff.; *Josef Isensee*, Vertrauensschutz für Steuervorteile, in: FS für Franz Klein, 1994, S. 611 ff.; *Martin Bullinger*, Vertrauensschutz im deutschen Verwaltungsrecht in historisch-kritischer Sicht, in: JZ 1999, S. 905 ff.; *Hermann-Josef Blanke*, Vertrauensschutz im deutschen und europäischen Verwaltungsrecht, 2000; *Kyrill-A. Schwarz*, Vertrauensschutz als Verfassungsprinzip, 2002; *Heinz-Jürgen Pezzer* (Hg.), Vertrauensschutz im Steuerrecht, 2004 (com contribuições correspondentes de autores distintos). Comparar, ademais, ainda a literatura para com os âmbitos de direito particulares, infra nota 25, 338.

[4] Comparar, sobretudo, *Anna Leisner*, Kontinuität als Verfassungsprinzip, 2002; ademais, *Paul Kirchhof*, Rückwirkung von Steuergesetzen, in: StuW 2000, S. 221 (222, 224, 227); *Dieter Birk*, Kontinuitätsgewähr und Vertrauensschutz, in: Pezzer (N 3), S. 9 ff.; de tempo mais antigo, *Michael Kloepfer*, Gesetzgebung im Rechtsstaat, in: VVDStRL 40 (1982), S. 63 (83 ff.), com mais indicações; crítico, *Franz-Joseph Peine*, Systemgerechtigkeit, 1985, S. 239 ff.

[5] Ver infra, número de margem 43.

II. Desenvolvimento da idéia de proteção à confiança

A proteção à confiança foi, sem dúvida, já outrora mencionada ocasionalmente na literatura[6] e influenciou, certamente, conforme o objeto, também a disposição de direito e prática jurídica. Como princípio de direito independente, ela, porém, somente depois da segunda guerra mundial foi descoberta e invocada tanto para a solução de questões jurídicas particulares como para a fundamentação de institutos jurídicos inteiros.

O início, fez, nos anos 1950, a jurisprudência dos tribunais administrativos, especialmente, o tribunal administrativo federal, que concebeu o princípio da proteção à confiança para a limitação da retratação de atos administrativos beneficentes antijurídicos e, disso, desenvolveu uma doutrina da retratação nova. Seguiu-se a jurisprudência do tribunal constitucional federal que, inicialmente, empregou a proteção à confiança para a limitação da retroatividade de leis, mas então, também em escala maior, para a vinculação da dação de leis. Ademais, a proteção à confiança aparece na discussão sobre a revogação de atos administrativos, a vinculatividade de declarações e informações da autoridade, a eficácia de contratos administrativos antijurídicos, o efeito externo de prescrições administrativas e a vinculação da administração à sua própria prática, a determinação da propriedade, responsabilidade administrativa, a fundamentação de uma pretensão de garantia do plano e a limitação da retroatividade em modificação da jurisprudência judicial superior.

É digno de atenção que, como essa enumeração mostra, o princípio da proteção à confiança, inicialmente, foi desenvolvido e formado circunstanciadamente pela jurisprudência. A literatura seguiu, ao ela, em parte, referir e acompanhar a jurisprudência, em parte, tratar aprofundadamente o princípio da proteção à confiança em alguns âmbitos do direito e, em parte, seguir os fundamentos da proteção à confiança.[7] O ceticismo inicial ou até recusa da proteção à confiança diminuiu amplamente.[8] Mas também a euforia inicial, que encontrou expressão na fórmula da "marcha triunfal do princípio da proteção à confiança",[9] cedeu a uma consideração

---

[6] Comparar, por exemplo, Carl von Savigny, System des heutigen römischen Rechts, Bd. VIII, 1849, S. 390 ("confiança no domínio das leis existentes"); Georg Jellinek, Allgemeine Staatslehre, ³1913, S. 369 f. ("confiança na inviolabilidade do ordenamento jurídico"); Max Rümelin, Die Rechtssicherheit, 1924, S. 17 ff. (S. 19: O "interesse da confiança [...] põe-se em movimento quando a um ato estatal, apesar da falta dos pressupostos, sob os quais ele poderia ter sido promulgado, por causa da confiança nele fixada, junta-se eficácia."); Hans Peter Ipsen, Widerruf gültiger Verwaltungsakte, 1932, S. 93 ff., com mais indicações.

[7] Comparar as indicações na nota 3.

[8] Ele concernia, sobretudo, à retratação de atos administrativos beneficentes antijurídicos, comparar Ernst Forsthoff, Lehrbuch des Verwaltungsrechts, ¹⁰1973, S. 262 f., e ultimamente, outra vez – todavia, ideologicamente um pouco antiquado –, Bullinger (N 3), S. 905 ff.; comparar, ademais, para isso, infra, número de margem 89 e seguintes.

[9] Comparar Ossenbühl (N 3), S. 27; Püttner (N3), S. 207, 209, 211; Rudolf Mellinghoff, Vertrauen in das Steuergesetz, in: Pezzer (N 3), S. 25 (26). Simultaneamente foi, todavia, também advertido de uma

sóbria. O tema, porém, permaneceu na ordem do dia. Ele até ganhou, pela proteção à confiança no direito comunitário europeu e suas conseqüências para o direito alemão, uma dimensão mais ampla.[10]

Enquanto o princípio da proteção à confiança, no âmbito da dação de leis, hoje tanto como antes, é determinado pela jurisprudência do tribunal constitucional federal, a jurisprudência do tribunal administrativo federal sobre retratação de atos administrativos beneficentes antijurídicos do dador de leis – todavia, com certas modificações – foi recepcionada nas leis de procedimento administrativo.[11] A "proteção à confiança" encontrou aceitação, com isso, até expressis verbis, no direito legislado. Ademais, encontram-se nessa, como também em outras leis, regulações que, sem dúvida, não mencionam expressamente a proteção à confiança, mas dela partem e a formam circunstanciadamente.[12] Em contrapartida, pela regulação legal de alguns institutos jurídicos, especialmente da promessa da autoridade e do contrato administrativo, o recurso até agora ao princípio da proteção à confiança geral tornou-se supérfluo.[13]

Se o ponto de vista da proteção à confiança justamente nos últimos decênios foi descoberto e desenvolvido, então isso tem a sua causa, por um lado, no alargamento e dinâmica da atividade estatal e, por outro, na vinculação do estado, jurídico-constitucionalmente intensificada, com a proteção do cidadão.[14] As condições da sociedade industrial e de massa moderna provocam o estado progressivamente para a atividade no âmbito econômico e social. Nisso, ele mal pode ainda – como antigamente – referir-se a idéias de ordem dadas ou reconhecidas universalmente, mas deve criar uma compensação entre os interesses e concepções divergentes e reagir convenientemente às modificações, que se efetivam rapidamente, no âmbito social, econômico e técnico. O cidadão está defronte de uma entrelaçadura, que se torna sempre mais estreita, de regulações e medidas estatais que se modificam muitas vezes. Como ele, em sua configuração de vida pessoal e sua atuação econômica, precisa orientar-se nessas regulações e medidas, ele tem um interesse elementar que suas esperanças e disposições, referentes a isso, não sejam cruzadas e desvalorizadas por modificações inesperadas, talvez até retroativas. A proteção à confiança deve proporcio-

---

superação, comparar *Ossenbühl* (N 3), S. 36.

[10] Comparar *Blanke* (N 3), S. 145 ff.; *Schwarz* (N 3), S. 376 ff.; *Klaus Dieter Borchardt*, Der Grundsatz des Vertrauensschutzes im Europäischen Gemeinschaftsrecht, 1988.

[11] Comparar § 48, alínea 2, da lei do procedimento administrativo; ademais – amplamente idêntico – §§ 130 e seguintes, da ordenação de tributos e §§ 44 e seguintes, do código social X.

[12] Assim, por exemplo, § 49, da lei do procedimento administrativo, referente à revogação de atos administrativos.

[13] § 38 e §§ 54 e seguintes, da lei do procedimento administrativo.

[14] Para isso e para o seguinte, *Ossenbühl* (N 3), S. 25 ff.; *Joachim Burmeister*, Vertrauensschutz im Prozeßrecht, 1979, S. 7 ff.; *Josef Isensee*, Der Sozialstaat in der Wirtschaftskrise, in: FS für Johannes Broermann, 1982, S. 365 ff.

nar a ele segurança e garantir o que ele obteve. Enquanto, em virtude do incremento econômico, a capacidade de prestação do estado e dos grupos, utilizados por ele no processo de redistribuição, cresceu progressivamente, novas pretensões e carências puderam ser cumpridas, no essencial, sem prejuízo dos estados de posse já obtidos. Em tempos de estagnação econômica ou até de retrocesso econômico, em tempos, portanto, nos quais a massa de distribuição não cresce, mas, antes, baixa, isso não ou só limitadamente se deixa sustentar, sim, devem, dado o caso, até, com vista à justiça social, estados de posse existentes ser abolidos. A proteção à confiança converte-se, com isso, em um conceito-chave de compensação estatal.

10 A expansão da idéia de proteção à confiança foi, sem dúvida, também fomentada pela lei fundamental, que pôs a relação-cidadão-estado em uma nova base. O cidadão não é mais mero objeto de atuação estatal, mas deve, como sujeito com direitos próprios, ser levado a sério. Os órgãos estatais são vinculados não só pelos princípios objetivos do estado de direito social, mas têm de observar e fomentar os interesses, assegurados jurídico-fundamentalmente, do cidadão.

III. Classificação geral da proteção à confiança

11 Confiança e proteção à confiança tornam-se relevantes em conexões muito diferentes, contudo, outra vez, entrelaçadas uma com a outra. Em perspectiva ético-social, elas formam um pilar de fundamento essencial da vivência em comum social e pessoal que, sem uma medida mínima de confiança humana recíproca, não seria suportável, sim, até, nem sequer possível. Em perspectiva político-estatal, a confiança é uma condição fundamental da ordem democrática liberal.[15] Porque essa ordem pressupõe ("confia nisto") que a maioria bem preponderante dos cidadãos afirma a constituição liberal e a defende, que partidos políticos concorrentes existem, que lutam, sem dúvida, pelo poder, mas, nisso, seguem as regras do jogo democráticas e após o final do seu mandato democrático, limitado temporalmente, estão dispostos a abandonar o poder outra vez, que os juízes cumprem suas tarefas jurisdicionais independente no sentido da vinculação rigorosa ao direito. Ela pode, sem dúvida, montar asseguramentos para a sua conservação, mas, por fim, baseia-se na aprovação livre de seus cidadãos e titulares de um cargo. A proposição, muito citada, "confiar é bom, controle é melhor" não deve enganar acerca disto, que controle pode, sem dúvida, impedir ou eliminar inconvenientes particulares, não, porém, substituir o consenso fundamental necessário.

---

[15] Comparar *Josef Isensee*, Grundrechtsvoraussetzungen und Verfassungserwartungen an die Grundrechtsausübung, in: HStR V, ²2000 (¹1992), § 115, Rn. 3, 163 ff., 222 ff.

Em perspectiva jurídica, o princípio da confiança é um traço funda- 12
mental do ordenamento jurídico total. O direito fundamenta, em virtude
de sua vinculatividade formal e aceitação material, certeza jurídica (certeza pelo direito) e, com isso, proteção à confiança. O cidadão pode contar
com isto, que as leis, os contratos e os outros atos jurídicos – precisamente
por causa de sua vinculatividade – são observados e pode, se isso, uma
vez, não devesse ser o caso, coagir à sua observância com auxílio dos tribunais. Sob esse aspecto, a proteção à confiança é, no fundo, fundamento
e essência do direito.

Por conseguinte, a proteção à confiança desempenha um papel 13
considerável em todos os âmbitos do direito, não só no direito do estado e administrativo, mas também no direito civil e econômico,[16] no
direito processual,[17] no direito internacional público,[18] e assim por
diante. No direito do estado e administrativo, cabe-lhe, contudo, por
causa da dominância do estado e de seus poderes para disposição de
direito e imposição de direito unilateral, um significado particular.
Proteção à confiança significa, aqui, proteção da confiança do cidadão
na existência e persistência de decisões estatais e outras condutas estatais; ela torna-se então atual, quando o estado, por conta do cidadão,
quer desviar de suas decisões até agora ou de sua linha até agora.[19] Em
conformidade com isso, na base do princípio da proteção à confiança
está uma sucessão de três graus, ou seja, primeiro, um fundamento
de confiança criado pelo estado ou, em todo o caso, por ele aprovado,
segundo, uma conduta de confiança do cidadão digna de proteção referente a isso, e, terceiro, um desvio do estado, que decepciona a confiança do cidadão, do fundamento de confiança.[20] Contra a modificação do
curso do terceiro grau dirige-se o princípio da proteção à confiança,
mas nisso, possivelmente, encontra interesses públicos, que requerem
a modificação do curso.

Se a proteção à confiança está regulada expressa ou concludente- 14
mente, em sentido fundamental não resultam problemas particulares.
Problemático torna-se, porém, quando ela legalmente não é regulada ou
não suficientemente. Coloca-se, então, a questão, se ela, como princípio

---

[16] Comparar para isso, *Götz von Craushaar*, Der Einfluß des Vertrauens auf die Privatrechtsbildung, 1969; *Claus-Wilhem Canaris*, Die Vertrauenshaftung im deutschen Privatrecht, 1971; *Karl Larenz/Manfred Wolf*, Allgemeiner Teil des Bürgerlichen Rechts, ⁹2004, § 2 Rn. 34 ff.

[17] *Burmeister* (N 14); *Eberhard Schmidt-Aßmann*, in: Maunz/Dürig, GG, Art. 19 Abs. 4 (2003), Rn. 20; BVerfGE 87, 48 (62 ff.); 108, 341 (346).

[18] *Jörg Paul Müller*, Vertrauensschutz im Völkerrecht, 1971.

[19] Proteção à confiança em favor de poder público ou em favor de autoridades é, na jurisprudência e literatura, preponderantemente recusada, comparar BVerwGE 23, 25 (30); 60, 208 (211); BVerwG in: DVBl 1988, S. 455; *Hubert Meyer*, in: Hans-Joachim Knack, Verwaltungsverfahrensgesetz, ⁸2004, § 48 Rn. 90; outra concepção, *Gunter Kisker*, Die Rückwirkung von Gesetzen, S. 168 ff.; *Ferdinand Kopp/Ulrich Ramsauer*, Verwaltungsverfahrensgesetz, ⁹2005, § 48 Rn. 101.

[20] *Weber-Dürler* (N 3), S. 104.

de direito superior, intervém concretizando (por exemplo, no quadro do espaço de poder discricionário ou de apreciação), complementando (por exemplo, em regulações que não consideram suficientemente a proteção à confiança) ou corrigindo (por exemplo, em leis que excluem concludente ou expressamente a proteção à confiança).

15 Essa questão não se deixa responder com uma fórmula inequívoca. Como a proteção à confiança torna-se atual em âmbitos muito distintos e em conjunturas muito diferentes, ela subtrai-se, tanto com respeito aos seus pressupostos como com respeito às suas conseqüências jurídicas, a uma compreensão simples ou, também, só uniforme. O modelo fundamental mencionado (tipo da confiança, conduta de confiança referente a isso, nenhum desvio) indica somente uma direção geral. Ele carece ainda do desdobramento em seus pormenores. Ademais, a proteção à confiança disso obtida encontra, em geral, interesses do estado legítimos e, eventualmente, também de cidadãos particulares na eliminação da decisão antiga ou na modificação do curso até agora seguido. Interesse de confiança do cidadão e interesse de modificação do estado estão face a face e requerem uma ponderação. O princípio da proteção à confiança é determinado e conduzido por pontos de vista diferentes. Deve, sobretudo, ser diferenciado segundo:

- o tipo da confiança respectivo (lei, ato administrativo, contrato administrativo, atuação administrativa fática, e assim por diante);

- as exigências à confiança do cidadão (atuação da confiança por disposições correspondentes, conhecer ou dever conhecer da carência de modificação, imputabilidade dos critérios condicionantes da modificação, e assim por diante);

- os fundamentos para a modificação e seu peso (adaptação em desenvolvimentos ou correção de vícios novos);

- as bases jurídicas determinantes para a proteção à confiança e sua força de efeito (princípio do estado de direito, certeza jurídica, direitos fundamentais, lealdade e boa-fé); e, finalmente,

- a realização possível e ordenada da proteção à confiança, as conseqüências jurídicas de confiança digna de proteção (proteção de existência, proteção patrimonial, regulações transitórias).

16 Uma discussão geral desses pontos de vista deveria permanecer em plano abstrato e sempre de novo ser unida com reservas e limitações. Por isso, deve a proteção à confiança, no que segue, ser considerada circunstanciadamente em seus âmbitos de aplicação distintos.[21] Nisso, também as suas estruturas fundamentais deixam aclarar-se.

---

[21] Comparar para a proteção à confiança no âmbito da dação de leis, da administração e da jurisdição com mais desdobramentos, infra, número de margem 17 e seguintes, 86 e seguintes e 134 e seguintes.

B. Proteção à confiança no âmbito da dação de leis

I. Problemática

A proteção à confiança concerne à validez temporal das leis. Nesse sentido, deixam distinguir-se três grupos de regulações legais, ou seja, as leis relacionadas ao futuro, as leis retroativas e as leis influenciadoras. Como é típico, a dação de leis é relacionada ao futuro. Ela regula modos de conduta, fatos e relações jurídicas futuras e tenta, com isso, conduzir os desenvolvimentos no âmbito estatal e social. As leis podem, porém, também ser eficazes no passado ou, pelo menos, mostrar um relacionamento com o passado. As leis não mais podem tornar aquilo que ocorreu não-ocorrido; elas, menos ainda, podem obrigar o cidadão a uma conduta determinada e impor seu cumprimento; elas podem, porém, submeter os fatos e relações jurídicas, situados no passado, a uma avaliação jurídica nova, diferente, que agora deve ser tomada por base na apreciação jurídica deles.

Uma lei retroativa existe quando ela compreende fatos e relações jurídicas situados (também) no passado e regula esses – para o passado – de novo e de outra forma. Uma lei influenciadora deve, em compensação, ser aceita quando ela vale para o futuro, mas compreende fatos e relações jurídicas nascidos (também) no passado e regula esses agora – para o futuro – de novo e de outra forma.

O ponto de interseção decisivo entre o passado e o futuro é a proclamação da lei, que conclui o procedimento de dação de leis e concede existência à lei.[22] A entrada em vigor da lei, que se distingue disso, não é mais parte do procedimento de dação de leis, mas parte da regulação normativa[23] e é, em conformidade com isso, determinada pelo dador de leis.[24] A data da entrada em vigor pode – conforme a decisão legislativa – concordar com a data da proclamação, mas também estar situada depois ou antes. Com isso, inicia o jogo da retroatividade.

O relacionamento com o passado de uma lei – assim, ainda, circunscrito muito universalmente –, que universalmente é discutido sob o apontamento "retroatividade", apresenta duas questões, ou seja, de uma parte, quando existe um caso de retroatividade (conceito ou tipo da retroatividade), de outra parte, se e sob quais pressupostos uma tal retroatividade é admissível (admissibilidade da retroatividade).

---

[22] BVerfGE 63, 343 (353 f.); 72, 200 (241).
[23] Comparar BVerfGE 34, 9 (23); 87, 48 (60); comparar para isso e para o seguinte, também Hartmut *Maurer*, Staatsrecht, Bd. I, ⁴2005, § 17 Rn. 97 ff.
[24] Comparar artigo 82, alínea 2, proposição 1, da lei fundamental. Se o dador de leis não adota nenhuma regulação, então entra a lei, segundo o artigo 82, alínea 2, proposição 2, da lei fundamental, em vigor com o décimo quarto dia após o decurso do dia no qual o diário oficial da federação foi distribuído.

Ambas as questões são na literatura[25] e jurisprudência[26] debatidas. Elas devem, no que segue, ser tratadas circunstanciadamente com base na jurisprudência do tribunal constitucional federal, e precisamente, não só porque essa é determinante para a prática, mas também, e sobretudo, porque ela desenvolveu determinantemente e formou circunstanciadamente – embora não sem rupturas – o princípio da proteção à confiança, no âmbito da dação de leis, em numerosas decisões.

II. Conceito de "retroatividade"

20 Uma lei tem, em todo o caso então, caráter retroativo, quando ela determina que suas conseqüências jurídicas devem produzir-se para uma data, que se situam antes da data da proclamação e, com isso, do tornar-se existente da lei.[27] Isso ocorre regularmente pelo fato de ela pré-datar a data de sua entrada em vigor. O conceito de retroatividade estreito ou formal, limitado às conseqüências jurídicas, é, contudo, considerado, muitas vezes, como muito estreito. É chamada a atenção sobre isto, que depende amplamente da técnica legislativa se um caso situado no passado é compreendido por pré-datação da entrada em vigor ou por formulações do tipo correspondentes. Por conseguinte, deve uma retroatividade também então existir, quando uma lei, sem dúvida, somente vale para o futuro, mas seu tipo refere-se a fatos ou relações jurídicas que já nasceram no passado. Coloca-se então, todavia – sobretudo em fatos situados no desenvolvimento e relações jurídicas apoiadas com o tempo –, a questão, quando deve estar dado um fato situado no passado.

---

[25] Comparar as indicações gerais para a proteção à confiança e para a garantia da continuidade, supra, na nota 3 e 4; especial para a retroatividade: *Kisker* (N 19), 1963; *Friedrich Klein/Günther Barbey*, Bundesverfassungsgericht und Rückwirkung von Gesetzen, 1964; *Karl Heinrich Friauf*, Gesetzesankündigung und Rückwirkende Gesetzgebung im Steuer- und Wirtschaftsrecht, in: BB 1972, S. 669 ff.; *Peter Selmer*, Rückwirkung von Gesetzen, Verwaltungsanweisungen und Rechtsprechung, in: Steuer-Kongress-Report 1974, S. 83 ff.; *Paul Kirchhof*, Die Rückwirkung steuerkonkurenzlösender Rechtssätze, in: DStR 1979, S. 275 ff.; *Klaus Stern*, Zur Problematik rückwirkender Gesetze, in: FS für Theodor Maunz, 1981, S. 381 ff.; ders., Das Staatsrecht der Bundesrepublik Deutschland, Bd. I ²1984, S. 831 ff.; *Bodo Pieroth*, Die neuere Rechtsprechung des Bundesverfassungsgerichts zum Grundsatz des Vertrauensschutzes, in: JZ 1984, S. 971 ff. und JZ 1990, S. 279 ff.; *Hartmut Bauer*, Bundesverfassungsgericht und Rückwirkungsverbot, in: JuS 1984, S. 241 ff.; *Stefan Muckel*, Kriterien des verfassungsrechtlichen Vertrauensschutzes bei Gesetzesänderungen, 1989; *Christoph Brüning*, Die Rückwirkung von legislativakten, in: NJW 1998, S. 1525 ff.; *Klaus Vogel*, Rückwirkung: eine festgefahrene Diskussion. Ein Versuch, die Blockade zu lösen, in: FS für Martin Henkel, 1999, S. 875 ff.; *Monika Jachmann*, Zur verfassungsrechtlichen Zulässigkeit rückwirkende Steuergesetze, in: Thür VBl 1999, S. 269 ff.; *Thilo Rensmann*, Reformdruck und Vertrauensschutz. Neuere Tendenzen in der Rückwirkungsdogmatik des Bundesverfassungsgerichts, in: JZ 1999, S. 168 ff.; *Jörg Stüsser*, Die Rückwirkung in der Rechtsprechung des Bundesverfassungsgerichts, in: Jura 1999, S. 545 ff.; *Johannes Möller/Alfred Rühmair*, Die Bedeutung der Grundrechte für die verfassungsrechtlichen Anforderungen an rückwirkende Gesetze, in: NJW 1999, S. 908 ff.; *Johanna Hey*, Steuerplanungssicherheit als Rechtsproblem, 2002; *Dieter Birk*, Steuerrecht und Verfassungsrecht, in: Die Verwaltung, Bd. 35 (2002), S. 91 (109 ff.); *Hartmut Maurer*, Staatsrecht I, ⁴2005, § 17 Rn. 101 ff.

[26] Comparar para isso, as indicações nas notas de pé-de-página seguintes.

[27] Comparar para isso, em vez de muitos, Götz (N 3), S. 426.

1. Jurisprudência do tribunal constitucional federal

O tribunal constitucional federal abordou – pela primeira vez, em sua decisão de 31 de maio de 1960 – o conceito "retroatividade" circunstanciada e fundamentalmente:[28] ele parte do conceito de retroatividade amplo, que inclui também a conexão retroativa típica, mas o limita a "tipos concluídos". Uma retroatividade existe, segundo isso, "somente quando a lei intervém posteriormente modificativa em tipos concluídos, pertencentes ao passado". Ele a designa como "retroatividade (retroativa) autêntica" e distingue, disso, a "retroatividade chamada inautêntica, retrospectiva", que deve então ser aceita, quando uma lei "influi somente em fatos e relações jurídicas atuais, ainda não-concluídos, para o futuro". Enquanto o tribunal, nessa decisão, somente mencionou separando do conjunto a retroatividade inautêntica (nesse caso "o problema da retroatividade não nasce"),[29] ele, posteriormente, reúne ambas as alternativas sob o conceito geral "retroatividade" e examina sua admissibilidade no princípio da proteção à confiança. A distinção conceitual entre retroatividade autêntica e inautêntica, contudo, continua a existir, ela também tem repercussões consideráveis, porque segundo a concepção do tribunal constitucional federal, a retroatividade autêntica é, fundamentalmente, inadmissível, a retroatividade inautêntica, em compensação, fundamentalmente, admissível.[30]

Na literatura, essa distinção e delimitação conceitual da retroatividade, que, de resto, na matéria, não é nova,[31] encontrou crítica ou até recusa.[32] É feito valer, sobretudo, que a delimitação entre tipos concluídos e (ainda) não-concluídos é duvidosa e manipulável, o que é tanto mais grave que a essa distinção foram ligadas conseqüências jurídicas diametralmente distintas. Assim, é duvidoso se no contrato deve ser direcionado para a conclusão do contrato, a efetivação do contrato ou a decisão judicial.[33] Walter Leisner comprova que, para a apreciação do "ser concluí-

---

[28] BVerfGE 11, 139 (145 f.).

[29] BVerfGE 11, 139 (146).

[30] Comparar BVerfGE 14, 288 (297 f.); 21, 117 (131 f.); 25, 371 (403 f., 406); 30, 367 (385 f.); 30, 392, (401 ff.); jurisprudência contínua, comparar BVerfGE 109, 133 (181) – A jurisdição especializada associou-se ao tribunal constitucional federal, comparar, por exemplo, BGHZ 44, 263 (269); 68, 113 (116); 74, 38 (73 f.); BVerwGE 37, 252 (253 f.); 61, 352 (354); 67, 129 (131); BSGE 24, 285 (288); 35, 78 (80); 41, 263 (265); BFHE 92, 476 (478); 137, 275 (285); 147, 63 (65 F.); BAGE 46, 245 (252).

[31] A distinção entre leis retroativas e influenciadoras (retroatividade autêntica e inautêntica) já antigamente foi sustentada, comparar, por exemplo, *Savigny* (N 6), S. 382 f., que aceita "escalonamentos" da retroatividade, e *Heinrich Dernburg*, [7]1902, Bd. I, S. 96 f., que fala de "retroatividade de grau mais fraco" e "retroatividade de grau mais forte". Novo é, todavia, a orientação pelo princípio da proteção à confiança com conseqüências diferentes.

[32] Comparar para isso, as indicações na nota 25 que, em geral, (também) se ocupam com a jurisprudência do tribunal constitucional federal.

[33] Comparar *Pieroth* (N 3), S. 82 f.

do", entram em consideração não menos que nove pontos de referência.[34] Um espaço amplo na discussão ocupa o não-raro caso que um imposto, durante o espaço de tempo da taxação, é elevado com efeito para o início desse espaço de tempo.[35] Enquanto o tribunal constitucional federal, antigamente, direcionava para o final do período da taxação,[36] ele, agora, aceita, em concordância com a literatura,[37] que, justamente sob o ponto de vista da proteção à confiança, deve ser determinante não essa data, mas a conduta, fundamentadora do imposto, da pessoa sujeita ao imposto.[38] Por referências a decisões discordantes ou contraditórias a crítica fundamental ainda é sublinhada.[39] Stern chega ao resultado que a jurisprudência do tribunal constitucional federal cria "o contrário de certeza jurídica e, certamente, mal justiça. Ela deveria ser modificada".[40] Uma alternativa na literatura, todavia, não se torna visível, se se prescinde da proposta de abandonar totalmente a distinção de retroatividade autêntica e inautêntica "para criar espaço para uma apreciação ajustada à coisa de cada caso de retroatividade particular com base nos requisitos concretos da certeza jurídica e da proteção à confiança"[41] – uma proposta, que iria entregar esse âmbito, contudo, totalmente à casuística do caso particular.

A jurisprudência da retroatividade do tribunal constitucional federal, de resto, encontrou oposição não só na literatura, mas também no próprio tribunal, como mostram alguns votos especiais.[42]

23   Apesar disso, o tribunal constitucional federal perseverou longamente em sua jurisprudência.[43] O primeiro senado segue-a até hoje.[44] O segundo sustenta, em compensação – pela primeira vez, em sua decisão de 22 de março de 1983,[45] desde então, porém, em jurisprudência contínua[46] –, um

---

[34] W. Leisner (N 3), S. 282.

[35] Exemplo: o imposto de renda é, por lei de 16.6.2004, proclamada em 18.6.2004, elevado com efeito em 1.1.2004.

[36] BVerfGE 13, 274 (277 f.); 13, 279 (282 f.); 18, 135 (142 f.); 30, 392 (401 ff.); 50, 386 (394 f.); 72, 200 (250, 252 f.); comparar para isso, também Götz (N 3), S. 429.

[37] Assim, Friauf (N 25), S. 675 f.; Selmer (N 25), S. 91; Paul Kirchhof (N 25), S. 279; Stern (N 25), Staatsrecht, Bd. I, S. 835 f.; Vogel (N 25), S. 879 ff.

[38] BVerfGE 97, 67, 80. Na decisão, tratava-se de uma subvenção de isenção jurídica de imposto de renda (amortização especial para construção naval), que somente podia ser aceita *durante* o espaço de tempo da taxação. Permanece, portanto, a questão, até que ponto essa decisão pode ser generalizada.

[39] Comparar, sobretudo, Bauer (N 25), S. 244 ff., cuja crítica, todavia, em parte, é exagerada.

[40] Stern, Staatsrecht, Bd. I (N 25), S. 836.

[41] Assim, Friauf (N 25), S. 675; Muckel (N 25), S. 74 ff.

[42] Assim, no voto especial de Seuffert in: BVerfGE 31, 100; Rupp-von Brünneck in: BVerfGE 32, 129 ff.; v. Schlabrendorff in: BVerfGE 37, 414 ff.; Steinberger in: BVerfGE 48, 23 ff.; Kruis in: BVerfGE 97, 85 ff.; comparar, ademais, o voto especial de Steinberger in: BVerfGE 72, 276 ff., que, fundamentalmente, segue a nova jurisprudência do segundo senado e somente não aprova sua aplicação no caso concreto.

[43] Comparar as indicações supra, na nota 30.

[44] Comparar BVerfGE 68, 287 (306); 69, 272 (309); 71, 230 (251); 72, 141 (154); 72, 175 (196); 74, 129 (155); 88, 384 (403 ff.); 95, 64 (86 f.); 101, 239 (263); 109, 96 (121 f.).

[45] BVerfGE 63, 343 (353); mais pormenorizado e mais ampliado na BVerfGE 72, 200 (241 ff.).

[46] BVerfGE 76, 256 (345 ff.); 87, 48 (60 f.); 97, 67 (78 f.); 109, 133 (181); BVerfG in: DVBl 2005, S. 1441 (1449).

conceito de retroatividade formal, relacionado às conseqüências jurídicas. Uma norma jurídica desenvolve, assim ele expõe, "então retroatividade, quando o início de seu âmbito de aplicação temporal é determinado normativamente em uma data, que está situada antes da data na qual a norma tornou-se juridicamente existente, isto é, válida".[47] O senado designa esse caso como "produção retroativa de conseqüências jurídicas" e contrapõe-lhe a "conexão retroativa típica". Esta não afeta o âmbito de aplicação temporal de uma norma, mas o material e existe então, quando as conseqüências jurídicas de uma lei produzem-se primeiro após a proclamação da norma jurídica, seu tipo (!), porém, compreende fatos que já antes da proclamação "foram postos em obra".[48]

Ambos os senados do tribunal constitucional federal empregam, portanto, formações do conceito diferentes. Materialmente, contudo, não se deixam comprovar diferenças. Isso reconhece, entrementes, também o segundo senado. Enquanto ele, inicialmente, distanciou-se da terminologia comum antiga,[49] ele acrescenta agora aos seus conceitos, em parênteses ou de outro modo, as designações correspondentes "retroatividade autêntica" ou "inautêntica".[50] Ocasionalmente, ele invoca até o critério, para o primeiro senado determinante como de costume, do "tipo concluído" com referência à decisão de princípio do tribunal constitucional federal (BVerfGE 13, 261, 271).[51] Manifestamente os conceitos diferentes (até agora) não levaram também a resultados jurídicos diferentes.

A literatura reagiu, inicialmente, com incerteza à nova jurisprudência do segundo senado e chegou, em conformidade com isso, também a estimativas diferentes,[52] ela é, contudo, entrementes, amplamente da concepção que quase nada se modificou.[53] Por isso, também não é estranhável

---

[47] BVerfGE 63, 343 (353); 72, 200 (241).

[48] Citado segundo BVerfGE 109, 133 (181); na matéria, do mesmo modo já BVerfGE 72, 200, 242.

[49] BVerfGE 72, 200 (243).

[50] Comparar, por exemplo, BVerfGE 97, 67 (78 f.); 105, 17 (36 f.); 109, 133 (181). – Os tribunais supremos da federação seguem essa prática, comparar BFHE 195, 314 (321 f.); 195, 344 (347 f.); 199, 566 (568 f.); 200, 560 (567 ff.); 204, 228 (240 f.); BVerwGE 99, 133 (137).

[51] BVerfGE 105, 17 (37); BVerfG in: DVBl 2005, S. 1441 (1449).

[52] Comparar *Hartmut Bauer*, Neue Tendenzen in der bundesverfassungsgerichtlichen Rechtsprechung zum Rückwirkungsverbot, in: NVwZ 1984, S. 220 ff. (S. 223: "de um lado, indícios não-apreciáveis para uma mudança de jurisprudência – de outro, continuidade salvaguardada para fora"); *Pieroth* (N 25), JZ 1984, 971 ff. (S. 281: "no essencial, somente uma reetiquetagem"); *Jürgen Fiedler*, Neuorientierung der Verfassungsrechtsprechung zum Rückwirkungsverbot und zum Vertrauensschutz?, in: NJW 1988, S. 1624 ff. (S. 1624: as decisões do segundo senado "indicam uma modificação fundamental da jurisprudência constitucional"); *Klaus Vogel* designa a nova jurisprudência do segundo senado, inicialmente, como "modificação dramática" (N 3, JZ 1988, S. 837), observa, porém, depois, que ela "já por causa de sua falta de conseqüências" não foi isso (N 25, FS für Heckel, 1999, S. 875 Fn. 7).

[53] A maioria dos autores permance, contudo, cuidadosos, assim, *Schmidt-Aßmann* (Bd. II, § 26 Rn. 86: "Na matéria, os resultados de ambas as dogmáticas, em compensação, pouco deveriam distinguir-se") e *Sachs* (GG, Art. 20 Rn. 132: "As categorias distintas "mal desviam na matéria"). Em que consiste o "pouco" ou "mal" permanece, certamente, aberto. Em compensação, destaca *Stüsser* (N 25, S. 551) uma diferença fundamental que, contudo, na prática, (até agora), não repercutiu.

mais além, que a ampla crítica da literatura à jurisprudência da retratação do tribunal constitucional federal agora também se estende àquela do segundo senado.[54] Ela, certamente, não deve enganar acerca disto, que a doutrina da retração do tribunal constitucional federal, especialmente a distinção entre a retroatividade autêntica e a inautêntica ou a produção retroativa de conseqüências jurídicas e a conexão retroativa típica encontrou na literatura, fundamentalmente, reconhecimento e partidário.[55]

2. Tomada de posição

26 Sobre a terminologia pode, naturalmente, discutir-se, sobretudo, então, quando ela não tem conseqüências materiais. As designações do segundo senado (produção retroativa de conseqüências jurídicas, conexão retroativa típica) são materialmente acertadas, mas idiomaticamente um pouco complicadas. As designações, empregadas antigamente e, também, hoje ainda pelo primeiro senado ("retroatividade autêntica" e "inautêntica"), são, em compensação, manejáveis e fáceis de reter na memória, mas materialmente, justamente, não saiu bem. Melhor seriam as designações "retroatividade" e "influência" ou "lei retroativa" e "lei influenciadora": a lei é retroativa se e porque ela recorre ao passado, e influenciadora se e porque ela vale, sem dúvida, para o futuro, mas intervém em posições jurídicas e fatos existentes e ainda continuadores ("influencia").[56] Como, contudo, as designações tradicionais "retroatividade autêntica" e "retroatividade inautêntica" se generalizaram e afirmaram, elas devem, no que segue, ser conservadas.

27 Em todo o caso, a diferenciação material, que se expressa nos pares conceituais respectivos, deve ser aprovada. Ela traz ao campo da problemática da retroatividade, aliás difícil, critérios primeiros, racionalizadores e precisadores. Se se renuncia a isso, então se entrega a apreciação jurídica da retroatividade completamente à ponderação.[57] Também não se trata de um esquema conceitual rígido, como na literatura, muitas vezes, é afirmado,[58] mas de alvos determinantes para uma classificação esclarecedora dos casos de retroatividade difusos. Do caráter de alvo resulta também que as conseqüências jurídicas referentes aos conceitos de retroatividade valem só em princípio. Não o resultado é antecipado com a classificação

---

[54] Comparar *Schwarz* (N 3), S. 103 ff.; *A. Leisner* (N 4), S. 479 ff.; *Tipke/Lang*, Steuerrecht,[17] 2002, § 4 Rn. 177 f.; *Helmuth Schulze-Fielitz*, in: Horst Dreier, GG, Bd. 2, 1998, Art. 20 (Rechtsstaat) Rn. 143.
[55] Isso já mostra uma olhada nos comentários à lei fundamental e nos manuais.
[56] Ver supra, número de margem 17.
[57] *Bodo Pieroth/Bernhard Schlink*, Grundrechte,[21] 2005, Rn. 295a.
[58] Segundo *Hey* (N 25), S. 232 "a diferenciação categorial entre retroatividade autêntica e inautêntica" forma o fundamento principal para os resultados insuficientes da jurisprudência da retroatividade jurídico-constitucional.

dos casos particulares, ao contrário, a consideração, argumentação e carga de justificação específica ao caso é determinada.

A orientação pelas conseqüências jurídicas, favorecida do segundo senado, tem a vantagem da maior clareza. Ela pode não só se referir à regulação inequívoca do artigo 82, alínea 2, da lei fundamental, mas também à ordenação das conseqüências jurídicas respectivas do dador de leis, que deveria ser determinada essencialmente mais simples e precisa, do que o "tipo concluído" da retroatividade autêntica que, por conseguinte, encontrou crítica áspera.[59]

A objeção, sempre de novo feita na literatura, uma retroatividade autêntica, no fundo, não é possível,[60] porque o passado não se deixa modificar, ignora que não o passado, mas a apreciação jurídica do passado deve ser modificada.[61] Isso torna-se claro quando se distingue entre a validez e a aplicação da lei. Se, por exemplo, uma secretaria da fazenda fixa o imposto de renda para o ano precedente, então ela tem de, no caso da retroatividade, aplicar não a lei original, promulgada para o ano precedente, mas a lei retroativa, válida para o ano precedente, pela qual a lei originária foi modificada ou anulada.[62] A secretaria da fazenda decide, portanto, cada vez, sobre a situação jurídica do ano passado. Se a troca de lei posterior é admissível juridicamente, é uma outra questão, que ainda deve ser discutida pormenorizadamente. Conceitual e logicamente, em todo o caso, não existem, contra a extensão das conseqüências jurídicas, objeções fundamentais.

Ceticismo encontra também a doutrina sustentada na literatura jurídica do imposto mais recente, que abandona o conceito de retroatividade dualista e, em vez desse, quer introduzir um "conceito de retroatividade relacionado a disposições".[63] Uma retroatividade deve, segundo isso, então ser aceita, quando uma lei modifica conseqüências jurídicas para atuações de confiança, que devem, antes da decisão de lei definitiva ou da proclamação da lei, ser apreciadas como concluídas.[64] Essa doutrina orienta-se manifestamente no direito do imposto, especialmente em impostos

---

[59] Ver supra, número de margem 22.

[60] Assim, ultimamente, outra vez, K. Vogel (N 25), S. 877 f; ders., Die Steuergewalt und ihre Grenzen, in: FS 50 Jahre Bundesverfassungsgericht, 2002, Bd. II, S. 527 (550 f.); comparar, ademais, Kirchhof (N 4), S. 222; A. Leisner (N 4), S. 484.

[61] Assim já Savigny (N 6), S. 392; comparar, ademais, Fiedler (N 52), S. 1626, assim como supra, número de margem 17.

[62] Nessa idéia baseiam-se também as numerosas regulações-ex tunc do direito do estado e administrativo, por exemplo, a nulidade-ex tunc de leis e atos administrativos, a anulação de sentenças judiciais pela instância do recurso jurídico, e assim por diante.

[63] Tipke/Lang (N 54), § 4 Rn. 177 f.; Wolfgang Spindler, Rückwirkung von Steuergesetzen, in: Pezzer (N 3), S. 69 (77 ff.), com mais indicações, também para inícios correspondentes na jurisprudência. Para a conservação – pelo menos, fundamental – da diferenciação conceitual, Spindler, ebd., S. 85 f.; Rudolf Mellinghoff (N 9), S. 25 (41 f.); BFHE 204, 228 (243 f.) = NJW 2004, S. 877 (881 ff.).

[64] Assim, Tipke/Lang (N 54), § 4 Rn. 178.

que – como o imposto de renda – periodicamente são elevados para espaços de tempo da taxação determinados. Trata-se, sobretudo, de regulações jurídicas do imposto que concedem desagravos de imposto (subvenção de isenção) para fomentos direcionados de determinados investimentos e de outras atuações econômicas que, então, porém, posteriormente, por causa de modificação das circunstâncias econômicas ou político-econômicas, outra vez, devem ser anuladas não só para o futuro, mas também para um certo espaço de tempo, situado no passado.[65] Nesses casos, parece mais indicado direcionar para a data da disposição do cidadão e não para a do agravamento pelo nascimento da obrigação de imposto no final do espaço de tempo da taxação.[66] Porque: proteção à confiança é proteção de disposição! Para isso, contudo, não é necessário um novo conceito de retroatividade. A proteção de disposição não deve ser considerada no plano conceitual, mas no plano da admissibilidade. Todavia, essa doutrina tem o mérito de conduzir a vista para a problemática específica do direito do imposto nessa conexão. A confiança intensifica-se quando uma regulação legal não só é vantajosa para o cidadão, mas concede determinadas vantagens para, com isso, sugerir uma – também situada no interesse público – conduta do cidadão.

31   Essa distinção entre retroatividade autêntica e inautêntica ou a produção retroativa e a conexão retroativa também é justificada materialmente, porque é, tanto no sentido estrutural como no jurídico, uma diferença fundamental, se uma lei deve valer somente para o futuro (ex nunc) ou também para o passado (ex tunc). No primeiro caso, a regulação, até agora determinante, é substituída sucessivamente por uma lei nova. No segundo caso, em compensação, a regulação determinante antiga é trocada posteriormente e posto debaixo do passado fictivamente uma regulação que, por sua vez, não valeu e, por isso, também não pôde ser observada por ninguém. Acresce a isso que o cidadão é entregue "sem defesa" à regulação-ex tunc, porque ele não mais pode reagir a isso e redispor em conformidade, enquanto ele, no caso da regulação nova-ex nunc pode adaptar-se mais ou menos na nova situação.

III. Proibição da retroatividade (autêntica)

1. Desenvolvimento

32   Em tempo mais antigo, a retroatividade de leis, à medida que ela, no fundo, aparecia como problema, foi recusada de considerações gerais como inadmissível juridicamente ou até como contraditório teórico-juridi-

---
[65] Comparar o caso BVerfGE 97, 67 (N 38).
[66] Comparar *Kirchhof* (N 4), S. 223.

camente.[67] Essa concepção expressou-se também nas grandes codificações na transição do século 18 para o 19.[68] Primeiro o positivismo trouxe uma mudança fundamental. Como ele considerava o dador de leis capacitado e autorizado a adotar cada ordenação das conseqüências jurídicas, também à ordenação da retroatividade de leis, pelo menos, teoricamente, nada mais se opunha. Enquanto Zoepfl, em seu manual de direito do estado, no meio do século retrasado, designava a lei retroativa ainda como "uma Contradictio in adiecto" e rejeitava, diz-se agora em Meyer/Anschütz: "Os princípios, antigamente freqüentemente estabelecidos, que o dador de leis não pode intervir em 'direitos adquiridos' e juntar às suas ordenações nenhuma força retroativa, não são barreiras jurídicas do legislativo, mas somente exigências da política de dação de leis."[69] De fato, foram sempre mais freqüentemente promulgadas leis retroativas. A tarefa progressiva do estado no século 20, especialmente, os apuros dos tempos de guerra e de escassez, puseram o dador de leis sempre mais na obrigação de tomar a iniciativa e o motivaram à promulgação também de leis retroativas, para chegar a dominar, sempre ainda, até certo ponto, os desenvolvimentos que se precipitavam.[70] Essas tendências continuaram, inicialmente, depois de 1945/49. Elas encontraram, contudo, logo de fundamentos jurídico-constitucionais, oposição, em que, para a limitação da retroatividade de leis, foram invocados, em parte, o princípio do estado de direito e, em parte, os direitos fundamentais, especialmente, a liberdade de atuação geral (artigo 2, alínea 1, da lei fundamental).[71]

O tribunal constitucional federal permaneceu, inicialmente, reservado. Em uma de suas primeiras decisões, ele declarou que a retroatividade é, "em si, admissível", observou, contudo, que ela encontra limites "que, por exemplo, poderiam ser vistos lá onde uma lei efetua intervenções retroativas em direitos ou situações jurídicas do cidadão, com as quais esse, na data a partir da qual elas agora devem valer, não pôde contar e as quais ele, portanto, em uma previsão sensata no âmbito privado e profissional, não precisava considerar".[72] Com isso apareceu já, ainda que não expres-

---

[67] Comparar *Stern* (N 25), Staatsrecht, Bd. 1, S. 832 f.

[68] § 14, da introdução ao direito estadual geral para os estados prussianos, de 1794, artigo 2, do código civil, de 1804, § 5, do código civil geral para Áustria, de 1811.

[69] *Heinrich Zoepfl*, Grundsätze des allgemeinen und des constitutionell-monarchischen Staatsrecht, 1841, S. 207 f. (diferenciador e limitativo na 5. edição de 1865, Bd. II, S. 496 ff.); *Georg Meyer/Gerhard Anschütz*, Lehrbuch des deutschen Staatsrecht, ⁷1919, S. 645. – A problemática da retroatividade foi discutida mais no âmbito do direito civil, comparar *Savigny* (N 6), S. 381 ff.; *Dernburg* (N 31), S. 92 ff., e, sobretudo, a apresentação ampla de *Friedrich Affolter*, Geschichte des intertemporalen Privatrechts, 1902.

[70] No tempo nacional-socialista a lei retroativa, além disso, foi empregada como instrumento de terror, especialmente no âmbito do direito penal.

[71] Comparar as indicações in BVerfGE 2, 237 (265); OVG Hamburg in: JZ 1952, S. 416; OVG Koblenz AS 3, 1 (9 ff.).

[72] BVerfGE 1, 264 (264 ff.); comparar também BVerfGE 2, 237 (265).

samente, o aspecto da proteção à confiança. Uma série de outras decisões, que, sobretudo, concerniam a leis para o vencimento do passado no quadro da reconstrução, muitas vezes, febril, são dilatórias e relacionadas a casos e empregam o princípio do estado de direito em ambos os lados.[73] Primeiro no ano de 1961, quando as circunstâncias se consolidaram, o tribunal constitucional federal tomou, fundamentalmente, posição para com a admissibilidade da retroatividade de leis e invocou, nisso, a proteção à confiança com critério determinante (BVerfGE 13, 261): o princípio do estado de direito contém, como elemento essencial, a certeza jurídica e essa significa para o cidadão, em primeiro lugar, proteção à confiança. O cidadão deve poder confiar nisto, que sua atuação, correspondente ao direito vigente, permanece reconhecida pelo ordenamento jurídico com todas as conseqüências jurídicas originalmente unidas com isso. Essa confiança é violada quando o dador de leis promulga uma lei retroativa. A retroatividade (autêntica) é, segundo isso, fundamentalmente, anticonstitucional. A proteção à confiança não pode entrar em questão lá onde a confiança não estava justificada objetivamente em uma situação jurídica determinada. Isso deve, entre outras coisas, então ser aceito (1) quando o cidadão, na data, à qual a lei retroativa diz respeito, deveria contar com a regulação nova, (2) quando a situação jurídica até agora era confusa e pouco clara, (3) quando, talvez, a regulação até agora foi inválida, (4) também então, quando razões forçosas do bem-estar comum justificam a retroatividade.[74] No caso (1), assim como nos casos (2) e (3), que são subcasos particularmente configurados do caso (1), falta já na "dignidade de proteção da confiança", enquanto no caso (4) a retroatividade, apesar de confiança digna de proteção, é admissível.

34   Em uma pluralidade de decisões, o tribunal constitucional federal repetiu, certificou e ampliou essa decisão de princípio. O segundo senado chegou também então, quando ele decidiu-se por uma outra terminologia-retroatividade, a resultados correspondentes. A proibição de retroatividade é, por ambos os senados, apoiada particularmente no princípio do estado de direito e na proteção à confiança, que resulta disso. Só isoladamente, ainda que com tendência progressiva, os direitos fundamentais – com ou, ocasionalmente, sem denominação da proteção à confiança – são invocados para a apreciação jurídica de leis retroativas.[75] Assim, declarou o segundo senado, em sua decisão de princípio, de 14 de maio de 1986, que a produção retroativa de conseqüências jurídicas (retroatividade autêntica) deve "deixar aferir-se com primazia nos princípios estatal-jurídicos gerais, especialmente da proteção à confiança e da certeza jurídica", as conexões retroativas típicas, em compensação, "tocam direitos funda-

---

[73] Comparar, por exemplo, BVerfGE 2, 237 (264 ff.); 3, 58 (150); 7, 89 (92 f.); 7, 129 (150 ff.); 11, 64 (72 f.); 12, 264 (271 f.); 13, 39 (45 f.).
[74] BVerfGE 13, 261 (271 f.).
[75] Comparar de tempo mais antigo BVerfGE 45, 142 (168); ademais, BVerfGE 42, 263 (300 f.).

mentais com primazia que, com a realização do elemento do tipo respectivo, antes da proclamação da norma foram 'postos em obra'".[76] Ambas as alternativas, porém, não devem valer sem exceção. Com a palavra "com primazia" e outras declarações, o senado expressa que na primeira alternativa também os direitos fundamentais afetados devem ser considerados e na segunda alternativa também os princípios estatal-jurídicos gerais podem desaguar.[77] Outras considerações fundamentais, que poderiam ser alegadas contra a admissibilidade da retroatividade de leis, foram pelo tribunal constitucional concisamente mencionadas,[78] mas, rapidamente, menosprezadas (norma suprapositiva, lógica jurídica, conceito de lei), posteriormente, no fundo, não mais retomado. O catálogo, estabelecido na decisão de partida, de exceções admissíveis da proibição de retroatividade, que não deveria ser definitivo,[79] foi, posteriormente, diferenciado mais além e complementado pela chamada reserva de bagatela, que indica que a retroatividade também então é admissível, quando ela não causa nenhum dano ou nenhum considerável.[80]

2. Fundamentos e problemática da proteção à confiança

a) Princípio do estado de direito, certeza jurídica e proteção à confiança

O tribunal constitucional federal deriva, em sua decisão de princípio, 35 de 19 de dezembro de 1961, a proteção à confiança do princípio da certeza jurídica e esse, outra vez, do princípio do estado de direito.[81] Essa corrente de derivação: princípio do estado de direito – certeza jurídica – proteção à confiança encontra-se, a seguir, em toda uma série de outras decisões.[82] Em outras decisões, a proteção à confiança é derivada imediatamente do princípio do estado de direito e a certeza jurídica ou, no fundo, não é mencionada,[83] ou ao lado da proteção à confiança.[84] Muitas vezes, o tribunal

---

[76] BVerfGE 72, 200 (242); jurisprudência contínua, comparar BVerfGE 109, 133 (181).

[77] BVerfGE 72, 200 (242 f.): mencionados são "os princípios estatal-jurídicos gerais da proteção à confiança, da certeza jurídica, mas também da proporcionalidade (aqui, limitado ao ponto de vista ligação com o passado) [...], como isso ocorre universalmente na interpretação e aplicação de direitos fundamentais com vista às questões do direito material".

[78] BVerfGE 2, 237 (265).

[79] Comparar BVerfGE 13, 261 (272), onde expressamente se trata de "entre outras coisas"; ademais, por exemplo, BVerfGE 72, 200 (258).

[80] Comparar para isso, circunstanciado, infra, número de margem 55.

[81] Comparar BVerfGE 13, 261 (271): "Fazem parte dos elementos essenciais do princípio do estado de direito a certeza jurídica [...]. Para o cidadão certeza jurídica significa, em primeiro lugar, proteção à confiança".

[82] Comparar, por exemplo, BVerfGE 14, 288 (297 f.); 25, 371 (403 f.); 30, 367 (385 f.); 31, 222 (225 f.); 45, 142 (174); 63, 152 (175).

[83] Comparar, por exemplo, BVerfGE 63, 312 (328); 87, 48 (61).

[84] BVerfGE 22, 241 (248); 30, 392 (401); 39, 128 (143); 87, 48 (63); 94, 241 (258); 101, 239 (262). Muitas vezes, também ambos os princípios são reunidos ao ser falado do mandamento ou do princípio da

fala, também, somente do "princípio estatal-jurídico da proteção à confiança".[85] A fundamentação jurídico-constitucional do princípio do estado de direito legitimador permanece, em geral, aberta. Somente em tempo mais recente é chamada a atenção, sempre de novo, sobre o artigo 20, alínea 3, da lei fundamental,[86] o que, todavia, não é bem correto, porque essa prescrição regula somente a vinculação à constituição e à lei do poder estatal e, com isso, somente um âmbito parcial da estatalidade jurídica. Isso pode, contudo, ficar em aberto, porque do caráter total da lei fundamental e da sinopse das regulações particulares estatal-jurídicas resulta, inequivocamente, o princípio do estado de direito como princípio constitucional dominante.[87] O princípio do estado de direito forma também a base da – igualmente na lei fundamental não-mencionado expressamente – certeza jurídica.

36   Em compensação, a classificação da proteção à confiança não é não-problemática. Isso vale independente disto, se a proteção à confiança é derivada imediatamente ou pela certeza jurídica do princípio do estado de direito. O fato, que os princípios da certeza jurídica e da proteção à confiança, na literatura e na jurisprudência, em parte, aparecem graduados verticalmente e, em parte, um ao lado do outro, horizontalmente, não se baseia, certamente, em descuido ou não somente, mas deixa presumir que o fundamento da proteção à confiança (ainda) não está esclarecido definitivamente.[88] Isso vale tanto mais que decisões posteriores do tribunal constitucional federal e apresentações na literatura (também) partem dos direitos fundamentais afetados, cada vez, e incluem os princípios da certeza jurídica e da proteção à confiança no exame dos direitos fundamentais.

37   Como já a idéia do estado de direito e da certeza jurídica como princípios constitucionais objetivos exigem a constância e a inviolabilidade do direito e, com isso, dirigem-se contra a retroatividade de leis, a invocação da proteção à confiança parece verdadeiramente superficial, no máximo, idônea para realçar a função e o significado da certeza jurídica para o cidadão. O princípio da proteção à confiança materialmente não traz mais que aqueles princípios, mas leva, até por seu relacionamento com o cidadão, a um estreitamento. Assim, ele serve, na realidade, não só à fundamentação, mas também, e sobretudo, à limitação da proibição de retroatividade.[89] A certeza jurídica orientada objetivamente é reduzida ao relacionado ao cidadão e, com isso, proteção à confiança subjetiva.

---

certeza jurídica e da proteção à confiança (portanto, no singular).
[85] Assim, sobretudo, em decisões mais recentes BVerfGE 103, 271 (287); 103, 392 (403); 109, 133 (181).
[86] Assim, já BVerfGE 35, 41 (47), ademais, por exemplo, BVerfGE 95, 64 (82); 96, 330 (340); 109, 133 (171).
[87] BVerfGE 2, 308, 403; *Schulze-Fielitz* (N 54), Rn. 39 ff.; *Hans D. Jarass*, in: Jarass/Pieroth, GG ⁷2004, Art. 20 Rn. 29.
[88] Comparar para isso, *Philip Kunig*, Das Rechtsstaatsprinzip, 1986, S. 257; *Katharina Sobota*, Das Prinzip Rechtsstaat, 1997, S. 156 ff.
[89] Assim, BVerfGE 13, 261 (271 f.); 88, 384 (404); 101, 239 (266); BVerwGE 118, 277 (288).

Isso tem conseqüências consideráveis: 38

- a proteção à confiança não tem lugar, quando a regulação retroativa não prejudica a posição jurídica do cidadão, seja porque ela o beneficia, seja porque ela não tem para ele nem vantagens nem desvantagens; ela limita-se, portanto, a leis agravantes;[90]

- a proteção à confiança, ademais, não intervém, quando a confiança do cidadão na existência da regulação antiga não era digna de proteção, especialmente porque ele devia contar com uma regulação nova retroativa;

- a proteção à confiança, por fim, não intervém energicamente, quando, no caso concreto, razões forçosas do bem-estar comum requerem a retroatividade e preponderam perante o interesse da confiança.

A ponderação entre o interesse da retroatividade do estado e o interesse da confiança do cidadão deixa justificar-se com isto, que o mandamento da certeza jurídica não vale absolutamente, mas, dado o caso, deve retroceder perante outros princípios relevantes jurídico-constitucionalmente, sim, possivelmente até, justamente, a certeza jurídica requer o esclarecimento retroativo da situação jurídica.

Duvidoso é, em compensação, a limitação da proibição de retroatividade a leis agravantes.[91] Certamente, significa a certeza jurídica, para o cidadão, proteção à confiança. Mas essa proposição não se deixa simplesmente inverter. A certeza jurídica pode, também então, entrar em consideração, quando ela atua não em favor, mas por conta do cidadão. No âmbito do direito administrativo e do direito processual isso também é indiscutível; assim, a eficácia jurídica independente de vício de atos administrativos agravantes é fundamentada justamente com a certeza jurídica. 39

Sobretudo, porém, é problemática a relativização pelo critério da dignidade da proteção da confiança, em que o perigo do círculo vicioso, que reside na dedução da proteção à confiança da dignidade da proteção da confiança, aqui deve permanecer fora de consideração. O tribunal constitucional federal apóia-se, no desenvolvimento do princípio da proteção à confiança, manifestamente na jurisprudência, empregada um pouco antes, do tribunal administrativo federal para com a proteção à confiança na retratação de atos administrativos. Não se encontram, sem dúvida, referências expressas, mas isso não fala contra, porque o tribunal constitucional federal, como se sabe, também além disso, em geral, é reservado com indi- 40

---

[90] Assim, BVerfGE 23, 85 (93); 24, 220 (229); 32, 111 (123); 50, 177 (193); 68, 193 (222); 94, 241 (258 f.); 105, 17 (36). Segundo a concepção do tribunal financeiro federal, a retroatividade de uma lei (agravante) é admissível quando somente a convicção jurídica, existente até agora, é codificada, uma vez que, com isso, não acontece um agravamento adicional, comparar BFHE 146, 411 (413); 147, 63 (66); 147, 346 (350); do mesmo modo, BGHZ 60, 28 (31).

[91] Com razão recusante *Günter Dürig* in: Maunz/Dürig, Komm. z. GG, Art. 3 Abs. 1 Rn. 221 (baseando-se no princípio da igualdade); do mesmo modo, ao fim e ao cabo, *Klein/Barbey* (N 25), S. 72 ff. (baseando-se na inviolabilidade do direito); *A. Leisner* (N 4), S. 488 f. (com referência ao princípio da continuidade por eles desenvolvido).

cações e, com isso, deixa em aberto a classificação de suas declarações na discussão jurídico-constitucional geral. Em todo o caso, existe concordância no arsenal de argumentação (limitação a atos estatais agravantes, reserva da dignidade da proteção da confiança, ponderação). Contudo, não devem, justamente na locução firme de argumentação da dignidade de proteção da confiança, ser ignoradas as diferenças essenciais. A retratação de um ato administrativo afeta um benefício concreto para uma determinada pessoa; é, por isso, sem mais, possível examinar no caso particular, se o beneficente, no caso concreto, confiou na existência do ato administrativo e se sua confiança é digna de proteção.[92] Como as leis são abstrato-gerais não pode, no exame da dignidade da proteção da confiança, ser direcionado para o cidadão particular, mas só generalizador e tipificante para o cidadão médio do grupo de pessoas afetado pela lei.[93] A questão pode, por isso, na retroatividade de leis, somente dizer, se "se" podia confiar na existência da lei antiga. Com isso, porém, o exame da dignidade de proteção sublima-se amplamente em presunções e suposições.[94] De fato, o tribunal constitucional federal também, de modo algum, recorre tanto ao cidadão afetado ou aos, mas ao fundamento de confiança, ou seja, a regulação legal respectiva, o que, outra vez, provoca a questão, se às leis, sob esse aspecto, no fundo, pode ser conferida uma força de validez ou de existência diferente.[95]

b) Direitos fundamentais

A orientação subjetiva, condicionada pela proteção à confiança, conduz a vista aos direitos fundamentais que, aliás, são expressão e concretização do princípio do estado de direito[96] e têm a tarefa de determinar os limites de intervenções estatais e agravamentos estatais. Se, por exemplo, é intervindo por uma lei retroativa em uma posição jurídica protegida como propriedade, aplica-se o artigo 14, da lei fundamental. Análogo vale, caso o âmbito de proteção de outros direitos fundamentais estiver afetado. Subsidiariamente, o artigo 2, alínea 1, da lei fundamental, deve ser invocado.

---

[92] Ver infra, número de margem 93.

[93] Comparar BVerfGE 32, 111 (123); 70, 69 (84); 71, 1 (13); *Grabitz* (N 3), S. 683; ademais, *Selmer* (N 25), S. 94 f.

[94] Assim, comprova um observador estrangeiro da jurisprudência do tribunal constitucional federal, *Huber*, Vertrauen und Vertrauensschutz (N 3), S. 196 f., pois também sagazmente, que aquele que, após a promulgação da lei retroativa, defende uma posição jurídica ou uma outra vantagem contra a retroatividade da modificação, na maioria dos casos, de modo algum, conhecia a lei antiga, na qual se baseava o seu interesse, a confiança na continuação de validez da lei, portanto, em realidade, no fundo, somente nasceu na data na qual ela foi decepcionada. Nisso Huber associa a questão, se aqui não somente é suposta uma confiança subjetiva do afetado pela modificação da lei e retroatividade.

[95] BVerfGE 32, 111 (126); 70, 69 (86).

[96] Bd. II, *Schmidt-Aßmann*, § 26 Rn. 31 ff.

Na literatura foi, sempre de novo, certamente, de modo muito diferente, sustentada a concepção que a problemática da retroatividade deve ser resolvida pelos direitos fundamentais, e, sem dúvida, não só antes,[97] mas também, e sobretudo, depois[98] da decisão de princípio (BVerfGE 13, 261). O próprio tribunal constitucional federal reconheceu e produziu o relacionamento com os direitos fundamentais, entrementes, na retroatividade inautêntica,[99] na retroatividade autêntica, contudo, invocou só isoladamente os direitos fundamentais.[100] Ele até, como já foi exposto,[101] declarou expressa e fundamentalmente que a retroatividade (autêntica) deveria ser aferida "com primazia pelos princípios estatal-jurídicos gerais, especialmente, da proteção à confiança e da certeza jurídica", todavia, acrescentou que, em união com esses princípios, também os direitos fundamentais afetados devem ser considerados. Porque aqui pontos de partida diferentes são escolhidos, permanece, em último lugar, aberto. A acentuação da estatalidade jurídica parece indicar, inicialmente, uma orientação mais objetiva, contudo, também, outra vez, aqui, são invocados os limites da proteção à confiança e, disso, tiradas conseqüências limitadoras para a admissibilidade da retroatividade. Se se começa pelos direitos fundamentais, também se modifica o modo de argumentação. Deve ser partido do âmbito de proteção jurídico-fundamental. Uma regulação agravante e, com isso, interveniente nos direitos fundamentais somente então é admissível, quando não só a intervenção como tal, mas – no caso da retroatividade –, justamente, também a intervenção retroativa no interesse público é necessária e proporcional. A comprovação, que a intervenção era previsível, que o afetado deveria contar com a intervenção ou, até – de fato ou pretendidamente –, esperou-a ou temeu-a, não pode substituir o interesse público legitimador da intervenção,[102] mas, no máximo, na ponderação entre a garantia jurídico-fundamental, por um lado, e o interesse público, por outro, desempenhar um papel. Se se segue esse início, então permanece, certamente, ainda por esclarecer, se a proteção à confiança é

---

[97] Assim, sobretudo, *Hans-Ulrich Meyer-Cording*, Die Rückwirkung von Gesetzen, in: JZ 1952, S. 161 (164 ff.); ademais, *Friedrich Giese*, Können Verfassungsgesetze sich rückwirkende Kraft zulegen?, in: DÖV 1954, S. 321; *Helmut Going*, Grundsätzliches zur Rückwirkung von Gesetzen, in: BB 1954, S. 137 ff. (139 f.); OVG Hamburg in JZ 1952, S. 416; BSGE 3, 77 (82); BGHZ 18, 81 (94 f.: artigo 2, alínea 1, da lei fundamental, e princípio do estado de direito); as reservas feitas contra isso na BVerfGE 2, 237 (265 f.) estão, entrementes, superadas.

[98] Comparar para isso, pormenorizado, *Blanke* (N 3), S. 57 ff.; *Schwarz* (N 3), S. 145 ff., 232 ff.; ademais, referente a direitos fundamentais particulares ou a todos *Dürig* (N 91), Art. 2 Abs. 1 Rn. 47 und Art. 3 Abs. 1 Rn. 221; *Kisker* (N 19), S. 161; *Grabitz* (N 3), S. 681 f.; *W. Schmidt* (N 3), S. 532; *Selmer* (N 25), S. 96 ff.; *Pieroth* (N 3), S. 132 ff., 279 ff.; ademais, *Rupp/von Brünneck*, Sondervotum BVerfGE 32, 129 (139). – Recusante, Götz (N 3), S. 431, 434 f.; *W. Leisner* (N 3), S. 294 f. (contra a aplicação do artigo 14, da lei fundamental).

[99] Ver infra, número de margem 62 e seguintes.

[100] Ver infra, número de margem 75.

[101] Ver supra, nota 75.

[102] *Selmer* (N 25), S. 103, 106; *Grabitz* (N 3), S. 884.

absorvida na garantia dos direitos fundamentais ou se a ela cabe ainda um significado independente e, se sim, qual. Essas questões dogmático-constitucionais devem posteriormente, na retroatividade inautêntica, ser abordadas circunstanciadamente, uma vez que lá já existe material de jurisprudência.[103] A problemática é, aqui como lá, a mesma.

c) Significado dos princípios constitucionais objetivos

43   A redução da problemática da retroatividade à proteção à confiança e/ou aos direitos fundamentais é expressão da subjetivação e processualização de nosso direito constitucional, que estreitamente estão unidas com a jurisdição constitucional. Também o esforço de mostrar os princípios constitucionais objetivos como tais e de destacar o significado objetivo dos direitos fundamentais como normas fundamentais e decisões de valores, não modifica nada nisso, porque eles, na prática, contudo, de novo, somente no quadro das pretensões reclamadas judicialmente judicial-constitucionalmente tornam-se relevantes.[104] Tanto mais energicamente deve ser acentuado que a observância dos princípios da estatalidade jurídica e da certeza jurídica – situados na frente da proteção à confiança – não só é um postulado da cultura jurídica, mas também um mandamento jurídico-constitucional. A retroatividade de leis infringe os princípios, resultantes da certeza jurídica, da inviolabilidade do direito,[105] da precisão do direito,[106] da inequivocidade do direito, do o ser conseqüente do direito e da durabilidade tendencial do direito. Ela infringe, ademais, o princípio da continuidade, que exige a evolução do direito constante e conseqüente e, com isso, exclui retrocessos por uma dação de leis retroativa. Por isso, a retroatividade deve ser recusada não só sob o aspecto estreitado da proteção à confiança, mas fundamentalmente. O dador de leis atua contraditoriamente quando ele rejeita o direito, antigamente determinante, talvez até por ele mesmo fixado, e põe de baixo do passado uma regulação que, por sua vez, não valeu e, por conseguinte, também não foi observada e não pôde ser observada. A retroatividade acerta, além disso, não só o cidadão em suas disposições, mas desautoriza também os órgãos aplicadores do

---

[103] Ver infra, número de margem 67 e seguintes.

[104] O número, de longe, preponderante de procedimentos jurídico-constitucionais remonta a um recurso constitucional ou a uma apresentação judicial, da qual, por sua vez, novamente, está na base uma demanda de cidadão. O tribunal constitucional federal afirma, sem dúvida, também então uma violação de direitos fundamentais, por exemplo, uma violação do artigo 12, alínea 1, da lei fundamental, quando foram infringidas normas constitucionais objetivas, o princípio do estado de direito ou uma prescrição de competência, mas, justamente, porém, somente sob a perspectiva do cidadão demandante. De resto, o tribunal constitucional federal aferiu também, no quadro de um controle normativo abstrato, a problemática da retroatividade exclusivamente pelo princípio da proteção à confiança (BVerfGE 37, 363 [397 f.]).

[105] Para isso direcionam decididamente *Klein/Barbey* (N 25), S. 65 ff., 83 f.

[106] → Bd. II, *Schmidt-Aßmann*, § 26 Rn. 60, 85.

direito, especialmente as autoridades administrativas, uma vez que ela retira de suas decisões e medidas, apoiadas no direito antigo, posteriormente a base jurídica e as põe, com isso, no antijurídico. Devem existir, porém, fundamentos particulares que justificam sua admissibilidade no caso particular.

IV. Exceções da proibição de retroatividade em seus pormenores

1. Exceções segundo a jurisprudência do tribunal constitucional federal

O tribunal constitucional federal reuniu as exceções da proibição de retroatividade em um catálogo[107] que, todavia, como ele mesmo acentua,[108] não é definitivo. Elas deixam dividir-se em dois grupos.[109] A retroatividade é admissível quando não existe confiança digna de proteção ou quando, sem dúvida, existe confiança digna de proteção, mas, perante o interesse geral expansivo na retroatividade, deve retroceder. O primeiro grupo deixa, em consideração mais rigorosa, subdividir-se mais, conforme se a situação jurídica mais antiga não deu nenhum fundamento de confiança ou nenhum suficiente (situação jurídica confusa ou pouco clara, lei inválida, lei provisória), se a confiança na existência de uma lei existente foi destruída por medidas legislativas (preparação ou decisão de uma regulação nova retroativa), ou se a proteção à confiança deixa de existir de outros, específicos fundamentos (por exemplo, disposições que faltam, regulação variável). Fazem parte do segundo grupo, por um lado, a reserva do bem-estar da comunidade, e, por outro, a reserva de bagatela. Deve ser observado, ainda, que suas conseqüências podem ser diferentes. Em parte, somente é estremecida a lei até agora como fundamento de confiança, de modo que permanece incerto se e o que se põe em seu lugar como alternativa. Em parte, é justamente a regulação alternativa visada, que elimina a confiança na existência da regulação até agora.

a) Bases jurídicas defeituosas e quebradiças

aa) Se a situação jurídica é confusa e pouco clara,[110] falta já no fundamento de confiança necessário, uma vez que, justamente, é duvidoso

---

[107] O catálogo apareceu, pela primeira vez, na BVerfGE 13, 261 (271 f.) (ver supra, nota 17). Ele foi, mais tarde, complementado pela chamada reserva de bagatela – várias vezes, completamente, ou, em parte, repetido: BVerfGE 18, 429 (439); 30, 367 (387 ff.); 45, 142 (173 f.); 72, 200 (258 ff.); 88, 384, 404; 95, 64, 87; comparar para isso, também *Schwarz* (N 3), S. 125 ff.; *A. Leisner* (N 4), S. 494 ff.
[108] BVerfGE 13, 261 (271) ("entre outras coisas"); BVerfGE 97, 67 (80: fundamentos de justificação desenvolvidos típico do caso, mas não exaustivamente).
[109] Assim, BVerfGE 72, 200 (258).
[110] BVerfGE 13, 261 (272); 24, 75 (101); 30, 367 (388); 50, 177 (194); 72, 200 (259); 88, 384 (404); BSGE 82, 198 (204 f.); BFHE 135, 311 (313).

o que deve valer. Proteção à confiança, com isso, não pode nascer. O esclarecimento retroativo é admissível, sim, dado o caso, ordenado de fundamentos da certeza jurídica e da justiça material. Ele, todavia, então não mais entra em consideração, quando a situação jurídica confusa e pouco clara temporal-intermediariamente foi esclarecida pela jurisprudência judicial superior. O caso excepcional da situação jurídica confusa e pouco clara foi desenvolvido com vista às prescrições jurídicas, em parte difusas, do tempo de pós-guerra e hoje não deveria ter mais significado prático. Ele não deve ser ampliado para liquidação de vícios geral.[111]

46   bb) O tribunal constitucional federal ampliou esse tipo de exceção, mais tarde, à situação jurídica que é "lacunosa" ou "a tal ponto anti-sistêmica e não-eqüitativa, que nascem dúvidas sérias em sua constitucionalidade".[112] Essas fórmulas são, contudo, ainda muito universais. Se é duvidoso o que, no fundo, deve valer, então existe o caso, já discutido, da situação jurídica confusa e pouco clara. Se, em compensação, a situação jurídica é anticonstitucional e nula, intervém o caso excepcional resultante. Duvidoso pode, por isso, somente ainda ser se uma regulação, que é absurda ou manifestamente injusta de antemão ou posteriormente por desaparecimento ou modificação de uma prescrição que está em conexão com ela,[113] pode ser eliminada e substituída retroativamente. Isso deve ser, fundamentalmente, afirmado, ainda que isso só excepcionalmente se irá tornar atual, porque, em geral, já os limites para com a anticonstitucionalidade deveriam estar excedidos.

47   cc) A proteção à confiança deixa de existir, ademais, em leis aparentemente válidas, mas anticonstitucionais e nulas.[114] As manifestações do tribunal constitucional federal para isso parecem, todavia, inicialmente contraditórias. Por um lado, comprova o tribunal que o cidadão não – em todo o caso: não sempre – pode contar com a aparência jurídica criada por uma norma jurídica inválida.[115] Por outro, ele declara, uma "confiança na situação jurídica real, portanto, na invalidade da norma que se tornou duvidosa, (pode), já pela aparência jurídica da validade, que a norma, ainda não expressamente anulada, cria, ser excluída".[116] Em consideração mais rigorosa mostra-se, contudo, que essas manifestações – ao contrário da censura da contradição feita na literatura[117] –, sem mais, deixam harmoni-

---

[111] BVerfGE 13, 261 (273).
[112] BVerfGE 30, 367 (388), com indicações sobre a jurisprudência mais antiga; BVerfGE 38, 128 (137).
[113] BVerfGE 19, 187 (197).
[114] Comparar *Ulrich Battis*, Der Verfassungsvertoß und seine Rechtsfolgen, in: HStR VII, 1992, § 165 Rn. 1 ff.
[115] BVerfGE 13, 261 (272: com a limitação: "não sempre"); 18, 429 (439); 19, 187 (197); 50, 177 (193 f.); comparar também BVerfGE 72, 200 (260).
[116] BVerfGE 22, 330 (348); comparar, ademais, BVerwGE 66, 116 (122); 67, 129 (131 f.); 75, 262 (267 ff.).
[117] *Bernhard Schlink*, Abwägung im Verfassungsrecht, 1976, S. 115; *Pieroth* (N 3), S. 89; *Bauer* (N 25), S. 247.

zar-se. O cidadão pode, em princípio, confiar na situação jurídica verdadeira, portanto, na situação jurídica condicionada pela invalidade da norma. Isso vale mesmo então, quando se considera correta a tese da presunção para a constitucionalidade das leis,[118] uma vez que ela pode valer somente para o tempo *antes* da promulgação da decisão judicial-constitucional, pela declaração de nulidade atuante ex tunc, porém, justamente é refutada.[119] O dador de leis, contudo, está autorizado, possivelmente até, com vista à certeza jurídica e ao princípio da igualdade, obrigado, a eliminar as lacunas e dúvidas, condicionadas pela declaração de nulidade de uma lei, por uma regulação nova – também retroativa –. Com isso, reduz-se também a confiança do cidadão à existência da situação jurídica revelada pela declaração de nulidade de uma lei.[120] Análogo vale quando o tribunal constitucional federal comprova não a nulidade, mas a incompatibilidade de uma lei com a lei fundamental.[121] Em oposição à declaração de nulidade, que elimina a lei anticonstitucional, a declaração de incompatibilidade cria uma situação de pendência. Como a lei é anticonstitucional, mas não nula, as autoridades e os tribunais não devem aplicar a lei, mas também não passar por alto disso. Ao contrário, o dador de leis é obrigado a adotar uma regulação nova que – para a eliminação da anticonstitucionalidade – também se deve realizar retroativamente,[122] à medida que não existem, excepcionalmente, fundamentos especiais, que excluem uma retroatividade.[123]

dd) A lei provisória não é mencionada pelo tribunal constitucional federal como grupo de casos próprio, contudo, aparece, ocasionalmente, na jurisprudência.[124] Ela entra em consideração como solução interina, quando novas situações nascem, que requerem uma regulação legal rápida, uma regulação definitiva, porém, a curto prazo, não é possível. Nisso, deve ser distinguido se a regulação provisória deve, pela regulação definitiva, ser desligada ex nunc ou substituída ex tunc. No primeiro caso é, no máximo, a confiança na persistência da regulação original excluída

---

[118] Assim, Ossenbühl (N 3), S. 30

[119] Assim, acertadamente, W. Leisner (N 3), S. 280.

[120] Assim, por exemplo, não pode o cidadão confiar nisto, que ele será isento absolutamente do pagamento das custas de urbanização legalmente previstas, porque, como ele reconhece acertadamente, o estatuto sobre as custas de urbanização, por causa de um vício de procedimento ou por causa de uma infração contra o princípio da igualdade, é nulo; comparar para isso, BVerwGE 50, 2 (7 ff.); 67, 129 (131 ff.), BVerwGE in: NVwZ 1984, S. 435. Para os fundamentos das custas de urbanização, comparar §§ 127 e seguintes, do código de construção.

[121] Comparar para isso, *Klaus Schlaich/Stefan Korioth*, Das Bundesverfassungsgericht, ⁶2004, Rn. 394 ff., com mais indicações.

[122] BVerfGE 107, 27 (58), com mais indicações.

[123] Comparar para isso, circunstanciado, BVerfGE 87, 153 (178 ff.); 93, 121 (148 f.); 105, 73 (134). – Decisões com coisa julgada podem geralmente ser excetuadas da retroatividade.

[124] BVerfGE 13, 39 (45 f.); 18, 196 (202 f.); 23, 85 (97); 38, 128 (136); comparar também BVerfGE 30, 367 (387).

(problema da retroatividade inautêntica). No segundo caso, trata-se, em compensação, de uma retroatividade autêntica. Como a lei somente tem caráter provisório, que se situa sob a reserva da regulação definitiva, falta já o fundamento no qual a confiança do cidadão poderia apoiar-se. A questão é, porém, se tais leis, no fundo, são admissíveis. Fundamentalmente, não pode ser compatibilizado com o mandamento da certeza jurídica que o dador de leis determina direitos e deveres do cidadão e, simultaneamente, expressa que ainda está aberto, se eles permanecem definitivamente reconhecidos. Elas são, por isso, só excepcionalmente aceitáveis, para o vencimento de crises e com a reserva de que a regulação nova retroativa concerne somente à correção de questões marginais, a concepção total e sua formação essencial, em compensação, não mais põe em dúvida.[125]

b) Previsibilidade da regulação nova

49 O ponto de vista da previsibilidade desempenha já nos tipos de exceção, já mencionados, um certo papel, mas é invocado, mais além, como fundamento de justificação especial. O tribunal constitucional federal nega a proteção à confiança quando os destinatários da lei, na data, à qual a retroatividade diz respeito, deveriam contar com uma regulação nova retroativa.[126] Nisso, contudo, ele puxa a linha em sentido temporal amplamente para trás. O "dever contar com" não inicia já com a discussão geral sobre uma regulação nova, o anúncio da lei do governo, a iniciativa de lei no parlamento federal ou a discussão parlamentar, mas – primeiro – com a tomada de decisão definitiva do parlamento federal.[127]

50 Apesar disso, ainda existem objeções graves.[128] O "dever contar com" pressupõe que o cidadão conhecia realmente a decisão de lei ou, considerado juridicamente, deveria conhecer. O conhecimento fático não só da decisão como tal, mas também de seu conteúdo essencial e da ordenação de retroatividade deveria, em círculos interessados, especialmente em grêmios, que possivelmente até foram escutados no procedimento de dação de leis, estar dado amplamente, mas, de modo nenhum, deve ser aceito geralmente. A questão é, por isso, se o cidadão deveria conhecer a decisão de lei, isto é, se ele deve informar-se e, dado o caso, deixar valer

---

[125] Assim também estava situado na decisão mencionada na nota 124; muito não-diferenciado W. Leisner (N 3), S. 289.

[126] BVerfGE 1, 264 (280); 13, 206 (213); 13, 261 (273); 30, 272 (287 f.); 37, 363 (399 f.); 72, 200 (260 ff.); 87, 48 (67); 97, 67 (79).

[127] Isso deve, todavia, como o tribunal constitucional federal ocasionalmente acrescenta, valer somente "em regra". A opinião, sustentada por *Schwarz* (N 3), que também uma decisão de gabinete pode eliminar a proteção à confiança, não se deixa comprovar com a BVerfGE 97, 67 (81 f.), uma vez que essa decisão discute a proteção à confiança no quadro da reserva do bem-estar da comunidade.

[128] Comparar universalmente para a problemática da previsibilidade, *Kisker* (N 19), S. 17 f.; *Friauf* (N 25), S. 672; *Rupp-von Brünneck*, Sondervotum BVerfGE 32, 129 (137 f.).

contra si o desconhecimento. Isso deve ser negado. Pedido pode ser somente o conhecimento da lei proclamada de acordo com a ordem, mas não o conhecimento dos atos particulares do procedimento de dação de leis complicado, sobretudo, no âmbito federal. O cidadão também não está obrigado a, segundo lealdade e boa-fé, perseguir o procedimento de dação de leis, para possibilitar ao estado leis retroativas se não se quer torcer a proteção à confiança em seu contrário, ao se tirar ela da mão do cidadão com um golpe e a transformar em arma do estado contra o cidadão.

Acresce a isso, que o tipo de exceção da previsibilidade traz o cidadão em uma situação insustentável. O que ele deve seguir verdadeiramente no tempo entre a decisão de lei e a proclamação da lei? O direito velho vale, sem dúvida, ainda, contudo, o cidadão não o pode tomar por base para suas disposições, se e porque uma regulação nova retroativa é "previsível". Se ele não pode ou não quer aguardar, então ele deve orientar-se de forma conveniente na regulação nova iminente. Mas se ela, no fundo, vem, e se sim, quando e com qual conteúdo, ainda é duvidoso, uma vez que faltam ainda atos de cooperação de outros órgãos constitucionais, especialmente do conselho federal. É, sem mais, possível que não só se retarde o procedimento de dação de leis, mas que também a decisão de lei altere-se materialmente ou até a lei fracasse completamente. Se, contudo, confere-se à decisão de lei um efeito antecipado quase-normativo, deveria, de forma conseqüente, proteger-se a confiança nisso apoiada – uma conseqüência que, certamente, não é aceitável, mas, justamente, com isso, também desmascara a insustentabilidade de sua premissa. Problemas correspondentes resultam, ademais, para as autoridades administrativas e tribunais; também eles estão diante da questão, se eles têm de aplicar o direito ainda vigente ou o direito que vem (possivelmente), mas ainda não-vigente por causa de sua retroatividade potencial. A relativização do direito vigente sob o aspecto da previsibilidade, já por si duvidosa, de uma regulação retroativa infringe a certeza jurídica.

O tribunal constitucional federal reconheceu a problemática, mas vê no direcionar para a decisão de lei do parlamento federal a "proporcionalmente melhor compensação" entre o interesse do particular em uma regulação legal definitiva e vinculativa e o interesse do estado em um ser eficaz imediato da nova regulação considerada como necessária.[129] Aqui aparece – não expressadamente – o ponto de vista do efeito do anúncio. Ele, contudo, de modo nenhum, torna-se sempre atual e deixa, além disso, caso ele torne-se atual, solucionar-se melhor no quadro da reserva do bem-estar da comunidade e de seus instrumentos de ponderação.[130]

---

[129] BVerfGE 72, 200 (261 f.).
[130] Comparar em seguida, infra, número de margem 54.

c) Aspectos particulares

53 De resto, trata-se na questão, se existe um caso excepcional justificador da retratação, das circunstâncias concretas respectivas do caso particular.[131] Elas, todavia, devem dizer respeito à lei e ao seu ambiente. Como as leis são de natureza abstrato-geral, as idéias subjetivas e a situação individual das pessoas, afetadas cada vez, não podem desempenhar nenhum papel.[132] Possível é, porém, que uma lei (abstrato-geral) é concebida para circunstâncias específicas do grupo ou do fato e, sob esse aspecto, torna-se relevante para a questão da proteção à confiança. Assim, podem resultar limitações da proteção à confiança com vista à matéria da lei respectiva, às circunstâncias políticas e sociais que estão na base e à conduta específica dos destinatários da lei.[133]

d) Reserva do bem-estar da comunidade

54 A retroatividade é, ademais, excepcionalmente então, justificada, quando, sem dúvida, em si, proteção à confiança deve ser afirmada, mas razões forçosas do bem-estar da comunidade exigem a retroatividade e preponderam na ponderação com o princípio da certeza jurídica e da proteção à confiança.[134] Na jurisprudência, a reserva do bem-estar da comunidade até agora não obteve grande significado. Também a literatura mal se ocupou com isso. Pelo visto, ele subtrai-se a uma estruturação circunstanciada e determinação quanto ao conteúdo. O tribunal constitucional federal resistiu à tentação de desviar-se de seu sistema de tipos de exceção mencionados enumerativamente e escolher a ponderação geral entre o interesse da confiança dos destinatários da lei e o interesse da retroatividade do dador de leis.[135] Nas primeiras decisões, o bem-estar da comunidade é mencionado só incidentalmente como outro ponto de vista a favor ou contra a admissibilidade da retroatividade.[136] Só relativamente tarde a reserva do bem-estar da comunidade foi invocada como critério de decisão autônomo. Trata-se do chamado efeito do anúncio. O anúncio ou o outro ser divulgado da anulação intencionada de um desagravo de imposto

---

[131] BVerfGE 32, 111 (123); 105, 17 (37).

[132] BVerfGE 32, 111 (123).

[133] Comparar BVerfGE 83, 89 (110); 106, 225 (242): direito de seguro social e de assistência; BVerfGE 87, 48 (63 f.); 92, 277 (344): direito procedimental. – BVerfGE 88, 384 (404 ff.); 101, 239 (262 ff.): direito-república democrática alemã e reunificação. – BVerfGE 101, 239 (266 ff): propriedade adquirida desonestamente.

[134] Ver supra, nota 74; comparar, ademais, circunstanciadamente, BVerfGE 30, 367 (390 f.); 97, 67 (81 f.); 101, 239 (268 f.); *A. Leisner* (N 4), S. 501 f.; *Schwarz* (N 3), S. 128.

[135] Aqui, como também de costume nesse título, deve ser observado que se trata somente da retroatividade autêntica; na retroatividade inautêntica domina, em compensação, a ponderação, ver infra, número de margem 71.

[136] O bem-estar da comunidade é afirmado na BVerfGE 21, 117 (132); 22, 330 (349); 64, 367 (384); em compensação, negada na BVerfGE 27, 75 (101); 30, 367 (390 f.).

fundamentado legalmente leva com freqüência a isto, que a lei – de certo modo, pouco antes do fechamento da porta –, ainda, uma vez, é aproveitada massivamente e, com isso, a finalidade da anulação, inicialmente, iludida. Para impedir isso, o dador de leis decide adiantar a data do entrar em vigor da lei de anulação a uma data mais antiga. O tribunal constitucional federal aceitou a retroatividade em um tal caso com referência à reserva do bem-estar da comunidade.[137] Isso deveria até ser ou ficar o caso-padrão da reserva do bem-estar da comunidade. De resto, porém, também em outras ocasiões, sempre de novo, irá ter casos particularmente configurados.[138] Considerações financeiras, em compensação, não bastam,[139] à medida que não ameaça a bancarrota estatal.

e) Reserva de bagatela

A reserva de bagatela[140] é, sem mais, razoável. Ela corresponde à proposição: minimis non curat lex. Todavia, deve ser observado que ela compreende somente as repercussões materiais ou jurídicas, não, porém, o número reduzido dos cidadãos afetados.[141] De resto, pergunta-se porque em tais casos insignificantes, no fundo, é ordenada uma retroatividade. Conveniente e sustentável ela aparece somente quando, no quadro de uma regulação nova complexa, que talvez até beneficia preponderantemente o cidadão, são necessárias certas reduções por conta do cidadão com força retroativa.

*2. Orientação das exceções da proibição de
retroatividade em critérios materiais*

A aspiração de determinar as exceções da proibição de retroatividade de preferência com auxílio da proteção à confiança não é capaz de convencer, porque deve ser operado com presunções e suposições. Em realidade, o tribunal constitucional federal também não direciona tanto para isto, se o cidadão contava ou devia contar com uma regulação retroativa, mas para isto, se fundamentos materiais justificam ou até exigem a retroatividade. Isso expressa-se nas decisões particulares também, sempre de novo, implicitamente.[142] As exceções, aceitas pelo tribunal constitucional

55

56

---
[137] BVerfGE 97, 67 (81 f.); para isso, *Schwarz* (N 3), S. 113 ff., com mais indicações.
[138] Na BVerfGE 101, 239 (268) a reparação de agravos do antijurídico nacional-socialista ou das violações dos direitos do homem graves da força de ocupação soviética ou dos órgãos da república democrática alemã é qualificada como um objetivo do bem-estar da comunidade particularmente importante ou como interesse do bem-estar da comunidade destacado.
[139] BVerfGE 2, 380 (405); 24, 75 (101 f.); 30, 367 (391).
[140] BVerfGE 30, 367 (389); 72, 200 (259); 95, 64 (87).
[141] BVerfGE 30, 367 (390).
[142] Comparar para isso, BVerfGE 32, 111 (123).

federal, no caso da situação jurídica confusa e da lei anticonstitucional e nula, deixam já se apoiar nisto, que por fundamentos da certeza jurídica é necessário um esclarecimento retroativo da situação jurídica ou uma liquidação retroativa das lacunas e incoerências nascidas pela declaração de nulidade da lei. Considerações estatal-jurídicas não só se opõem a uma retroatividade, mas podem, às avessas, também, uma vez, requerer a retroatividade.[143] Somente deve permanecer claro que a retroatividade, como exceção, carece de uma legitimação particular e também, somente então, é admissível quando os fundamentos, que requerem a retratação, no caso concreto, na ponderação de todas as circunstâncias, preponderam. É, por isso, ordenado, com base no caso concreto, destacar os fundamentos que justificam excepcionalmente uma retroatividade.[144]

57 Em consideração entra uma retroatividade, por exemplo, então:

- quando uma regulação malograda, por fundamentos da certeza jurídica ou da justiça material, especialmente do princípio da igualdade, deve ser substituída retroativamente (caso da norma jurídica inválida, mas também da discordante ou materialmente extremamente não-eqüitativa);

- quando uma regulação legal, por fundamentos político-econômicos ou político-conjunturais, deve ter um certo efeito-surpresa para impedir que a regulação nova, pouco antes de sua promulgação, seja iludida por aproveitamento desmesurado da regulação mais antiga;[145]

- quando o dador de leis não pode reagir em tempo oportuno a um desenvolvimento que se efetua rapidamente e, por isso, de certo modo, deve seguir;

- quando uma lei tem caráter provisório, à medida que, excepcionalmente, uma tal lei, no fundo, é admissível.

58 A proteção à confiança, com isso, não é excluída. Ela é e permanece um critério essencial, que fala contra a retroatividade, como, às avessas, a proteção à confiança, que falta ou reduzida, facilita a retroatividade, ordenada por fundamentos materiais. Nisso, também é possível que os pontos de vista relevantes para a retroatividade e sua ponderação levem ao resultado que a retroatividade, sem dúvida, não está excluída geralmente, mas encontra limites material e/ou temporalmente estreitos.

A orientação objetiva deixa também a retroatividade de leis beneficentes aparecer em uma luz nova. Como a proteção à confiança não está tangida, ela deixa de existir como barreira. Isso, contudo, ainda não significa que a retroatividade de leis beneficentes seria absolutamente admissível. Também aqui o princípio da certeza jurídica, com suas cunhagens

---
[143] Comparar BVerfGE 7, 89 (94); 19, 187 (197); 25, 269 (290); ademais, com vista ao princípio da igualdade, BVerfGE 8, 1 (10); 13, 215 (224).
[144] Comparar para isso, também F. *Klein/Barbey* (N 25), S 84 ff.
[145] *Hans Schneider*, Gesetzgebung, ³2002, Rn. 540; BVerfGE 72, 200 (259 f.); 97, 67 (81 f.).

específicas da precisão e da inviolabilidade do direito, deve ser observado. Ademais, as repercussões sobre o princípio da igualdade devem ser consideradas.[146] A retroatividade de leis beneficentes carece, por isso, igualmente, de uma fundamentação particular, embora os limites estejam traçados muito amplamente.

3. Proibições de retroatividade absolutas

Por fim, deve ainda ser chamada a atenção sobre isto, que existem proibições de retroatividade que, independente da existência de confiança digna de proteção no caso concreto, intervêm. Disso faz parte, sobretudo, a proibição de retroatividade, determinada no artigo 103, alínea 2, da lei fundamental, para o âmbito do direito penal.[147] Embora essa determinação não dê nenhuma base para conclusões analógicas ou conclusões inversas,[148] ela sempre expressa uma idéia jurídica geral. O cidadão, que se conduziu leal à lei, não pode, posteriormente, por uma norma jurídica retroativa, ser posto "no antijurídico". Isso vale especialmente para regulações do direito administrativo e do direito delitual jurídico-civil, mais além, porém, para todas as regulações que, posteriormente, declaram uma conduta determinada como antijurídica e referem a isso conseqüências negativas.[149] Decisões com coisa julgada não estão, sem dúvida, absolutamente subtraídas à dação de leis retroativa. Mas o dador de leis deve observar o significado particular da coisa julgada como elemento decididor de litígios e pacificador na vida jurídica e pode, por isso, no máximo, em casos excepcionais bem particularmente configurados, fazer, ordenar ou admitir a correção de decisões com coisa julgada já promulgadas.[150]

V. Proteção à confiança na influência de leis sobre fatos e relações jurídicas existentes (retroatividade inautêntica)

1. Problemática geral

Enquanto leis com retroatividade autêntica encontram-se só ainda relativamente raro na jurisprudência mais recente do tribunal constitucional

---

[146] *Dürig* (N 89), Art. 3 Abs. 1 Rn. 221.

[147] Comparar *Hermann Hill*, Verfassungsrechtliche Gewährleistungen gegenüber der staatlichen Strafgewalt, in: HStR VI, ²2001 (¹1989), § 156 Rn. 67.

[148] Assim, acertadamente, *Götz* (N 3), S. 431, com mais indicações.

[149] BVerfGE 63, 343 (357).

[150] Comparar BVerfGE 72, 302 (328): "Grave, porque tocante no princípio da divisão de poderes, teria sido, antes, no caso contrário, se a lei tivesse intervindo retroativamente na coisa julgada de decisões." A referência à divisão de poderes é, todavia, somente convincente quando, com isso, é considerada a função específica da jurisdição.

federal,[151] a chamada retroatividade inautêntica desempenha um papel cada vez maior. Quase todas as leis, que regulam de novo um campo do direito ou também somente uma questão jurídica para o futuro, acertam em fatos, direitos ou relações jurídicas, que já nasceram no passado, mas ainda persistem. Seja somente remetido a regulações que modificam os pressupostos jurídicos de uma atuação profissional ou industrial e comercial, que complementam uma ordenação de exame, que concernem a relações contratuais a prazo mais longo, por exemplo, um contrato de locação, que eliminam prematuramente uma vantagem por imposto, apoiada em vários anos, que diminuem expectativas jurídico-sociais, e coisas semelhantes. A inclusão dos casos antigos, que nasceram sob a validez do direito mais antigo, na regulação nova futura não apresenta nenhuma retroatividade (autêntica), porque a regulação mais antiga não é substituída ex tunc, mas somente desligada ex nunc. Mas o cidadão que, por sua vez, com vista a regulação, naquele tempo vigente, iniciou atividades, concluiu contratos ou fez outras disposições, é decepcionado quando, contra suas esperanças, a regulação, até agora determinante, é modificada e suas disposições, que se baseiam nisso, são desvalorizadas. Pergunta-se, por isso, se e até que ponto a confiança (fática) na persistência da regulação até agora é protegida (juridicamente).[152]

61   Também nesses casos, o princípio da proteção à confiança torna-se importante. O cidadão espera e constrói sobre isto, que as leis, na época de seu planejamento e decisão, valem e, por isso, são para ele determinantes, também existem na época posterior. Ele, certamente, não vive somente do instante, mas quer e deve, como pessoa em responsabilidade própria, sobre a base dos direitos de liberdade, formar seu próprio futuro. O componente temporal da certeza jurídica seria abreviado, se ele fosse limitar-se ao passado e à atualidade e suprimir o futuro. A proteção à confiança, disso resultante, dirige-se, por isso – do mesmo modo como no caso da retroatividade autêntica –, contra modificações da lei. Mas, as coordenadas removem-se. O interesse de modificação do estado entra no primeiro plano, o interesse na existência do cidadão perde em peso. O dador de leis deve, em conformidade com o seu pedido jurídico-constitucional para a configuração jurídica da vida estatal e social, estar capacitado para acolher novos desenvolvimentos, conhecimentos e fixação de objetivos e, em conformidade com isso, a modificar as leis existentes para o futuro. O cidadão

---

[151] O tribunal constitucional federal teve de, sem dúvida, também em tempo mais recente, ocupar-se multiplamente com a problemática da retroatividade; mas ele, só raramente, afirmou uma retroatividade autêntica e sua inadmissibilidade, comparar BVerfGE 72, 200 (249 ff.); 87, 48 (62 ff.); 101, 239 (263 f.).

[152] Se se segue o conceito de retroatividade relacionado às conseqüências jurídicas (ver supra, número de margem 20 e seguintes), então as exposições seguintes também valem para leis que referem a "tipos concluídos" conseqüências jurídicas para o futuro, isto é, para o tempo após o entrar em vigor da lei. O "estar concluído" deve, todavia, no exame do interesse da confiança e na ponderação, ser considerado particularmente.

não pode esperar que as reformas legislativas, que se mostram necessárias, somente não se realizam porque ele confiou na continuação do estado de posse até agora. Isso vale tanto mais que ele está absolutamente à mercê das modificações das leis pro futuro – não como na retroatividade autêntica –, mas pode reagir a isso e orientar-se de novo, como ele, no fundo, deve contar com os casos de mudança da vida. Esses aspectos e tendências diferentes levam à proposição geral, também na jurisprudência do tribunal constitucional federal, sempre de novo, citada, que a retroatividade autêntica é, fundamentalmente, inadmissível, e a retroatividade inautêntica, fundamentalmente, admissível.[153]

A retroatividade inautêntica é, com isso, somente então – excepcionalmente –, inadmissível se a confiança na persistência da regulação até agora é digna de proteção e prepondera perante o interesse público na regulação nova. Esse caso excepcional, contudo, só raramente deveria ocorrer. Com isso, a problemática desloca-se. Ela não (mais) visa à persistência da regulação até agora, mas à sua transferência na regulação nova. A confiança do afetado deve ser considerada pelo fato de regulações de transferência serem promulgadas, que eliminam ou moderam as inconveniências da travessia do direito velho para o novo.[154]

2. Fundamentos da proteção à confiança

a) Jurisprudência do tribunal constitucional federal

O tribunal constitucional federal, inicialmente, apoiou a proteção à confiança perante leis retroativas-inautênticas no princípio do estado de direito.[155] Na literatura, em compensação, já cedo os direitos fundamentais foram invocados.[156] A essa concepção, entrementes, também se associou o tribunal constitucional federal.[157] Como os direitos fundamentais apresentam (também) uma cunhagem especial do princípio do estado de direito, essa solução merece aprovação. Se nenhum direito fundamental se aplica, então intervém o direito de liberdade geral do artigo 2, alínea 1, da lei fundamental, por exemplo, em posições de direito de seguro social, que não caem sob a garantia da propriedade.[158]

O emprego dos direitos fundamentais realizou-se até agora muito diferente. Já desde há muito o tribunal constitucional federal examina a

---

[153] Comparar as indicações supra, na nota 30.
[154] Comparar para isso, circunstanciadamente, infra, número de margem 74.
[155] Comparar BVerfGE 14, 288 (297); 22, 241 (248), ademais, supra, nota 30.
[156] Ver supra, nota 96 e seguinte; a discussão concernia, sem dúvida, sobretudo, à retroatividade autêntica, mas, amplamente, também à retroatividade inautêntica.
[157] Comparar, fundamentalmente, BVerfGE 72, 200 (242 f.).
[158] Comparar, por exemplo, BVerfGE 97, 271 (283 ff., 285 ff.); ademais, com vista à anulação de isenção do imposto, BVerfGE 105, 17 (30 ff.).

influência de leis reguladoras de profissão novas[159] em atuações profissionais já exercidas pelo artigo 12, alínea 2, da lei fundamental. Embora se trate de um caso de retroatividade inautêntica, esse conceito, inicialmente, não foi mencionado e o princípio da proteção à confiança não invocado, mas exclusivamente discutido se o artigo 12, alínea 1, da lei fundamental, em união com o princípio da proporcionalidade requer uma regulação transitória para os casos antigos.[160] Somente em decisões posteriores aparece o princípio da proteção à confiança, primeiro como "mandamento derivado do princípio do estado de direito" fora do artigo 12, alínea 1, da lei fundamental,[161] antecipadamente examinado, a seguir, dentro do artigo 12, alínea 1, da lei fundamental, ao lado do princípio da proporcionalidade.[162] Em sentido material não se deixam, das fundamentações distintas e da inclusão da proteção à confiança no artigo 12, alínea 1, da lei fundamental, comprovar nenhuma diferença. Permanece, como de costume, na exigência por uma regulação transitória conveniente, especialmente para o caso que uma atividade profissional até agora permitida é interditada pela regulação nova.[163] A questão, se e qual função especial cabe à proteção à confiança no quadro do artigo 12, alínea 1, da lei fundamental, permanece aberta.

64 Se a regulação nova legal intervém em posições jurídicas de valor patrimonial, então deve, segundo a jurisprudência do tribunal constitucional federal mais recente – desde a decisão sobre o direito autoral, 1971[164] –, ser invocado o artigo 14, da lei fundamental: "O princípio estatal-jurídico da proteção à confiança experimentou, para os bens de valor patrimonial, no direito fundamental de propriedade, uma cunhagem própria e ordem jurídico-constitucional."[165] O artigo 14, da lei fundamental, é, segundo isso, lex specialis perante o princípio estatal-jurídico da proteção à confiança. Isso tem importância, sobretudo, para posições de direito de seguro social que, pelo tribunal constitucional federal[166] e literatura preponderante, mas, de modo nenhum, indiscutível,[167] progressivamente é qualificada de

---

[159] Comparar *Rüdiger Breuer*, Die staatliche Berufsregelung und Wirtschaftslenkung, in: HStR VI, ²2001 (¹1989), § 148 Rn. 10, 37, 46, 56.

[160] BVerfGE 21, 173 (182) f.); 22, 275 (276); 25, 236 (248); 32, 1 (22 f.); 50, 265 (274 ff.).

[161] BVerfGE 55, 185 (201, 203 f.).

[162] BVerfGE 64, 72 (83 f.); 68, 272 (284).

[163] Comparar BVerfGE 75, 246 (279); 98, 265 (309 f.).

[164] BVerfGE 31, 275 (293).

[165] BVerfGE 36, 281 (293); 45, 142 (168); 58, 81 (120 f.); 64, 87 (104); 70, 101 (114); 75, 78 (105); 95, 64 (82); 101, 239 (257 f., 262).

[166] BVerfGE 53, 257 (289 ff.); 69, 272 (300 ff.); comparar também BVerfGE 72, 9 (18 ff.).

[167] Comparar para isso: Verfassungsrechtlicher Eigentumsschutz sozialer Rechtspositionen, 2. Sozialrechtslehrertagung, Schriftenreihe des Deutschen Sozialrechtsverbands, Bd. 23, 1982, com contribuições de *Rolf Stober, Michael Stolleis, Wolfgang Rüfner, Hans-Jürgen Papier*, entre outras coisas; ademais, *Brun-Otto Bryde* in: v. Münch, Bd. I, Art. 14 Rn. 26 f.; *Hans-Jürgen Papier* in: Maunz/Dürig, Komm. z. GG, Art. 14 Rn. 129; *Otto Depenheuer* in: von Mangoldt/Klein/Starck, GG Abs. 1 Art. 14 Rn. 174 ff.;

propriedade no sentido do artigo 14, alínea 1, da lei fundamental. A garantia da propriedade[168] cumpre, por conseguinte, "para as posições do direito de seguro de pensão por ela protegida a função da proteção à confiança perante atos de intervenção".[169] A classificação da proteção à confiança é, também aqui, ainda, duvidosa. Digno de atenção é que a "proteção à confiança" amplamente desaparece da argumentação no quadro do artigo 14, da lei fundamental, e a questão da admissibilidade da retroatividade inautêntica ou a necessidade de uma regulação transitória é analisada, de preferência, pelo princípio da proporcionalidade.[170] Em contrapartida, ela, porém, ocasionalmente, também é discutida separadamente ao lado do artigo 14, da lei fundamental.[171]

Se o âmbito de proteção do artigo 14, da lei fundamental, não é tangido, por exemplo, porque a prestação do direito de seguro social não deve ser qualificada propriedade no sentido dessa prescrição, então, pelo artigo 2, alínea 1, da lei fundamental, mostra-se e aplica-se, outra vez, o "princípio estatal-jurídico" geral "da proteção à confiança".[172] Isso é, sem mais, conseqüente, quando se considera o artigo 14, da lei fundamental, lex specialis da proteção à confiança estatal-jurídico geral, leva, porém, simultaneamente, à questão, se e em que se distingue a proteção à confiança estatal-jurídica e a do direito de propriedade. Segundo a opinião do tribunal constitucional federal, a proteção à confiança do direito de propriedade passa adiante, porque o dador de leis, no intervir em direitos de propriedade, deve ter "fundamentos legitimadores", a previsibilidade da regulação nova legal não basta.[173] A questão evidente, se a proteção à confiança estatal-jurídica admite intervenções somente porque o afetado deveria contar com isso, também quando não existem "fundamentos legitimadores" para a intervenção, não é problematizada, nem sequer posta. Na prática, a diferença, em todo o caso, em casos do direito de seguro social, deveria ser insignificante. Assim, o tribunal na BVerfGE 64, 87, onde o artigo 14 e a proteção à confiança são examinados, alternativamente,

---

Wolf-Rüdiger Schenke, Sozialversicherungsrechtliche Ansprüche und das Eigentumsrecht, in: FS für Egon Lorenz, 2004, 715 ff.; cada vez, com mais indicações.

[168] Comparar *Walter Leisner*, Eigentum, in: HStR VI, ²2001 (¹1989), § 149 Rn. 1 ff.

[169] BVerfGE 53, 257 (309).

[170] Comparar, por exemplo, BVerfGE 36, 281 (293); 58, 81 (121); 70, 101 (111 f.); a "proteção à confiança", no fundo, não aparece na BVerfGE 58, 300 (350 ff.); 70, 191 (201, 213) entre outras coisas; comparar também BVerfGE 71, 137 (144 ff.).

[171] Na BVerfGE 71, 230 o tribunal examina, inicialmente, se a limitação da elevação do preço de aluguel é compatível com o artigo 14, alínea 1, proposição 2, da lei fundamental, e então, após isso ter sido afirmado, se os "princípios da certeza jurídica e da proteção à confiança" são violados (S. 246 ff., 251 ff.).

[172] BVerfGE 69, 272 (309); 72, 141 (154); 72, 175 (193 ff., 196 ff.); comparar também BVerfGE 64, 87 (104); Pieroth (N 25), JZ 1984, S. 974.

[173] Assim, BVerfGE 31, 275 (293); comparar também BVerfGE 58, 81 (121).

segundo os princípios da retroatividade inautêntica, chega, cada vez, ao mesmo resultado.[174]

66   Para o âmbito do direito funcionalista, o princípio estatal-jurídico da proteção à confiança tem no artigo 33, alínea 5, da lei fundamental,[175] "sua cunhagem própria e ordem jurídico-constitucional".[176] Por isso, intervém o artigo 33, alínea 5, da lei fundamental, quando uma regulação nova jurídico-funcionalista, particularmente uma jurídico-salarial ou jurídico-assistencialista piora o status ou os direitos dos funcionários. Também aqui permanece, outra vez, duvidosa a classificação dogmático-constitucional. Enquanto o tribunal, antigamente, chamava a atenção sobre isto, que o artigo 33, alínea 5, da lei fundamental, basta como critério de exame e, ao lado disso, não devem ser invocados nem o artigo 14, da lei fundamental, nem o princípio da proteção à confiança,[177] que os princípios trazidos do funcionalismo de carreira cumprem "a função da proteção à confiança",[178] ele, posteriormente, examinou ambos os âmbitos, outra vez, separadamente.[179] Com certeza aparece desconcertante BVerfGE 67, 1 (14 f.): o tribunal cita, inicialmente, com referência à jurisprudência até agora, a fórmula que "o princípio estatal-jurídico da proteção à confiança", para o direito funcionalista, em regra, experimentou "uma cunhagem própria e ordem jurídico-constitucional", e acentua que "o exame jurídico-constitucional pelo critério do artigo 33, alínea 5, da lei fundamental," é "suficiente", mas, chama a atenção, contudo, de imediato, na proposição seguinte, aos "mandamentos estatal-jurídicos da certeza jurídica e da proteção à confiança", discute, a seguir, o conceito e os pressupostos da retroatividade autêntica e, sobretudo, da inautêntica, e observa, finalmente, que o dador de leis, na anulação ou modificação de posições jurídicas protegidas, "é, em virtude do princípio estatal-jurídico da proporcionalidade, obrigado a adotar uma regulação transitória conveniente". Nisso, realmente, tudo é possível!

b) Classificação dogmático-constitucional

67   O início jurídico-fundamental deve ser aprovado. Leis que agravam o cidadão, ao eles prejudicar direitos ou impor novas obrigações, devem

---

[174] Comparar para isso, as notas sobre sentença de *Wolfgang Rüfner* in: JZ 1983, S. 755 ff. e *Hans-Jürgen Papier* in: SGb 1984, S. 411 ff. A censura da inconseqüência (comparar *Rüfner*, ebd.; *Pieroth* [N 25], JZ 1984, S. 974), não é justificada, uma vez que o tribunal expressamente deixa aberto, se a posição jurídica debatida cai sob o conceito de propriedade e, por conseguinte, por precaução, decide alternativamente.

[175] Comparar *Helmut Lecheler*, Der öffentliche Dienst, in: HStR III, ²1996 (¹1988), § 72 Rn. 49 ff.

[176] Comparar as indicações nas notas de pé-de-página seguintes.

[177] Assim, BVerfGE 52, 303 (345); 55, 372 (396); 80, 297 (308).

[178] BVerfGE 76, 256 (347).

[179] Assim, por exemplo, BVerfGE 106, 225 (233 ff., 241 ff.); ademais, sobretudo, BVerfG in: DVBl 2005, S. 1441 (1443, 1449).

ser aferidas pelos direitos fundamentais. Em consideração entram, inicialmente, os direitos fundamentais especiais, especialmente artigo 12, alínea 1, e artigo 14, da lei fundamental, possivelmente, também outros direitos fundamentais,[180] subsidiariamente, o direito de liberdade geral do artigo 2, alínea 1, da lei fundamental, o último não só como muleta processual, para o princípio do estado de direito tornar-se reclamável judicialmente, mas também como direito de liberdade material. A questão é, contudo, como a proteção à confiança deixa introduzir-se dogmaticamente nos direitos fundamentais, se ela absorve na garantia dos direitos fundamentais, se ela forma uma locução firme na concretização dos direitos fundamentais, se ela é parte e cunhagem do princípio da proporcionalidade, se ela forma uma barreira independente – seja uma imanente aos direitos fundamentais, seja uma que vem de fora – das barreiras de direitos fundamentais. Essa questão, certamente, não se deixa responder geralmente, mas somente segundo a estrutura respectiva dos direitos fundamentais.

Isso mostra o direito fundamental da propriedade que, na prática, está no primeiro plano. O artigo 14, da lei fundamental, contém, de uma parte, uma garantia de existência individual, ao ele garantir a propriedade concreta na mão do cidadão particular, e de outra parte, uma garantia de instituto, ao ele assegurar a propriedade como tal e pôr determinadas exigências em sua formação jurídica.[181] A garantia da existência dirige-se, sobretudo, à administração, mas também ao dador de leis. Proteção da propriedade é proteção de existência e, com isso, simultaneamente, proteção à confiança.[182] O cidadão pode contar com a existência de sua propriedade (confiar nisso), porque ela está protegida pelo artigo 14, alínea 1, da lei fundamental. O que faz parte da "propriedade" no sentido do artigo 14, da lei fundamental, contudo, não está dado e também não é definido mesmo pelo artigo 14, da lei fundamental, mas deve, pelo dador de leis, por regulações abstrato-gerais, ser determinado circunstanciadamente (artigo 14, alínea 1, proposição 2, da lei fundamental). Nisso, ele não é livre, mas tem de orientar-se, por um lado, no reconhecimento fundamental da propriedade como base material da liberdade (artigo 14, alínea 1, proposição 1, da lei fundamental), e por outro, na vinculação social da propriedade (artigo 14, alínea 2, da lei fundamental). Nesse quadro também se tornam relevantes os princípios da proporcionalidade e da proteção à confiança. Isso vale tanto mais que hoje a propriedade, geralmente, é regulada legalmente e (quase) cada regulação da propriedade, simultaneamente, apresenta uma modificação da propriedade garantida até agora. Limitações da propriedade devem, justamente, também com vista à propriedade até

---

[180] Por exemplo, artigo 6, alínea 1, da lei fundamental, comparar para isso, *Pieroth* (N 3), S. 367 ff.; ders. (N 25), JZ 1984, S. 976.
[181] Comparar para isso, por exemplo, *Bryde* (N 167), Art. 14 Rn. 32, com mais indicações.
[182] *Pieroth* (N 25), JZ 1984, S. 974.

agora, corresponder aos princípios da proporcionalidade e da proteção à confiança.[183] Ambos esses princípios não devem, todavia, ser misturados um com o outro, mas devem, conceitual e materialmente, ser distinguidos claramente.[184] O princípio da proporcionalidade está ajustado materialmente e exige que as intervenções na propriedade sejam idôneas, necessárias e convenientes. A proteção à confiança traz, em compensação, o fator temporal na garantia da propriedade. Ele refere-se às possibilidades e aproveitamentos até agora e pede que elas também permaneçam conservadas no futuro ou que uma abolição, se ela já é necessária, seja efetivada sob consideração dos interesses do proprietário. É, por isso, sem mais, possível que uma regulação legal, que determina de novo a propriedade para o futuro de modo irrepreensível jurídico-constitucionalmente, é anticonstitucional à medida que ela, também, compreende e limita posições jurídicas que nasceram já no passado.[185]

69 Resumidamente resulta que a proteção à confiança, de uma parte, absorve na garantia de existência do artigo 14, alínea 1, da lei fundamental, essa, porém, simultaneamente, também contorna e, de outra, forma uma diretiva na determinação do conteúdo e de barreira da propriedade pelo dador de leis. Com isso, a proteção à confiança é parte integrante da garantia da propriedade, não só uma barreira que resulta do princípio do estado de direito e, de certo modo, trazida de fora ao artigo 14, da lei fundamental,[186] mas também nenhuma mera barreira-barreira imanente aos direitos fundamentais.[187] A idéia da barreira-barreira pressupõe que o conceito "propriedade" é dado jurídico-constitucionalmente ou determinado jurídico-constitucionalmente e, com isso, as regulações de propriedade legais limitam a propriedade, em si, existente, o que, outra vez, continua até a questão sobre os limites da limitabilidade. Se, contudo – como aqui –, parte-se que o dador de leis tem de formar juridicamente a propriedade, nisso, porém, está vinculado a uma série de diretivas jurídico-constitucionais, então a proteção à confiança apresenta uma dessas diretivas. Ambas as concepções levam, certamente, em último lugar, ao mesmo resultado. A proteção à confiança é um componente no âmbito da proteção à propriedade e recebe, com isso, seu significado específico aos direitos fundamentais. Ela, porém, não vale absolutamente, mas somente à medida que ela – dado o caso, em cooperação com outros componentes – é capaz de impor-se dentro das diretivas ou dentro da entrelaçadura de barreiras no caso concreto.

---

[183] A regulação de propriedade mais antiga forma também o ponto de referência, muitas vezes desaparecido (comparar *Bryde* [N 167] Art. 14 Rn. 61], para o princípio da proporcionalidade; comparar W. *Leisner* (N 168), § 149 Rn. 96.

[184] Isso ocorre também na jurisprudência, comparar, por exemplo, BVerfGE 95, 64 (86).

[185] BVerfGE 58, 81 (121); 72, 9 (22).

[186] Assim, certamente, *Papier* (N 167), Art. 14 Rn. 268.

[187] Comparar *Rüfner* (N 167), S. 755; crítico, *Pieroth* (N 25), JZ 1984, S. 975.

Em compensação, o artigo 12, alínea 1, da lei fundamental, parte de 70 um âmbito de liberdade originário, no qual o dador de leis, em virtude da reserva de regulação, pode intervir limitadoramente.[188] O poder de intervenção, contudo, encontra, outra vez, barreiras, entre outras coisas, o princípio da proteção à confiança que, com isso, se se quer assim, forma uma barreira-barreira que, todavia, mesma remete à garantia da liberdade e a concretiza.[189]

3. Ponderação e regulações de transferência

Como na retroatividade autêntica, também na retroatividade inau- 71 têntica deve ser ponderado entre o interesse da proteção do cidadão e o interesse da modificação do dador de leis. De um lado, deve ser examinado se a confiança do cidadão é digna de proteção, em que também a intensidade e o peso da confiança desempenham um papel. Embora os princípios da proteção à confiança e da proporcionalidade, como foi acentuado, devem ser diferenciados, sempre os critérios da proporcionalidade aqui – todavia, somente relacionado ao tempo!, – deixam invocar-se. Do outro lado, situa-se o interesse perseguido pelo dador de leis, que torna necessário a inclusão do fato, situado no passado, na nova regulação total, em que, também aqui, outra vez, deve ser ponderado. Em todo o caso, esse interesse legislativo situa-se claramente abaixo das "razões forçosas do bem-estar da comunidade" que justificam a retroatividade autêntica.[190] Em conformidade com isso, deve, segundo a jurisprudência contínua do tribunal constitucional federal, ser ponderado (somente) entre o interesse do particular na persistência de uma regulação legal e o significado do desejo legislativo para o bem-estar da comunidade.[191]

Entende-se por si mesmo que a ordenação da retroatividade somente é de acordo com a constituição, se a própria lei respectiva é de acordo com a constituição. Caso já a modificação da lei como tal seja anticonstitucional, então não mais se coloca a questão da admissibilidade da inclusão dos casos antigos (retroatividade inautêntica).[192] Deve, por conseguinte, antecipadamente, ser examinado (1) se a modificação da lei, no total, corresponde às exigências jurídico-constitucionais, e, a seguir, se isso é

---

[188] O tribunal constitucional federal considera a reserva de regulação do artigo 12, alínea 1, da lei fundamental, como reserva da lei, comparar, por exemplo, BVerfGE 54, 237 (245 ff.). Isso não exclui que o dador de leis também influi configurantemente na vida profissional e industrial e comercial.
[189] Comparar *Peter Lerche*, Grundrechtsschranken, in: HStR V, ²2000 (¹1992), § 122 Rn. 3 ff.
[190] Comparar supra, número de margem 54.
[191] BVerfGE 14, 288 (300); 25, 142 (154); 48, 403 (416); 50, 386 (395); 63, 312 (329); 75, 246 (280); 109, 133 (182). Equivalente é a fórmula que pede uma "ponderação entre a dimensão do dano à confiança do particular e o significado do desejo legislativo para o bem-estar da comunidade", assim, por exemplo, BVerfGE 24, 220 (230 f.); 51, 356 (363); 64, 87 (104); 72, 141 (155); comparar, ademais, BVerfGE 101, 239 (263).
[192] Comparar, por exemplo, BVerfGE 95, 64 (81).

afirmado, (2) se a extensão da modificação da lei aos casos antigos é admissível jurídico-constitucionalmente, em que, nessa conexão, deve ser esclarecido, (a) se existe interesse de proteção relevante, (b) se interesses públicos tornam necessário essa extensão e (c) qual dos interesses que estão defronte reciprocamente no caso concreto merece a primazia. Segundo esse esquema procede, em princípio, também o tribunal constitucional federal.[193] Abreviações em seus pormenores deixam esclarecer-se com isto, que uma decisão judicial deve abordar somente os pontos duvidosos e discutíveis.

72   Em sentido material, a jurisprudência desfaz-se, certamente, em uma casuística pouco clara. Contornos firmes ainda não se desenvolveram. A argumentação do tribunal constitucional federal está direcionada completamente às circunstâncias concretas do caso particular, que são sutilmente averiguadas e discutidas.[194] Quão pouco pontos de vista gerais ajudam, mostram as comprovações, cada vez, para si acertadas, mas, que se relativizam, mesmo assim, outra vez, reciprocamente, que no direito de seguro social, as obrigações de contribuição a longo prazo e as prestações, que se realizam somente muito posteriormente, fundamentaram "confiança particular na persistência de regulações de prestação legais", que, porém, em contrapartida, justamente, nesse âmbito, deve ser contado com modificações, porque o dador de leis deve poder reagir flexivelmente aos requisitos alternantes.[195] O componente temporal também, em geral, é empregado ambivalentemente, por um lado, pelo decurso do tempo, a proteção à confiança é intensificada,[196] por outro, reduzida.[197] Um critério essencial forma a previsibilidade que, aqui, sem dúvida, não é completamente tão problemática como na retroatividade autêntica,[198] uma vez que não se trata da troca retroativa, mas do desligamento futuro da regulação até agora, que, contudo, precisa trabalhar com presunções e suposições. A proteção à confiança não tem lugar se a posição jurídica foi fundamentada antes da proclamação da lei, mas depois da tomada de decisão no parlamento federal.[199] Ela, sem dúvida, não deixa de ter lugar,[200] porém, perde em peso (o que é importante para a ponderação), se a regulação até agora era debatida político-juridicamente, foi discutido sobre uma reforma ou até já

---

[193] Comparar, em vez de muitos, BVerfGE 72, 175 (196 ff.).
[194] Comparar, por exemplo, as decisões mencionadas supra, na nota 30, 44 e 46 que, quase sem exceção, contêm exposições nesse sentido.
[195] BVerfGE 69, 272 (309).
[196] BVerfGE 72, 9 (23 f.) – subsídio por desemprego.
[197] BVerfGE 72, 175 (196 f.) – empréstimo de subvenção.
[198] Ver supra, número de margem 49 e seguintes.
[199] BVerfGE 14, 288 (298); 31, 222 (227).
[200] Comparar, por exemplo, BVerfGE 53, 224 (255); 57, 361 (392 f.): aplicação do novo direito do divórcio e das conseqüências do divórcio a matrimônios antigos; BVerfGE 67, 1 (19 f.): antecipação da idade de aposentação; BVerfGE 71, 230 (252): limitação da elevação do aluguel no direito de locação social.

foi apresentada uma solicitação de modificação no parlamento federal.[201] A jurisprudência, outrora firme, que direito procedimental novo pode ser aplicado a procedimentos já pendentes, a confiança do cidadão na persistência do direito procedimental para "seu" procedimento, portanto, não é digna de proteção,[202] foi, pelas decisões posteriores, limitada.[203] No total, deixa comprovar-se que critérios mais seguros não podem ser representados.

Fala em favor da inclusão dos casos antigos na regulação nova, em primeiro lugar, os fundamentos materiais, que moveram o dador de leis a, no fundo, promulgar a regulação nova, por exemplo, certos defeitos jurídicos ou materiais da regulação até agora, a modificação das circunstâncias que estão na base dela, fixações de objetivos políticos novas. Em favor da inclusão, porém, também, falam bem genericamente, os pontos de vista da certeza jurídica e da unidade jurídica. Se o direito até agora fosse persistir para os casos antigos, então isso teria como conseqüência que – talvez por longo tempo – dois ordenamentos jurídicos existiriam um ao lado do outro e fatos iguais deveriam ser apreciados diferentemente juridicamente, conforme o caso da data de seu nascimento.[204] Isso seria, sobretudo, em leis de reforma, que querem regular de novo e atualmente, âmbitos do direito inteiros, não só incerto, mas insustentável.[205]

73

Entre os pólos extremos da aplicação instantânea e ilimitada do direito novo e da continuidade de vigência sem prazo fixo e ilimitada do direito até agora para os casos antigos existe, contudo, uma série toda de soluções provisórias e transitórias. Na literatura e jurisprudência é reconhecido universalmente que a retroatividade inautêntica é um problema de transferência.[206] Ao lado dos pólos extremos, já mencionados, entram em consideração, por exemplo, a continuação de validade aprazada do

74

---

[201] Multiplamente se encontra na jurisprudência do tribunal constitucional federal também a fórmula (muito vaga e mal aceitável) que o particular não se pode apoiar na proteção à confiança "quando sua confiança na persistência de uma regulação legal determinada não pode requer, com razão, uma tomada em consideração pelo dador de leis" (comparar, por exemplo, BVerfGE 51, 356 [363]).

[202] BVerfGE 11, 139 (146 f.); 24, 33 (55); 39, 156 (167); 65, 76 (97 f.).

[203] BVerfGE 63, 343 (358 ff.); 87, 48 (63 ff.).

[204] Comparar para o ponto de vista da igualdade de tratamento, nessa conexão, *Dürig* (N 91), Art. 3 Abs. 1 Rn. 222, e *Götz* (N 3), S. 439 f.

[205] Comparar para isso, por exemplo, BVerfGE 31, 275 (289 ff.): direito autoral; BVerfGE 36, 281 (292 ff.): direito de patentes; BVerfGE 53, 224 (253 ff.); 53, 257 (308 ff.); 57, 361 (391 ff.): direito do divórcio e das conseqüências do divórcio; Götz (N 3), S. 438 ff.

[206] *Götz* (N 3), S. 442 ff.; *Stern* (N 25), S. 389 ff.; *Dürig* (N 91), Art. 3 Rn. 222; *ders.*, Zeit und Rechtsgleichheit, in: FS zum 50jährigen Bestehen der Tübinger Juristenfakultät, 1977 S. 21 (29 f.); *Paul Kirchhof*, Verwalten und Zeit, 1975, S. 13; *Michael Kloepfer*, Übergangsgerechtigkeit bei Gesetzesänderungen und Stichtagsregelungen, in: DÖV 1978, S. 225 ff.; *Kisker* (N 19), S. 179; *Pieroth* (N 3), S. 71 ff., 149 ff.; *Jürgen Salzwedel*, Verfassungsgerichtlich geschützte Besiztände und ihre "Überleitung" in neues Recht, in: Die Verwaltung 5 (1972), S. 11 ff.; *Weber-Dürler* (N 3), S. 138 f., 291 f. – BVerfGE 14, 288 (301 ff.); 31, 275 (289 ff.); 43, 242 (288 ff.); 48, 403 (415 ff.); 51, 356 (363 ff.); 58, 81 (123 ff.); 58, 300 (348 ff.); 64, 72 (83 ff.); 67, 1 (15 ff.); 68, 272 (284 ff.), 70, 69 (83 ff.); 70, 191 (201, 213), e assim por diante.

direito até agora para os casos antigos, a abolição por graus (por exemplo, de vantagens por imposto), a consideração de casos inconvenientes, a concessão de indenização.[207] O desenvolvimento de modelos e soluções jurídico-transitórios não é tarefa do direito constitucional, mas da doutrina da dação de leis. O dador de leis tem, sob esse aspecto, um espaço de configuração amplo; à sua fantasia está aberto um campo amplo. O tribunal constitucional federal tem de examinar somente se é necessário jurídico-constitucionalmente uma solução transitória ou se a regulação de transferência escolhida pelo dador de leis é suficiente e conveniente.[208] Critério para isso forma o princípio da proteção à confiança. A ponderação dos pontos de vista distintos irá, freqüentemente, levar ao resultado que o cidadão, sem dúvida, não pode pedir a persistência da regulação até agora, mas uma transferência conveniente. Quão difícil, certamente, é a apreciação jurídico-constitucional, mostra o próprio tribunal constitucional federal, uma vez que ele, justamente, nesse sentido, chegou a decisões de maioria escassas ou até fictivas[209] e a alguns votos especiais.[210]

VI. Proteção à confiança e modificação de leis para o futuro

1. Nenhuma proteção à confiança, mas garantia de continuidade

75   Prescrições legais que regulam fatos, direitos ou relações jurídicas que nascem exclusivamente futuramente, não são compreendidas pelo princípio da proteção à confiança. Isso também vale então, se o dador de leis agora regula questões até agora não-reguladas e, nisso, refere-se a fatos que nasceram no passado.[211] O cidadão não pode confiar nisto, que as leis atualmente dadas permaneçam existentes imodificadamente.[212] Menos ainda ele pode partir disto, que o dador de leis torna-se ativo em um modo determinado, também quando, se para isso, resultarem determinados pontos de apoio.[213] A proteção à confiança intervém primeiro

---

[207] Comparar para isso, Stern (N 25), S. 391.

[208] O tribunal constitucional federal declarou leis anticonstitucionais porque faltou uma regulação transitória (BVerfGE 51, 356 [368 ff.]; 68, 272 [284] ff.]) ou porque a regulação transitória existente não bastava (BVerfGE 31, 275 [284 ff.]; 43, 242 [288 ff.]; 71, 255 [275]).

[209] As últimas, segundo § 15, alínea 3, proposição 3, da lei do tribunal constitucional federal, comparar BVerfGE 70, 69 (83).

[210] BVerfGE 58, 81 (131 ff.); 67, 1 (16 ff.); 71, 1 (17 ff.).

[211] BVerfGE 103, 271 (287); 109, 96 (121 f.).

[212] BVerfGE 15, 313 (324 ff.); 27, 375 (386); 38, 61 (83); 68, 193 (222); 105, 17 (40); 109, 133 (180 f.). – Para uma certa consideração da proteção à confiança também nessa direção *Kloepfer* (N 4), S. 81 ff.; *Weber-Dürler* (N 3), S. 283 f.

[213] Comparar BVerfGE 15, 313 (324); 94, 241 (258).

quando o dador de leis influi posteriormente em direitos que nasceram sob o domínio do direito até agora, quando, portanto, existe um caso da chamada retroatividade inautêntica.

O dador de leis deve ser aberto para o futuro; ele deve ter a possibilidade de reagir a novos desenvolvimentos, de acolher novos conhecimentos e de impor novas idéias políticas, mas também de corrigir vícios antigos para o futuro. O princípio da continuidade pede que ele, nisso, proceda constante e conseqüentemente, especialmente, evite saltos e banhos, com água quente e fria alternativamente, febris.[214] Mas isso – do mesmo modo como a exigência de considerar a legalidade objetiva dos objetos da regulação respectivos – não é uma obrigação jurídico-constitucional, cuja não-observância iria levar à anticonstitucionalidade e nulidade da regulação, mas somente um postulado político-constitucional, no máximo, um mandamento constitucional no sentido da solução jurídico-constitucionalmente favorecida.[215] O cidadão pode, no estado constitucional, "confiar" nisto, que o dador de leis parlamentar cumpra, próximo das questões do cidadão e livre de objeções, as tarefas transferidas para ele na salvaguarda de seu mandato democrático. Essa "confiança", contudo, pertence ao âmbito político e também deve ser realizada com meios políticos (eleições, opinião pública).

2. Autovinculação do dador de leis

Uma situação particular nasce então, quando o dador de leis vincula a si mesmo, seja porque ele garante a persistência de uma lei por um certo tempo, seja porque ele admite vinculações de outro modo.[216] A autovinculação fundamenta um tipo de confiança, à medida que ela já não cria ipso iure vinculatividade também na relação para com o cidadão.

a) Garantias legislativas

Existem muitas leis que contêm "promessas" para o cidadão, especialmente, no âmbito da atividade de prestação estatal. Elas, aqui, contudo, não são consideradas. Ao contrário, trata-se das leis que contêm uma determinada garantia de existência. Nisso, deve ser pensado, sobretudo, em leis aprazadas. Sob o ponto de vista da proteção à confiança, o apra-

---

[214] *Dürig* (N 91), Art. 3 Abs. 1 Rn. 205 ff.; *Püttner* (N 3), S. 216; *Kloepfer* (N 206); supra, → *Hoppe*, § 77 Rn. 75 f.

[215] Comparar para isso, a reflexão em *Hartmut Maurer*, Der Verwaltungsvorbehalt, in: VVDStRL 43 (1985), S. 135 f. (161, 256).

[216] Comparar para isso, universalmente, *Anna Leisner*, Selbstbindung des Gesetzgebers, in: ThürVBl 2004, 25 ff.; *Dirk Heckmann*, Geltungskraft und Geltungsverlust von Rechsnormen, 1977, S. 243 ff.; *Sachs*, GG, Art. 3 Rn. 139.

zamento pode ter fixações de objetivos diferentes:[217] é, uma vez, possível que o dador de leis quer excluir ou limitar proteção à confiança ao ele indicar, de antemão, o término da regulação; é, outra vez, possível que ele, justamente, às avessas, gostaria de criar um tipo de confiança, ao ele expressar que a lei, em todo o caso, até a data indicada, permanecerá em vigor.[218] O que deve valer em seus pormenores deve ser averiguado da própria lei no caminho da interpretação (sentido e finalidade da regulação, história da origem).

79   Material de visão para a segunda alternativa, que aqui interessa, formam a decisão de carne congelada do tribunal imperial[219] e a decisão do auxílio a Berlin do tribunal constitucional federal.[220] Em ambos os casos, uma redução aduaneira ou de imposto legal, que foi determinada para um espaço de tempo determinado, para sugerir e tornar rentável investimentos de empresas econômicas interessadas, foi prematuramente eliminada ou diminuída. O tribunal imperial denegou uma demanda de ressarcimento de dano, por isso promovida, com a fundamentação que o dador de leis pode, a qualquer hora, modificar outra vez suas regulações. O tribunal constitucional federal, que tinha de decidir sobre a constitucionalidade da redução, comprovou, em compensação, que a regulação original fundamentou um "tipo de confiança" com o qual as pessoas sujeitas ao imposto podiam contar.[221] Ele expôs que, sem dúvida, não existe nem um caso da retroatividade autêntica nem um caso da retroatividade inautêntica, que, porém, a confiança na existência da regulação antiga, fundamentalmente, não goza de uma proteção menor do que aquela que, segundo a jurisprudência do tribunal constitucional federal, existe para a retroatividade inautêntica de leis. A ponderação saiu, então, todavia, em favor da fixação de objetivos legislativa.

80   A diferença, que existe manifestamente entre essas duas decisões, documenta o desenvolvimento na matéria proteção à confiança.[222] Enquanto o tribunal imperial não só não mencionou a proteção à confiança, mas também, na matéria, não a considerou, o tribunal constitucional federal elevou-a para o critério determinante. A orientação pelos princípios da retroatividade inautêntica, contudo, não satisfaz ao efeito vinculativo especial da garantia legislativa.[223] Já que, então, deveriam ser invocados os

---

[217] Comparar para o aprazamento e para os motivos para isso determinantes, *H. Schneider* (N 145), Rn. 550 ff.; *Hermann Hill*, Einführung in die Gesetzgebungslehre, 1982, S. 36 f.; *Peine* (N 4), S. 165 f.; *Isensee* (N 3), S. 628; *Heckmann* (N 216), S. 243 f.

[218] *Weber-Dürler* (N 3), S. 276 ff.

[219] RGZ 139, 177.

[220] BVerfGE 30, 392.

[221] BVerfGE 30, 392 (404).

[222] Comparar para isso, *Ossenbühl* (N 3), S. 30 ff.; *ders.*, Staatshaftungsrecht, ⁵1998, S. 378 ff.

[223] Com razão, objeta *Kisker* (N 19), S. 164, que o tribunal constitucional federal não observou suficientemente a intensidade de proteção de existência particular de uma promessa dada.

princípios sobre a retroatividade autêntica, uma vez que o cidadão não precisa, antes da expiração do prazo, contar com uma modificação. A anulação prematura de tais leis deve, por isso, fundamentalmente, ser recusada. Ela é só excepcionalmente – eventualmente com vista a uma regulação transitória moderada – admissível, se as circunstâncias, das quais o dador de leis partiu e pôde partir, temporal-intermediariamente, modificaram-se essencialmente e o perseverar na regulação originária iria prejudicar consideravelmente os interesses públicos. A paralela para com o "desaparecimento da base do negócio" oferece-se.

Uma questão completamente diferente é se garantias legislativas desse tipo são convenientes político-juridicamente e admissíveis jurídico-constitucionalmente, uma vez que o dador de leis deve ser aberto para as transformações no âmbito político e social. Isso vale, sobretudo, então, quando o prazo ultrapassa o período legislativo e vincula dador de leis "posterior". Tais garantias deveriam, fundamentalmente, ser aceitáveis somente em casos particularmente configurados, por exemplo, justamente para a estimulação de investimentos urgentemente necessários de empresários privados, que desejam um asseguramento temporal certo, e, também, somente sob a reserva que nenhum resultado imprevisível interponha-se. A reserva poderia ser substancializada pelos princípios de retroatividade, de certo modo, preferidos.[224]

Deve ser notado, ainda, que a "garantia legislativa" deve resultar da própria lei – com auxílio dos meios de interpretação habituais. Ajustes no antecampo de tais leis entre o governo (iniciador da lei) e os grêmios econômicos interessados podem, sem dúvida, fundamentar também um tipo de confiança; ele não forma, porém, nenhuma base para a persistência da lei, mas, no máximo, é capaz de vincular o governo ou obrigar ao ressarcimento de dano.[225]

b) Outras autovinculações do dador de leis

Ao lado das garantias legislativas existe, ainda, um ramo todo de autovinculações possíveis do dador de leis. Elas são, na literatura, em parte, discutidas sob o apontamento "justiça do sistema",[226] porém, ainda são pouco esclarecidas. Pode distinguir-se entre a autovinculação legal e a concepcional. Uma autovinculação legal existe quando atos de dação de

---

[224] Comparar para isso, também *Heckmann* (N 216), S. 244 Fn. 225 com nota crítica às exposições, um pouco mais amplas, da primeira edição.
[225] Comparar para isso, a alusão na BGHZ 45, 83 (87 f.).
[226] Comparar para isso, *Christoph Degenhart*, Systemgerechtigkeit und Selbsbindung des Gessetzgebers als Verfassungspostulat, 1972; *Peine* (N 4); *Stern*, Staatsrecht, Bd. I (N 25), S. 837 f.; *Kirchhof* (N 1), § 124, 231 ff.

leis posteriores são determinados por leis formuladas mais universalmente, por exemplo, as leis de divisão novas comunais pela ordenação municipal, os planos orçamentários pela ordenação orçamentária, os planos de desenvolvimento por leis do plano e do programa gerais.[227] Uma autovinculação concepcional pode nascer pelo fato de o dador de leis decidir-se por um determinado modelo, então, porém, também está obrigado a realizá-lo conseqüentemente. Assim, o dador de leis mesmo pode decidir-se em âmbitos amplos, se ele decide-se pelo sistema da eleição majoritária ou da eleição proporcional; se ele decidiu-se pela eleição proporcional, ele também deve realizá-la conseqüentemente, não pode, portanto, arbitrariamente correr para cá e para lá entre ambos esses sistemas eleitorais.[228] A vinculação jurídica é, nesses casos, produzida pelo princípio da igualdade,[229] auxiliadoramente, também, pelos princípios da certeza jurídica e da proteção à confiança. Todavia, a proteção à confiança manifesta-se aqui de modo particular, uma vez que ela não vincula o dador de leis à sua própria regulação, mas o obriga somente à formação conseqüente de sua concepção legislativa.

84   Na apreciação político-jurídica e jurídico-constitucional deve ser observado que, nesses casos, nasce somente uma autovinculação relativa ou condicionada: o dador de leis deve, sem dúvida, observar as leis e modelos determinantes como premissas, por exemplo, a ordenação municipal em incorporações ao município ou o modelo da eleição proporcional na regulação do direito eleitoral, pode, porém, subtrair-se a essas conseqüências ao ele modificar as premissas, por exemplo, a ordenação municipal ou o sistema eleitoral. Por isso, também novas maiorias parlamentares, que querem seguir um outro curso político, não são prejudicadas por essas "autovinculações".

VII. Leis-medida

85   As exposições até agora sobre a proteção à confiança no âmbito da dação de leis valem também para as chamadas leis-medida.[230] A concepção, que o conceito da lei-medida é "irrelevante jurídico-constitucionalmente",[231] significa não só que elas, como tais, jurídico-constitucionalmente,

---

[227] Comparar para isso, circunstanciado, *Hartmut Maurer*, Vollzugs- und Ausführungsgesetze, in: FS für Klaus Obermayer, 1986, S. 95 ff.; → supra, *Hoppe*, § 77 Rn. 72 ff.

[228] Para isso, BVerfGE 71, 81 (95 f.), com mais indicações. Como se trata de um exemplo, pode e deve a questão, até que ponto o dador de leis aqui tem um espaço de configuração, ficar aberta. Comparar *Kirchhof* (N 1), § 124.

[229] O tribunal constitucional federal acentua, em jurisprudência contínua, que a anti-sistematicidade pode indiciar uma infração à igualdade, mas, por si só, ainda não viola o artigo 3, alínea 1, da lei fundamental: BVerfGE 9, 20 (28); 34 103 (115); 59, 36 (49); 61, 138 (148 f.); 104, 74 (87).

[230] Comparar para isso, *H. Schneider* (N 145), Rn. 195 ff., com mais indicações.

[231] BVerfGE 25, 371 (396); 36, 383 (400); 42, 263 (305).

fundamentalmente, são admissíveis, mas também que elas devem ser apreciadas segundo os critérios que costumeiramente valem para leis. Seria especialmente malogrado se leis-medida, universalmente ou em casos particulares, fossem qualificadas como atos administrativos em forma de lei e, em conformidade com isso, tratadas segundo as regras sobre o ato administrativo. Se, por conseguinte, também os mesmos critérios devem ser aplicados, então eles podem, contudo – justamente por causa da peculiaridade e da fixação de objetivos particular desse tipo de lei –, levar a resultados diferentes. Assim, por um lado, é intensificada a proteção à confiança, quando investimentos e disposições privados direcionados são motivados, por outro, diminuída, porque leis-medida reagem sujeitas a uma vinculação à finalidade a determinadas situações e, por isso, também, de antemão, são dependentes da situação.[232]

C. Proteção à confiança no âmbito da administração

Como à administração estão à disposição várias formas de atuação, a proteção à confiança encontra, nesse âmbito, colocações de questões diferentes. Somente nos regulamentos jurídicos e estatutos trata-se – como nas leis formais –, preponderantemente, da questão da retroatividade e sua admissibilidade, que se apreciam segundo os mesmos critérios como a retroatividade de leis.[233] Em compensação, estão no primeiro plano, em atos administrativos, a força de existência e seus limites, na garantia e na informação, a vinculatividade e eventual responsabilidade, em contratos administrativos, as conseqüências jurídicas da antijuridicidade, em prescrições administrativas, o efeito vinculativo e na responsabilidade administrativa, a direção de terceiros fundamentadora de responsabilidade. Os elementos estruturais da proteção à confiança já expostos[234] – fundamento de confiança, dignidade de proteção da confiança, ponderação da confiança digna de proteção com interesses públicos opositores – também aqui devem ser examinados, mas obtêm, pela forma jurídica, efeito vinculativo jurídico e função das medidas administrativas distintas, um significado específico. Por isso, a proteção à confiança deve, no âmbito da administração, ser tratada diferentemente.

86

---

[232] Comparar para isso, também o voto especial de *Steinberger* e *Böckenförde* in: BVerfGE 67, 21 (22 f.).

[233] Ver supra, número de margem 20 e seguintes. A retroatividade de atos administrativos, em compensação, por causa do seu o estar relacionado à atuação e vinculação à lei, mal desempenha um papel, comparar para isso, *Hans Julius Wolff/Otto Bachof/Rolf Stober*, Verwaltungsrecht, Bd. 2 ff., ⁶2000, § 48 Rn. 46 f. Em prescrições administrativas, a retroatividade pode tornar-se atual antes, que, então, outra vez, deve ser apreciada em conformidade com a retroatividade de leis e outras prescrições jurídicas, ver infra, número de margem 130.

[234] Ver supra, número de margem 13.

I. Proteção à confiança e ato administrativo

87   O ato administrativo, que, apesar da expansão de instrumentos de atuação alternativos, hoje tanto como antes, domina no âmbito administrativo, determina o que deve valer juridicamente para o cidadão no caso particular.[235] Ele tem a função de concretizar e de estabilizar as relações jurídicas entre o estado e o cidadão particular.[236] Na corrente dos negócios administrativos, ele forma o ponto jurídico firme, que conclui o procedimento administrativo e, com isso, a tomada de decisão e determina vinculativamente as relações jurídicas, disso resultantes, entre o estado e o cidadão particular. O ato administrativo torna-se, com a sua promulgação, eficaz juridicamente e passa, após decurso dos prazos de impugnação, à força de existência. O cidadão pode, por isso, contar com a existência de um ato administrativo que lhe beneficia e dispor em conformidade; ele pode, por exemplo, contar com os pagamentos de pensão, determinados por ato administrativo, ou, em conformidade com a autorização jurídica de indústria e comércio a ele dada tornar-se ativo economicamente. Com isso, porém, coloca-se, simultaneamente, a questão dos limites da força de existência. A administração pode, por dois fundamentos, estar interessada nisto, modificar ou anular completamente um ato administrativo por ela promulgado, ou seja, de uma parte, quando posteriormente resulta que o ato administrativo era antijurídico de antemão, e de outra parte, quando as circunstâncias fáticas e jurídicas, que estão na base do ato administrativo, posteriormente se modificaram. No primeiro caso, trata-se de uma correção de vícios, no segundo caso, de uma adaptação atual. Segundo a terminologia dominante, entrementes também aceita pelo dador de leis, a correção de vícios realiza-se por "retratação do ato administrativo" e a adaptação por "revogação do ato administrativo".

1. Retratação de atos administrativos

a) Desenvolvimento

88   Segundo concepção jurídica antigamente sustentada, a administração estava – em conformidade com o princípio da legalidade – autorizada, se não até obrigada, a retratar atos administrativos antijurídicos e reestabelecer o direito violado. A antijuridicidade era um fundamento de retratação ou – segundo a terminologia de então – um fundamento de revogação.[237]

---

[235] Assim, a caracterização clássica por *Otto Mayer* (Deutsches Verwaltungssrecht, Bd. I ¹1895, S. 95), que também hoje ainda é determinante, como mostra a definição legal mais independentizada do § 35, da lei do procedimento administrativo.

[236] *Hartmut Maurer*, Allgemeines Verwaltungsrecht, ¹⁶2006, § 9 Rn. 40 [nota do tradutor: esse livro foi vertido para a língua portuguesa, da 14. edição alemã, 2002, sob o título "Direito administrativo geral", publicado por Manole, São Paulo, 2006. Tradutor: Luís Afonso Heck.]; Blanke (N 3), S. 151 f.

[237] Comparar, em vez de muitos, *Otto Mayer* (N 235), S. 305 f.; *Walter Jellinek*, Verwaltungsrecht, 1931, S. 282 ff.; *Ipsen* (N 6), S. 117 f.; *Hans Peters*, Lehrbuch der Verwaltung, 1949, S. 168 f.; BVerwG in: DVBl 1957, S. 497; BVerwGE 8, 329 (333), BGHZ 24, 100, (102).

No meado dos anos de 1950 realizou-se, contudo, na jurisprudência, uma mudança fundamental que se efetivou rapidamente.[238] O tribunal constitucional federal acentuava agora que não só deve ser considerado o interesse público na retratação de um ato administrativo antijurídico, mas também o interesse do cidadão na manutenção de um ato administrativo uma vez promulgado, em cuja existência ele confiou; se e enquanto a confiança do cidadão é digna de proteção e, perante o interesse público, prepondera, o ato administrativo não deveria ser retratado. Disso desenvolveu-se, então, uma jurisprudência da retração sutilmente ampliada,[239] que também na literatura encontrou aprovação preponderantemente.[240]

89

O dador de leis acolheu-a, finalmente, no § 48, da lei do procedimento administrativo (1976). Isso vale ilimitadamente para os pressupostos da proteção à confiança, enquanto as conseqüências jurídicas da proteção à confiança foram complementadas por uma outra variante, ou seja, a retratação contra indenização e, com isso, proteção patrimonial em vez de proteção de existência. As leis do procedimento administrativo, promulgadas quase simultaneamente, para os âmbitos do direito tributário e do direito de prestação social, trouxeram regulações de retratação correspondentes,[241] de modo que se pode falar de um modelo padrão. A jurisprudência de retratação de então também hoje ainda é importante, porque ela pode ser invocada para a interpretação das regulações legais e permanece atual para os âmbitos residuais legalmente não-compreendidos.[242]

90

[238] O novo desenvolvimento foi iniciado pela decisão do tribunal administrativo de terceira instância de Berlin, de 14.11.1956 in: DVBl 1957, S. 503, com nota de *Fritz Haueisen*, e, em seguida, acolhido pelo tribunal administrativo federal, comparar as sentenças, de 28.6.1957 e 25.10.1957 (BVerwGE 6, 1; 5, 312).

[239] Comparar para isso, por exemplo, BVerwGE 5, 312; 8, 261; 8, 296 (303 ff.); 9, 251; jurisprudência contínua, sintética, por exemplo, BVerwGE 19, 188; 24, 294; 38, 290 (294); 41, 277; 48, 87 (91 ff.); 71, 261 (262 ff.). Ademais, os relatórios de jurisprudência de *Otto Bachof*, Verfassungsrecht, Verwaltungsrecht, Verfahrensrecht in der Rechtsprechung des Bundesverwaltungsgericht, Bd. I ³1966, S. 257 ff.; Bd. II, 1967, S. 339 ff.; *Hans-Joachim Bekker*, Die Rücknahme fehlerhafte begünstigender Verwaltungsakte in der Rechtsprechung des Bundesverwaltungsgerichts, in: DÖV 1963, S. 459 ff.; ders., Zur Rücknahme fehlerhafter begünstigender Verwaltungsakte in der Rechtsprechung des Bundesverwaltungsgerichts, in: DÖV 1967, S. 729 ff.; ders., Rücknahme fehlerhafter begünstigender Verwaltungsakte und Rückforderung ohne Rechtsgrund gewährter Leistungen, in: DÖV 1973, S. 379 ff. – Para a jurisprudência do tribunal social federal, *Harry Rohwer-Kahlmann*, Gesetzmäßigkeit der Verwaltung und Rücknahme begüngstigender Verwaltungsakte, in: Wandlungen der rechtsstaatlichen Verwaltung, Schriftenreihe der Hochschule Speyer, Bd. 13, 1962, S. 37 ff.; *Heinrich Scholler*, Rechtsstaat, Demokratie, Bundesstaat, in: FS zum 25jährigen Bestehen des Bundessozialgerichts, 1979, Bd. II, S. 733 ff. (744 f.).

[240] Ela, porém, também encontrou oposição. *Forsthoff* dirigiu-se até o último momento contra a jurisprudência da proteção à confiança, mas mal encontrou partidário. Apesar da distância fundamental, Forsthoff estava, contudo, praticamente próximo da jurisprudência, uma vez que ele também recusava uma retratação ex tunc. Crítica fundamentada na jurisprudência do tribunal administrativo federal também em *Karl Zeidler*, Empfiehlt es sich, die bestehende Grundsätze über Auskünfte und Zusagen in der öffentlichen Verwaltung beizubehalten?, Gutachten für den 44. DJT, 1962, Bd. I, 2. Teil, S. 1 (68 ff.); ultimamente, outra vez, em *Bullinger* (N 3), S. 905 ff.

[241] § 130, da ordenação de tributos, § 45, do código social-X.

[242] Assim, por exemplo, BVerwGE 71, 261 para o direito de compensação de cargas.

91   As primeiras decisões concerniam a atos administrativos que tinham como objeto prestações sociais em sentido amplo, como pensões de vítimas da guerra, de viúvas e de órfãos, percepções de assistência segundo a lei para o artigo 131, da lei fundamental, quantias de compensação de cargas, e coisas semelhantes. Elas estavam motivadas estatal-socialmente, ainda que o tribunal administrativo federal não e a literatura só raramente remeteram ao princípio do estado social. Os princípios de retratação não se limitavam a esses atos administrativos, mas se estenderam logo também a outras notificações de prestação pecuniárias, especialmente notificações de subvenção, assim como a outros atos administrativos, por exemplo, autorizações, isenções, e coisas semelhantes, à medida que faltavam prescrições legais.[243]

b) Pressupostos da proteção à confiança

92   De outra forma como nas leis abstrato-gerais, pode a proteção à confiança em atos administrativos orientar-se pelas circunstâncias, individuais e concretas, do caso particular. O fundamento de confiança forma o ato administrativo como regulação soberana, fundamentalmente vinculativa, também no caso da antijuridicidade, na relação-cidadão-estado. Confiança digna de proteção existe quando o cidadão beneficiado (1) confiou realmente na existência do ato administrativo, (2) consumiu as prestações concedidas pelo ato administrativo ou, mais além, fez disposições correspondentes e (3) quando não existe fundamento de exclusão, que, então, seria o caso, quando o beneficiado (a) obteve o ato administrativo por meio desleal ou por dados não-acertados ou (b) conhecia a antijuridicidade do ato administrativo ou com imprudência grave não conhecia.[244] Insignificante é se os dados não-acertados são culposos. Isso mostra que se trata, fundamentalmente, disto, a quem a antijuridicidade do ato administrativo deve ser atribuída objetivamente.

93   Se confiança digna de proteção deve ser afirmada, então deve, de certo modo, em segundo tempo, ser ponderado entre o interesse da confiança do cidadão e o interesse da retratação do estado. De um lado, deve ser direcionado, sobretudo, às circunstâncias pessoais e econômicas do beneficiado, especialmente para isso, se e até que ponto ele é dependente existencialmente das prestações. Do outro lado, trata-se não só formalmente da legalidade, mas também, e sobretudo, da imposição do interesse públi-

---

[243] Comparar para isso, as indicações em *Hartmut Maurer*, Das Vertrauensschutzprinzip bei Rücknahme und Widerruf von Verwaltungsakten, in: FS für den Boorberg-Verlag, 1977, S. 223 (229 f.).

[244] Comparar § 48, alínea 2, da lei do procedimento administrativo; ademais, da literatura: *Michael Sachs*, in Paul Stelkens/Heinz Joachim Bonk/Michael Sachs, Verwaltunsverfahrensgesetz, ⁶2001, § 48 Rn. 134 ff.; *Meyer* (N 19), § 48 Rn. 85 ff.; *Kopp/Ramsauer* (N 19), § 48 Rn. 84 ff.; *Hans-Uwe Erichsen*, in: ders./Dirk Ehlers, Allgemeines Verwaltungsrecht, ¹²2002, § 17 Rn. 13 ff.; *Jörn Ipsen*, Allgemeines Verwaltungsrecht, ³2003, Rn. 726 ff.

co protegido e perseguido pelas leis. Uma concessão de um montante em dinheiro antilegal e, com isso, malograda pode ser aceita antes que, por exemplo, uma autorização jurídica de indústria e comércio, que infringe prescrições rechaçadoras de perigo e, com isso, mesmo ameaça a segurança pública. Ao lado disso, outros pontos de vista desempenham um papel como, por exemplo, o tipo do ato administrativo fundamentador de confiança, o procedimento administrativo que conduziu à sua promulgação, o tempo que passou desde a sua promulgação, portanto, pontos de vista que já no exame da dignidade da proteção da confiança desempenham um determinado papel. Disso resulta que, apesar do desdobramento analisador, em último lugar, é necessária uma sinopse. De resto, também interesses públicos podem opor-se à retratação, assim, por exemplo, quando uma reivindicação prematura de um empréstimo de subvenção iria destruir a existência de uma empresa econômica e, com isso, postos de trabalho iriam ser postos em perigo.

c) Conseqüências jurídicas da proteção à confiança

Quando existe confiança digna de proteção preponderante, proteção à confiança deve ser concedida. O § 48, da lei do procedimento administrativo, prevê, nesse aspecto, duas alternativas. Ele distingue entre as chamadas prestações de notificação (concessão de prestações pecuniárias ou prestações materiais divisíveis, por exemplo, prestações de auxílio social, subvenções, rendimentos de salário) e chamados outros atos administrativos (por exemplo, autorizações de construção, permissões de indústria e comércio, autenticações, naturalizações). Notificações de prestação não devem, segundo o § 48, alínea 2, da lei do procedimento administrativo, ser retratadas quando existe confiança digna de proteção e pondera perante o interesse público opositor à retratação. Outros atos administrativos podem, sem dúvida, ser retratados, a desvantagem patrimonial que nasce com isso ao afetado deve, contudo, ser compensada financeiramente. Formalmente pode dizer-se que em notificações de prestação é concedido proteção de existência e em outros atos administrativos, proteção patrimonial.[245]

Uma consideração rigorosa mostra, contudo, que em notificações de prestação é concedida somente proteção de existência relativa em conformidade com a confiança digna de proteção preponderante.[246] Como prestações pecuniárias são divisíveis, pode a retratação – em conformidade com a medida da confiança e o resultado da ponderação – ser limitada

---

[245] Comparar as indicações na nota 244.
[246] Assim, expressamente o § 48, alínea 2, proposição 1, da lei do procedimento administrativo "[...] não deve ser retratado, à medida que (!) o beneficiado confiou na existência do ato administrativo e sua confiança, sob ponderação com o interesse público em uma retratação, é digna de proteção".

conforme a extensão ou temporalmente. Em notificações de prestação, que são dirigidas a prestações duradouras, por exemplo, notificações de pensão ou de ajuda, formou-se decididamente a regra que a retratação, sem dúvida, não é admissível ex tunc, mas ex nunc.[247] Isso corresponde ao princípio, que se expressa, também em geral – por exemplo, no § 79, alínea 2, da lei do tribunal constitucional federal –, aceitar antijurídico ocorrido para o passado e renunciar a um retrodesenvolvimento, mas impedir a persistência do antijurídico para o futuro. O princípio da proteção à confiança insere-se sem costuras nessa idéia de direito. A retratação do ato administrativo com dever de reembolso seguinte do afetado e a indenização para a retratação são, portanto, de certo modo, compensadas uma com a outra.[248]

96 Em atos administrativos, que não têm como objeto prestações divisíveis, portanto, autorizações, autenticações, concessões de status, e assim por diante, falha a concessão de proteção de existência relativa. Resta, somente, ainda, a alternativa do tudo ou nada, da não-retratação ou da retratação completa. Como, justamente, em tais atos administrativos, os interesses públicos, muitas vezes, entram no primeiro plano, interesses individuais, apesar disso ainda existentes, contudo, são completamente descuidados. Aqui somente uma solução de indenização pode ajudar, que a jurisprudência não se considerou autorizada para desenvolver que, porém, então, foi introduzida pelo dador de leis (§ 48, alínea 3, da lei do procedimento administrativo).[249]

d) Fundamentos da proteção à confiança

97 O tribunal constitucional federal apóia a proteção à confiança, em parte, no princípio da lealdade e boa-fé,[250] em parte, no princípio da certeza jurídica, ancorado no princípio do estado de direito.[251] Embora nem sempre fique claro quando um ou o outro princípio é invocado, deixa reconhecer-se, todavia, uma certa linha. No primeiro plano está o princípio da lealdade e boa-fé. Nele apóia-se o tribunal constitucional federal em suas primeiras decisões; ele invoca-o também depois, preponderantemen-

---

[247] Comparar, em vez de muitas, BVerwGE 19, 188 (189 f.).
[248] Comparar para isso, também *Maurer* (N 243), S. 231 ff.
[249] Comparar para a "proteção à confiança compensatória", *Walter Schmidt*, Einführung in die Probleme des Verwaltungsrechts, 1982, S. 214 f.
[250] Assim, BVerwGE 8, 261 (269); 8, 296 (304); 9, 251 (253 ff.); 10, 64 (68); 10, 308 (309); 11, 136 (137); 19, 188 (189 ff.), 21, 119 (124); 27, 215 (217 f.); 29, 291 (295); 40, 147 (150).
[251] Assim, BVerwGE 11, 136 (137 f.); 13, 28 (32); BVerwG in: NJW 1961, S. 1130 (1131); BVerwG in: NJW 1964, S. 1289 f. – O tribunal constitucional federal enlaça o princípio do estado de direito com o princípio da lealdade e boa-fé; comparar BVerfGE 59, 128 (167): "O [...] princípio da confiança, desenvolvido do princípio do estado de direito, significa que, segundo o princípio da lealdade e boa-fé, também dominante no direito público, um ato administrativo antijurídico somente pode ser retratado, quando [...]".

te, quando se tratava da formação da proteção à confiança e, sobretudo, do alcance de soluções adequadas no caso particular. O princípio da certeza jurídica aparece, em compensação, então, quando se trata da fundamentação jurídico-constitucional da proteção à confiança, especialmente, de sua defesa contra o princípio, igualmente fundamentado jurídico-constitucionalmente, da legalidade.[252] Como ambos os princípios baseiam-se no princípio do estado de direito, na apreciação da questão da retratação, porém, entram em antagonismo um com o outro, deve, no caso concreto, no caminho da ponderação, ser aspirada uma solução.

Na literatura são discutidos todos os fundamentos possíveis.[253] Digna de atenção é a tentativa de, também nessa conexão, ativar os direitos fundamentais, ou seja, artigo 2, alínea 1, da lei fundamental,[254] ou artigo 14, da lei fundamental.[255] Segundo a concepção de Hermann-Josef Blanke, a proteção à confiança é até "bem de proteção de todos os direitos fundamentais".[256] Isso pode, com vista à tendência de ancorar a proteção à confiança, no âmbito da dação de leis, especialmente para o rechaço ou limitação da retroatividade de leis, nos direitos fundamentais, ser mais conveniente. Contudo, não deveriam ser ignorados, mesmo assim, as diferenças de ambos os âmbitos. A idéia que uma posição jurídica, obtida por um ato administrativo antijurídico e, com isso, em si mesma antijurídica, deve ser assegurada pelos direitos fundamentais, parece só dificilmente seguível.

Por fim, tanto o princípio da lealdade e boa-fé como a certeza jurídica são capazes, sim, eles complementam-se até um determinado grau. Se se direciona para a peculiaridade e a função do ato administrativo, que devem servir à certeza jurídica, então resulta disso também a proteção à confiança, uma vez que a certeza jurídica deve valer não só em favor do estado, mas também em favor do cidadão. O princípio da lealdade e boa-fé, que rompeu há muito suas travas jurídico-obrigacionais e também é reconhecido no direito público, é capaz de dar à proteção à confiança não só fundamento, mas também medida. O estado deve-se deixar segurar em suas próprias declarações, sobretudo soberanas e dotadas com vinculatividade. Ele não pode fazer passar para o cidadão as conseqüências da antijuridicidade, a ser a ele atribuída, de um ato administrativo, mas deve mesmo responder por isso. A retirada para o princípio da legalidade então não é mais convincente, quando os interesses públicos, protegidos

---

[252] Digno de atenção é que o tribunal administrativo federal, na BVerwGE 11, 136 (137), inicialmente, parte da lealdade e boa-fé, mas então – no quadro do exame da constitucionalidade – muda para a certeza jurídica.

[253] Comparar para isso, as indicações em *Fritz Ossenbühl*, Die Rücknahme fehlerhafter begünstigender Verwaltungsakte, ²1965, S. 71 ff., 153 ff.

[254] Assim, *Grabitz* (N 3), S. 681 ff.; comparar também *Kisker* (N 19), S. 161.

[255] Assim, *W. Schmidt* (N 3), S. 534 f.

[256] Sintético *Blanke* (N 3), S. 141 ff.

pela lei violada, ficam atrás dos interesses dignos de proteção do cidadão. Não existem objeções de estabelecer o princípio da lealdade e boa-fé (também) no plano jurídico-constitucional. Em todo o caso, ele não pode ser suprimido absolutamente pelo princípio da legalidade. Se se direciona para isso, então também não carece da, aliás, duvidosa, construção de um conflito-em-si estatal-jurídico entre a certeza jurídica e a legalidade.

e) Problemática da regulação de indenização

99 Contra a regulação de indenização foram feitas valer objeções jurídico-constitucionais. Elas dirigem-se contra a redução da "proteção de existência" à "proteção patrimonial" pelo § 48, alínea 3, da lei do procedimento administrativo, e precisamente, ou no fundo ou realmente para o caso, que o dano à confiança não pode ser plenamente compensado pela indenização financeira.[257] Se se segue a interpretação, aqui sustentada, do § 48, da lei do procedimento administrativo, então essas objeções já não são fundamentadas, porque não tem lugar nenhuma redução da proteção à confiança, mas, no máximo, deixam de existir os efeitos de proteção excedentes nos outros atos administrativos. De resto, o princípio da proteção à confiança não pede proteção de existência, mas deixa satisfazer proteção patrimonial, à medida que o interesse da confiança digno de proteção, com isso, está coberto. Isso vale, certamente então, quando ele é ancorado no princípio da lealdade e boa-fé, mas também então, quando ele é fundamentado com a certeza jurídica, uma vez que ela deve ser vista em conexão e em compensação com outros princípios, especialmente com o princípio da legalidade.[258]

2. Revogação de atos administrativos

a) Desenvolvimento

100 Segundo concepção mais antiga, os atos administrativos eram livremente revogáveis. Limitações somente eram aceitas quando o ato administrativo fundamentava um direito subjetivo ou quando, em virtude de um

---

[257] Assim, sobretudo, *Werner Frotscher*, Vermögensschutz oder Bestandsschutz bei der Rücknahme von Verwaltungsakten?, in: DVBl 1976, S. 281 ff.; ademais, *Peter Häberle*, Verfassungsprinzipien "im" Verwaltungsverfahrensgesetz, in: FS für den Boorberg-Verlag, 1977, S. 47 ff. (86 ff.); *Hans-Uwe Erichsen*, Rechtsfragen der Aufhebung von begünstigenden Verwaltungsakten durch die Verwaltung nach Inkrafttreten der Verwaltungsverfahrensgesetze des Bundes und der Länder, in: VerwArch 69 (1978), S. 303 (397 f.); reservado, em compensação, *Erichsen* (N 244), § 17 Rn. 45 ("duvidoso"); *Ulrich Knoke*, Rechtsfragen der Rücknahme von Verwaltungsakten, 1989, S. 171 ff.; comparar também *Kopp/Ramsauer* (N 19), § 48 Rn. 3, 137.

[258] Comparar já *Maurer* (N 243), S. 327 ff.; do mesmo modo, ao fim e ao cabo, por exemplo, *Carl Hermann Ule/Hans-Werner Laubinger*, Verwaltungsverfahrensrecht, ⁴1995, § 62 Rn. 27; *Detlef Merten*, Bestanskraft von Verwaltungsakten, in: NJW 1983, S. 1993 ff. (1998); *Wolf-Rüdiger Schenke*, Probleme der Bestandskraft von Verwaltungsakten, in: DÖV 1983, S. 320 ff. (322 f.).

ato administrativo, algo foi "posto em obra", por exemplo, em virtude de uma autorização para construção foi iniciado com a construção.[259] Ambos os casos de exceção refletiam o ponto de vista da proteção à confiança, embora ele só raramente fosse empregado argumentativamente.[260] Duvidoso era, todavia, quando um direito subjetivo foi fundamentado; o perigo do círculo vicioso – irrevogável, porque direito subjetivo ou direito subjetivo, porque irrevogável – foi, já naquele tempo, reconhecido.[261] Na dação de leis, a revogação foi progressivamente limitada, em parte também tornada dependente da existência de determinados fundamentos de revogação.[262] Esse desenvolvimento encontrou agora no § 49, da lei do procedimento administrativo, e nas prescrições, que correspondem a ele, das outras leis de procedimento administrativo, sua conclusão.

b) Regulação de revogação do § 49, da lei do procedimento administrativo

Segundo o § 49, alínea 2, da lei do procedimento administrativo, uma revogação de atos administrativos beneficentes é, fundamentalmente, inadmissível. Com isso, já por lei ordinária a confiança na existência de atos administrativos beneficentes jurídicos é protegida. Uma revogação é, somente então, excepcionalmente, admissível, quando existe um fundamento de revogação, quando exatamente (1) a própria revogação é reservada por lei ou pelo ato administrativo, (2) uma obrigação unida com o ato administrativo não é cumprida, (3) a situação fática ou jurídica que está na base do ato administrativo modificou-se ou (4) a revogação é necessária para o impedimento ou para a eliminação de desvantagens graves para o bem-estar da comunidade. Esse catálogo foi, posteriormente, complementado por um outro (5) fundamento de revogação. Segundo o § 49, alínea 3, da lei do procedimento administrativo, na formulação de 2 de maio de 1996 (BGBl I, S. 656), pode um ato administrativo, também por emprego, contrário à finalidade ou à obrigação, da subvenção ou outras prestações por ele concedidas, ser revogado, e precisamente, retroativamente, para poder ainda compreender prestações também já pagas.

---

[259] Comparar *Otto Mayer* (N 235), S. 302 f., *Paul Schoen*, Der Widerruf der Verfügungen nach der Rechtsprechung des Oberverwaltungsgerichts, in: FG für das Preußische Oberverwaltungsgericht, 1925, S. 118 ff.; *Jellinek* (N 237), S. 279 ff.; *Fritz Fleiner*, Institutionen des Deutschen Verwaltungsrechts, ^{8}1928, S. 169 ff.; *Ipsen* (N 6), S. 55 ff.; fundamentalmente, também, ainda *Forsthoff* (N 8), S. 267 ff.

[260] O ponto de vista da proteção à confiança, porém, aparece sempre de novo, comparar, por exemplo, a formulação em *Jellinek* (N 237), S. 282: a revogação "não mais" é "admissível, quando o recebedor da autorização, na confiança em sua existência (!), começou a realizar a obra autorizada". Comparar, ademais, as indicações em *Ipsen* (N 6), S. 93 ff.

[261] *Jellinek* (N 237), S. 280.

[262] Comparar § 53, da ordem de indústria e comércio, de 21.6.1869; §§ 42, 70, alínea 2, da lei de administração policial prussiana, de 1.6.1931; §§ 141 e seguintes, da ordenação administrativa estadual para Thüringen, de 10.6.1926.

102 No primeiro caso, a proteção à confiança não intervém, porque o cidadão, por causa da reserva, deveria contar com a revogação; a problemática da proteção à confiança, com isso, porém, não se resolve, mas se desloca para a questão da admissibilidade de tais reservas.[263] No segundo caso, proteção à confiança já não entra em consideração, porque o afetado motivou a situação de revogação por sua conduta. Análogo vale para a revogação por causa de emprego contrário à finalidade ou à obrigação de prestações estatais.

103 O fundamento de revogação mais importante é o da modificação da situação fática ou jurídica. Ele também responde à questão se a confiança do cidadão na persistência de um ato administrativo, apesar da modificação das circunstâncias, é protegida ou, às avessas, a administração, por causa da modificação das circunstâncias, pode anular o ato administrativo e adaptar as relações jurídicas formadas pelo ato administrativo à nova situação. Segundo a solução legislativa do § 49, alínea 2, da lei do procedimento administrativo, a administração está autorizada a revogar um ato administrativo depois da modificação da situação fática ou jurídica que está na sua base, se sem a revogação o interesse público estaria posto em perigo e quando – em modificação da situação jurídica – o ato administrativo ainda não está efetivado ou de qualquer outro modo realizado, portanto, ainda não está "posto em obra". À carência de modificação ou de adaptação, resultante do interesse público, portanto, é concedida, fundamentalmente, a primazia. É, por isso, sem mais, possível que também um ato administrativo é revogado, em cuja existência o cidadão confiou. Para esse caso, o § 49, alínea 5, da lei do procedimento administrativo, contudo, prevê uma indenização. Caso essa indenização não compense o dano à confiança ou não plenamente, por exemplo, em perdas imateriais, simultaneamente, porém, o interesse da confiança do cidadão preponderar ao interesse da modificação da administração, então a autoridade não pode fazer uso do seu poder de revogação.[264] Em perigo eminente do bem-estar da comunidade, a revogação é admissível ilimitadamente – mas somente com indenização.

104 No total, resulta que a regulação de revogação do § 49, da lei do procedimento administrativo, tenta, em um sistema diferenciado e, em parte, também complicado, trazer à compensação o interesse da confiança e da existência do cidadão e o interesse da modificação da administração. Proteção à confiança é concedida em dois planos, inicialmente, por limitação da revogação a determinados fundamentos de revogação (proteção

---

[263] Comparar para isso, em seguida, infra, número de margem 107 e seguintes, especialmente, número de margem 112.

[264] Vale, portanto, o mesmo como na retratação, comparar para isso, também *Schenke* (N 258), S. 326 f. Na revogação para o impedimento ou eliminação de desvantagens graves para o bem-estar da comunidade, todavia – ao contrário de Schenke –, é dificilmente imaginável uma renúncia à revogação por causa de indenização não-suficiente.

à confiança abstrata) e, a seguir, por indenização em revogação, apesar de proteção digna de confiança (proteção à confiança concreta com solução de indenização).

c) Fundamentos jurídico-constitucionais

A consideração da proteção à confiança em revogação é – do mesmo modo como na retratação – exigida jurídico-constitucionalmente. O tribunal constitucional federal chama, nessa conexão, a atenção sobre o princípio do estado de direito como fundamento.[265] Ele deve ser aprovado. Complementarmente, porém, deve ser acrescentado que os direitos fundamentais, como cunhagem do princípio do estado de direito, aplicam-se preferencialmente, quando os direitos ou vantagens, fundamentados ou assegurados por um ato administrativo jurídico, caem no âmbito de proteção de um direito fundamental.[266] A regulação de revogação autoriza, nesse aspecto, a uma intervenção nos direitos fundamentais. Como tal, ela também deve, outra vez, deixar aferir-se no direito fundamental afetado, cada vez, o que, especialmente na interpretação e aplicação no caso particular, deve ser observado.

105

Duvidosa é a natureza jurídica e, com isso, a constitucionalidade da indenização limitada ao dano à confiança. Ela deve ser qualificada como indenização da desapropriação, como indenização segundo os princípios da determinação do conteúdo obrigado à compensação ou como uma indenização de eqüidade, jurídico-constitucionalmente não-exigida, legalmente determinada, conforme o caso, se a revogação no caso concreto é apreciada como desapropriação no sentido do artigo 14, alínea 3, da lei fundamental,[267] como determinação do conteúdo no sentido do artigo 14, alínea 1, 2, da lei fundamental, ou como medida jurídico-constitucional irrelevante. Em ambos os casos, mencionados por último, não resultam problemas particulares. Em compensação, a suposição de uma desapropriação e indenização da desapropriação pode tornar-se problemática. Na literatura, é sustentada a concepção que a indenização, orientada no dano à confiança, do § 49, alínea 6, da lei do procedimento administrativo, pode ser inferior à indenização pela desapropriação, que compreende, fundamentalmente, o valor da substância, segundo o artigo 14, alínea 3, da lei fundamental, e, por conseguinte, ser anticonstitucional com a conseqüência que a própria revogação, por falta de regulação de indenização suficiente, é antijurídica.[268] Essa conseqüência jurídica, contudo, não é co-

106

---

[265] BVerfGE 59, 128 (166 f.).
[266] Crítico para isso, *Klaus Lange*, Probleme des Vertrauensschutzes im Verwaltungsrecht, in: WiVerw 1979, S. 15 ff. (25 f.).
[267] *Kopp/Ramsauer* (N 19), § 49 Rn. 78, excluem geralmente uma desapropriação, mas partem, nisso, de um conceito de desapropriação muito estreito.
[268] *Schenke* (N 258), S. 327; *Sachs* (N 244), § 49 Rn. 128 f.

ercitiva. Como o ato administrativo, originalmente jurídico, por causa da modificação, temporal-intermediariamente produzida, das circunstâncias fáticas e jurídicas, não mais está de acordo com o direito vigente, ele é agora apoiado pela confiança, legalmente presumida, na existência do ato administrativo. Se se segue essa reflexão, então pela revogação somente é retirada a propriedade protegida pela confiança e, com o ressarcimento do dano à confiança, garantida "plena" indenização. Por essa diferenciação, o risco da modificação da situação fática ou jurídica é distribuído convenientemente no estado e cidadão. Se não se quer seguir essa interpretação do § 49, da lei do procedimento administrativo, parece mais indicado, em uma interpretação conforme a constituição, medir mais generosamente a indenização segundo o § 49, alínea 6, da lei do procedimento administrativo, que declarar inadmissível a revogação por causa de indenização não-suficiente.[269] De resto, deveria, entre a indenização à confiança e a indenização da desapropriação, na prática, também só raramente existir uma diferença essencial, prescindindo totalmente disto, que a própria regulação de indenização do artigo 14, alínea 3, da lei fundamental, sem mais, é aberta.

3. Redução da proteção à confiança por relativização do ato administrativo

107 As regulações de retratação e revogação servem à proteção à confiança à medida que elas limitam a anulação e modificação de atos administrativos beneficentes. Elas, contudo, não intervêm ou somente ainda condicionadamente, quando um ato administrativo, de antemão, é limitado em sua validez e sua força de existência. Isso pode realizar-se de modos distintos. Em consideração entram aprazamentos, condições dissolventes, reservas de revogação, reservas de obrigação,[270] ademais, atos administrativos provisórios e atos administrativos providentes,[271] a reserva do exame definitivo.[272] Em parte, eles já existem em virtude de lei, preponderantemente, eles são, contudo, ordenados pela administração em virtude de uma autorização legal ou de ponderações gerais. Tão diferentes eles também são segundo sua formação jurídica e seus efeitos jurídicos, eles têm, porém, a mesma tendência, ou seja, reduzir ou excluir completamente a proteção à confiança.

108 Na prática, essas limitações e reservas desempenham um papel importante. Seja somente remetido a dois exemplos. Segundo o § 17, alínea 2, da lei dos estrangeiros, pode a permissão de residência ser dada apra-

---

[269] Outra concepção, *Sachs* (N 244), § 49 Rn. 128.
[270] Comparar as definições legais e regulações no § 36, da lei do procedimento administrativo.
[271] Comparar para isso, *Maurer* (N 236), § 9 Rn. 63b e c, com mais indicações.
[272] Comparar as definições legais no § 36, da lei do procedimento administrativo; para o "ato administrativo com a reserva do exame posterior definitivo", comparar *Maurer* (N 236), § 9 Rn. 63b.

zadamente, o que, em regra, também ocorre.²⁷³ A permissão de residência aprazada termina automaticamente com a expiração do prazo. O estrangeiro, que gostaria de permanecer na república federal da Alemanha tempo mais prolongado, deve, de tempos em tempos, solicitar uma prorrogação. A autoridade, com isso, não está limitada à revogação ou à retratação, mas ganha, de tempos em tempos, a possibilidade de examinar amplamente os pressupostos materiais e jurídicos da permissão de residência e, de novo, decidir sobre isso. – O outro exemplo concerne à autorização de uma instalação industrial ou outra relevante ao meio ambiente, segundo a lei de proteção contra emissões federal. A autorização de instalação pode, sem dúvida, somente sob os pressupostos do § 21, da lei de proteção contra emissões federal, que corresponde ao § 49, da lei do procedimento administrativo, ser revogada. O explorador, porém, está vinculado continuamente aos deveres fundamentais, orientados dinamicamente, do § 5, da lei de proteção contra emissões federal. A autoridade pode, para a imposição desses deveres fundamentais e dos regulamentos jurídicos do governo federal, promulgados para a sua concretização, assim como geralmente para a proteção da vizinhança e da comunidade de influências sobre o meio ambiente prejudiciais, segundo o § 17, da lei de proteção contra emissões federal, fazer ordenações posteriores, especialmente, pedir dispositivos de proteção. A autorização de instalação existe, com isso, somente em conformidade com os deveres fundamentais jurídicos de proteção contra emissões e ordenações promulgadas posteriormente, que, possivelmente, trazem consigo agravamentos econômicos e financeiros consideráveis.²⁷⁴

A relativização do ato administrativo pelas limitações e reservas distintas tem como conseqüência uma redução correspondente da proteção à confiança. Contudo, ela, também nesses casos, não se deixa excluir completamente, mas aparece, outra vez, no quadro das limitações e reservas.

---

²⁷³ O caso exemplificativo diz respeito, sem dúvida, à lei dos estrangeiros, de 1965, que foi substituída pela lei dos estrangeiros, de 1990, e essa, outra vez, pela lei de residência, de 2004; a problemática, com isso, porém, não se modificou, comparar agora §§ 7, 8, da lei de residência.

²⁷⁴ Comparar para isso, por exemplo, *Horst Sendler*, Wer gefährdet wen: Eigentum und Bestandsschutz den Umweltschutz – oder umgekehrt?, in: UPR 1983, S. 33 ff.; *Meinhard Schröder*, Zur Gegenwartslage des Bestandsschutzes im Immissionsschutzrecht, in: NVwZ 1986, S. 873 ff.; *Blanke* (N 3), S. 349 ff.; *Rüdiger Breuer*, Umweltschutzrecht, in: Eberhard Schmidt-Aßmann, Besonderes Verwaltungsrecht, ¹³2005, 5. Kapitel, Rn. 201 ff. (S. 691 ff.), com mais indicações. – É digno de atenção que a autorização de instalação no decorrer do tempo foi relativizada progressivamente, o que, simultaneamente, reflete o desenvolvimento do direito de proteção de indústria e comércio e ambiental. A autorização de instalação, segundo o § 16, da ordenação de indústria e comércio, antiga redação (1869/1900), concedia um direito público subjetivo à exploração da instalação, que posteriormente não podia ser limitado e somente sob os pressupostos do § 51, da ordenação de indústria e comércio, contra indenização, retirado. Somente a lei modificadora para a ordenação de indústria e comércio, de 1959, possibilitou ordenações posteriores para a proteção da vizinhança ou da comunidade. A lei de proteção contra emissões federal, promulgada em 1974, estendeu essencialmente não só as exigências à própria autorização de instalação, mas também as possibilidades de limitação posterior. Leis modificadoras e regulamentos de execução posteriores intensificaram essa tendência. Comparar, sobretudo, a lei de modificação, de 1986 (BGBl I, S. 551), atualmente na redação de 16.9.2002 (BGBl I, S. 3830), com outras modificações.

110 Isso mostram também os dois casos exemplificativos. O aprazamento de uma permissão intensifica, inicialmente, até a proteção à confiança, uma vez que, com isso, pode ser contado que a permissão, em todo o caso, permanece existindo até a expiração do prazo, à medida que não se produzem fundamentos particulares, especialmente, quando o aprazamento foi determinado com vista a um projeto concreto, por exemplo, a realização de um estudo. Na decisão sobre a prorrogação de uma permissão aprazada, a autoridade tem de examinar, de novo, todos os pontos de vista fáticos e jurídicos; mas ela também deve observar que o solicitador já tinha uma permissão e ajustou-se em conformidade com a permissão. A proteção à confiança pede a consideração do desenvolvimento até agora. Em conformidade com isso, o tribunal constitucional federal comprova que em uma decisão sobre a prorrogação de uma permissão de residência "deve ser considerado, fundamentalmente, o fato de uma residência jurídica e livre de objeções de vários anos, e precisamente, tanto na interpretação do conceito de 'interesse da república federal da Alemanha' como no exercício do poder discricionário concedido à autoridade para estrangeiros." Ele deduz disso que, após prorrogação repetida, o espaço de poder discricionário da autoridade pode estar limitado tão fortemente que a solicitação de prorrogação somente ainda de "fundamentos importantes" pode ser recusada.[275] Isso vale – como também de costume –, todavia, somente quando o aprazamento não é pensado como ponto final, mas somente ou preponderantemente se realiza para a finalidade de possibilitar um exame periódico. Se um tal ato administrativo é prorrogado multiplamente, então existe um chamado ato administrativo em cadeia, que vincula a administração progressivamente mais fortemente. Deve ser até considerado, declarar a recusação do ato administrativo de continuação somente então admissível, quando existe um fundamento de revogação.[276] Desse modo, também poderia ser impedido que nos casos, nos quais o aprazamento legalmente não é previsto, mas, não obstante, formalmente jurídico, a regulação de revogação é iludida. Isso, contudo, não deve levar à direção falsa.[277] Determinante é a vinculação da administração às suas decisões mais antigas sob o aspecto da proteção à confiança.

111 As prescrições jurídicas de emissão dos §§ 5 e 17, da lei de proteção contra emissões federal, que levam à relativização da autorização de ins-

---

[275] BVerfGE 49, 168 (185 f.); BVerwGE 59, 284 (292 f.); 78, 192 (206 f.); *Hailbronner* (N 219), S. 65 ff.; *Bertold Huber*, Ausländer- und Asylrecht, 1983, S. 52 f.; comparar, ademais, BVerwGE 59, 104 (109), que ainda argumenta com o princípio da proporcionalidade.

[276] *Hans Meyer/Hermann Borgs*, Verwaltungsverfahrensgesetz, ²1982, § 49 Rn. 18; *Michael Kloepfer*, Kettenverwaltungsakte und Widerrufsvorbehlat, in: DVBl 1972, S. 371 ff. (378: aplicação correspondente das regras sobre a reserva de revogação); *Lange* (N 3), S. 27 f. (do mesmo modo); comparar, ademais, BVerwG in: DVBl 1964, S. 324, e BVerwGE 52, 201 (212 f.) para aplicação correspondente dos princípios de retratação.

[277] Para reserva nesse sentido, também *Meyer/Borgs* (N 276).

talação, são expressão do alto significado que hoje é atribuído à proteção ambiental. Elas são, como concretização da vinculação social da propriedade, cobertas jurídico-constitucionalmente (artigo 14, alínea 2, da lei fundamental). Na interpretação e aplicação do § 17, da lei de proteção contra emissões federal, deve, porém, outra vez, ser considerado o princípio da proteção à confiança. Ele é, nisso, certamente, somente um ponto de vista entre outros, em parte, no mesmo sentido, como a garantia da propriedade e a proporcionalidade, e, em parte, em sentido contrário, como os direitos fundamentais das pessoas moradoras na vizinhança e os interesses da proteção ambiental. Sob o aspecto da proteção à confiança devem, por exemplo, ser considerados os investimentos efetuados e sua amortização (proteção à confiança como proteção de investimento), a distância temporal para com a autorização ou para com a ordenação prévia (proteção à confiança como proteção de existência temporalmente relativizada) e a repercussão da ordenação na existência da exploração, no fundo (proteção à confiança como proteção de existência).[278]

A questão da proteção à confiança coloca-se, contudo, não só quando se trata da efetivação das reservas e limitações do ato administrativo e suas conseqüências, mas também já um grau antes na determinação dessas limitações e reservas. Para o âmbito da administração, o § 36, da lei do procedimento administrativo, contém uma regulação, em princípio, irrepreensível. O dador de leis é, fundamentalmente, livre para relativizar os atos administrativos por limitações e reservas, mas deve, nisso, também observar o princípio da proteção à confiança. O ato administrativo não é um instituto jurídico que está à disposição arbitrária do dador de leis, mas (também) expressão e conseqüência da certeza jurídica e da proteção à confiança. A concepção, ocasionalmente manifestada nos tempos de pós-guerra, que o ato administrativo é um instrumento, verdadeiramente vencido, do estado autoritário constitucional, em todo o caso, no âmbito da administração de prestação, prescindível,[279] passa por cima da essência e da função do ato administrativo. Ele serve não só como meio de configuração efetivo aos interesses da administração, mas também como meio de disciplinamento aos interesses do cidadão. Justamente no âmbito da administração de prestação, mas também mais além, ele é idôneo para criar uma base de confiança para o cidadão. A questão é, por isso, não só (para o âmbito da administração de intervenção), se a autoridade pode atuar por ato administrativo, mas também (para o âmbito da administração de prestação), se ela deve atuar por ato administrativo. Sob esses pressupostos também são fixados limites à relativização do ato administrativo por limitações e reservas.

---
[278] Comparar para isso, *Schröder* (N 274), S. 130 ff., com mais indicações.
[279] Assim, certamente, *Norbert Achterberg*, Allgemeines Verwaltungsrecht, ²1986, § 20 Rn. 33.

II. Proteção à confiança e outra atuação administrativa

113 Como o ato administrativo, em conformidade com sua função, está organizado para a estabilização das relações jurídicas por ele compreendidas e, por conseguinte, passa à força de existência, ele é, de modo especial, idôneo como fundamento de confiança. A proteção à confiança, desenvolvida no ato administrativo, não pode, por isso, também, sem mais, ser transferida para outras medidas administrativas. Deve, ao contrário, sempre ser examinado, se e até que ponto essas medidas formam um fundamento de confiança, no qual confiança eventual do cidadão pode referir-se. Somente então se coloca a outra questão, se os pressupostos restantes da proteção à confiança estão dados, se, especialmente, o cidadão confiou digno de proteção e sua confiança prepondera perante os interesses públicos colidentes. Isso é, por exemplo, ignorado pelo tribunal constitucional federal, quando ele, no quadro de uma pretensão de reembolso, já considera determinante "a confiança na constância da situação patrimonial produzida".[280]

1. Promessa da autoridade

114 A promessa como prometer vinculativo da autoridade de uma ação, tolerância ou omissão determinada tem o sentido de proporcionar ao cidadão certeza sobre a conduta futura da administração e oferecer-lhe, com isso, um fundamento firme para o seu próprio planejar e dispor. Sob esse aspecto, ela parece, decididamente, ser concebida para a proteção à confiança. Como a promessa, contudo, já ipso iure torna-se vinculativa, o recurso ao princípio geral da proteção à confiança não é necessário.[281] Ele seria até malogrado, porque, então, de forma conseqüente, também se deveria examinar os outros pressupostos da proteção à confiança e, em sua falta, recusar a vinculatividade da promessa. A promessa é, contudo, como tal, por exemplo, também então vinculativa, quando o cidadão realmente não confiou ou ainda não fez disposições fundamentadoras de proteção à confiança.

115 Atual a proteção à confiança primeiro se torna, quando a promessa é antijurídica ou quando as circunstâncias, das quais a autoridade partiu na entrega de sua promessa, posteriormente se modificaram. A lei do procedimento administrativo contém, no § 38, para a garantia de uma promessa dirigida para promulgação ou omissão de um ato administrativo, uma regulação jurídico-positiva, que reproduz critérios gerais. A promessa antijurídica deve, segundo isso, ser tratada na qualidade de ou como um ato

---

[280] BVerwGE 71, 85 (90).
[281] Assim, também *Ossenbühl* (N 3), S. 28; *Kisker* (N 19), S. 152; *Püttner* (N 3), S. 213; outra concepção, *Blanke* (N 3), S. 230 f.; *Weber-Dürler* (N 3), S. 199 ff.

administrativo antijurídico.[282] Ela torna-se vinculativa juridicamente, mas pode, segundo os princípios da retratação, ser anulada. No exame dos pressupostos da retratação deve ser observado que a garantia está orientada para o futuro. O mais tardar, na ponderação irá, por isso, oscilar o pêndulo por conta do cidadão, uma vez que a proteção à confiança, sem dúvida, é capaz de cobrir antijurídico sucedido, mas – prescindindo de exceções particulares – não é capaz de apoiar a continuação ou até intensificação do antijurídico. Já antes da promulgação da lei do procedimento administrativo, o tribunal constitucional federal comprovou que a confiança no cumprimento de uma promessa viciosa somente é protegida, quando "circunstâncias extraordinárias o justificam", quando "a não-observância da promessa iria conduzir a circunstâncias quase insuportáveis para o afetado".[283] Essa concepção jurídica vale, também, hoje ainda, não só para todas as promessas não-compreendidas pelo § 38, da lei do procedimento administrativo, mas também – talvez algo atenuado – para a garantia, segundo o § 38, da lei do procedimento administrativo. Com isso, contudo, somente o cumprimento da promessa é excluído. Proteção à confiança não significa exatamente proteção de aquisição. Em consideração entra, porém – como proteção patrimonial –, uma indenização, segundo o § 38, alínea 2, em união com o § 48, alínea 3, da lei do procedimento administrativo,[284] dado o caso, também ressarcimento de dano, segundo as regras gerais.

Se se modificam, após a promulgação da garantia, as circunstâncias determinantes, então a autoridade, segundo o § 38, alínea 3, da lei do procedimento administrativo, não está vinculada. Essa regulação, excludente de proteção à confiança eventual, corresponde à clausula rebus sic stantibus, mas é mais rigorosa, à medida que ela não direciona para as circunstâncias do caso particular, mas, geralmente, intervém energicamente. Para as promessas restantes, fica na regulação-cláusula geral.

No total, mostra-se que o princípio da proteção à confiança, justamente, no âmbito das promessas relevantes à confiança, mal obtém um significado próprio: à medida que a promessa é vinculativa, ela não é necessária; à medida que ela fosse necessária, ela não intervém energicamente.

2. Informação da autoridade

A informação distingue-se da promessa pelo fato de ela não conter nenhum prometer vinculativo juridicamente, mas somente informar sobre fatos e situações jurídicas. A questão, se e até que ponto a infor-

---

[282] § 38, alínea 2, da lei do procedimento administrativo. A questão de litígio, se a promessa é um ato administrativo ou um ato sui generis, pode, aqui, ficar aberta.
[283] BVerwGE 26, 31 (49); 48, 166 (171 f.); BVerwG in: DVBl 1966, S. 357 (359).
[284] Na garantia de uma prestação pecuniária aplica-se, dado o caso, também o § 48, alínea 2, da lei do procedimento administrativo, comparar *Kopp/Ramsauer* (N 19), § 38 Rn. 33.

mação fundamenta proteção à confiança, depende da conjuntura de casos respectiva.[285] Se a informação é acertada, então a autoridade já deve seguir isso, porque ela está obrigada, em sua atuação e decisão, a partir da situação fática e jurídica acertada. A proteção à confiança pode, porém, tornar-se importante, quando à autoridade é concedido um espaço de poder discricionário. Ela, sem dúvida, não efetua nenhuma vinculação jurídica às declarações até agora, mas obriga a autoridade a proceder conseqüentemente e a atuar em conformidade com suas próprias declarações, à medida que não existem fundamentos particulares que sugerem ou requerem um desviar. Se a informação é falsa, então a autoridade também não pode ser determinada nisso pela proteção à confiança. As reflexões sobre as promessas antijurídicas valem, aqui, em medida ainda mais forte. Permanecem somente ainda pretensões de ressarcimento de dano e de indenização, que, justamente, podem ser apoiadas nisto, que a autoridade deu uma informação não-acertada, incompleta ou desorientadora.[286] Deve ser mencionada, nessa conexão, também a pretensão de produção jurídico-social, natural ao direito social, segundo a qual o afetado deve ser posto assim como ele estaria se a informação falsa não tivesse sido dada.[287]

3. Contrato jurídico-administrativo

118   O contrato administrativo é, do mesmo modo como o ato administrativo e as promessas, já como tal – "espontaneamente" – vinculativo. Isso é certificado pelo princípio, universalmente reconhecido e, sem dúvida, também no direito público vigente, "pacta sunt servanda". Uma referência ao princípio da proteção à confiança é, por isso, também sob esse aspecto, não só superficial, mas malograda.[288]

119   A problemática da proteção à confiança, também aqui, somente se coloca quando o contrato administrativo é antijurídico ou se modificam posteriormente as circunstâncias que estão na sua base. Antigamente era, sem mais, aceita a nulidade de contratos administrativos antijurídicos.[289] Dificuldades e inconvenientes, que poderiam resultar disso no caso particular, foram considerados e liquidados na execução da relação contratual.

---

[285] Comparar para isso, *Weber-Dürler* (N 3), S. 195 ff. que, todavia, não distingue suficientemente entre promessa e informação.

[286] Comparar para isso, as indicações em *Hans-Jürgen Papier* in: Münchener Kommentar, ⁴2004, § 839 BGB Rn. 218 f.

[287] Comparar para isso, as indicações em *Maurer* (N 236), § 30 Rn. 20 ff.

[288] *Kisker* (N 19), S. 152; *Püttner* (N 3), S. 214; outra concepção, *Weber-Dürler* (N 3), S. 219 ff.

[289] BVerwGE 4, 111 (114 ff.); 8, 329 (330 ff.); 42, 331 (334); 48, 166 (168 f.); 49, 359 (361 f.); BGHZ 65, 368; *Willibalt Apelt*, Der verwaltungsrechtlicher Vertrag, 1920, S. 213 ff.; *Jürgen Salzwedel*, Die Grenzen der Zulässigkeit des öffentlichen Vertrages, 1958, S. 107 f.; *Forsthoff* (N 8), S. 269; outras indicações em *Christian Schimpf*, Der verwaltungsrechtliche Vertrag unter besonderer Berücksichtigung seiner Rechtswidrigkeit, 1982, S. 258 Fn. 4.

No correr do tempo formou-se, contudo, na literatura e jurisprudência, uma tendência de equiparar os contratos administrativos jurídico-subordinativos ao ato administrativo, de transferir os princípios sobre a força de existência de atos administrativos antijurídicos ao contrato administrativo e de conceder à administração (somente) então um tipo de direito de demissão, quando em atos administrativos existe um fundamento de retratação.[290] Com isso, deveriam os pontos de vista de proteção à confiança, desenvolvidos no ato administrativo, ser aplicados no contrato administrativo. Essa tendência encontrou, contudo, com razão, oposição.[291] As diferenças entre o ato administrativo e o contrato administrativo, tanto em sentido fundamental como em vista à formação jurídica em seus pormenores, opõem-se a uma simples equiparação. Em muitos casos, ou seja, na maioria dos contratos de obrigação, deveria também não o ato administrativo (a concessão de prestação), mas a promessa (o prometer de prestação), em comparação, ser invocada,[292] que em antijuridicidade, em regra, pode ser retratada e, por conseguinte, em emprego correspondente das prescrições do ato administrativo, em regra, iria ser fundamentado um direito de demissão. Todavia, a questão, se e até que ponto o princípio da proteção à confiança também no direito contratual jurídico-público pode ser aproveitado, vale uma reflexão pormenorizada.

A promulgação da lei do procedimento administrativo levou, contudo, à demolição dessa discussão. Segundo o § 59, da lei do procedimento administrativo, também contratos administrativos antijurídicos tornam-se eficazes juridicamente e vinculativos, à medida que não existe nenhum fundamento de nulidade. Na fundamentação do projeto do governo diz que a prescrição é o resultado de uma ponderação entre os princípios da vinculatividade contratual incondicional e da juridicidade da atuação administrativa.[293] O ponto de vista da proteção à confiança não é – de outra forma como ainda na fundamentação para o projeto-modelo de uma lei do procedimento administrativo[294] – mencionado. Isso parece também conseqüente. Porque a regulação do vício do § 59, da lei do procedimento administrativo, não só não menciona a "proteção à confiança" (como o § 48, alíneas 2 e 3, da lei do procedimento administrativo), mas, pelo visto, também não é por ela motivada (como o § 49, alínea 2, da lei do procedimento administrativo).

---

[290] OVG Münster in: DVBl 1973, S. 696 (anulado pela BVerwGE 49, 359); *Fritz Haueisen*, Zur Zulässigkeit, Wirksamkeit und Nichtigkeit des öffentlich-rechtlichen Vertrages, in: NJW 1969, S. 122 ff.; *Hans J. Wolff/Otto Bachof*, Verwaltungsrecht, Bd. I, ⁹1974, § 44 Abs. 2e (S. 348 f.); *Weber-Dürler* (N 3), S. 220, 223 f.
[291] BVerwGE 49, 359; *Ludwig Renck*, Bestandskraft verwaltungsrechtlicher Verträge?, in: NJW 1970, S. 737 ff.; comparar, ademais, *Wolf-Rüdiger Schenke*, Der rechtwidrige Verwaltungsvertrag nach dem Verwaltungsverfahrensgesetz, in: JuS 1977, S. 281 ff. (286 f.); *Christinan Schimpf* (N 289), S. 258 ff.
[292] BVerwGE 49, 359 (362).
[293] BTDrucks. 7/910, S. 181.
[294] Musterentwurf eines Verwaltungsverfahrensgesetz, 1964, S. 200.

121   A proteção à confiança, contudo, não é excluída completamente, mas se manifesta, outra vez, na revisão jurídico-constitucional da regulação da conseqüência do vício do § 59, da lei do procedimento administrativo. Em perspectiva jurídico-constitucional (também) devem ser observados os princípios da legalidade, da certeza jurídica e da proteção à confiança que, no caso concreto, podem corresponder-se, mas também, contradizer-se e cobrir-se – conforme o caso – com os interesses públicos, a serem perseguidos pela administração, ou os interesses individuais.[295] A compensação não se deixa obter com uma fórmula inequívoca. A regulação do vício do § 59, da lei do procedimento administrativo, que na literatura encontrou críticas, dá para isso, contudo, pelo menos, uma base se se a interpreta, em conformidade com os princípios mencionados, conforme a constituição. Um primeiro esclarecimento para contratos jurídico-subordinativos traz a casuística do § 59, alínea 2, da lei do procedimento administrativo, que, a seguir, é complementada para todos os contratos pela referência geral às prescrições do código civil, especialmente, ao § 134, do código civil, como norma de amortização. Jurisprudência e literatura interpretam o § 134, do código civil, nessa conexão, no sentido de que uma antijuridicidade simples não basta, mas deve existir uma "infração jurídica qualificada".[296] O que sempre também sob isso deve ser entendido, em todo o caso, pede o princípio da proteção à confiança, ancorado jurídico-constitucionalmente, que a confiança, digna de proteção, do cidadão na existência do contrato administrativo, seja trazida na ponderação e lá desempenhe um papel determinante. Como o cidadão apresenta-se como contratante da administração, podem os princípios da proteção à confiança, na retratação de atos administrativos beneficentes, ser invocados até um determinado grau.

4. Prescrições administrativas

a) Efeito externo

122   As prescrições administrativas[297] dirigem-se, como instruções intra-administrativas, às autoridades e funcionários inferiores. Contudo, é hoje reconhecido que também o cidadão pode pedir a observância das prescrições administrativas concernentes aos seus assuntos. A fundamentação é, contudo, ainda debatida. A jurisprudência e a doutrina dominante apóiam-se na prática administrativa, motivada pelas prescrições administrativas, e no princípio da igualdade, que obriga a administração a observar proporcionadamente sua prática e a não desviar disso sem fundamento objeti-

---

[295] Comparar para isso e para o seguinte, *Blanke* (N 3), S. 237 ff.; *Willy Spannowsky*, Grenzen des Verwaltungshandelns durch Verträge und Absprachen, 1994, S. 297 ff.

[296] Comparar BVerwGE 98, 58, 63 f.; *Kopp/Ramsauer* (N 19), § 59 Rn. 10 ff.; *Heinz Joachim Bonk*, in: Stelkens/Bonk/Sachs (N 244), § 59 Rn. 49 ff.

[297] Comparar *Fritz Ossenbühl*, Autonome Rechtsetzung der Verwaltung, in: HStR III, § 65 Rn. 14 ff.

vo.[298] Existe, por conseguinte, um efeito externo mediato – proporcionado pela prática administrativa e pelo princípio da igualdade. A opinião contrária objeta que a teoria do efeito externo mediato falha quando a prática inicia e o primeiro caso está pendente; ela aceita, dessas e de fundamentais ponderações, um efeito externo imediato, em que, em parte, é remetido à competência de disposição de direito originária (suposta) da administração[299] e, em parte, ao princípio da proteção à confiança.[300]

A problemática da competência de disposição de direito originária, que está ao lado do artigo 80, alínea 1, da lei fundamental, da administração, aqui não mais deve ser perseguida. Pergunta-se, porém, se o princípio da proteção à confiança é capaz de suportar um efeito externo imediato. Isso deve ser negado. Falta já no fundamento de confiança. Como as prescrições administrativas não estão endereçadas ao cidadão, mas a instâncias administrativas inferiores, elas não contêm declarações que poderiam fundamentar uma confiança do cidadão. Nisso, nada modifica também a publicação eventual das prescrições administrativas, quando e porque permanece claro que elas somente se dirigem às autoridades e funcionários inferiores. A confiança pode, no máximo, referir-se à prática administrativa. Ela sozinha, porém, como tal, ainda é pouco idônea para criar uma base de confiança relevante juridicamente e aceitável. A tese do efeito externo, proporcionada e limitada pelo princípio da confiança, dá, sempre ainda, a melhor explicação e fundamentação; o "primeiro caso" – muitas vezes, superestimado – mostra-se problema fictício, quando se o considera não isoladamente, mas como parte, ainda que primeira, da prática administrativa.[301] 123

A decisão, sempre de novo, citada nessa conexão, do tribunal administrativo federal, de 17 de abril de 1970, na qual o princípio da proteção à confiança é invocado,[302] forma só aparentemente uma exceção. Em realidade, ela, no fundo, não concerne a nenhuma prescrição administrativa, mas a uma emissão, publicada no boletim oficial do governo federal, de 124

---

[298] Assim, por exemplo, BVerwGE 34, 278 (280); 36, 323 (327); 44, 72 (74 f.); 61, 15 (18); 100, 335 (339 f.); 118, 379 (382 f.); BVerwG in: DVBl 2004, 126 (127), com mais indicações; *Dürig* (N 91), Art. 3 Abs. 1 Rn. 432 f.; *Klaus Stern*, Das Staatsrecht der Bundesrepublik Deutschland, Bd. II, 1980, S. 654 ff.; *Max Jürgen Seibert*, Die Einwirkung des Gleichheitssatzes auf das Rechtssetzungs- und Rechtsanwendungsermessen der Verwaltung, in: FS 50 Jahre Bundesverwaltungsgericht, 2003, S. 535 (541 ff.).

[299] Comparar *Fritz Ossenbühl*, Zur Außenwirkung von Verwaltunsvorschriften, in: FG zum 25jährigen Bestehen des Bundesverwaltungsgerichts, 1978, S. 433 ff.; *ders.*, in: Hans-Uwe Erichsen/Dirk Ehlers, Allgemeines Verwaltungsrecht, [12]2002, § 6 Rn. 44 ff.; *Walter Krebs*, Zur Rechtsetzung der Exekutive durch Verwaltungsvorschriften, in: VerwArch 70 (1979), S. 259 ff.

[300] Comparar *Hans Klein*, Rechtsqualität und Rechtswirkung von Verwaltungsnormen, in: FS für Ernst Forsthoff, 1967, S. 163 ff. (179 ff.), com mais indicações, S. 183 Fn. 106; comparar também Fritz Ossenbühl, Verwaltungsvorschriften und Grundgesetz, 1968, S. 542; *ders.*, Selbstbindungen der Verwaltung, in: DVBl 1981, S. 857 (862 f.); *Albrecht Randelzhofer*, Gleichbehandlung im Unrecht?, in: JZ 1973, S. 536 (S. 543 Fn. 66).

[301] Por isso, também não carece de "prática administrativa antecipada", assim, porém, BVerwGE 52, 193 (199).

[302] BVerwGE 35, 159.

um posto de comércio exterior estatal, que se dirigiu aos importadores e exortou-os à entrega de solicitações correspondentes. Uma tal emissão, justamente não-dirigida (ou, pelo menos, não só) à instância administrativa inferior, mas ao público, precisamente por causa de sua direção externa, dada de antemão, não apresenta uma prescrição administrativa, mas deve ser qualificada como promessa geral ou – caso não se queira aceitar esse conceito – como promessa de gratificação pública no sentido dos §§ 657 e seguintes, do código civil, aplicáveis também no direito público.[303] O efeito vinculativo resulta, então, já do caráter jurídico da promessa geral ou da promessa de gratificação, de modo que, também nesse aspecto, já não é preciso uma volta em torno da proteção à confiança.

125 O tribunal administrativo federal remeteu, depois, ocasionalmente, a essa decisão. Assim, diz na sentença, de 8 de abril de 1997: "Todavia, é reconhecido, na jurisprudência do tribunal administrativo federal (comparar, em vez de muitas, sentença de 17 de abril de 1970, BVerwGE 35, 159, 161 ff.), que prescrições administrativas, além de sua vinculação interna inicialmente só inerente, são capazes de, por meio tanto do princípio da igualdade (artigo 3, alínea 1, da lei fundamental) como do mandamento, ancorado no princípio do estado de direito, da proteção à confiança (artigo 20 e artigo 28, da lei fundamental), fundamentar um efeito externo fundamentador de pretensão na relação da administração para com o cidadão."[304] Esses indícios, todavia, não foram aprofundados mais, uma vez que, no caso concreto, nem o princípio da igualdade nem o mandamento da proteção à confiança fundamentavam uma pretensão em conformidade com a prescrição administrativa.[305] Com isso, ficam aqui – como também de costume nas referências ocasionais à BVerwGE 35, 159 – abertos em seus pormenores, tanto a relação de igualdade e proteção à confiança com suas dimensões muito diferentes como os pressupostos da proteção à confiança.

126 De outra forma se situa se e à medida que se confere a determinadas prescrições administrativas – chamadas prescrições administrativas concretizadoras de normas – um efeito jurídico imediato para fora.[306] Então o efeito vinculativo na relação administração – cidadão resulta já delas

---

[303] Comparar para isso, *Günther Schwerdtfeger*, Die lenkende Veröffentlichung von Subventionsrichtlinien – Auslobung und Vertrauensschutz, in: NVwZ 1984, S. 486 ff.; ademais, BVerwGE 59, 348 (352 f.); *Ossenbühl*, Selbstbindungen (N 300), S. 861.

[304] BVerwGE 104, 220 (223).

[305] BVwerGE 104, 220 (223 ff.).

[306] Preponderantemente se trata, nisso, de totalidade de regras do direito técnico e ambiental, mas também de outros âmbitos do direito, por exemplo, do direito social; comparar, por exemplo, BVerwGE 72, 300 (instrução técnica para manutenção de limpeza do ar); BVerwGE 107, 338 (prescrições administrativas-águas de esgoto-quadro); BVerwGE 114, 342 (instrução técnica para manutenção de limpeza do ar); BVerwGE 122, 264 (auxílio social); OVG Münster in: NVwZ 2004, S. 366 (instrução técnica para proteção contra ruído).

próprias.[307] Se se considera circunstanciadamente as prescrições administrativas concretizadoras de normas e as exigências postas a elas, então se coloca, todavia, a questão, se elas, no fundo, apresentam prescrições administrativas ou se não devem ser associadas aos regulamentos jurídicos. Mostra-se, melhor dito, que elas – como os regulamentos jurídicos e, em regra, de outra forma como as prescrições administrativas "simples" – devem ser publicadas, fundamentam direitos e deveres imediatos para o cidadão, são vinculativas para os tribunais e no procedimento de controle normativo judicial-administrativo podem ser revisadas. Acresce a isso, que elas, em regra, (devem) basear-se em uma autorização legal e a reserva de exceção, típica para as prescrições administrativas, deve deixar de existir.[308] As prescrições administrativas concretizadoras de normas deveriam ser designadas e tratadas abertamente como o que elas, em realidade, são, ou seja, como regulamentos jurídicos.[309] Isso vale tanto mais que o conteúdo da prescrição administrativa concretizadora de normas poderia ser acolhido em um regulamento jurídico e, então, estaria lá onde ele pertence.[310]

b) Vinculação da administração a prescrições administrativas antijurídicas

Pelo princípio da igualdade não se deixa obter uma vinculação da administração a uma prática administrativa antijurídica e às prescrições administrativas que estão na sua base. O princípio da igualdade vale somente no quadro das leis e do direito. Não existe "nenhuma igualdade no antijurídico", "nenhuma pretensão de repetição de vício".[311] O cidadão não pode pedir que ele – como até agora os outros – seja beneficiado antijuridicamente. A administração não pode, por uma prática antijurídica, driblar sua vinculação à lei e derrogar as leis – com a conseqüência que a prática administrativa antijurídica, assim convertida em "direito", também, ainda deveria ser reconhecida pelos tribunais.

---

[307] Comparar para isso, *Ossenbühl*, Verwaltungsrecht (N 299), § 6 Rn. 53, com mais indicações; *Rainer Wahl*, Verwaltungsvorschriften: Die ungesicherte dritte Kategorie des Rechts, FG 50 Jahre Bundesverwaltungsgericht, 2003, S. 599 ff.; *Thomas Sauerland*, Die Verwaltungsvorschrift im System der Rechtsquellen, 2005, S. 230 ff.; outras indicações em *Maurer* (N 236), § 24 Rn. 25 f.

[308] Assim, *Wahl* (N 307), S. 598.

[309] Comparar *Hartmut Maurer* in: JZ 2005, S. 895 f. (nota sobre sentença).

[310] Comparar para isso, o deslocamento (em parte) da instrução técnica para manutenção de limpeza do ar, no 22. regulamento para a realização da lei de proteção contra emissões federal, depois que o tribunal europeu, por sentenças de 30.5.1991 (NVwZ 1991, S. 866, 868), declarou que prescrições administrativas não bastam para a conversão de linhas diretivas-comunidade européia. Com razão, *Eberhard Schmidt-Aßmann*, Das Allgemeine Verwaltungsrecht als Ordnungsidee, ²2004, S. 329, coloca, em conseqüência disso, a questão, "até que ponto ainda tem, ao lado do regulamento jurídico para prescrições administrativas concretizadoras de normas, no fundo, espaço".

[311] BVerwGE 34, 278 (282 ff.); *Fritz Ossenbühl*, Administrative Selbstbindung durch gesetzwidrige Verwaltungsübung?, in: DÖV 1970, S. 264 ff.; *Dürig* (N 89), Art. 3 Abs. 1 Rn. 179 ff., 437; *Selmer* (N 25), S. 112 f.; *Wilfried Berg*, Keine Gleichheit im Unrecht?, in: JuS 1980, S. 418 ff., com mais indicações.

128   Pergunta-se, porém, se pelo princípio da proteção à confiança não pode ser obtida uma vinculação – possivelmente só limitada –. A afirmação, que se confiou na juridicidade e efeito externo da prescrição administrativa, sem dúvida, antijurídica, mas aparentemente jurídica e também praticada, não basta. Contra isso já fala que nem sequer a confiança na juridicidade de normas jurídicas anticonstitucionais ou antilegais é protegida. Poderia começar-se, porém, mais estreitamente e tratar os casos, nos quais já foram feitas disposições dignas de proteção, ademais, segundo as prescrições administrativas já reconhecidas como antijurídicas.[312] Contudo, também nesses casos, deve ser recusada uma prolongação da prescrição administrativa antijurídica da prática administrativa que se baseia nela. A retratação limitada de atos administrativos antijurídicos não se deixa invocar como paralelo, uma vez que lá se trata de atos particulares, que já são regulados vinculativamente, enquanto aqui está pendente uma maioria de casos, que primeiro devem ser regulados. Inconvenientes e dificuldades, que resultam disso, podem ser amortizados por regulações de eqüidade (por exemplo, §§ 163, 227, da ordenação de tributos para o direito tributário) ou um exercício do poder discricionário conveniente, de resto, causar eventuais pretensões de indenização.

c) Modificação de prescrições administrativas

129   Das peculiaridades das prescrições administrativas faz parte a chamada reserva de exceção. A administração está, segundo isso, autorizada e, dado o caso, obrigada a, em casos particulares atípicos, desviar de sua linha diretiva. Um tal desvio pode formalmente infringir a prescrição administrativa, mas não apresenta uma antijuridicidade externa, porque o princípio da igualdade precisamente só concerne aos casos situados igualmente e, por isso, não compreende os casos atípicos.

130   Ademais, pode a prescrição administrativa – quase poderia dizer-se: evidentemente – ser modificada ou anulada.[313] Nisso, não desempenha nenhum papel se se trata somente de modificações de detalhes ou de uma mudança de curso. A confiança, um programa de apoio, fundamentado e formado por uma prescrição administrativa, irá persistir, não é, fundamentalmente, protegida, à medida que a administração não é obrigada ou coagida, por fundamentos jurídicos ou objetivos, à conservação do programa. A própria prescrição administrativa não forma uma base de confiança.

O princípio da confiança pede, porém, que a modificação ou anulação não resultem arbitrariamente, mas de fundamentos objetivos; ele

---

[312] Assim, *Randelzhofer* (N 300), S. 542 ff.; *Joachim Burmeister*, Selbstbindung der Verwaltung, in: DÖV 1981, S. 503 ff. (512); ademais, *Volkmar Götz*, Der allgemeine Gleichheitssatz un die Rechtsanwendung im Verwaltungsrecht, in: NJW 1979, S. 1478 ff.

[313] BVerwGE 46, 89 (91); 70, 129 (136); 104, 200 (226 ff.); BGH in: NJW 1987, S. 1329 (1331).

pede, mais além, que elas não resultem febril ou abruptamente, mas continuamente sejam executadas sob consideração dos interesses do afetado.[314] Modificações retroativas são, em regra, inadmissíveis. Fundamentalmente, vale o mesmo como na dação de leis. Deve ser observado, todavia, que a proximidade maior que, no caso da prescrição administrativa, existe entre a administração e o cidadão, põe o princípio da confiança mais fortemente no primeiro plano.

Resumidamente, pode ser comprovado que o princípio da proteção à confiança no âmbito das prescrições administrativas, sem mais, obtém significado ou pode obter, mas não para a fundamentação do efeito externo, porém para a fundamentação da firmeza de existência – todavia, só limitada – das prescrições administrativas.

5. Atuação administrativa fática

As exposições, acima feitas, valem também para a prática administrativa não-conduzida por prescrições administrativas. Isso deve, sobretudo, então, ser aceito, quando, em conformidade com a teoria da autovinculação, verdadeiramente não se direciona diretamente para as prescrições administrativas, mas para a prática administrativa por ela motivada. Se não existem prescrições administrativas condutoras, então podem existir, todavia, dúvidas sobre o conteúdo e a extensão da prática administrativa, com a conseqüência que ela não dá nenhuma base de confiança ou, somente, uma diminuída.

Mais além, pode o princípio da proteção à confiança também lá se tornar atual onde (ainda) não se formou uma prática administrativa ou, no fundo, entram em consideração somente declarações, medidas ou modos de conduta particulares da administração. As exposições sobre a informação já mostraram isso.[315] Pressuposto para a concessão de proteção à confiança é, também, nesse âmbito, que, primeiro, a administração, por sua conduta, deu a conhecer que ela irá seguir um curso determinado (fundamento de confiança da administração) e que, segundo, o cidadão confiou na observância desse curso, pôde confiar e fez disposições correspondentes (conduta de confiança do cidadão). Como fundamento de confiança, entram em consideração, sobretudo, atuações, mas também, talvez, tolerâncias e omissões da administração. Necessário é somente, que elas deixam reconhecer claramente que a autoridade quer perseguir uma determinada linha, com cuja observância o cidadão pode contar. Um pagamento somente ("deslocamento patrimonial") ainda não forma um tipo de confiança.[316] Em compensação, os chamados atos de guichê, ou

---
[314] Comparar *Dürig* (N 91), Art. 3 Abs. 1 Rn. 439, 450 ff.
[315] Ver supra, número de margem 117.
[316] Assim, porém, BVerwGE 71, 85 com vista a uma pretensão de reembolso, comparar para isso, *Maurer* (N 236), § 29 Rn. 28.

seja, o pagamento imediato de pensões e outras prestações pecuniárias no guichê da autoridade, após exame dos documentos sem ato administrativo prévio, fundamentam proteção à confiança. A concepção, já sustentada antigamente pelo tribunal social federal,[317] foi, entrementes, acolhida pelo dador de leis que, para o âmbito do direito social, determina que prestações, que foram produzidas injustificadamente sem ato administrativo, somente sob os pressupostos limitadores das regulações da retratação e da revogação devem ser devolvidas.[318] Essa regulação, certamente, não pode, sem mais, ser generalizada.

132   A confiança digna de proteção deve ser observada no exercício do poder discricionário. Ela pode entrar tão fortemente no primeiro plano que o espaço de poder discricionário encolhe e somente uma medida ainda é jurídica. Assim, é possível que a autoridade não mais deve efetuar uma medida, em si, admissível, porque ela, do contrário, iria pôr-se em contradição para com a sua conduta até agora, ou que ela é obrigada a tirar as conseqüências de sua conduta até agora e a tornar-se ativa em um modo determinado. Ademais, pode o princípio da proteção à confiança autorizar a autoridade ou até obrigar a deixar passar uma relação jurídica situada no passado. Em compensação, ela não mais justifica, em regra, a promulgação (futura) de uma medida antijurídica. Por fim, ainda deve ser observado que a violação do princípio da proteção à confiança por conduta contraditória apresenta uma violação do dever do cargo que, na existência dos pressupostos restantes da pretensão de responsabilidade administrativa (artigo 34, da lei fundamental/§ 839, do código civil) causa uma pretensão de ressarcimento de dano.[319]

6. Responsabilidade administrativa

133   A "proteção à confiança" encontrou, entrementes, aceitação na jurisprudência do tribunal federal sobre responsabilidade administrativa no artigo 34, da lei fundamental/§ 839, do código civil. Nisso, trata-se, (atualmente), sobretudo, de planos de urbanização, que infringem o § 1, alínea 6, número 1, do código de construção (antigamente, § 1, alínea 5, proposição 2, número 1, do código de construção), porque eles concernem a uma área contaminada com lixo e, por conseguinte, as construções, a serem lá estabelecidas ou já estabelecidas, não são habitáveis ou só condicionalmente (chamados casos lixo),[320] e de autorizações para construção, que são antijurídicas e, por conseguinte, não podem ser aproveitadas pelo

---

[317] BSGE 25, 280 (283); 32, 150 (157 ff.); *Joachim Martens*, Die Praxis des Verwaltungsverfahrens, 1985, S. 155 ff.; *Stelkens/Stelkens* (244), § 35 Rn. 50.

[318] § 50, alínea 2, do código social-X.

[319] *Papier* (N 286), § 839 BGB Rn. 184; *Ossenbühl* (N 222), S. 49; BGHZ 137, 344 (346).

[320] Comparar BGHZ 106, 323 (334 f.); 108, 224; 109, 380 (385 f.); 117, 363 (365 f.); 121, 65 (67); comparar também BGHZ 123, 191 (198 ff.) (para medidas da autoridade da ordem antijurídicas).

construtor.[321] Nesses casos, os exercitantes do cargo[322] atuaram antijuridicamente e, com isso, contra o dever do cargo. A questão somente ainda pode ser se eles violaram um "dever do cargo que cabe perante um terceiro" (§ 839, do código civil). Isso depende da direção da proteção do dever do cargo, em que não só se trata disto, se o prejudicado faz parte do círculo dos terceiros, mas também disto, se seus interesses ou bens jurídicos violados no caso concreto são compreendidos pela direção da proteção. Com esse ferramental dogmático, os casos denominados – apesar de todas as dificuldades no detalhe – deixam, sem mais, solucionar-se. O tribunal federal introduziu, porém, agora, um novo critério; ele examina exatamente se e até que ponto o prejudicado confiou e pôde confiar no plano de urbanização ou na autorização para construção, se e até que ponto o plano de urbanização ou a autorização para construção formam um "fundamento de segurança".[323] Com isso entra – de certo modo, da parte contrária – um novo elemento na responsabilidade administrativa. Manifestamente, porém, existem dificuldades de integrar ambos esses inícios – a argumentação desde a direção de terceiros e a argumentação desde a proteção à confiança – um com o outro. Assim, o tribunal federal censurou os tribunais de recursos, que eles entenderam-no mal, sem, todavia, com suas declarações renovadas, realmente, ter trabalhado clareza.[324] No quadro dessa contribuição, não é possível abordar circunstanciadamente essa problemática; isso deve ficar a cargo de uma investigação particular, uma vez que o desenvolvimento ainda está em trâmite.[325] Deve ser notado ainda que, nessa conexão, a proteção à confiança não serve – como de costume – ao fortalecimento ou até ampliação da posição jurídica do cidadão, mas a confiança que falta, de certo modo, é empregada como elemento do tipo negativo.

---

[321] Comparar BGHZ 149, 50 (52 ff.) = JZ 2002, S. 508, com nota de *Teichmann/Weidmann*; ademais, já BGHZ 117, 83 (90 f.): questão prévia de construção; BGHZ 122, 317 (322 f.): decisão preliminar; BGHZ 134, 268 (283 ff.): autorização de instalação jurídico-atômica.

[322] No caso de planejamento de construção, a representação municipal, no caso de autorização para construção, a autoridade do direito de construção como autoridade administrativa estatal inferior.

[323] Comparar da literatura, entrementes, ampla: *Günther Krohn*, Haftungsrechtlicher Vertrauensschutz bei rechtswidrigen baurechtlichen Genehmigungen, in: FS für Karlheinz Boujong, 1996, S. 573 ff.; *Guido Bömer*, Amtshaftung und Vertrauensschutz, in: NVwZ 1996, 749 ff.; *Hans-Jürgen Papier*, Staatshaftung bei rechtswidriger Genehmigungserteilung, in: DWiR 1997, 221 ff.; *ders*. (N 286), Rn. 244 ff.; *Kay Windthorst*, Amtshaftung, in: Steffen Detterbech/Kay Windthorst/Hans-Dieter Sproll, Staatshaftungsrecht, 2000, § 9 Rn. 119 ff.; *Fritz Ossenbühl*, Vertrauensschutz durch Amtshaftung, in: FS für Joachim Burmeister, 2005, 289 ff.

[324] BGHZ 149, 50 (53); para isso, *Ossenbühl* (N 323), S. 293.

[325] Apontamentos seriam, por exemplo, "proteção à confiança geral" (no plano de urbanização) e "proteção à confiança individual" (na autorização para construção); "elementos objetivos" e "subjetivos da proteção à confiança"; classificação da proteção à confiança no tipo da responsabilidade administrativa, na causalidade (assim, *Ossenbühl* [N 323], S. 293 ff.) ou na chamada coexistência de culpa, segundo o § 254, do código civil; relação para com o § 48, alínea 3, da lei do procedimento administrativo.

D. Proteção à confiança no âmbito da jurisprudência

I. Coisa julgada

134   A sentença judicial torna-se com coisa julgada. Coisa julgada significa que a decisão judicial não (mais) pode ser impugnada com os recursos jurídicos ordinários (coisa julgada formal) e que ela é vinculativa para os participantes do processo e, por isso, também não pode ser posta em questão incidentalmente em um outro procedimento (coisa julgada material).[326] A sentença com coisa julgada termina definitivamente o conflito jurídico e serve, com isso, à paz jurídica e à certeza jurídica. Todavia, também a coisa julgada não atua absolutamente. A sentença com coisa julgada pode, sob os pressupostos estreitos da revisão do procedimento, ser reexaminada e, dado o caso, revisada. Ademais, deve ser observado que a coisa julgada não só se limita objetivamente ao objeto do litígio e subjetivamente aos participantes do procedimento, mas também diz respeito a uma determinada data, ou seja, à data do último procedimento oral ou da decisão. Alterações acontecidas posteriormente não mais são compreendidas pela coisa julgada e podem, por isso, ainda ser feitas valer processualmente, à medida que elas, para o caso decidido com coisa julgada, no fundo, têm importância.

II. Vinculação e modificação da jurisprudência

135   As decisões judiciais concernem a casos particulares.[327] Porém, elas não se limitam a isso, mas também podem obter significado geral, porque elas contribuem para o esclarecimento de questões jurídicas duvidosas e debatidas e, com isso, como precedentes, podem tornar-se diretivas para casos futuros. O efeito de precedente cresce de instância para instância. Ele entra, nos tribunais supremos, que particularmente são chamados para a fundamental interpretação e evolução do direito, no primeiro plano. As ordenações processuais chamam a atenção expressamente a essa função de administração da justiça. Assim, diz o § 543, alínea 2, do código de processo civil, que a revisão (somente) é admissível, quando "1. o assunto litigioso tem importância fundamental ou 2. o aperfeiçoamento do direito ou o asseguramento de uma jurisdição uniforme requer a decisão do tribunal de revisão".[328] As autoridades administrativas e os tribunais orientam-se na jurisprudência judicial superior.[329] Os cidadão partem disto, que ela seja posta na base na apreciação e decisão de seus assuntos.

---

[326] Comparar, em vez de muitos, *Leo Rosenberg/Karl Heinz Schwab/Peter Gottwald*, Zivilprozeßrecht, ¹⁴1986, § 148 Rn. 1 ff.; *Dieter Lorenz*, Verwaltungsprozeßrecht, 2000, § 35 Rn. 1 f.

[327] Isso vale só limitadamente para a jurisdição constitucional, que, no que segue, é suprimida.

[328] Comparar, ademais, § 132, alínea 2, da ordenação da organização da jurisdição administrativa.

[329] As autoridades administrativas não estão vinculadas à jurisprudência judicial superior, mas devem, se elas querem desviar-se disso, ocupar-se com ela, comparar *Ossenbühl* (N 222), S. 50.

Com isso, coloca-se a questão, se e até que ponto a confiança do cida- 136
dão na constância da jurisprudência é protegida, se e até que ponto a jurisprudência está obrigada à continuidade. Essa questão deve, no que segue, ser discutida sob três aspectos parciais: ou seja, primeiro, se os tribunais inferiores estão vinculados à jurisprudência judicial superior, segundo, se a própria jurisprudência judicial superior está sujeita a determinadas condições e, terceiro, se, pelo menos, uma modificação retroativa da jurisprudência judicial superior é inadmissível.

1. Vinculação dos tribunais inferiores à jurisprudência judicial superior?

Os tribunais estão, no cumprimento de suas tarefas jurisdicionais, 137
vinculados expressamente à lei e direito (artigo 20, alínea 3, artigo 97, alínea 1, da lei fundamental). Da fórmula dupla do artigo 97, alínea 1, da lei fundamental ("independentes e submetidos à lei"), resulta que a independência é relacionada à função e serve à vinculação à lei ilimitada. A obrigação dos tribunais, de decidir segundo sua convicção jurídica, exclui também, fundamentalmente, uma vinculação jurídica à jurisprudência judicial superior.[330] Regulações especiais jurídico-processuais certificam esse princípio. Assim é, sem mais, compreensível que, na recusa de uma matéria, a instância inferior tem de observar a concepção jurídica do tribunal do recurso jurídico,[331] uma vez que, do contrário, o promovente do recurso jurídico converter-se-ia em joguete das instâncias.

A comprovação, que os tribunais inferiores, sem dúvida, juridicamen- 138
te não estão vinculados à jurisprudência judicial superior, essa, porém, de fato, em regra, assumem, poderia ser um ponto de referência para a proteção à confiança. Para o apoio na jurisprudência judicial superior também existem bons fundamentos que, no caso particular, podem ter peso diferente: a posição e função dos tribunais (do recurso jurídico) supremos, os pontos de vista da unidade e da continuidade da jurisprudência, a força de convicção das decisões judiciais superiores, a reflexão que uma sentença desviadora, aliás, será anulada e coage as partes processuais à continuação do conflito jurídico em planos superiores com outros custos, o alívio dos próprios tribunais por referência à jurisprudência judicial superior.[332]

---

[330] *Martin Kriele*, Theorie der Rechtsgewinnung, 1967, S. 243 f., aceita uma "vinculatividade presuntiva dos precedentes". Isso deveria, ao fim e ao cabo, cobrir-se praticamente amplamente com a concepção aqui sustentada, porque um desvio dos precedentes, evidentemente, deve ser cuidadosamente fundamentado. Contudo, essa fórmula é grave, porque ela facilmente pode levar a isto, que o significado dos precedentes seja subestimado. Comparar para isso, também *Karl Larenz*, Methodenlehre der Rechtswissenschaft, ⁶1991, S. 431 Fn. 152.

[331] § 563, alínea 2, do código de processo civil; §§ 130, alínea 3, 144, alínea 6, da ordenação da organização da jurisdição administrativa.

[332] Comparar para isso, *Kriele* (N 330), S. 258 ff.

Esses fundamentos, porém, não se podem converter em desculpa fácil. O próprio juiz é responsável pelo seu conflito jurídico. Ele tem de, por conseguinte, não só examinar se existe um precedente e cabe para o seu caso, mas também, e sobretudo, se o precedente (ainda) é sustentável. Isso vale tanto mais que, justamente, também por uma decisão desviadora das instância inferiores a modificação, talvez, necessária, da jurisprudência judicial superior pode ser introduzida. Confiança eventual nisto, que os tribunais inferiores seguem, como habitualmente, a jurisprudência judicial superior, com isso, não é protegida. O cidadão deve contar com uma modificação. Isso também é dele exigível porque ele pode promover recurso jurídico contra uma sentença desviadora.

2. Vinculação dos tribunais supremos à sua própria jurisprudência?

139 Se já os tribunais inferiores não estão vinculados à jurisprudência judicial superior, então isso, assim parece, menos ainda pode ser aceito para os próprios tribunais supremos. Contudo, pergunta-se se, por conseguinte, não existe uma certa vinculação à jurisprudência judicial superior contínua ou afirmada, se uma modificação de curso da jurisprudência encontra, pelo menos, certos limites.

140 A referência evidente ao "direito jurisprudencial"[333] não auxilia, porque a existência e a qualidade do direito jurisprudencial ainda não está esclarecida. Assim, ainda não resulta coercitivamente da comprovação, que o direito jurisprudencial é uma fonte jurídica, que ele deve ser equiparado às outras fontes jurídicas, por exemplo, à lei formal ou ao direito costumeiro. Intensidade e extensão da vinculação do tribunal à sua própria jurisprudência não podem ser deduzidas do conceito do direito jurisprudencial, mas determinam, justamente às avessas, o direito jurisprudencial.

141 Se a jurisprudência judicial superior fortalece para direito costumeiro, portanto, é praticado continuamente como obrigatório pelos afetados, também os tribunais estão vinculados. Direito costumeiro pode somente pelo dador de leis ou por direito costumeiro derrogante ser modificado ou anulado. Isso, contudo, não exclui que o direito costumeiro derrogante é iniciado pela jurisprudência ou que a jurisprudência, solidificada jurídico-costumeiramente, é formada e evoluída por sentenças posteriores.

142 Os aspectos particulares do direito jurisprudencial e do direito costumeiro aqui não mais devem ser tratados. Ao contrário, interessa a questão, se – independente disso – dos princípios da proteção à confiança e da garantia de continuidade deixa deduzir-se a vinculação dos tribunais supremos à sua própria jurisprudência. O grande senado do tribunal federal

---

[333] Comparar *Fritz Ossenbühl*, Gesetz und Recht – Die Rechtsquellen im demokratischen Rechtsstaat, ebd., § 61 Rn. 35 ff.

sustentou a concepção "que os valores jurídicos da certeza jurídica e da proteção à confiança" iriam pedir uma perseverança no desenvolvimento do direito seguido, uma vez, por jurisprudência judicial superior e admitiriam só excepcionalmente um abandono da continuidade da jurisprudência quando, "em favor disso, claramente, falam razões preponderantes ou até absolutamente forçosas".[334] Já antigamente o tribunal financeiro federal acentuou a continuidade e a constância da jurisprudência e declarou um desviar em virtude de outro e melhor conhecimento jurídico somente então admissível, quando "considerações objetivamente graves falam em favor disso" ou "fundamentos importantes estão dados", certamente, sempre afirmou esses pressupostos no caso concreto.[335] Segundo a opinião do tribunal do trabalho federal, um tribunal federal supremo não se deve desviar de sua jurisprudência até agora, "quando tanto para uma opinião como para a outra falam bons fundamentos"; em uma outra decisão, o tribunal acentua que ele não teria modificado a sua jurisprudência se as razões forçosas apresentadas não falassem em favor disso.[336] O tribunal social federal persegue a mesma linha; ele atribui "à constância da jurisprudência grande peso" e declara que contradiz os princípios jurídico-constitucionais da certeza jurídica, da igualdade de tratamento e da proteção à confiança, "modificar sem fundamentos graves" uma jurisprudência judicial superior que, entrementes, converteu-se em fundamento da prática administrativa.[337]

Essa jurisprudência, que se pode apoiar em uma parte da literatura, em contrapartida, porém, também, encontra recusa,[338] é, pelo menos, equivocada. A evolução da jurisprudência não depende dos pontos de vista particulares, mas é ditada pelo próprio direito. Se os tribunais, em virtude

---

[334] BGHZ 85, 64 (66); ademais, BGHZ 87, 150 (155 f.).
[335] BFHE 78, 315 (319 f.); 93, 75 (81); 111, 242 (253); 141, 405 (430 f.).
[336] BAGE 12, 278 (284); 27, 246 (255 f.); 45, 277 (287 f.).
[337] BSGE 40, 292 (295 f.); 58, 27 (33), com mais indicações.
[338] Comparar com a literatura: *Helmut Köhler*, Gesetzesauslegung und "gefestigte höchstrichterliche Rechtsprechung", in: JR 1984, S. 45 ff.; *Theo Mayer-Maly*, Über die der Rechtswissenschaft und der richterlichen Rechtsfortbildung gezogenen Grenzen, in: JZ 1986, S. 557 ff.; *Gerhard Robbers*, Rückwirkende Rechtsprechungsänderung, in: JZ 1988, 481 ff; *Lothar Woerner*, Der Bundesfinanzhof zwischen Stetigkeit und Wandel, in: FS für Franz Klein, 1994, 1025 ff.; *Manfred Löwisch*, Vertrauensschutz bei Rechtsprechungsänderungen aus der Sicht des Bundesarbeitsgerichts, in: FS zum 100jährigen Bestehen des Deutschen Arbeitsgerichtsverbandes, 1994, S. 601 ff.; *Günther Felix*, Zum Rückwirkungsverbot verschärfend geänderter Steuerrechtsprechung, in: FS für Klaus Tipke, 1995, S. 71 ff.; *Chirstoph Louven*, Problematik und Grenzen rückwirkender Rechtsprechung des Bundesarbeitsgerichts, 1996; *Joachim Burmeister*, Grenzen rückwirkender Verschärfung der Besteurungspraxis aufgrund einer Änderung der Auslegung (veranlagungs-)steuerlicher Vorschriften durch die Finanzverwaltung und – gerichte, in: FS für Karl Heinrich Friauf, 1996, S. 759 ff.; *Manfred Lieb*, Rückwirkung von (neuem) Richterrecht?, in: FS für Hans Friedhelm Gaul, 1997, S. 381 ff.; *Christine Lübbe*, Grenzen der Rückwirkung bei Rechtsprechungsänderungen, 1998; *Andreas Gabbey*, Probleme des Rechtsprechungswandels im Verwaltungsrecht, 2000; *Karlheinz Boujong*, Rechtsfortbildung, Rechtsprechungsänderung und Vertrauensschutz in der Judikatur des Bundesgerichtshofs, in: FS für Andreas Heldrich, 2005, S. 1235 ff.; comparar, ademais, as indicações na nota 341.

de visões melhores ou conhecimentos mais recentes, chegam ao resultado que a interpretação até agora das leis ou o preenchimento até agora de lacunas da lei não ou não mais são acertados, então eles precisam modificar sua jurisprudência em conformidade. De razões adicionais, importantes ou até absolutamente forçosas, o que sempre deve ser entendido sob isso, não se pode tratar. Também os princípios da proteção à confiança e da garantia de continuidade não podem dispensar os tribunais da vinculação à lei. Eles não se opõem a uma modificação da jurisprudência até agora para o futuro, sobretudo, quando ela é exigida juridicamente.[339]

144 Correto é, todavia, que os tribunais não abandonem superficialmente sua jurisprudência, mas procedam cuidadosamente e somente então, quando existe material assegurado, devem efetivar uma modificação. Eles têm de, sobretudo, examinar se a nova jurisprudência também se deixa sustentar, para evitar um vaivém da jurisprudência.[340] A proteção à confiança não forma uma barreira, contudo, uma linha diretriz para a modificação da jurisprudência.

3. Modificação da jurisprudência retroativa

145 A modificação da jurisprudência atua, em si, somente para o futuro, compreende, porém, fatos, em geral, situados no passado, quando e porque eles agora ainda são dependentes de apreciação judicial. O cidadão que contou com a jurisprudência até agora e dispôs em conformidade é decepcionado quando, pela nova jurisprudência, é retirado o fundamento jurídico de suas disposições. Para ele, não existe nenhuma diferença se um desagravo de imposto para determinados investimentos é eliminado por lei retroativa ou deixa de existir porque a lei, sem dúvida, permanece existindo, mas, por uma mudança de jurisprudência, é interpretada limitativamente. Na literatura é, por conseguinte, sustentada a opinião que a modificação de jurisprudência retroativa tem, para o cidadão, as mesmas repercussões como a modificação da lei retroativa e, por isso, encontra os mesmos limites jurídico-constitucionais como a retroatividade de leis.[341]

146 A jurisprudência é, pelo contrário, ainda variada. O tribunal constitucional federal ainda não se manifestou definitivamente, contudo, deixou

---

[339] Para modificação de jurisprudência retroativa, comparar em seguida, infra, número de margem 145 e seguintes.

[340] *Dürig* (N 91), Art. 3 Abs. 1 Rn. 407.

[341] *Wilhelm Knittel*, Zum Problem der Rückwirkung bei einer Änderung der Rechtsprechung, 1965, S. 20 ff., 50 ff.; *Wolfgang Grunsky*, Grenzen der Rückwirkung bei einer Änderung der Rechtsprechung, 1970, S. 14 ff.; *Hans-Ludwig Schreiber*, Rückwirkungsverbot bei einer Änderung der Rechtsprechung im Strafrecht?, in: JZ 1973, S. 713 ff.; *Dürig* (N 91), Art. 3 Abs. 1 Rn. 189, 223, 402 f. – Recusante: *Herbert Tröndle*, Rückwirkungsverbot bei Rechtsprechungswandel?, in: FS für Eduard Dreher, 1977, S. 117 ff.; *Ossenbühl* (N 3), S. 33 f.; *Kisker* (N 19), S. 188 f.; *Götz* (N 3), S. 448 ff.; *Burmeister* (N 14), S. 26 ff.; *Dirk Olzen*, Die Rechtswirkungen geänderter höchstrichterlicher Rechtsprechung in Zivilsachen, in: JZ 1984, S. 155 ff.; preponderantemente, também *Hans-Wolfgang Arndt*, Probleme rückwirkender Rechtsprechungsänderung, 1974. Comparar, ademais, as indicações supra, na nota 338.

reconhecer que ele não quer assumir ou, pelo menos, não ilimitadamente essa equiparação.[342] O tribunal federal considera não-excluído, "para uma mudança da jurisprudência, empregar em conformidade aqueles princípios que devem ser observados em leis retroativas, pressuposto, que uma tal analogia é ordenada conforme a situação da matéria", contudo, no caso concreto, "não" teve "objeções contra a retroatividade" e empregou a interpretação, que está em contradição com a jurisprudência mais antiga, ao fato ocorrido.[343] O tribunal social federal traça, igualmente, um paralelo para com a retroatividade de leis e considera admissível uma aplicação retroativa de uma modificação de jurisprudência em favor do cidadão, por conta do cidadão, porém, baseando-se na proteção à confiança, fundamentalmente, inadmissível.[344] O tribunal financeiro federal afirma, em compensação, decididamente a admissibilidade de modificações de jurisprudência retroativas, também no caso de elas levarem à elevação de impostos. Para a fundamentação, ele remete não só a considerações fundamentais, mas também à regulação do § 176, da ordenação de tributos, que solucionou essa questão, e, a seguir, ainda acrescenta que é assunto da administração evitar repercussões não-eqüitativas em virtude das regulações de eqüidade dos §§ 163 e 127, da ordenação de tributos.[345] A jurisprudência do tribunal do trabalho federal mostra, por fim, uma imagem diferenciada: em parte, o tribunal afirma a retroatividade, sobretudo, então, quando o demandante aspirou e conquistou disputando a nova jurisprudência;[346] em parte, ele nega a retroatividade, com exceção do caso motivador;[347] em parte, ele anuncia uma possível modificação da jurisprudência para eliminar possível proteção à confiança;[348] em parte, ele desenvolve regulações transitórias.[349]

É, certamente, correto que a modificação da jurisprudência, de fato, 147 muitas vezes, repercute como uma modificação da lei. Mas à igualdade de efeito entre lei e jurisprudência não corresponde nenhuma igualdade de função.[350] Se se considera ambas mais rigorosamente, então se mostra que o paralelismo aceito não existe.

Duvidoso já é, se e quando, no fundo, existe uma modificação da 148 jurisprudência. A modificação da lei resulta por meio de um ato de dação

---

[342] BVerfGE 18, 224 (240); 32, 311 (319); 38, 386 (397); 59, 128 (165 f.); 74, 129 (152); 84, 212 (227); 96, 375 (394 f.).
[343] BGHZ 52, 365 (369); 132, 119 (129 ff.).
[344] BSGE 51, 31 (36 ff.), com mais indicações; crítico para isso, *Peter Krause*, Vertrauenschutz im Steuerrecht und im Abgabenrecht der Sozialversicherung, in: SGb 1981, S. 1 ff.; comparar, ademais, BSGE 58, 27 (32 f.) referente ao § 44, alínea 1, e § 48, alínea 2, do código social-X.
[345] BFHE 141, 405 (416 f.); 163, 478 (483).
[346] BAGE 23, 292 (319 f.); 79, 236 (250).
[347] BAGE 24, 177 (194); 66, 228 (236 ff.).
[348] BAGE 21, 237 (245); 22, 16 (21 f.); 45, 277 (288); 80, 236 (244); BAG, in: NZA 2006, 1322.
[349] BAGE 22, 215 (228 f.); 23, 382 (390 f.); 24, 235 (241 ff.); 34, 220 (226); 45, 277 (288 f.).
[350] *Günther Jakobs*, Strafrecht, Allgemeiner Teil, ²1991, S. 105.

de lei particular e é, por isso, fixada por escrito, determinada temporalmente e publicada no diário oficial. A modificação da jurisprudência é, em compensação, relacionada a casos, de modo que é, muitas vezes, difícil delimitá-la claramente material e temporalmente. Em consideração entram, por isso, no máximo, decisões que modificaram formalmente os princípios de jurisprudência formulados até agora. Mas, também então, falta, ainda, a publicidade unívoca, uma vez que as decisões judiciais não são publicadas, mas somente são comunicadas às partes e, de resto, mais ou menos ocasionalmente, são conhecidas por revistas especializadas ou outras publicações. Se se pode, em modificações da lei, pelo menos, dizer que ela o cidadão, com a publicação, deveria conhecer, então falta, na jurisprudência, no fundo, uma data firme à qual a "retroatividade" poderia referir-se.

149 Isso são, contudo, dificuldades mais práticas. Decisivo são as diferenças funcionais entre a dação de leis e a jurisprudência. Os tribunais não são chamados para criação do direito, mas para aplicação do direito, embora existam travessias. Pela modificação também da jurisprudência judicial superior não é criado direito novo, mas, direito existente e persistente, interpretado de novo e de outra forma e complementado. Ela revela que a interpretação da lei até agora não mais é determinante. Por isso, ela deve, conseqüentemente, também ser aplicada a todos os casos compreendidos pela norma jurídica. Se se pedisse, baseando-se no princípio da proteção à confiança, a aplicação da jurisprudência mais antiga aos casos antigos, deveriam os tribunais, com o olhar aberto, decidir antijuridicamente – pelo menos, parcialmente.[351] Isso não se deixa compatibilizar com o princípio do estado de direito e a essência da jurisprudência.

150 Isso vale tanto mais que os tribunais não são participantes da relação jurídica material, mas, como terceiro imparcial, têm de decidir sobre as relações jurídicas de outros participantes. Particularmente claro isso fica no âmbito da jurisdição civil e trabalhista, onde não se trata da relação jurídica na relação-cidadão-estado, mas dos cidadãos uns com os outros.[352] Se o tribunal devesse, para os casos antigos, invocar a jurisprudência mais antiga, então, sem dúvida, a confiança de um cidadão seria protegida, mas a confiança do outro, que espera que ele seja apreciado segundo o direito vigente, decepcionada. O demandante, que produziu a modificação da jurisprudência com sua demanda, iria chegar a saber na sentença que ele, sem dúvida, tem razão, mas não recebe direito porque a modificação, por ele aspirada e conquistada disputando, somente deve valer para os casos futuros. A garantia da proteção à confiança do artigo 19, alínea 4, da lei fundamental, e o dever de concessão de justiça geral seriam, com isso, iludidos. Pelo menos no caso motivador, portanto, no caso que deu motivo

---
[351] Ossenbühl (N 3), S. 33.
[352] Götz (N 3), S. 450 f.; Burmeister (N 14), S. 32 ff.; Arndt (N 341), S. 101 ff.

à modificação da jurisprudência, deveria, por isso, a "retroatividade" ser afirmada. Os outros, cujos casos ainda pendem em decisão, poderiam então, todavia, com razão, perguntar porque eles não devem ser apreciados do mesmo modo, mas segundo a concepção jurídica antiga, reconhecida como antijurídica. O princípio da igualdade não pede, como freqüentemente é aceito,[353] a exclusão da retroatividade, mas, justamente, às avessas, a inclusão de todos os casos que ainda não estão pendentes de decisão, na nova jurisprudência.

A limitação da modificação da jurisprudência a casos futuros iria, porém, também prejudicar consideravelmente a própria jurisdição. Uma demanda com o objetivo de obter uma modificação da jurisprudência contínua seria somente ainda iniciada pela administração ou pelos grêmios que se importam com um processo-modelo.[354] A própria decisão judicial seria desnaturada: os verdadeiros fundamentos da decisão não mais serviriam à fundamentação, mas diriam respeito a casos futuros. Institutos jurídicos processuais tradicionais, como a apresentação de divergência, tornar-se-iam duvidosos ou obsoletos, porque, no caso concreto, a nova jurisprudência, certamente ainda, de modo nenhum, seria relevante para a decisão. 151

Em consideração entra a proteção à confiança, no máximo, lá onde se trata de questões processuais, por exemplo, a admissibilidade da demanda. Aqui, não a relação jurídica material das partes processuais, mas a própria relação jurídica processual entre o tribunal e as partes processuais é afetada. Se, por exemplo, a modificação da jurisprudência leva à abreviação do prazo de impugnação, então é sustentável proteger a confiança do demandante na existência do prazo de impugnação prolongado e apreciar a demanda interposta fora do prazo ainda como admissível.[355] Para o verdadeiro âmbito da jurisprudência, a decisão de conflitos jurídicos na relação entre estado e cidadão ou dos cidadãos uns com os outros, vale, porém, que uma limitação da "retroatividade da jurisprudência" não só passa por cima das diferenças estruturais de modificação da lei e modificação da jurisprudência, mas também infringe o princípio da legalidade, da garantia da proteção jurídica e da igualdade. O princípio da proteção à confiança não pode, pelo contrário, ser eficaz, ele, pelo menos, não tem um peso tão grande que ele pudesse impor-se contra isso. 152

Com isso, contudo, a proteção à confiança não é excluída completamente, mas somente remetida ao seu lugar correto. Quem, após a modificação da jurisprudência judicial superior, faz valer que ele confiou na jurisprudência até agora e conduziu-se em conformidade, não pode exigir 153

---

[353] Comparar para isso, sobretudo, *Dürig* (N 91), Art. 3 Abs. 1 Rn. 189, 223, 402 f.
[354] Assim, por exemplo, *Kisker* (N 3), S. 188 f.; *Götz* (N 3), S. 450.
[355] Comparar para isso, circunstanciado, *Burmeister* (N 14), S. 39 ff.; ademais, como exemplo, BVerfGE 58, 300 (324 f.).

que o tribunal, no seu caso, ainda invoque a jurisprudência mais antiga e decida ao contrário da situação jurídica, agora conhecida; mas ele pode pedir que na conversão da sentença, que se baseia na nova jurisprudência, sua confiança seja considerada. Nisso, não precisam ser desenvolvidos novos institutos jurídicos, mas pode ser recorrido a regras e princípios confirmados.[356] No direito civil e do trabalho, entram em consideração, sobretudo, as regras sobre lealdade e boa-fé (§ 242, do código civil), o desaparecimento da base do negócio e a objeção do exercício do direito inadmissível.[357] No direito penal, a determinação acerca do erro sobre a antijuridicidade do fato deve ser invocada. No direito administrativo podem, pelas prescrições da retratação e da revogação, que concedem proteção à confiança, assim como por um exercício do poder discricionário correspondente, ser alcançadas soluções ajustadas à coisa. No direito de imposto devem, sobretudo, as prescrições de eqüidade (§§ 163, 227, da ordenação de tributos; antigamente, § 131, da ordenação de tributos imperial) ser observadas.[358] Esse vencimento das conseqüências, orientado pela proteção à confiança, não precisa realizar-se primeiro na execução da sentença respectiva, mas pode, dado o caso, já ser incluído na própria sentença.[359]

154 A problemática da modificação da jurisprudência seria suavizada se o tribunal supremo, cada vez competente, anunciasse a modificação futura de sua jurisprudência antes, portanto, em uma sentença mais antiga, por um obiter dictum. Na literatura são feitas exigências correspondentes,[360] na prática, é procedido ocasionalmente segundo isso.[361] Tais anúncios iriam proteger o cidadão de surpresas, uma vez que ele poderia ajustar-se à modificação, a ser esperada, da jurisprudência. Contudo, existe uma série de objeções. Duvidoso é quais exigências devem ser postas ao anúncio (reservas perante a jurisprudência até agora, referências gerais ou concretas à nova jurisprudência possível, provável ou até segura, declarações de intenção, garantias, e assim por diante), em qual fase o anúncio pode e deve realizar-se (já antes ou somente depois da decisão interna sobre a modificação jurídica intencionada, em que essa data ainda deveria ser determinada circunstanciadamente), se e qual garantia existe, que a modificação da jurisprudência também realmente se realize (pelo mesmo senado ou por todos os senados do respectivo tribunal), como pode ser assegurado que os participantes do processo potenciais também realmente recebam conhecimento disso (publicação da decisão, Internet, literatura

---

[356] Comparar para isso e para o seguinte, *Arndt* (N 341), S. 13 ff.; *Götz* (N 3), S. 450 ff.; *Burmeister* (N 14), S. 35 ff., cada vez, com mais indicações.
[357] Comparar para isso, também a jurisprudência do tribunal do trabalho federal, supra, na nota 348.
[358] BFHE 141, 405 (417); *Selmer* (N 25), S. 112 ff.; em parte, diferente *Arndt* (N 341), S. 73 f.
[359] Comparar, por exemplo, BGHZ 150, 1 (4).
[360] Assim, sobretudo, *Dürig* (N 91), Art. 3 Abs. 1 Rn. 405; *ders.*, Zeit und Rechtsgleichheit (N 206), S. 38.
[361] Comparar, sobretudo, BAG (N 348); ademais – embora sob outros aspectos – BVerfGE 34, 9 (26); 64, 87 (97 f.).

especializada). Todas essas questões deveriam, em suas possibilidades de variação distintas, ser esclarecidas circunstanciadamente. A questão decisiva, contudo, diz respeito à situação jurídica material e à jurisprudência relacionada a isso: se a nova apreciação do direito material no tribunal já se impôs, ao afetado, então, se ela, inicialmente, só é anunciada e somente depois tomada por base da decisão, é retido seu direito. Se ela, em compensação, pelo tribunal, sem dúvida, é considerada seriamente, mas ainda não está fixada, permanece, em último lugar, aberto se algo vem realmente quando, de modo que o anúncio cria antes confusão que esclarecimento. O "anúncio" pode, sem dúvida, vir ao encontro da idéia da proteção à confiança, mas encontra, em contrapartida, problemas e objeções consideráveis.[362] Ele, em todo o caso, não é um pressuposto jurídico da modificação da jurisprudência, mas, no máximo, excepcionalmente, sustentável conveniente e juridicamente.

E. Observações finais

Embora a proteção à confiança apareça nos âmbitos e conexões distintos, portanto, de certo modo, é um princípio deslocador e que se transforma, sempre se deixam comprovar algumas características essenciais, que o enformam. Ela pressupõe, primeiro, uma conduta fundamentadora de confiança do estado como fundamento de confiança, segundo, uma conduta do cidadão, nisso estruturante, digna de confiança, e, terceiro, um ponderar com interesses públicos em sentido contrário. Seu objetivo é a conservação do existente, ocasionalmente, também o cumprimento do prometido e, excepcionalmente, indenização compensadora para confiança decepcionada. Nisso, ela pode entrar em situações de conflito diferentes, conforme o caso, se a modificação intencionada serve à correção de violações jurídicas realizadas ou à adaptação a novos desenvolvimentos. A solução desse conflito entre o interesse da persistência e o interesse de alteração deve realizar-se no caminho da ponderação. Ademais, a proteção à confiança tem caráter subsidiário, uma vez que ela somente lá intervém – concretizando, corrigindo ou complementando – onde o seu objetivo não já por prescrições juridicamente vinculativas está assegurado.

A exigência por proteção à confiança, na matéria, não é nova. Mas ela somente como tal é conhecida e entrou na consciência e, com isso, é consideravelmente fomentada. A proteção à confiança está, em último lugar, ancorada no princípio do estado de direito e ganha outros contornos por sua cunhagem, especialmente, a certeza jurídica, os direitos fundamentais e o princípio da lealdade e boa-fé. Alguns institutos jurídicos tradicionais, que se expressam no princípio da lealdade e boa-fé, como a proibição do *venire contra factum proprium* e o mandamento da atuação conseqüente,

---
[362] Comparar para isso, *Woerner* (N 338), S. 1034 f.; *Louven* (N 338), S. 139 ff.

manifestam-se, outra vez, nela e com ela. Como princípio jurídico-constitucional, ela vincula todo o poder estatal, não só a administração, mas também a dação de leis e a jurisdição, todavia, por causa do seu modo de efeito variante de sentido, não pode simplesmente ser invocada como critério unidimensional, mas deve ser desenvolvida das conjunturas de casos respectivas.

157   A delimitação para com outros princípios para a atuação estatal nem sempre é simples, mas, muitas vezes, também não-necessária, quando e porque eles formam uma frente comum. A proteção à confiança faz valer a dimensão do tempo, enquanto o princípio da proporcionalidade determina os limites objetivos da finalidade perseguida e o princípio da igualdade pede a igualdade de tratamento de casos que se apresentam simultaneamente. A relevância de direitos fundamentais da proteção à confiança – ou, melhor: a relevância da proteção à confiança dos direitos fundamentais – é reconhecida progressivamente. Sua classificação, porém, ainda é duvidosa. A idéia, que ela é absorvida nos direitos fundamentais (proteção de direitos fundamentais igual à proteção à confiança), já é grave, porque ela, desse modo, facilmente "se perde". De resto, a proteção à confiança também não se limita ao âmbito dos direitos fundamentais, mas intervém – como "princípio estatal-jurídico da proteção à confiança" – também lá onde o âmbito de proteção dos direitos fundamentais termina.

F. Bibliografia

Anna Leisner, *Kontinuität als Verfassungsprinzip*, 2002.
Beatrice Weber-Dürler, *Vertrauensschutz im öffentlichen Recht*, 1983.
Bodo Pieroth, *Rückwirkung und Übergansrecht*, 1981.
Christoph Louven, *Problematik und Grenzen rückwirkender Rechtsprechung des Bundesarbeitsgerichts*, 1996.
ders., Vertrauensschutz für Steuervorteile, in: *FS für Franz Klein*, 1994, S. 611 ff.
Eberhard Grabitz, Vertrauensschutz als Freiheitsschutz, in: *DVBl* 1973, S. 675 ff.
Friedrich Klein/Günther Barbey, *Bundesverfassungsgericht und Rückwirkung von Gesetzen*, 1964.
Fritz Ossenbühl, Vertrauensschutz im sozialen Rechtsstaat, in: *DÖV* 1972, S. 25 ff.
Günter Dürig, in: *Maunz/Dürig*, Komm. z. GG, Stand: 1973, Art. 3.
Gunter Kisker, Vertrauensschutz im Verwaltungsrecht, in: *VVDStRL* 32 (1974), S. 149 ff.
Günter Püttner, Vertrauensschutz im Verwaltungsrecht, in: *VVDStRL* 32 (1974), S. 200 ff.
Hans Huber, Vertrauen und Vertrauensschutz im Rechsstaat, in: *FS für Werner Kägi*, 1979, S. 19 ff.
Heinz-Jürgen Pezzer (Hg.), *Vertrauensschutz im Steuerrecht*, 2004.
Hermann-Josef Blanke, *Vertrauensschutz im deutschen und europäischen Verwaltungsrecht*, 2000.
Joachim Burmeister, *Vertrauensschutz im Prozeßrecht*, 1979.
Johanna Hey, *Steuerungsplanungssicherheit als Rechtsproblem*, 2002.
Josef Isensee, Der Sozialstaat in der Wirtschaftskrise. Der Kampf um die sozialen Besitzstände und die Normen der Verfassung, in: *FS für Johannes Broermann*, 1982, S. 365 ff.
Katharina Sobota, *Das Prinzip Rechtsstaat*, 1997, S. 154 ff.
Klaus Lange, Probleme des Vertrauensschutzes im Verwaltungsrecht, in: *WiVerw* 1979, S. 15 ff.
Klaus Stern, Zur Problematik rückwirkender Gesetze, in: *FS für Theodor Maunz*, 1981, S. 381 ff.
Klaus Vogel, Rechtssicherheit und Rückwirkung zwischen Vernunftrecht und Verfassungsrecht, in: *JZ 1988*, S. 833 ff.

Kyril-A. Schwarz, *Vertrauensschutz als Verfassungsprinzip*, 2002.

Paul Kirchhof, Rückwirkung von Steuergesetzen, in: *StuW 2000*, 221 ff.

Peter Selmer, Rückwirkung von Gesetzen, Verwaltungsanweisungen und Rechtsprechung, in: *Steuer-Kongreß-Report 1974*, S. 83 ff.

Stefan Muckel, *Kriterien des verfassungsrechtlichen Vertrauensschutzes bei Gesetzesänderungen*, 1989.

Tilo Rensmann, Reformdruck und Vertrauensschutz. Neue Tendenzen in der Rückwirkungsproblematik des Bundesverfassungsgerichts, in: *JZ 1999*, S. 168 ff.

Volkmar Götz, Bundesverfassungsgericht und Vertrauensschutz, in: *FG-BVerfG*, Bd. 2, S. 421 ff.

Walter Leisner, Das Gesetzesvertrauen des Bürgers, in: *FS für Friedrich Berber*, 1973, S. 273 ff.

Walter Schmidt, "Vertrauensschutz" im öffentlichen Recht, in: *JuS 1973*, S. 529 ff.

— 4 —

O órgão constitucional federativo na comparação européia*

Sumário: I. Introdução: a comparação de direito como método de interpretação; II. Estado federal e sistema bicameral; III. Ajustes históricos; 1. A Suíça; 2. Alemanha; 3. Áustria; IV. Questões organizacionais; 1. A distribuição dos assentos aos estados; 2. A designação dos membros do órgão federativo; 3. A posição jurídica dos membros do órgão federativo; V. Competências; 1. Competências gerais; 2. Competências relacionadas à Europa; VI. Observações finais.

I. Introdução: a comparação de direito como método de interpretação

A comparação de direito ocupa, na obra literária ampla de *Peter Häberle*, ao qual este escrito comemorativo é dedicado, uma importância particular. O jubilado não só chama a atenção, na discussão e no esclarecimento de questões constitucionais e jurídicas particulares, sempre de novo, jurídico-comparativamente sobre as regulações de outros ordenamentos jurídicos, mas acentua, mais além, bem genericamente, a dimensão fundamental da comparação de direito como princípio de interpretação. Pode até se dizer que a comparação de direito constitucional é um dos campos de trabalho científicos grandes e frutuosos de *Peter Häberle*.

Em uma exposição, do ano de 1989, ele exigiu o complemento dos quatro métodos de interpretação clássicos, postulados por *F. C. von Savigny* e, desde então, universalmente reconhecidos (interpretação literal, histórica, sistemática e teleológica), pela comparação de direito como "quinto método de interpretação".[1] Ele expôs, para isso, entre outras coisas: "No 'sistema' de F. C. von Savigny como fundador da 'escola de direito histórica', a interpretação *histórica* teve de ocupar, naturalmente, um lugar dianteiro. No quadro de uma doutrina do *tipo* 'estado constitucional' cabe, agora,

---

* Este artigo encontra-se publicado em Verfassung im Diskurs der Welt. Liber Amicorum für Peter Häberle zum siebzigsten Geburtstag. Herausgegeben von Alexander Blankenagel, Ingolf Pernice und Helmut Schulze-Fielitz. Tübingen: Mohr Siebeck, 2004, S. 551 ff. Título no original: Das föderative Verfassungsorgan im europäischen Vergleich.

[1] P. *Häberle*, Grundrechtsgeltung und Grundrechtsinterpretation im Verfassungsstaat. Zugleich zur Rechtsvergleichung als "fünfter" Auslegungsmethode, JZ 1989, S. 913 (919 ff.); também impresso in P. *Häberle*, Rechtsvergleichung im Kraftfeld des Verfassungsstaates, 1992, S. 27 (36 ff.).

à *comparação* constitucional um lugar 'paralelamente' importante. Da dimensão *histórica* resulta – continuando a pensar – aqui e hoje a comparação na dimensão *contemporânea*: a 'comparatística constitucional'".[2] Se se tratou, nessa exposição, primariamente, só da comparação de direitos fundamentais, então ele, contudo, já então, não deixou dúvidas que o método jurídico-comparativo deveria ser determinante não só para os direitos fundamentais, mas para o direito constitucional todo, sim, até para o direito todo. Já um ano mais tarde, *Peter Häberle* comprova em um outro tratado: "Agora o tempo está maduro para isto, de conceder à comparação hierarquia canônica. O passo 'de v. Savigny' *para o estado constitucional* atual é, no meu entender, na história da doutrina da interpretação jurídica só conseqüente e 'necessário' à medida que o *tipo* estado constitucional mundialmente desenvolve força enformadora e progride, de modo que une a humanidade, em processos universais da produção e recepção, assim como da diferenciação de graus de textos".[3] Em favor disso, falavam textos constitucionais determinados mais recentes como "pontos justificantes", a prática de tribunais superiores e tendências da doutrina do método científico.[4] Mais tarde, *Peter Häberle*, que como nenhum outro conhece o direito constitucional dos estados em todos os continentes, sempre de novo mostrou a comparação de direito "como quinto método de interpretação segundo v. Savigny"[5] e o exemplificou e o desenvolveu em numerosos casos particulares ao ele chamar a atenção sobre comunidades e diferenças entre constituições particulares.[6] A comparação de direito completa a análise de graus de textos, que *Peter Häberle* igualmente já desde mais tempo explora exitosamente.[7] Enquanto a comparação de direito, de certo modo, forma a horizontal no âmbito espacial, a análise de graus de textos apresenta a vertical em sentido temporal.

Não é nenhum acaso que *Peter Häberle* desenvolveu o significado da comparação de direito como meio de interpretação primeiro nos di-

---

[2] *Häberle*, Rechtsvergleichung (nota 1), S. 37 f.

[3] P. *Häberle*, Die Entwicklungsländer im Prozess der Textstufendifferenzierung des Verfassungsstaates, Verfassung und Recht in: Übersee 23 (1990), S. 225 (244 ff.); também impresso in *Häberle*, Rechtsvergleichung (nota 1), S. 791 (810).

[4] *Häberle*, Entwicklungsländer (nota 3), in: *Häberle*, Rechtsvergleichung (nota 1), S. 810.

[5] Comparar, por exemplo, P. *Häberle*, Europäische Rechtskultur, 1994, S. 52 f., 65, 75 ff., 184, 259; *ders.*, Das Grundgesetz zwischen Verfassungsrecht und Verfassungspolitik, 1996, S. 20, Fn. 30, 88, 406, 493, 623 f.; *ders.*, Verfassungslehre als Kulturwissenschaft, 2. Auf., 1998, S. 165 f.; 340, 1059.

[6] Na literatura, a interpretação constitucional comparativa até agora foi pouco observada; ela encontra, contudo, atenção e aprovação progressiva, comparar K. *Stern*, Das Staatsrecht der Bundesrepublik Deutschland III 2, 1994, S. 1657, com mais indicações; *A. Bleckmann*, Staatsrecht II – Die Grundrechte, 3. Auf., 1989, S. 85 ff.; *M. Sachs*, in: ders. (Hrsg.), Grundgesetz. Kommentar, 3. Auf., 2003, Einleitung, Rn. 44; *Ch. Starck*, Die Verfassungsauslegung, in: Isensee/Kirchhof (Hrsg.), HStR VII, 1992, § 164 Rn. 24; *H. Maurer*, Staatsrecht I, 3. Auf., 2003, § 1 Rn. 58.

[7] Comparar, por exemplo, P. *Häberle*, Textstufen als Entwicklungswege des Verfassungsstaates, Festschrift für Partsch, 1989, S. 55 ff.; *ders.*, Verfassungslehre als Kulturwissenschaft, 2. Auf., 1998, S. 342 ff., 652 ff.

reitos fundamentais. Aqui, ela é particularmente mais conveniente, uma vez que, graças a declarações de direitos fundamentais supranacionais, entrementes, formou-se um standard de direitos fundamentais, pelo menos, fundamentalmente, reconhecido mundialmente. Os entrelaçamentos internacionais e supranacionais falam, como *Peter Häberle* sempre de novo torna claro, contudo, a favor de uma ampliação para o direito constitucional todo, até um certo grau, mesmo para o direito todo.

O significado, mostrado por *Peter Häberle*, da comparação de direito como "quinto método de interpretação segundo v. Savigny" não indica, o que também *Häberle* não ignora, que a comparação de direito limita-se a essa função. Ao contrário, a comparação de direito pode também no âmbito político-jurídico e, com isso, sobretudo, para a dação de leis, proporcionar explicações valiosas. Ademais, ela é apta – de certo modo no antecampo da disposição de direito e aplicação do direito verdadeiras – para a análise de problemas e para a apreciação e avaliação das regulações próprias (realizadas ou intencionadas).

No que segue, deve o início jurídico-comparativo de *Peter Häberle* ser retomado e no exemplo dos órgãos constitucionais federativos na Alemanha, Áustria e na Suíça – do conselho federal alemão, do conselho federal austríaco e do conselho dos cantões helvético – perseguido mais. Essa conjuntura de casos é apta, no meu entender, já porque esses três estados, como estados federais, possuem as mesmas estruturas constitucionais no quadro da cultura jurídica igual,[8] mas, não obstante, seus órgãos constitucionais federativos mostram diferenças consideráveis.

II. Estado federal e sistema bicameral

A república federal da Alemanha, a confederação helvética e a república austríaca são, segundo sua autocompreensão[9] e sua formação jurídico-constitucional, estados federais. Também quando, com razão, sempre de novo, é acentuado que não existe um conceito, válido universalmente, de estado federal, contudo, notoriamente faz parte dos elementos enfor-

---

[8] Também sob esse aspecto pode, outra vez, ser feito referência a trabalhos de *Peter Häberle*, que acompanhou com grande participação o desenvolvimento constitucional na Suíça e perseguiu com apreciação positiva, comparar, por exemplo, *P. Häberle*, Neuere Verfassungen und Verfassungsvorhaben in der Schweiz, insbesondere auf kantonaler Ebene, JÖR 34 (1985), S. 303 ff.; *ders.*, "Werkstatt Schweiz": Verfassungspolitik im Blick auf das künftige Gesamteuropa, JÖR 40 (1991/92), S. 167 ff.; *ders.*, "Werkstatt Schweiz": Verfassungspolitik im Blick auf das künftige Gesamteuropa, in: ders., Europäische Rechtskultur, 1994, S. 355 ff.; *ders.*, Die "total" revidierte Bundesverfassung der Schweiz von 1999/2000, Festschrift für Maurer, 2001, S. 935 ff.

[9] Alemanha e Áustria designam-se também no texto constitucional expressamente como estado federal, comparar artigo 20, alínea 1, da lei fundamental, artigo 2, lei constitucional-federal. A constituição federal helvética renuncia a uma declaração correspondente, mas não deixa nenhuma dúvida em sua estatalidade federal, comparar somente artigo 3, da constituição federal ("Os cantões são soberanos, à medida que sua soberania não está limitada pela constituição federal; eles exercem todos os direitos, que não são transferidos à federação.").

madores do estado federal que tanto a união estatal-total (federação) como os membros (estados, cantões) têm qualidade estatal e possuem competências próprias no âmbito da dação de leis, executivo e jurisdição, que eles, contudo, não estão um ao lado do outro sem relação, mas, de modos variados, estão enlaçados um com o outro.[10] Desses enlaces faz parte também a cooperação dos estados na formação da vontade da federação. Ela é produzida pelo fato de no plano federal – ao lado do parlamento eleito pelo povo total e representante desse – um outro órgão ser formado, que representa os estados. A questão é, todavia, como o órgão federativo deve ser constituído político-constitucionalmente ou precisa ser constituído sistemático-constitucionalmente. Naturalmente, ele precisa – no estado constitucional democrático – ser legitimado democraticamente e, por isso, deixar reduzir-se, em sua composição pessoal, à vontade do povo. Em contrapartida, ele precisa, porém, exatamente, também na composição, distinguir-se do parlamento federal. Seria pouco conveniente se, segundo pontos de vista "puramente" democrático-igualitários, em cada estado fosse eleito um número, correspondente ao número de habitantes, de deputados segundo os mesmos princípios eleitorais como no plano federal. Porque então o órgão federativo seria, por fim, somente uma "cópia" do parlamento federal.[11] Mas também ele precisa ser constituído de modo que a "vontade estadual" possa-se, no e pelo órgão federativo, expressar e fazer valer suficientemente.

Na prática estatal formaram-se modelos e alternativas diferentes da câmara federativa, para os quais a Suíça, Áustria e Alemanha dão exemplos.[12] As diferenças concernem à eleição ou à designação dos membros do órgão federativo, ao número dos membros a serem eleitos ou designados por estado, ao período do cargo do órgão federativo ou de seus membros, à posição jurídica dos membros e, finalmente, à competência do órgão federativo.

---

[10] Comparar, em vez de muitos, K. *Stern*, Das Staatsrecht der Bundesrepublik Deutschland I, 2. Auf., 1984, S. 644 f.; O. *Kimminich*, Der Bundesstaat, in: Isensee/Kirchhof (Hrsg.), HStR I, 1987, § 26 Rn. 5 ff.; J. *Isensee*, Idee und Gestalt des Föderalismus im Grundgesetz, HStR IV, 1990, § 98.

[11] Assim, já H. *Kelsen*, in: Kelsen/Froehlich/Merkl (Hrsg.), Die Bundesverfassung vom 1. Oktober 1920, 1922, S. 102.

[12] Comparar especialmente para os estados federais que interessam aqui: T. *Jaag*, Die Zweite Kammer im Bundesstaat, Funktion und Stellung des schweizerischen Ständerates, des deutschen Bundesrates und des amerikanischen Senats, 1976; M. *Heger*, Deutscher Bundesrat und Schweizer Ständerat, 1990; H. Schambeck (Hrsg.), Bundesstaat und Bundesrat in Österreich, 1997; ders., Der deutsche Bundesrat im Systemvergleich zu Österreich, in: Schambeck (Hrsg.), Zu Politik und Recht, 1999, S. 149 ff.; Th. *Fleiner*, Deutscher Bundesrat – Schweizerischer Ständerat. Zweikammer-Entwicklungen im Vergleich, Festschrift für Mauer, 2001, S. 67 ff.; D. Merten (Hrsg.), Der Bundesrat in Deutschland und Österreich, 2001, com contribuições distintas (todavia, preponderantemente, para o princípio do estado federal). – Geral para o sistema bicameral (inclusive do órgão federativo) K. v. *Beyme*, Die Funktionen des Bundesrates. Ein Vergleich mit Zweikammersystemen im Ausland, in: Der Bundesrat (Hrsg.), Der Bundesrat als Verfassungsorgan und politische Kraft, 1974, S. 365 ff.; S. *Schüttemeyer/R. Sturm*, Wozu Zweite Kammern? Zur Repräsentation und Funktionalität Zweiter Kammern in westlichen Demokratien, ZParl 1992, S. 517 ff., G. Riescher/S. Ruß/Ch. M. Haas (Hrsg.), Zweite Kammern, 2000; H. *Schambeck*, Zur Bedeutung des parlamentarischen Zweikammersystems – eine rechtsvergleichende Analyse des "Bikammeralismus", (Österreichisches) Journal für Rechtspolitik 2003, 87 ff.

Essas diferenças refletem não só possibilidades de configuração técnico-jurídicas, mas expressam também o peso e o significado que ao órgão federativo – e, com isso, no fundo, ao federalismo – deve caber. Alguma regulação jurídico-constitucional é, certamente, somente o resultado de um compromisso e, por isso, muitas vezes, somente sob esses aspectos compreensível. Além disso, deve ser observado que alguma regulação jurídico-constitucional, se ela uma vez está criada, é enformada pela prática, pelo campo de gravitação de órgãos constitucionais distintos e pelas relações políticas gerais e, com isso, possivelmente vai no próprio caminho. Particularmente a estatalidade partidária deveria, também nessa conexão, desempenhar um papel essencial.

A regulação estatal-federal das constituições, em todo o caso, das constituições a serem aqui investigadas, são fortemente tradicionalmente determinadas. Por isso, devem primeiro ser abordados os ajustes e desenvolvimentos históricos. Em seguimento a isso serão, então, mostradas as comunidades e diferenças, em que, já por razões de espaço, é necessária uma limitação a alguns pontos característicos.

III. Ajustes históricos

1. A Suíça

A velha confederação helvética, que existiu até a entrada de tropas francesas no ano de 1798, foi uma confederação para a defesa contra ataques de fora e para a salvaguarda da paz interna.[13] O único órgão no plano federal foi a sessão dos representantes dos cantões, um congresso, que se unia de tempos em tempos, de enviados, vinculados a instruções dos 13 lugares (cantões) de então, para discussão e tomada de decisão de assuntos comuns, em que cada lugar tinha um voto. O período do predomínio francês foi enformado primeiro pela constituição helvética, rigorosamente centralista, e então, quando essa fracassou em resistências e distúrbios, pela constituição de mediação conciliadora ditada por *Napoleão*.[14] No correr da ordenação nova, depois da queda de Napoleão, convencionaram – não por último, sob pressão do congresso de Viena –, os agora 22 cantões, em 1815, uma constituição federal, que restabeleceu a velha confederação e a antiga sessão dos representantes dos cantões.[15] Nos anos 30

---

[13] Comparar para isso, A. *Kölz*, Neuere schweizerische Verfassungsgeschichte, 1992, S. 5 ff. (para a qualificação como confederação, S. 7); *U. Häfelin/W. Haller*, Schweizerisches Bundesstaatsrecht, 5. Auf., 2001, Rn. 33.

[14] Constituição helvética, de 12 de abril de 1798, e atos de mediação, de 19 de fevereiro de 1803, impresso em A. *Kölz*, Quellenbuch zu neueren schweizerischen Verfassungsgeschichte, 1992, S. 126 e 159.

[15] Contrato federal entre os XXII cantões da Suíça, de 7 de agosto de 1815 (impresso em *Kölz*, Quellenbuch [nota 14], S. 193), § 8, do contrato federal, dizia: "A sessão dos representantes dos cantões cuida, segundo as prescrições do contrato federal, dos assuntos da federação transferidos a eles pelos cantões

e 40 do século 19 produziram-se, entretanto, progressivamente disputas entre os cantões liberais, reformados-evangélicos e antes maiores, por um lado, e os cantões conservadores, católicos e menores, por outro. Elas levaram, em 1847, à chamada guerra da federação especial[16] entre ambos os grupos, que terminou com a vitória dos cantões liberais e franqueou o caminho para a reforma da federação aspirada com o objetivo de um estado federal. Os cantões liberais, nas discussões da constituição, lutaram por um parlamento resultante de eleição popular geral, os cantões católico-conservativos, que temiam, com isso, entrar duradouramente em uma posição de minoria, defendiam uma assunção modificada da velha sessão dos representantes dos cantões com peso do voto cantonal igual. O litígio pôde, finalmente, ser vencido pela introdução de um sistema-bicameral segundo o modelo da constituição dos Estados Unidos.[17] A constituição federal, de 12 de setembro de 1848, previa, em conformidade com isso, uma assembléia federal, que se deveria compor de duas câmaras com os mesmos direitos, ou seja, do conselho nacional, que deveria ser eleito pela população total, e do conselho dos cantões, no qual os cantões deveriam ser representados por deputados eleitos, dois cada, pelo povo cantonal ou pelo parlamento cantonal.[18] Essa regulação permaneceu conservada também nas revisões totais da constituição federal, de 1874 e 1999, e vale, assim, até hoje.

2. Alemanha

Se se considera o desenvolvimento histórico dos órgãos federativos na Alemanha e na Suíça, então se deixa comprovar facilmente que ela, inicialmente – com todas as diferenças –, mostra certos paralelos. A sessão dos representantes dos cantões helvética, no século 17 e 18, poderia ser comparada com o parlamento imperial permanente, que desde 1663 celebrava sessões em Regensburg e compunha-se de procuradores, vinculados a instruções, dos estamentos do império (príncipes laicos e eclesiásticos, assim como cidades imperiais). Ademais, mostram-se certas concordâncias entre o contrato federal helvético, de 1815, e os atos federais alemães, que, em 1815, foram convencionados no congresso de Viena pelos príncipes alemães, entre as uniões confederativas fundadas por esses contratos de direito internacional público, entre as tarefas dessas confederações, ou seja, a garantia da segurança externa e interna, assim como entre a sessão

---

soberanos. Ela compõe-se dos enviados dos XXII cantões, que votam segundo suas instruções. Cada cantão tem um voto que será aberto por enviado".

[16] Guerra da federação especial, porque os cantões católicos uniram-se em uma federação especial e, por isso, pela violação do contrato federal, de 1815, causaram uma ação militar da federação.

[17] Comparar para isso, pormenorizadamente, *Kölz*, Verfassungsgeschichte (nota 13), S. 554 ff.

[18] Comparar artigo 60 e seguintes, da constituição federal, de 12 de setembro de 1848 (impresso em *Kölz*, Quellenbuch [nota 14], S. 447).

dos representantes dos cantões e o parlamento federal alemão, que, ambos, formavam o único órgão comum no plano federal. Mas então, em 1848, a concordância entre os órgãos federativos na Suíça e na Alemanha interrompe. A constituição federal helvética, de 1848, não prosseguiu, como já foi exposto, a tradição da sessão dos representantes dos cantões como congresso de procuradores vinculados a instruções, mas, em vez disso, introduziu o conselho dos cantões como representação do povo cantonal. Em compensação, a constituição do império alemão, que foi fundado em 1870/71 como estado federal, continuou a tradição do antigo parlamento imperial e do parlamento federal, de 1815, e – ao lado do parlamento imperial como representação popular – instituiu o conselho federal como representação dos príncipes estaduais e de seus governos. Com isso, a constituição do império deveria ser inserida no direito do estado constitucional do século 19, que foi determinado por elementos monárquicos e democráticos, e os príncipes estaduais, integrados no império alemão e sua constituição.[19] Em 1918, com a queda da monarquia, deixaram de existir os pressupostos para o direito do estado constitucional. Contudo, tanto na constituição do império de Weimar, de 1919, como na lei fundamental, de 1949, foi conservada a instituição do conselho federal como órgão de representantes, vinculados a instruções, dos governos estaduais, todavia, em ambos os casos, primeiro depois de discussões prolongadas e contra resistências consideráveis[20] e, no caso da lei fundamental, com a diferença que os representantes no conselho federal devem ser ministros estaduais.[21]

Se a constituição do império de Frankfurt, de 28 de março de 1849,[22] tivesse ficado eficaz, então o desenvolvimento teria sido interrompido, possivelmente até transcorrido diferente. Como na Suíça, foi, nas discussões da constituição, debatido se e em que modo um órgão federativo deve ser introduzido ao lado da representação popular.[23] A decisão caiu para uma "casa do estado", cujos membros deveriam, metade pelo governo ser nomeados, metade pelos parlamentos estaduais ser eleitos.[24] Era já a designação dos membros um distanciamento claro do princípio do conselho federal, então ele ainda foi essencialmente intensificado pelo fato de todos

---

[19] Comparar para isso, *H. Maurer*, Entstehung und Grundlagen der Reichsverfassung von 1871, in: Festschrift für Stern, 1997, S. 29 (30 f.).

[20] Comparar para a constituição do império de Weimar, *Ch. Gusy*, Die Weimarer Reichsverfassung, 1997, S. 156 ff., 254 ff., com mais indicações, e para a lei fundamental, o relatório in JÖR 1 (1951), S. 379 ff.

[21] Comparar para isso e para as conseqüências disso resultantes, circunstanciado, *H. Maurer*, Mitgliedschaft und Stimmrecht im Bundesrat, in: Festschrift für Schmitt Glaeser, 2003, S. 157 ff.

[22] Impresso em *E. R. Huber*, Dokumente zur deutschen Verfassungsgeschichte I, 3. Auf., 1978, Nr. 102; *G. Dürig/W. Rudolf*, Texte zur deutschen Verfassungsgeschichte, 3. Auf., 1996, S. 95 ff.

[23] Comparar *E. R. Huber*, Deutsche Verfassungsgeschichte II, 2. Auf., 1968, S. 769, 770 f., 784 f.

[24] § 88, da constituição do império de Frankfurt.

os membros, também os membros nomeados pelo governo, "não" estarem "vinculados a instruções",[25] portanto, tinham um mandato livre. Com razão, comprova E. R. Huber que a casa do estado "teria sido uma autêntica câmara parlamentar".[26]

3. Áustria

O estado federal autríaco foi fundado, primeiro, no correr da ordenação nova jurídico-constitucional após o desmoronamento da monarquia austríaca e a dissolução do estado plurinacional húngaro-austríaco no âmbito da área austríaco-alemã, pela lei constitucional federal, de 10 de novembro de 1920.[27] Ele distingue-se, contudo, não só por essa data mais recente, mas também por dois outros aspectos do estado federal alemão e do estado federal helvético. Por um lado, ele não nasceu – como aqueles – por união de estados até então independentes, mas por divisão de um, até então, estado unitário.[28] Por outro, ele não foi criado – como aqueles – pelo grau intermediário de uma confederação, mas imediatamente em virtude de direito constitucional. Com isso, faltam também as linhas da tradição federalista que poderiam ter atuado enformando e formando estilo. Contudo, deixam, realmente, no direito do estado e administrativo da monarquia austríaca mais antiga, encontrar-se pontos de apoio. Isso não vale, sem dúvida, para a "casa dos senhores", até agora situada ao lado da casa dos deputados como representação popular, uma vez que aquela não foi um órgão federativo, mas uma câmara conservadora-aristocrática no sentido do direito do estado constitucional do século 19 na Alemanha, ainda que, certamente, deve ser aceito que, pela estrutura do conselho imperial, em uma casa dos deputados e uma casa dos senhores,[29] a idéia do bicameralismo deveria ter ficado familiarizada. Mas isso vale para a estrutura administrativa mais antiga. A monarquia austríaca[30] foi, sem dúvida, um estado unitário, mas um estado unitário descentralizado. Por isso, pôde referir-se as suas subdivisões organizacionais – denominadas estados ou

---

[25] § 96, da constituição do império de Frankfurt.

[26] *Huber*, Verfassungsgeschichte (nota 23), S. 830.

[27] Comparar para isso e para o seguinte, *H. Kelsen*, Österreichisches Staatsrecht, 1923, S. 74 ff.; *ders.*, Die Verfassung Österreichs, JÖR 9 (1920), S. 245 ff.; JÖR 11 (1922), S. 232 ff.; JÖR 12 (1923/24), S. 126 ff.; *A. Merkl*, Die Verfassung der Republik Deutschösterreich, 1919, S. 1 ff.; *R. Walter/H. Mayer*, Grundriß des österreichischen Bundesverfassungsrechts, 9. Auf., 2000, Rn. 54 ff.; *Th. Öhlinger*, Zur Entstehung, Begrundung und zu Entwicklungsmöglichkeiten des österreichischen Föderalismus, Festschrift für Hellbling, 1981, S. 313 ff.; Schambeck (Hrsg.), Bundesstaat (nota 12), com numerosas contribuições correspondentes.

[28] Para a duvidosidade de um estado federal nascido sobre esse caminho, comparar *Kelsen*, Staatsrecht (nota 27), S. 165.

[29] Comparar para isso, os §§ 1 e seguintes, da lei sobre a representação do império, de 21 de dezembro de 1867 (RGBl. 1867, 389).

[30] O título oficial era "Os reinos e estados representados no conselho imperial".

estados realengos –. Pois também os estados desempenharam na ordenação nova jurídico-constitucional de 1918/1919 um papel considerável, ao eles – em conformidade com a assembléia nacional provisória do estado total – formar assembléias estaduais provisórias com a pretensão de dação de leis própria, em parte, até mais além, declarar de modo confederativo a sua adesão ao estado total.[31] Nessa situação, assim esclarece Kelsen, que tomou parte determinantemente nas discussões da constituição, ofereceu-se somente o caminho intermediário do estado federal.[32] Certamente esse caminho foi debatido entre os partidos políticos. Enquanto o partido democrático social exigia o estado unitário, o partido social cristão lutou pelo estado federal (ambos os partidos com vista às relações de maioria político-partidárias reais e a serem esperadas na federação e nos estados). No caminho do compromisso foram, então, sem dúvida, introduzidos jurídico-constitucionalmente o estado federal e o conselho federal, contudo, quanto ao conteúdo, formados relativamente fracos.[33]

IV. Questões organizacionais

Em sentido organizacional interessa, sobretudo, quantos assentos no órgão federativo cabem aos estados particulares, como os membros do órgão federativo são designados e qual posição jurídica eles têm no órgão federativo.

1. A distribuição dos assentos aos estados

Entende-se por si mesmo que na distribuição dos assentos o princípio da igualdade deve ser observado. Somente se questiona – como, em geral, na aplicação do princípio da igualdade – também aqui o que é "igual". Se se direciona aos estados como tais, então cada estado deve receber o mesmo número de assentos. Se, em compensação, direciona-se ao tamanho e ao significado dos estados, então deve ser diferenciado correspondente. Duvidoso é então, todavia, segundo qual critério o tamanho deve ser apreciado. No estado democrático, certamente, entra em consideração somente o número da população.[34]

---

[31] Comparar *Kelsen*, Staatsrecht (nota 27), S. 84 f., 97 ff.; *Merkl*, Verfassung (nota 27), S. 35 ff., 158 ff.; Schambeck (Hrsg.), Bundesstaat (nota 12), S. 8.

[32] *H. Kelsen*, Die Entwicklung des Staatsrechts in Österreich seit dem Jahre 1918, in: Anschütz/Thoma (Hrsg.), Handbuch des Deutschen Staatsrecht I, 1930, S. 147 (149).

[33] Comparar as indicações na nota 27; ademais, por exemplo, *G. Schefbeck*, Zur Entstehung des Bundesrats, in: Schambeck (Hrsg.), Bundesstaat (nota 12), S. 298 (310 ff.).

[34] Isso é, de lege lata, também o caso, comparar artigo 149, alínea 4, da constituição federal, para as eleições do conselho nacional e artigo 51, alínea 2, da lei fundamental, para os votos no conselho federal; sustentável é também o número de cidadãos, isto é, somente os habitantes com direito a votar de um estado (assim, artigo 34, lei constitucional-federal).

a) A Suíça decidiu-se pela primeira alternativa. Em todos os cantões são eleitos dois deputados, em cada cantões-meio um deputado, portanto, em conjunto, outra vez, dois deputados.[35] Com isso, todos os cantões – sem consideração ao seu tamanho e número da população – são tratados igualmente. Se se direciona somente aos números, então, com isso, os cantões pequenos são consideravelmente beneficiados, uma vez que os números da população diferenciam fortemente. Isso fica claro quando, em comparação, invoca-se as eleições para o conselho nacional, para as quais o princípio da eleição proporcional é determinante e cada cantão forma um distrito eleitoral.[36] Assim, devem ser eleitos para o conselho nacional no cantão Zürich 34 deputados e no cantão Bern 26 deputados, em alguns cantões menores, em compensação, somente 1 deputado,[37] enquanto em todos os cantões devem ser eleitos igualmente 2 deputados para o conselho dos cantões, de modo que os cantões bem pequenos têm somente um membro do conselho nacional, mas dois membros do conselho dos cantões. Se, contudo, se parte disto, que os cantões têm os mesmos direitos e deveres, sim, que os cantões são "soberanos", à medida que a soberania não está limitada pela constituição federal (assim, artigo 3, da constituição federal) e que o federalismo helvético e, em seu quadro, o conselho dos cantões perseguem o objetivo de proteger as particularidades históricas, culturais, econômicas, idiomáticas e étnicas dos cantões, então a equiparação no órgão federativo é, sem mais, conseqüente.[38] Ela serve – assim também a intenção original – à proteção dos cantões menores contra a dominação pela maioria pelos cantões maiores. O conselho nacional representa a população total segundo pontos de vista democrático-igualitários, o conselho dos cantões a população dos respectivos cantões.

b) Na Áustria vale – em oposição à solução helvética –, fundamentalmente, o princípio da proporcionalidade, em que a própria constituição põe à disposição um método de cômputo original. Segundo o artigo 34 II, da lei constitucional-federal, o estado maior envia 12 membros e cada outro estado, correspondente ao seu número de cidadãos menor, menos membros, mas, pelo menos, 3 membros ao conselho federal. Os números exatos podem variar com vista à flutuação populacional; eles são, após cada censo da população geral, fixados de novo por resolução do presidente federal. O conselho nacional e o conselho federal refletem, com isso, igualmente o número dos cidadãos na federação e nos estados.

---

[35] Comparar artigo 150, da constituição federal.

[36] Comparar artigo 149, alínea 4, da constituição federal: os (200) assentos são distribuídos aos cantões segundo o número da população.

[37] Os números dizem respeito à eleição em outubro de 2003; comparar R. *Rhinow*, Grundzüge des Schweizerischen Verfassungsrechts, 2003, Rn. 2112.

[38] Comparar *Fleiner*, Bundesrat – Ständerat (nota 12), S. 67 f.

c) A Alemanha decidiu-se por um caminho intermediário entre ambas essas alternativas. O número dos votos e membros no conselho federal[39] é, sem dúvida, graduado em conformidade com o número da população, mas não-continuado até à proporcionalidade. Com isso, são considerados ambos os aspectos do princípio da igualdade, todavia, só limitadamente. Que mesmo uma solução provisória tão moderada pode apresentar problemas político-constitucionais e, possivelmente, com vista ao princípio da igualdade, também jurídico-constitucionais mostra a discussão sobre a distribuição dos votos depois da reunificação. Segundo a regulação até agora, os cinco estados federados novos teriam recebido, cada com quatro ou três votos, em conjunto, 19 votos, isto é, porém, quase tantos votos como os quatro grandes estados federados ocidentais, cada com 5 votos, embora o seu número da população nem sequer obteve a de Nordrhein-Westfalen. Por conseguinte, foi, no interesse do "equilíbrio dos votos", exigida e votada uma modificação do número de votos para os quatro grandes estados federados.[40]

Deve ser observado, ainda, que em todos os três estados o número dos membros do órgão federativo é essencialmente menor do que o da representação popular.[41] Já somente essa circunstância tem repercussões sobre a atmosfera da negociação e a cultura da discussão e, com isso, também sobre a tomada de decisão.

2. *A designação dos membros do órgão federativo*

a) Na Suíça, a "eleição" dos deputados do conselho dos cantões está prescrita pelo direito constitucional federal.[42] A formação jurídica circunstanciada da eleição (modo eleitoral, procedimento eleitoral, data das eleições, impugnação das eleições), porém, permanece deixada a cargo da regulação pelos cantões. Isso é digno de atenção, uma vez que o conselho dos cantões, pelo menos, é um órgão federal com competências da federação, porém expressa, outra vez, a "soberania" dos cantões. Enquanto, inicialmente, na segunda metade do século 19, a eleição pelo parlamento cantonal preponderava, entrementes, a eleição popular impôs-se em toda a parte (por último, no cantão Bern, em 1977). Na maioria dos cantões a eleição do conselho dos cantões realiza-se simultaneamente com a eleição do conselho nacional. Mas isso não vale sempre. Alguns cantões

---

[39] Comparar para a relação entre votos e membros, *Maurer*, Mitgliedschaft (nota 21), S. 157 ff.

[40] Comparar para isso, J. *Jekewitz*, in: Alternativkommentar zum Grundgesetz, 3. Auf. 2001, Art. 51 Rn. 8a; ademais (com, em parte, outros números), St. *Korioth*, in: von Mangoldt/Klein/Starck (Hrsg.), Das Bonner Grundgesetz, Kommentar, II, 4. Aufl., 2000, Art. 51 Rn. 18, cada vez, com mais indicações.

[41] Suíça: 46 para 200 (comparar artigo 149, alínea 1, e artigo 150, alínea 1, da constituição federal); Áustria: 64 para 183 (no limite superior, levemente variável); Alemanha: 69 para 598 (adicionalmente eventuais mandatos suplementares).

[42] Artigo 150, alíneas 2, 3, da constituição federal.

prevêem outros períodos eleitorais e, com isso, datas das eleições diferentes, de modo que – de outra forma como no conselho nacional – não tem lugar uma "renovação total" periódica do conselho dos cantões.[43] Ao contrário, o conselho dos cantões forma um órgão duradouro com membros alternantes e sem períodos legislativos repetentes. Tem importância considerável que em todos os cantões vale, para a eleição do conselho dos cantões, o sistema majoritário (eleição majoritária), somente o cantão Jura determinou o sistema proporcional (eleição proporcional). A eleição majoritária orienta-se – de outra forma como a eleição proporcional, determinante para o conselho nacional –, mais pelas pessoas do que pelos partidos. Esse ponto de vista ganha, pelo conjunto dos partidos da Suíça, significado elevado. Como, em regra, existem mais partidos que, em geral, são do mesmo tamanho e, por isso, não obtêm a maioria absoluta, o candidato não pode contar somente com os eleitores de seu partido, mas deve tentar ganhar outros eleitores para si. Isso pressupõe um espectro amplo em força de convicção, tolerância, conhecimento especializado e disposição de compromisso. Também candidatos que pertencem a um partido de minoria têm a oportunidade de ser eleitos. Puros funcionários do partido deveriam, em compensação, "ter" menos "êxito". A conseqüência da eleição majoritária é, certamente, também que partidos, que residem no meio e, por isso, são mais abertos ao consenso, são privilegiados antes por conta dos partidos marginais.[44]

b) Na Áustria, os membros do conselho federal são eleitos pelos parlamentos estaduais para a duração de seu período de dação de leis segundo o princípio da eleição proporcional.[45] A representação dos estados no conselho federal reflete, assim, a composição político-partidária do parlamento estadual. Como os parlamentos estaduais, por sua vez – como o conselho nacional (o parlamento federal) –, são eleitos segundo o princípio da eleição proporcional,[46] o conselho federal reflete – mediado pelos parlamentos estaduais – a colocação político-partidária da população nos estados particulares. Existe, por conseguinte, uma proporção dupla. Essa proporção ainda é intensificada e assegurada pelo fato de também o número dos membros do conselho federal, que competem aos estados particulares, serem medidos segundo pontos de vista proporcionais,[47] de modo que poderia ser falado até de uma proporção tríplice. Essa enformação político-partidária, que resulta disso, do conselho federal é, sempre de

---

[43] Comparar *Häfelin/Haller*, Bundesstaatsrecht (nota 13), Rn. 1502; *Rhinow*, Grundzüge (nota 37), Rn. 2092.

[44] Comparar *Rhinow*, Grundzüge (nota 37), Rn. 2096.

[45] Comparar artigo 34, alínea 2, da lei constitucional-federal. O princípio da eleição proporcional, todavia, é modificado pelo fato de que o segundo mais forte partido no parlamento estadual deve receber, pelo menos, *um* mandato.

[46] Comparar para isso, *Walter/Mayer*, Grundriß (nota 27), Rn. 793.

[47] Comparar supra, IV 1 b.

novo, realçada na literatura austríaca, trata-se até do "conselho federal de partidos".[48] Em todo o caso, o conselho federal, em sua composição, corresponde, em grande parte, ao conselho nacional. Todavia, remoções são possíveis, por exemplo, pelo fato de o eleitor mudar entre os partidos ou pelo fato de durante o período eleitoral do conselho nacional em um estado ou em alguns estados ser votado de novo e novos desenvolvimentos se expressarem nessas eleições.[49] De fato, também ocorreram ocasionalmente maiorias diferentes no conselho nacional e no conselho federal.[50]

c) Na Alemanha, existe um outro sistema do que na Suíça e na Áustria. Os membros do conselho federal não são eleitos pela população do estado ou pelo parlamento estadual que representa a população estadual, mas são "designados" pelo governo estadual.[51] Eles devem pertencer ao governo estadual – como presidente de ministros, ministros ou secretários de estado com assento e voto no gabinete –; eles desempenham, portanto, a sua atividade no conselho federal ao lado de seu cargo de governo.[52] Uma outra particularidade é que os membros do conselho federal podem ser representados por outros ministros estaduais.[53] De fato, na prática, todos os ministros estaduais, não-designados para membros ordinários, são chamados para membros substituintes do conselho federal,[54] de modo que cada ministro estadual (ordinário ou substituinte) é membro do conselho federal. Cada um pode representar cada um. Também representações múltiplas são admissíveis. Basta, por conseguinte, que, pelo menos, um ministro estadual por estado esteja presente no conselho federal e coopere. Isso vale também para a votação, na qual, aliás, os votos (conforme o tamanho do estado, três até seis) de um estado somente podem e devem ser dados uniformemente.[55] Essas regulações, inicialmente talvez surpreendentes, tornam-se compreensíveis quando se inclui na consideração a concepção-conselho federal tradicional que está na base. Os verdadeiros membros do conselho federal são os estados, que são representados por

---

[48] Comparar Schambeck (Hrsg.), Bundesstaat (nota 12), S. 577; ders., in: Merten (Hrsg.), Bundesrat (nota 12), S. 51; comparar, ademais, Öhlinger, Föderalismus (nota 27), S. 320 f.; F. Ermacora, Österreichische Verfassungsentwicklung von 1978-1990, JöR 40 (1991/92), S. 537, 553 f.; H. Schäffer, Der österreichische Föderalismus – Zustand und Entwicklung, in: Festschrift für Stern, 1997, S. 227, 238 f.

[49] Comparar Schambeck, Zu Recht und Politik (nota 12), S. 154; ders., in: Merte /Hrsg.), Bundesrat (nota 12), S. 52.

[50] Comparar os dados em W. Labuda, Die Zusammensetzung des Bundesrates, in: Schambeck (Hrsg.), Bundesstaat (nota 12), S. 347 (353 f.).

[51] Artigo 51, alínea 1, proposição 1, da lei fundamental.

[52] Poderia até – mais rigorosamente – dizer-se que eles desempenham essa atividade como parte de seu cargo de governo, o que, todavia, ainda careceria de investigação circunstanciada e, por conseguinte, aqui deve permanecer em aberto.

[53] Artigo 51, alínea 1, proposição 2, da lei fundamental. – O "homem substituto" do artigo 34, alínea 2, proposição 3, da lei constitucional-federal, não se pode tornar ativo em lugar de um conselho federal em função, mas primeiro e somente após sua cessação e também somente ad personam.

[54] Comparar Handbuch des Bundesrates 2002/03, S. 13.

[55] Artigo 51, alínea 3, proposição 2, da lei fundamental.

seu governo estadual e esse, outra vez, por seus ministros estaduais enviados ao conselho federal.[56] Por conseguinte, segundo o artigo 51, alínea 3, proposição 2, da lei fundamental, os votos de um estado "podem somente" ser "dados uniformemente". Isso também é conseqüente. Porque um e mesmo estado não pode votar diferente se ele não quer entrar em contradição consigo mesmo. Os estados particulares têm, por conseguinte, em realidade, somente *um* voto, que, porém, correspondente ao número de votos destinados, conta *multiplamente*. A decisão do estado sobre a dação do voto no conselho federal depende do governo estadual.[57] Ela realiza-se regularmente antes da sessão do conselho federal e é, então, na sessão do conselho federal, durante a respectiva votação, dada vinculativamente por um membro presente do governo estadual (o chamado dador de votos).[58]

Embora os membros (pessoais) do conselho federal alemão não sejam eleitos pela população estadual ou pelo parlamento estadual, a legitimidade democrática do conselho federal, todavia, não pode seriamente ser posta em dúvida.[59] A população estadual elege o parlamento estadual e este, outra vez, o presidente dos ministros, que chama os ministros – em alguns estados com aprovação do parlamento estadual – e, assim, reúne seu governo, de modo que a "corrente de legitimação ininterrupta", exigida pelo tribunal constitucional federal,[60] "do povo sobre a representação, eleita por ele, até aos órgãos e exercitantes de cargo confiados com tarefas estatais", está dada. Um certo estreitamento, certamente, acontece pelo fato de que somente os governos estatais e, com isso, os partidos do governo que os apóiam, são "representados" no conselho federal, não, porém, os partidos de oposição do estado. Isso, contudo, deve ser aceito como conseqüência da formação da maioria democrática, que pode levar ao descuido da minoria. Problemático parece, antes, que os eleitores, com a eleição do parlamento estadual, não só – o que no sistema de governo parlamentar é conseqüente – decidem sobre o governo estadual, mas, com essa decisão, também pré-determinam o desenvolvimento pretendido para a representação do estado

---

[56] Comparar para isso e para o seguinte, *Maurer*, Mitgliedschaft (nota 21), S. 157 ff. A questão, quem é membro do conselho federal e possuidor do direito de voto, todavia, é debatida. O tribunal constitucional federal e a doutrina dominante deduzem do artigo 51, alínea 1, da lei fundamental, que os ministros estaduais designados segundo essas prescrições são os membros do conselho federal com direito de voto, comparar BVerfG, DVBl. 2003, 194 e as indicações da literatura, em *Maurer*, aaO.

[57] Em algumas constituições estaduais isso está expressamente determinado, assim, nas constituições de Baden-Württemberg (artigo 49, alínea 2), Niedersachsen (artigo 37, alínea 2, número 2), Sachsen (artigo 64, alínea 1), Sachsen-Anhalt (artigo 68, alínea 3, número 2) e Thüringen (artigo 76, alínea 2). Mas também isso vale nos outros estados federados, comparar *Korioth*, Bonner Grundgesetz (nota 40), Art. 51, Rn. 24, com mais indicações. Duvidoso é somente se e quando o colégio governamental ou o presidente de ministros é competente em virtude de sua competência para linhas diretivas.

[58] Naturalmente, pode o governo estadual expressa ou tacitamente em determinados casos deixar a cargo do ministro estadual ou do presente a decisão sobre a dação de voto.

[59] Comparar para isso, *H. H. Klein*, Der Bundesrat im Regierungssystem der Bundesrepublik Deutschland, ZG 2002, S. 297, 306 ff.

[60] Assim, BVerfGE 83, 60, 73; 93, 37, 67 f.

no conselho federal e, com isso, uno actu decidem sobre duas ocupações. Isso, contudo, deixa justificar-se com isto, que a atividade para o conselho federal faz parte das tarefas do governo estadual e de seus membros.[61]

Como a ocupação do conselho federal remonta às eleições do parlamento estadual e à formação do governo subseqüente, também o conselho federal – como poderia ser diferente no estado de partidos do nosso tempo – é enformado político-partidariamente. Essa enformação, contudo, deveria ser menor do que na Suíça e, sobretudo, na Áustria, onde também no órgão federativo os deputados do mesmo partido unem-se para frações e com as frações correspondentes da primeira câmara cultivam contato circunstanciado.[62] Isso vale tanto mais quanto os governos estaduais, em geral, baseiam-se em coalisões compostas diferentemente e, por isso, na decisão prévia sobre a dação do voto no conselho federal possivelmente devem encontrar compromissos. De resto, resulta já da orientação administrativo-governamental do conselho federal que no cotidiano do conselho federal trata-se mais de questões objetivas e dos interesses do estado, que devem ser apresentados como parte do todo da federação.[63] Todavia, também não deve ser ignorado que em questões de princípios e de direção espetaculares os opostos político-partidários entre ambos os grandes partidos sempre de novo arrombam e a oposição no parlamento federal sente-se tentada a mobilizar "sua" maioria no conselho federal contra o projeto de lei do governo federal e sua maioria parlamentar. Pressuposto para isso é, certamente, que no parlamento federal e no conselho federal existem relações de maioria diferentes[64] e que se trata de leis de aprovação.[65]

3. A posição jurídica dos membros do órgão federativo

a) Na Suíça e na Áustria os membros do conselho dos cantões ou do conselho federal possuem os mesmos direitos como os deputados da

---

[61] Na Áustria, decide, sem dúvida, também o povo, com a eleição para o parlamento estadual, sobre a representação do estado no conselho federal; mas esse processo permanece no âmbito parlamentar e é amortecido pela proporção tríplice (comparar supra, IV 2 b).

[62] Digno de atenção é, na Áustria, a ordenação dos assentos no conselho federal, que se determina não segundo a pertença a estado, mas a pertença a partido dos deputados, ademais, unem-se os deputados do mesmo partido no conselho federal e no conselho nacional para frações, chamados clubes. Também na Suíça as frações compõem-se de membros do mesmo partido em ambas as câmaras.

[63] Comparar para isso, a contribuição à discussão de *H. P. Bull* (que foi ativo alguns anos como ministro estadual no conselho federal), VVDStRL 58 (1999), S. 99 f.

[64] Isso sempre de novo ocorre, sobretudo, porque em tempo mais recente os eleitores tendem a isto, durante o período legislativo do parlamento federal dar os votos, no estado, aos partidos que no parlamento federal estão na oposição, comparar para isso, com indicações em seus pormenores, *Klein* (nota 59), S. 298 ff.

[65] Comparar para isso, infra V 1 c. É problemático que nos convênios de coalizão dos estados habitualmente é determinado que o estado abstém-se do voto no conselho federal quando os parceiros da coalizão não se acordam sobre a dação do voto. Como o artigo 52, alínea 3, proposição 1, da lei fundamental, determina que o conselho federal toma suas decisões com, pelo menos, a maioria de seus votos, a abstenção de voto repercute como não-votos.

representação popular.⁶⁶ Eles não estão vinculados a instruções e solicitações⁶⁷ e possuem, assim, um mandato livre no sentido clássico. Eles têm os mesmos direitos que resultam do mandato livre, particularmente, o direito à imunidade material e à imunidade processual;⁶⁸ eles são eleitos para um determinado período do cargo e, fundamentalmente, não podem prematuramente ser revocados ou destituídos.⁶⁹ Isso tudo corresponde ao seu status como representantes da população estadual e os certifica simultaneamente.

b) Na Alemanha, as circunstâncias são, essencialmente, de outra forma. Os membros, enviados pelo governo estadual ao conselho federal, do governo estadual não são representantes da população estadual, mas representantes do governo estadual. Eles não têm mandato livre e, por isso, também não os direitos que resultam dele. Eles também não são enviados ao conselho federal para um determinado tempo, mas podem a qualquer hora ser destituídos. Ademais, eles cessam automaticamente quando eles – sejam quais forem os fundamentos – perdem o seu cargo de governo. A concepção, geralmente sustentada na literatura, que os ministros estaduais que se apresentam no conselho federal são vinculados a instruções, todavia, assim geral, não é completamente acertada. Como a decisão sobre a dação do voto é tomada no governo estadual e os ministros estaduais participam na discussão e tomada de decisão, eles têm a possibilidade de lá influir sobre a dação do voto intencionada no conselho federal. Eles devem, todavia, quando eles ficam na minoria no gabinete ou, no fundo, não estavam presentes, aceitar a decisão do governo e conduzir-se em conformidade no conselho federal.

V. Competências

As competências e direitos de cooperação do órgão federativo têm, para a classificação dogmático-constitucional e para as possibilidades de influência políticas, importância considerável. Eles residem em um campo de referência duplo. Porque, por um lado, precisam – ou, pelo menos, deveriam – a formação organizacional e as tarefas funcionais corresponder-se, isto é, dotar a organização de modo que ela possa cumprir as tarefas que lhe cabem ajustadas a coisa ou receber aquelas tarefas que são convenientes à sua dotação. E, por outro, as competências do órgão federativo e da representação popular estendem-se, em grande parte, ao mesmo campo,

---

⁶⁶ Th. Öhlinger, Verfassungsrecht, 5. Aufl., 2003, Rn. 408; Rhinow, Grundzüge (nota 37), Rn. 2238 ff.

⁶⁷ Artigo 161, alínea 1, da constituição federal, artigo 56, alínea 1, da lei constitucional-federal.

⁶⁸ Artigo 162, da constituição federal, artigo 58, da lei constitucional-federal (com referência à imunidade processual dos deputados dos parlamentos estaduais).

⁶⁹ Comparar, para os fundamentos da perda do mandato, também costumeiramente habituais e admissíveis, na Áustria, a enumeração em *Labuda*, Zusammensetzung (nota 50), S. 351 Fn. 23.

de modo que resulta bem por si uma relação concorrente e complementar entre ambos os órgãos. Uma comparação entre os três órgãos federativos que interessam aqui, mostra, outra vez, diferenças dignas de atenção.

1. Competências gerais

a) Na Suíça, o conselho nacional e o conselho dos cantões têm os mesmos direitos, eles formam juntamente a assembléia federal.[70] A constituição federal helvética tira disso as conseqüências e não contém catálogo de competências separado para o conselho nacional e para o conselho de cantões, mas um catálogo de competências uniforme para a assembléia federal. Sob isso caem, sobretudo, a dação de leis, a participação na configuração da política externa, particularmente, a autorização de contratos de direito internacional público, a comprovação do orçamento, a eleição dos órgãos federais supremos e "inspeção superior" sobre o executivo e os tribunais helvéticos.[71] Bem genericamente, o artigo 148, alínea 1, da constituição federal, determina, mais além, que a assembléia federal – portanto, o conselho federal *e* o conselho dos cantões – exerce, condicionada aos direitos do povo e cantões, "o poder supremo na federação". Essa determinação, sem dúvida, não apresenta uma prescrição de competência, contudo, expressa a primazia da legitimação, que aboboda, de certo modo, de ambas as câmaras,[72] ademais, é também interessante porque ela, por sua reserva em favor dos cantões, de novo, expressa que os cantões têm não só sobre o conselho dos cantões, mas também imediatamente – sobre o referendum[73] – faculdades de cooperação no plano federal.

Ambos os conselhos negociam e decidem separadamente; mas eles devem, para chegar a uma decisão vinculativa da assembléia federal, tomar decisões que concordam quanto ao conteúdo. As negociações são realizadas com adiamento temporal, em que a ordem de precedência respectiva é determinada por ajuste dos presidentes de ambas as câmaras.[74] O conselho dos cantões não é, portanto, como mostram essas regulações, uma mera "câmara de aprovação",[75] que somente reage às decisões da primeira câmara, certifica-as ou, por falta de aprovação, rejeita-as, mas, se se quer assim, uma "câmara de co-decisão" com os mesmos direitos. Se as decisões de ambos os conselhos não concordam, produz-se um chamado

---

[70] Artigo 148, da constituição federal.
[71] Comparar artigos 163 e seguintes, da constituição federal; ademais, circunstanciado para isso, *Häfelin/Haller*, Bundesstaatsrecht (nota 13), Rn. 1515 ff; *Rhinow*, Grundzüge (nota 37), Rn. 2124 ff.
[72] Comparar para isso, *Ph. Mastronardi*, in: Ehrenzeller/Mastronardi u. a. (Hrsg.), Die schweizerische Bundesverfassung (St. Galler Kommentar), 2002, Art. 148 Rn. 5 f.
[73] Comparar para isso, artigo 140 e seguintes, da constituição federal.
[74] *Rhinow*, Grundzüge (nota 37), Rn. 2099 f.; *Häfelin/Haller*, Bundesstaatsrecht (nota 13), Rn. 1450.
[75] Comparar *Fleiner*, Bundesrat – Ständerat (nota 12), S. 71.

procedimento de liquidação de diferenciação com o objetivo de, sempre ainda, obter um acordo.[76]

Em alguns poucos casos, que não são aptos para uma negociação e decisão separada, o conselho nacional e o conselho dos cantões reúnem-se como assembléia federal unida para uma sessão comum.[77] Os casos são determinados jurídico-constitucionalmente; eles concernem à realização de eleições,[78] à decisão de conflitos de competência entre órgãos federais superiores e à pretensão de indultos. A alusão, que o conselho nacional, por causa do seu número maior de membros, tem o sobrepeso,[79] é, em si, correta, mas ainda diz pouco, uma vez que na assembléia federal unida ambos os conselhos justamente não aparecem separados.

b) Na Áustria, em compensação, as competências e, com isso, as possibilidades políticas do órgão federativo são medidas escassamente. Isso deixa explicar-se do ponto de vista da história da origem, que, como já foi exposto, foi cedido, sem dúvida, à exigência pela introdução do princípio do estado federal e do conselho federal, mas a formação quanto ao conteúdo permaneceu reservada.[80] No âmbito da dação de leis, o conselho federal tem, em regra, somente o direito de promover um veto suspensivo contra decisões de lei do conselho federal. A objeção do conselho federal, que deve ser fundamentada, pode ser vencida por uma chamada decisão de persistência do conselho federal, todavia, somente na presença de, pelo menos, a metade dos membros do conselho nacional.[81] Desse modo, também leis, que foram decididas mais casualmente por causa da casa fracamente ocupada, podem ser colocadas a uma decisão repetida. Em alguns casos, particularmente, em leis no âmbito financeiro e orçamentário, também esse direito de veto deixa de existir.[82] Em contrapartida, em alguns outros casos, é necessária a aprovação do conselho federal, portanto, o veto suspensivo fortalece para um veto absoluto.[83] Dificuldades particulares existem para leis federais que afetam a posição jurídico-constitu-

---

[76] Comparar artigo 89 e seguintes, da lei parlamentar, de 13.12.2002 (BBl. 2002, 8160); *Rhinow*, Grundzüge (nota 37), Rn. 2533 ff.; *Häfelin/Haller*, Bundesstaatsrecht (nota 13), Rn. 1604 f. – O procedimento de liquidação de diferenciação corresponde, em geral, ao procedimento de conciliação no direito alemão (artigo 77, alíneas 2-4, da lei fundamental).

[77] Artigo 157, da constituição federal.

[78] Artigo 168, da constituição federal: eleição dos membros do conselho federal (do governo federal), do chanceler federal (diretor do posto de quadro do conselho federal), dos juízes federais e do general (em leva de tropas maior em tempos de guerra ou de crise). – A eleição de *um* titular de um cargo por dois grêmios separados conduziria, no caso do dissenso, à situação de empate.

[79] Assim, *Häfelin/Haller*, Bundesstaatsrecht (nota 13), Rn. 1507.

[80] Comparar para isso, já supra, III 3.

[81] Comparar artigo 42, alíneas 1-4, da lei constitucional-federal.

[82] Comparar artigo 42, alínea 5, da lei constitucional-federal.

[83] Comparar para esses, somente poucos, casos *Walter/Meyer*, Grundriß (nota 27), Rn. 427; *Öhlinger*, Verfassungsrecht (nota 66), Rn. 441.

cional do conselho federal.[84] De resto, o conselho federal somente ainda tem o direito à iniciativa de leis, à impugnação de leis federais por causa de anticonstitucionalidade diante do tribunal constitucional, à cooperação (limitada) na eleição dos juízes constitucionais e ao controle (limitado) do governo federal.[85] No total, o conselho federal tem somente poucas competências; mas também ele faz dessas poucas competências somente pouco uso.[86] A posição relativamente fraca do conselho federal e, por conseguinte – mediatamente –, dos estados federados no plano federal é tanto mais digna de atenção que o direito de veto e de aprovação do conselho federal no âmbito da dação de leis federal está defronte de um direito de veto e de aprovação correspondente do governo federal no âmbito da dação de leis estadual.[87]

c) O conselho federal alemão coopera, segundo o artigo 50, da lei fundamental, "na dação de leis e na administração da federação". No âmbito da dação de leis ele tem, em parte, um direito de objeção e, em parte, um direito de aprovação. A objeção do conselho federal contra decisões de lei do parlamento federal pode ser recusada com maioria qualificada do parlamento federal.[88] A aprovação é pressuposto de validade para a lei (intencionada); se ela é denegada, então fracassou o projeto de lei. Divergências de opiniões entre o parlamento federal e o conselho federal podem ser eliminadas na comissão de conciliação, que se compõe de 16 membros do parlamento federal e do conselho federal, no caminho do compromisso ou do ceder unilateral.[89] A lei de objeção é, segundo a concepção da lei fundamental, a regra. A carência de aprovação serve à proteção dos interesses legítimos dos estados, mas não está dada somente com referência aos interesses estaduais, mas somente então, quando a lei fundamental determina isso expressamente.[90] As leis carentes de aprovação, entretanto, cresceram consideravelmente no correr do tempo. Isso tem fundamentos distintos: assim, foram criados, por um lado, por modificações e complementos da lei fundamental, outros casos de aprovação (por exemplo, como compensação para a remoção de uma competência de dação de leis dos estados para a federação), por outro, interpretados extensivamente casos de apro-

---

[84] Artigo 35, alínea 4, da lei constitucional-federal.

[85] Comparar a reunião em *Walter/Mayer*, Grundriß (nota 27), Rn. 427; *Öhlinger*, Verfassungsrecht (nota 66), Rn. 292.

[86] Assim, *Walter/Mayer*, Grundriß (nota 27), Rn. 413; comparar também *Adamovich/Funk/Holzinger*, Österreichisches Staatsrecht II, 1998, S. 51 f.

[87] Comparar para isso, *Walter/Mayer*, Grundriß (nota 27), Rn. 804 ff.; *Öhlinger*, Verfassungsrecht (nota 66), Rn. 299 f.

[88] Artigo 77, alínea 4, da lei fundamental.

[89] Artigo 77, alíneas 2-4, da lei fundamental.

[90] As prescrições que fundamentam a carência de aprovação estão dispersas sobre toda a lei fundamental, comparar a enumeração em *Stern*, Staatsrecht (nota 6), S. 145 f.; *J. Masing*, in: von Mangoldt/Klein/Starck (Hrsg.), Das Bonner Grundgesetz. Kommentar, II, 4. Auf., 2000, Art. 77 Rn. 48.

vação determinados jurídico-constitucionalmente (por exemplo, pelo fato de em *um* parágrafo, carente de aprovação, de uma lei, toda a lei ter sido declarada como carente de aprovação), e terceiro, aplicados generosamente casos duvidosos na prática (por exemplo, pelo fato de o conselho federal, no caso litigioso concreto, aprovar por precaução e, mais tarde, apoiar-se nisso como precedente). O direito de aprovação dá ao conselho federal a possibilidade de impedir uma lei por denegação da aprovação, mas também a possibilidade de obter uma modificação do projeto de lei com a alusão que, em caso contrário, a aprovação será denegada. A posição do conselho federal no âmbito da dação de leis ainda é intensificada pelo fato de não lhe competir somente o direito de iniciativa de leis, mas também de deverem ser apresentados os projetos de lei do governo federal, antes de sua apresentação no parlamento federal, para a tomada de posição,[91] o que, outra vez, com vista à objeção posterior ou à aprovação posterior, pode tornar-se significativo. Finalmente, o conselho federal pode solicitar, sem dúvida, não mesmo (por decisão de maioria), mas cada governo estadual e, com isso, cada "membro" do conselho federal, a revisão jurídico-constitucional de uma lei federal pelo tribunal constitucional federal.[92]

A visão de conjunto mostra que as competências do conselho federal, no âmbito da dação de leis, quantitativa e qualitativamente, estão situadas entre as competências do órgão federativo na Suíça e na Áustria. Em compensação, suas competências, no âmbito do executivo, passam adiante consideravelmente. Enquanto ambos os outros órgãos federativos, como órgãos paralelos à representação popular, complementam-na e objetivamente, no essencial, possuem as mesmas competências – seja na mesma proporção como na Suíça, seja em proporção reduzida como na Áustria – as competências do conselho federal também se estendem ao âmbito do executivo com a conseqüência que ele, lá, se apresenta como parceiro e oposto do governo federal. As competências executivas do conselho federal, sem dúvida, politicamente não são tão importantes e, em todo o caso, não são discutidas tão freqüentemente como suas competências legislativas, mas elas, sempre ainda, são consideráveis. Elas consistem na aprovação de numerosas medidas do governo federal (aprovação de regulamentos jurídicos, de prescrições administrativas, de medidas de inspeção do governo federal na efetivação de direito federal pelos estados, de instalação de autoridades federais, e outras coisas).[93] Além disso, o conselho federal tem a possibilidade de atuar também no âmbito legislativo como "órgão executivo". Como o conselho federal não se compõe de pes-

---

[91] Comparar artigo 76, da lei fundamental.
[92] Comparar artigo 93, alínea 1, número 2, da lei fundamental; no caso do artigo 93, alínea 1, número 2a, da lei fundamental, também o conselho federal como tal tem um direito de solicitar.
[93] Comparar a visão de conjunto em *Korioth*, Bonner Grundgesetz (nota 40), Art. 50 Rn. 23; *G. Robbers*, in: Sachs (Hrsg.), Grundgesetz (nota 6), Art. 50 Rn. 29 ff.

soas individuais eleitas com mandato livre, mas dos governos estaduais e seus ministros, está atrás dos membros do conselho federal a burocracia ministerial dos estados particulares que, por sua vez, novamente, tem contatos mediatos com as autoridades de efetivação "no local do fato". Quando no conselho federal entram projetos de lei do governo federal ou decisões de lei do parlamento federal, então eles são examinados não só sob pontos de vista políticos, mas também sob administrativos pela burocracia ministerial. Pelo conselho federal entram, com isso, as experiências e a perícia das administrações estaduais na dação de leis federal. Isso é tanto mais imperioso que as leis federais, em regra, são efetivadas pelos estados e a federação, por conseguinte, não tem nenhuma estrutura administrativa geral.

2. Competências relacionadas à Europa

Pela integração européia são transferidos direitos de soberania estatais à união européia, particularmente, à comunidade européia.[94] Com isso, perdem, contudo, não só os próprios estados-membros uma parte de seus direitos de soberania, mas também os órgãos constitucionais e – à medida que se trata de um estado federal – os estados dos estados-membros uma parte de sua competência até agora. A perda no plano estatal-nacional é compensada, pelo menos, em parte, pelo fato de os estados-membros ganharem direitos de cooperação no plano europeu. Os contatos entre a comunidade européia e os estados-membros passam pelos governos dos estados-membros. Como a política externa, também a política da integração é, inicialmente, um assunto executivo. Forma a "placa giratória" o conselho de ministros da união européia, no qual os governos dos estados-membros estão representados por um ministro e que tem de decidir sobre todos os assuntos essenciais da comunidade européia, particularmente, a disposição de direito. Ele é, de certo modo, o órgão federativo da comunidade européia. A formação da vontade interna dos estados-membros sobre as posições de negociação e de decisão a serem ocupadas externamente no conselho de ministros depende, inicialmente, dos governos dos estados-membros. Os órgãos constitucionais restantes e – em estados federais – os estados, contudo, já exigiam cedo, como compensação para a sua perda de competência, sua inclusão no processo de formação de vontade interna, portanto, de certo modo, a cooperação na cooperação que, assim, deveria transcorrer em dois graus. Essas exigências levaram, finalmente, na Alemanha e na Áustria – segundo regulações intermediárias distintas – a determinações e garantias jurídico-constitucionais correspon-

---

[94] Comparar para isso, em vez de muitos, R. *Streinz*, in: Sachs (Hrsg.), Grundgesetz (nota 6), Art. 23 Rn. 52 ff.; R. *Scholz*, in: Maunz/Dürig (Hrsg.), Grundgesetz, Art. 23 (1999), Rn. 2 f., 45 ff.; *I. Pernice*, in: Dreier (Hrsg.), Grundgesetz II, 1998, Art. 23 Rn. 82 ff.

dentes.[95] As modificações constitucionais de ambos os estados concernem ao mesmo âmbito de problemas, mas mostram diferenças consideráveis e são, por conseguinte, particularmente idôneas para uma consideração comparante.[96]

Na Suíça, que, como se sabe, (ainda) não aderiu à união européia, faltam naturalmente tais regulações. Mas a constituição federal helvética também não contém nenhuma referência geral à Europa.[97] Somente no artigo 142, da constituição federal, é, na enumeração dos casos, para os quais é necessário um referendo obrigatório do povo e dos cantões, entre outras coisas, mencionada "a adesão a organizações para segurança coletiva ou a comunidades supranacionais".

Embora nesta contribuição trate-se, em si, somente do órgão constitucional federativo, não devem, no que segue, para a melhor compreensão, os direitos de cooperação do conselho federal alemão e austríaco relacionados à Europa ser tratados isoladamente, mas em conexão com os direitos correspondentes da representação popular e dos estados.

a) Na Alemanha, cooperam, segundo o artigo 23, alínea 2, da lei fundamental, o conselho federal e os estados – os últimos, todavia, não imediatamente, mas "pelo conselho federal" – em assuntos da união européia. O estado particular, por conseguinte, não tem direitos de cooperação próprios, mas pode fazer valer sua idéias jurídico-européias somente pelo conselho federal, em que deve ser observado que no conselho federal vale o princípio da maioria e, por isso, a opinião minoritária pode ficar na minoria. Isso corresponde ao princípio do estado federal alemão, segundo o qual os estados atuam no plano federal "pelo conselho federal" (assim, geral, o artigo 50, da lei fundamental).[98] A competência jurídico-européia do conselho federal tem, além disso, o efeito que ela intensifica a posição de poder dele, aliás, já forte, na estrutura constitucional.

Em seus pormenores, vale: o governo federal deve informar o parlamento federal e o conselho federal amplamente e na data mais cedo possível e dar a eles possibilidade para a tomada de posição. Objeto e efeito

---

[95] Na Alemanha, pelo artigo 23, da lei fundamental, na redação de 21 de dezembro de 1992 (BGBl. I, S. 2086), que foi inserido no lugar do artigo-reunificação mais antigo, e na Áustria pelo artigo 23 a-f, da lei constitucional-federal, na redação de 21 de dezembro de 1994 (BGBl. 1994/1013).

[96] Comparar para isso, sobretudo, *R. Scholz*, Bundesstaaten in der Europäischen Union – Deutschland und Österreich im Vergleich, in: Festschrift für Winkler, 1997, S. 1013 ff.

[97] Comparar *Häberle*, in: Festschrift für Maurer (nota 8), S. 945 f.; ademais, *Rhinow*, Grundzüge (nota 37), Rn. 22, 3123, 3153 ff.; *Häfelin/Haller*, Bundesstaatsrecht (nota 13), Rn. 192 ff.

[98] Isso está, todavia, em uma certa oposição para com o artigo 32 III, da lei fundamental, segundo o qual os estados, à medida que eles são competentes para a dação de leis, com aprovação do governo federal podem celebrar contratos com estados estrangeiros. Discutível é, se nesse âmbito, somente os estados ou também a federação possui competência de celebração de contratos. Na prática, é afirmada a segunda alternativa, mas exigida a aprovação de *todos* os estados federados para o contrato a ser celebrado pela federação, assim o chamado acordo de Lindauer de 14.11.1957, comparar para isso, *R. Streinz*, in: Sachs (Hrsg.), Grundgesetz (nota 6), Art. 32 Rn. 31 ff.

vinculativo das tomadas de posição são diferentes. O parlamento federal deve participar quando ele trata de atos de disposição de direito (intencionados) da união européia, portanto, regulamentos e linhas diretivas; o conselho federal deve participar à medida que ele tivesse de cooperar em uma medida intra-estatal correspondente ou à medida que os estados fossem competentes intra-estatalmente. As tomadas de posição de ambos os órgãos devem, em regra, (somente) ser "consideradas" pelo governo federal, isto é, incluir em suas considerações. Enquanto no parlamento federal fica nisso, existem para o conselho federal ainda outros e mais fortes direitos de participação: por um lado, deve, em determinados casos, particularmente, quando, no ponto essencial, são afetados poderes de dação de leis dos estados, a tomada de posição do conselho federal ser "considerada decisivamente".[99] Por outro, deve, quando, no ponto essencial, estão afetados somente poderes de dação de leis dos estados, apresentar-se um representante, denominado pelo conselho federal, dos estados no conselho de ministros-comunidade européia para a república federal, portanto, a república federal, no conselho de ministros, não mais é representada por um ministro federal, mas por um ministro estadual plenipotenciário. O todo, finalmente, está, outra vez, sob a reserva, que "a responsabilidade estatal-total da federação deve" ser "salvaguardada".[100]

b) Na Áustria, a cooperação parlamentar e estatal-federal está regulada no artigo 23d e e, da lei constitucional-federal.[101] O ministro federal competente (o governo federal) deve – como na Alemanha – informar o conselho nacional e o conselho federal sobre todos os projetos no quadro da união européia e dar a eles a possibilidade para a tomada de posição. Então, todavia, as coisas separam-se. A tomada de posição do conselho nacional para com atos jurídicos intencionados da união européia (regulamentos e linhas diretivas) é vinculativa para o ministro federal em suas negociações e votações no conselho de ministros; ele pode desviar somente por razões, relativas à política externa e à política da integração, forçosas. Se se pode, com R. *Scholz*, nessa conexão, falar "de um '*condomínio*'

---

[99] Que a "consideração decisiva" é mais do que a "consideração simples" é universalmente reconhecido; duvidoso é, contudo, até onde vai esse "mais" (até à vinculatividade?), comparar para isso, o § 5, da lei sobre o trabalho em comum de federação e estados em assuntos da união européia, de 12 de março de 1993 (BGBl. I S. 313, Sart. Nr. 97); *Scholz* (nota 94), Art. 23 Rn. 127; *R. Streinz*, in: Sachs (Hrsg.), Grundgesetz (nota 6), Art. 23 Rn. 108 ff.

[100] Comparar, circunstanciadamente, para isso, a regulação ampla do artigo 23, da lei fundamental, as leis de execução para isso promulgadas e os esclarecimentos nos comentários à lei fundamental.

[101] Comparar para isso e para o seguinte, Th. *Öhlinger*, in: Korinek/Holubek (Hrsg.), Österreichisches Bundesverfassungsrecht II, 1999, Art. 23d und e B-VG; *ders.*, Die Mitwirkung des Bundesparlamentes sowie der Länder in Österreich an der Entstehung von Europäischem Recht, ZG 1996, S. 57 ff.; *Öhlinger/Potacs*, Gemeinschaftsrecht und staatliches Recht, 1998, S. 40 ff.; *Ch. Grabenwarter*, Änderungen der österreichischen Bundesverfassung aus Anlaß des Beitritts zur Europäischen Union, ZaöRV 55 (1995), S. 166 ff.; *J. Penz*, Der Bundesrat und die Europäische Union, in: Schambeck (Hrsg.), Bundesstaat (nota 12), S. 453 ff.; *Walter/Mayer*, Grundriß (nota 27), Rn. 246/15 ff.; *Scholz*, Bundesstaaten (nota 96), S. 1013.

específico de executivo (governo federal) e legislativo (conselho nacional) ou de uma *reserva de parlamento* ampla para a política de integração",[102] pode ser duvidoso. Em todo o caso, a posição do conselho nacional, nessa conexão, é muito mais forte do que a do parlamento federal.

Em compensação, o conselho federal tem uma posição muito fraca. Sua tomada de posição é somente em um caso, que praticamente mal se torna relevante, vinculativa, ou seja, então, quando as competências jurídico-constitucionais dos estados deveriam ser limitadas em dação de leis e efetivação,[103] e também isso, outra vez, somente então, quando não falam contra razões, relativas à política externa e à política da integração, forçosas. A posição fraca que o conselho federal ocupa no procedimento de dação de leis intra-estatal por sua limitação fundamental a um veto suspensivo reencontra-se aqui.

Os interesses estaduais são, de resto e, com isso, no essencial, salvaguardados não pelo conselho federal, mas pelos próprios estados. A federação deve informar os estados sem demora sobre todos os projetos no quadro da união européia, que tocam o âmbito de ação independente dos estado ou, mais além, podem ser de interesse para eles (portanto, em proporção considerável), e dar a eles oportunidade para a tomada de posição. Se existe uma tomada de posição "uniforme" dos estados para um assunto residente no âmbito da dação de leis estadual, então a federação está vinculada a isso, em que, também aqui, outra vez, razões, relativas à política externa e à política da integração, forçosas justificam um desvio. Unanimidade não significa unissonância. Mas, o que então? A determinação circunstanciada é adotada por um convênio entre estados.[104] Segundo isso, é instalada uma chamada conferência de integração dos estados, que se compõe dos chefes de governo estaduais[105] e dos presidentes dos parlamentos estaduais. Cada estado tem um voto que é dado pelo chefe de governo estadual. A unanimidade exigida jurídico-constitucionalmente está então dada quando (1) pelo menos cinco dos nove estados aprovam e (2) nenhum estado opõe-se. Em alguns estados, o chefe de governo estadual está vinculado pelo direito constitucional estadual às decisões do parlamento estadual.[106] A conferência de integração corresponde, por causa de sua orientação governamental, até a um determinado grau, ao conselho

---

[102] *Scholz*, Bundesstaaten (nota 96), S. 1020 (realçado no original).

[103] Comparar artigo 23e, alínea 4, em união com o artigo 44, alínea 2, da lei constitucional-federal; comparar para isso, também supra, V 3 b.

[104] O convênio (chamado convênio-conferência de integração dos estados) de 1992 baseia-se no artigo 6, alínea 2, do convênio-estados-federação (convênio de integração), de 12 de março de 1992, que, por sua vez, apóia-se no artigo 23d, alínea 4, em união com o artigo 15a, da lei constitucional-federal. Comparar para isso, *Öhlinger*, ZG 1996, S. 60; *Grabenwarter*, ZaöRV 55 (1995), S. 173 f.

[105] O chefe de governo estadual é o chefe do governo estadual eleito pelo parlamento estadual, comparar artigo 101, da lei constitucional-federal; *Walter/Mayer*, Grundriß (nota 27), Rn. 820 ff.

[106] Comparar Öhlinger, ZG 1996, S. 61, com mais indicações.

federal alemão, mas se distingue pela inclusão dos componentes parlamentares, contudo, de novo, consideravelmente dele. A única união para com o conselho federal austríaco consiste nisto, que sua presidência tem o direito de participar nas sessões da conferência de integração. No total, trata-se de um grêmio parlamentar-governamental digno de atenção.[107]

Semelhantemente como na Alemanha, existe, também na Áustria, uma "regulação de representação", pela qual o direito de cooperação interno dos estados é deslocado a uma conferência de representação externa e intensificado. O governo federal pode, nomeadamente, transferir a representação no conselho de ministros-comunidade européia, sob determinados pressupostos, a um membro, a ser denominado pelos estados, de um governo estadual. O representante deve cooperar com os ministros federais competentes e é – conforme o caso, se se trata de um assunto da dação de leis federal ou estadual – responsável perante o conselho nacional ou os estados.[108] O conselho federal, no fundo, não aparece nessa conexão.

VI. Observações finais

Finalmente, pode, ainda, colocar-se a questão, à qual desses três modelos apresentados deve ser concedido o mérito. Essa questão, contudo, não se deixa responder assim geral ou, no máximo, sob muitas reservas. Porque seu esclarecimento depende, por um lado, dos dados fáticos e jurídicos – da tradição, da peculiaridade e da vida própria dos estados, das minorias existentes, da cultura política, da estrutura partidária na federação e nos estados, das cooperações, determinadas juridicamente e realmente funcionante, dos órgãos constitucionais, para só mencionar alguns – e, por outro, do que se espera e se teme do estabelecimento de um órgão federativo.

Por isso, não é de estranhar que o órgão federativo é debatido em seu estado pátrio respectivo, em que, certamente, em geral, não se trata, no fundo, de sua existência, mas de sua formação. A discussão político-constitucional do tempo da origem das constituições particulares é, com isso, até a um determinado grau – com novos conhecimentos e experiências – continuado. Na Suíça foi, na discussão de muitos anos sobre uma nova constituição federal, muitas vezes, até colocado em questão o sistema bicameral e proposto a inclusão do conselho dos cantões no conselho nacional, ademais, apresentada uma série de propostas com vista à ocupação (número dos membros, eleição proporcional, inclusão de representantes do

---

[107] *Scholz* vê nisso um elemento do estado federal entendido de três membros, *Scholz*, Bundesstaaten (nota 96), S. 1024 f. Essa interpretação deve então ser seguida se não se direciona para a tese do estado federal de três membros, por exemplo, no sentido de *Nawiasky* (comparar para isso, BVerfGE 13, 54, 77), mas se chama atenção sobre os objetivos federal-estatais, que – aqui como também em outro lugar – complementam os elementos estruturais do estado federal.

[108] Comparar para isso, circunstanciado, o artigo 23d, alínea 3, da lei constitucional-federal e os convênios mencionados na nota 103.

governo.[109] Essas propostas, contudo, não entraram na nova constituição federal. Após a limitação da revisão total a uma "condução posterior",[110] faltou, para isso, também a base jurídico-constitucional necessária.[111] Na Áustria, é exigida a "revalorização" do conselho federal por ampliação de sua competência muito limitada, no essencial, restrita a um veto suspensivo no procedimento de dação de leis,[112] em parte, defendida até uma regulação correspondente ao direito alemão.[113] Na Alemanha, é, outra vez, a posição muito forte do conselho federal que encontra críticas; particularmente, é discutida e pedida uma redução do direito de aprovação muito alargado no âmbito da dação de leis.[114]

Embora o órgão federativo em perspectiva jurídico-constitucional seja o órgão pelo qual os estados cooperam na formação da vontade da federação, ele, notoriamente, não basta em sua totalidade às carências e exigências da prática. Em todos os três estados federais, que aqui foram discutidos, formaram-se, nomeadamente, procedimentos e instalações informais que, inicialmente, devem servir à coordenação entre os estados, mas também, mais além, à cooperação entre a federação e os estados.[115] Existe uma entrançadura inteira de procedimentos e instalações em todos os planos e em todos os âmbitos técnicos.[116] Aqui deve, sobretudo – de

---

[109] Comparar para isso, por exemplo, a discussão na chamada comissão-eleição, in: Arbeitsgruppe für die Vorbereitung einer Totalrevision der Bundesverfassung VI: Schlußbericht, 1973, S. 442 ff., 462 ff.; ademais, geral, *Rhinow*, Grundzüge (nota 37), Rn. 2097.

[110] Comparar para isso, *R. Rhinow*, Die neue Verfassung in ser Schweiz, Der Staat 41 (2002), S. 575 ff.

[111] O conselho federal, em sua fundamentação para o projeto constitucional, recusou as distintas propostas para a reforma do conselho dos cantões de cantões, partidos, grêmios e associações com a alusão que elas ultrapassavam o pedido de conduta posterior, comparar Botschaft des Bundesrates über eine neue Bundesverfassung, BBl. 1997, 378.

[112] Comparar *Adamovich/Funk/Holzinger*, Staatsrecht II (nota 86), S. 51 f.; *Walter/Mayer*, Grundriß (nota 27), Rn. 413.

[113] Comparar a alusão em *Öhlinger*, Verfassungsrecht (nota 66), Rn. 295.

[114] Comparar para a "carência de reforma" *R. Dolzer*, Das parlamentarische Regierungssystem und der Bundesrat – Entwicklungsstand und Reformbedarf, VVDStRL 58 (1999), S. 7 (27 ff.); *Korioth* (nota 40), Art. 50 Rn. 33; *H. H. Klein*, ZG 2002, 309 ff.; *H. -J. Papier*, Steuerungs- und Reformfähigkeit des Staates, in: Mellinghoff/Morgenthaler /Puhl (Hrsg.), Die Erneuerung des Verfassungsstaates, 2003, S. 103 (107 ff.); comparar, ademais, para as "aspirações de reforma" na Alemanha e na Suíça, *Heger*, Bundesrat (nota 12), S. 238 ff. – A comissão-enquete reforma constitucional 1973/1976, instituída pelo parlamento federal, ocupou-se, entre outras coisas, pormenorizadamente, com o conselho federal, mas não considerou – prescindindo de um estabelecimento de prazos – uma modificação da lei fundamental, sob esse aspecto, necessária, comparar Beratungen und Empfehlungen zur Verfassungsreform, Teil I, 1976, S. 202 ff.

[115] A conexão recíproca existe, sobretudo, na Áustria. Assim, *K. Weber* comprova que o conselho federal desde o início foi instrumento muito fraco para apresentar interesses estaduais eficazmente na política federal, e, por conseguinte, nasceram as "conferências" (conferências dos chefes de governo estaduais, dos diretores de secretarias estaduais, e assim por diante), às quais cabem hoje o papel-chave na relação-estados-federação (in Korinek/Holoubek [nota 101], Art. 2 Rn. 16), que hoje a federação só dificilmente pode impor uma medida contra decisões uníssonas dos chefes de governo estaduais (in Schambeck [nota 12], S. 60).

[116] Comparar para a Suíça, *Rhinow*, Grundzüge (nota 37), Rn. 796 ff.; para a Áustria, *Schäffer*, Föderalismus (nota 48), S. 244 f.; *Weber*, aaO. (nota 115), ders., Macht im Schatten? (Landeshauptmänner-,

certo modo como equivalente ao órgão federativo – ser chamada a atenção sobre a conferência dos chefes de governo, ou seja, a conferência dos governos cantonais na Suíça, a conferência dos chefes de governo estaduais na Áustria e a conferência dos presidentes de ministros na Alemanha, nas quais, cada vez, também o governo estadual (o conselho federal, na Suíça e o chanceler federal, na Áustria e Alemanha) é incluído.[117] O próximo plano formam as conferências dos ministros competentes, que, na prática, são ainda mais importantes. As decisões das conferências não são vinculativas, contudo, prejulgam amplamente a conduta no âmbito oficial. Jurídico-constitucionalmente essas instalações não estão previstas, mas também não-proibidas. Primeiros inícios de uma regulação jurídico-constitucional encontram-se no artigo 44 e seguintes, da constituição federal, particularmente no artigo 48, da constituição federal, e no artigo 15a, da lei constitucional-federal.

Visto funcionalmente, trata-se, nos órgãos federativos – como em todas as segundas câmaras –, da questão, se e até que ponto eles, no sentido de uma divisão de poderes intensificada, devem formar um contrapeso à representação popular (primeira câmara) ao eles deterem leis ou outras decisões políticas fundamentais por um veto suspensivo ou até impedirem por um veto absoluto (denegação da aprovação), caso eles tenham objeções materiais ou jurídicas que intervêm energicamente. Atrás do direito de aprovação está – um pouco generalizadamente – a idéia da democracia da concordância, atrás do direito ao veto suspensivo – a idéia da democracia da maioria.[118]

Landesamtdirektoren- und Landesreferentenkonferenzen), ÖZP 1992, 405 ff.; para a Alemanha, W. Rudolf, Kooperation im Bundesstaat, in: Isensee/Kirchhof (Hrsg.), HStR IV, 1990, § 105 Rn. 29 ff.

[117] Comparar as indicações na nota 116.

[118] Comparar R. Rhinow, Grundprobleme der schweizerischen Demokratie, Referate und Mitteilungen des Schweizerischen Juristenvereins, Heft 2, 1984, S. 237 ff. e, para isso, P. Häberle, Grundprobleme der schweizerischen Demokratie, DÖV 1985, 611 ff.

— 5 —
Direito processual estatal-jurídico*

Sumário: I. Bases jurídicas; 1. Direito processual; 2. Regulações jurídico-constitucionais; a) Regulações particulares; b) Princípios constitucionais gerais; II. O significado geral da garantia da proteção jurídica do artigo 19 IV, da lei fundamental; 1. Desenvolvimento histórico; 2. A classificação dogmático-constitucional da garantia da proteção jurídica do artigo 19 IV, da lei fundamental; III. O conteúdo de regulação do artigo 19 IV, da lei fundamental; 1. Poder público; a) Executivo; b) Legislativo; c) Poder judiciário; 2. Direitos; 3. Alguém; 4. Via jurídica; 5. Efetividade da proteção jurídica; 6. Barreiras da garantia da proteção jurídica; IV. Pretensão de concessão de justiça; 1. Fundamentos; 2. Conteúdo; V. Princípios do procedimento; 1. Visão de conjunto; 2. Juiz legal; 3. Audiência jurídica; 4. A chamada igualdade de armas processual; 5. O princípio do procedimento correto; VI. Observação final.

I. Bases jurídicas

1. *Direito processual*

O direito vigente deixa dividir-se sob pontos de vista distintos. De importância fundamental é a distinção entre o direito material e o direito processual.[1] Se se diferencia mais, pode distinguir-se entre o direito material, que determina os direitos e deveres materiais entre os cidadãos e entre o estado e o cidadão, o direito de efetivação, que determina a conversão e realização desses direitos e deveres, e o direito de controle, que deve garantir a observância das prescrições do direito material e do direito de efetivação. O controle realiza-se ou por tribunais independentes em um procedimento judicial específico ou por outras instâncias (por exemplo, autoridades administrativas, comissões de investigação parlamentares, instituições de arbitragem). O controle judicial é regulado circunstanciadamente pelo direito processual, que é objeto dessa contribuição. O direito de efetivação é – como o direito processual – direito procedimental, mas,

---

* Este artigo encontra-se publicado na Festschrift 50 Jahre Bundesverfassungsgericht. Bd. 2. hrsg. von Peter Badura und Horst Dreier. Tübingen: Mohr Siebeck, 2001, S. 467 ff. Título no original: Rechtsstaatliches Prozessrecht.

[1] Comparar *D. Lorenz*, Verwaltungsprozeßrecht, 2000, § 1 Rn. 1 f.; *L. Rosenberg/K. H. Schwab/P. Gottwald*, Zivilprozeßrecht, 15. Aufl. 1993, S. 4 f.; *W. Zöllner*, Materielles Recht und Prozeßrecht, in: AcP 190 (1990), S. 471 ff.

simultaneamente, também como o direito material – objeto da revisão judicial.[2]

A formação do direito processual é determinada por fatores distintos. Por um lado, deve ser observado que o direito processual predominantemente serve à imposição do direito material e, por isso, deve orientar-se pelas estruturas e dados do direito material. As influências transcorrem, certamente, não unilateralmente, uma vez que o direito material, muitas vezes, primeiro nasce pelo direito processual ou obtém forma. Entre o direito material e o direito processual existe um efeito mútuo.[3] Por outro lado, o direito processual é enformado pela finalidade processual perseguida, cada vez. Na literatura é mencionada uma série de finalidades processuais possíveis:[4] a proteção de direitos subjetivos, a confirmação do ordenamento jurídico objetivo, a produção da paz jurídica por uma decisão com coisa julgada, a garantia da certeza jurídica por comprovação vinculativa do direito no caso particular, o asseguramento da unidade jurídica e, finalmente, o aperfeiçoamento do direito pelos tribunais (superiores). As finalidades do processo distintas não se excluem mutuamente, mas se complementam. Assim, a proteção jurídica individual serve também à confirmação do direito objetivo, como, às avessas, o controle jurídico objetivo pode favorecer direitos subjetivos. Contudo, para a formação do direito processual é de importância determinante qual finalidade do processo está em primeiro plano e, em conformidade com isso, determina primariamente o direito processual. Finalmente, o direito processual deve bastar a pretensões estatal-jurídicas, se ele deve satisfazer a sua função. O princípio do estado de direito pede não só que, no fundo, exista uma jurisdição para a decisão de conflitos jurídicos, mas também, que ela seja regulada sob pontos de vista estatal-jurídicos. Como o cidadão no estado de direito, sem dúvida, tem direitos, mas no caso de conflito não pode mesmo impô-los por meio de coerção, deve o estado, como compensação, pôr à disposição um sistema de proteção jurídica efetivo e criar os pressupostos conforme o procedimento para uma decisão justa. Monopólio de

---

[2] A tripartição entre o direito material, o direito de efetivação e o direito de controle vale não só para o âmbito do direito público (por exemplo, direito de construção material, direito de procedimento de construção, direito processual administrativo), mas também, ainda que não tão afilado, para o âmbito do direito civil, assim, por exemplo, quando uma parte contratante, em conformidade com as prescrições-código civil (direito material), declara a rescisão de um contrato (direito de efetivação), que, ato contínuo, no caso litigioso é revisado pelos tribunais civis (direito processual). Regulações de efetivação típicas são, por exemplo, as leis, segundo o artigo 84 I, artigo 85 I, da lei fundamental, comparar *H. Maurer*, Staatsrecht, 1999, § 18 Rn. 10; *J. Ipsen*, Staatsrecht, 12. Aufl. 2000, Rn. 521 que, nessa conexão, fala de "direito de aplicação do direito".

[3] Comparar para isso, *Zöllner*, Recht (nota 1), S. 471 ff., que, com vista ao direito civil e ao direito processual civil, multiplamente fala de uma "unidade de sentido".

[4] Comparar para isso – em perspectiva processual civil –, *Rosenberg/Schwab/Gottwald*, Zivilprozeßrecht (nota 1), S. 2 f.; *W. Grunsky*, Grundlagen des Verfahrensrecht, 2. Aufl. 1974, S. 1 ff.; *R. Stürner*, Prozeßzweck und Verfassung, in: Festschrift für Gottfried Baumgärtl, 1990, S. 545 ff.

poder estatal, dever de paz civil e proteção jurídica judicial estão em uma conexão inseparável.[5]

2. Regulações jurídico-constitucionais

a) Regulações particulares

A lei fundamental contém só poucas prescrições que se ocupam especial e expressamente com o direito processual. Todavia, são sempre mais do que outras vezes, habitualmente, aparecem nas constituições, como mostra uma comparação com constituições alemãs mais antigas e constituições estrangeiras. A jurisdição é reconhecida como poder estatal autônomo ao lado do legislativo e do executivo (artigo 20 II, artigo 92, da lei fundamental), simultaneamente, porém, também vinculada ao direito vigente, particularmente, aos direitos fundamentais (artigo 1 III, artigo 20 III, artigo 97 I, da lei fundamental). O título IX, da lei fundamental, especialmente dedicado à jurisdição, traz prescrições sobre a organização e a competência dos tribunais federais (artigo 92 e seguintes, da lei fundamental), sobre a posição jurídica dos juízes, particularmente, sua independência material e pessoal (artigos 97, 98, da lei fundamental) e sobre alguns princípios de procedimento essenciais (juiz legal, segundo o artigo 101 I 2, da lei fundamental, audiência jurídica, segundo o artigo 103 I, da lei fundamental). A reserva de juiz geral do artigo 92, da lei fundamental, é complementada por reservas de juiz particulares, mediadoras de proteção jurídica preventiva (artigo 13, artigo 104, da lei fundamental) e por reservas de via jurídica especiais (artigo 14 III 4, artigo 34, proposição 3, da lei fundamental). As competências de dação de leis correspondentes da federação possibilitam uma regulação com unidade federal do direito de organização dos tribunais e direito processual (artigo 74 I, número 1, artigo 108 VI, da lei fundamental). De importância bem considerável – tanto para a relação-cidadão-estado como para o âmbito intra-estatal, particularmente, a relação entre a administração e a jurisdição administrativa – é a garantia da proteção jurídica do artigo 19 IV, da lei fundamental.

b) Princípios constitucionais gerais

As regulações particulares mencionadas estão não só consideradas em si em uma conexão sistemática, mas correspondem também com os princípios constitucionais fundamentais.

---

[5] Comparar para isso, BVerfGE 54, 277 (292); 81, 347 (356); *J. Isensee*, Grundvoraussetzungen und Verfassungserwartungen an die Grundrechtsausübung, in: ders./P. Kirchhof (Hrsg.), Handbuch des Staatsrechts der Bundesrepublik Deutschland, Bd. V: Allgemeine Grundrechtslehren, 1992, § 115 Rn. 109 ff.; K. Stern/M. *Sachs*, Das Staatsrecht der Bundesrepublik Deutschland, Bd. III/2, 1994, S. 537 ff., cada vez, com mais indicações.

aa) Isso é, com vista ao *princípio do estado de direito*, evidente. As regulações da lei fundamental sobre a proteção jurídica e a jurisdição formam elementos enformadores do princípio do estado de direito,[6] mas também são apoiadas e complementadas pelo princípio do estado de direito. A orientação estatal-jurídica do direito processual é, por isso, não só uma exigência político-jurídica, mas também um mandamento jurídico-constitucional que deve, como critério para a dação de leis, como linha diretiva de interpretação e – na falta de uma regulação estatal-jurídica suficiente – imediatamente ou em união com um direito fundamental,[7] ser invocado.

bb) O *princípio do estado social*, em compensação, não tem, para a jurisprudência e a jurisdição, nenhum significado constituinte.[8] O estado está obrigado não por fundamentos estatal-sociais, mas por estatal-jurídicos a garantir proteção jurídica efetiva. Seria, por isso, malogrado se do princípio do estado social fossem tiradas conseqüências específicas para a jurisprudência, por exemplo, a renúncia a uma decisão jurídica em favor de uma decisão de eqüidade adequada (aparentemente) ao caso particular.[9] Considerações estatal-sociais podem, no máximo, no quadro do direito vigente e para a fundamentação de regulações particulares, ser invocadas. Assim, as prescrições sobre o auxílio das custas processuais[10] deixam fundamentar-se estatal-socialmente, contudo, deveriam ser, antes, expressão do mandamento estatal-jurídico da igualdade de proteção jurídica.[11]

cc) O *princípio democrático* exige a legitimação democrática da jurisdição. Ela resulta, por um lado, quanto ao conteúdo-objetivamente pela vinculação dos juízes às leis promulgadas pelo parlamento e, por outro, pessoal-organizacionalmente pelo chamamento dos juízes, que se deixa, em último lugar – ainda que mediado por órgãos distintos –, reduzir ao

---

[6] Comparar para isso, K. Stern, Das Staatsrecht der Bundesrepublik Deutschland, Bd. I, 2. Aufl. 1984, S. 838 ff.; ders./M. Sachs, Das Staatsrecht der Bundesrepublik Deutschland, Bd. III/1, 1988, S. 1422 ff.; E. Schmidt-Aßmann, in: T. Maunz/G. Dürig (Hrsg.), Grundgesetz-Kommentar, Art. 19 Abs. 4 (1985), Rn. 15 ff.; K. Sobota, Das Prinzip Rechtsstaat, 1997, S. 188 ff.

[7] Por exemplo, a chamada igualdade de armas processual, segundo o artigo 3 I, da lei fundamental, em união com o princípio do estado de direito, comparar para isso, infra V 4.

[8] Comparar para isso, Stürner, Prozeßzweck (nota 4), S. 547 ff.; Schmidt-Aßmann (nota 6), Art. 19 Abs 4 Rn. 61.

[9] Comparar para isso, também BVerfGE 54, 277 (296).

[10] §§ 114 e seguintes, do código de processo civil, § 166, da ordenação da organização da jurisdição administrativa; para isso, O. Jauernig, Zivilprozeßrecht, 26. Aufl. 2000, § 94; Lorenz, Verwaltungsprozeßrecht (nota 1), § 42 Rn. 44 ff.

[11] O tribunal constitucional federal remetia outrora ao artigo 3 I, da lei fundamental, em união com o princípio do estado social (assim, por exemplo, BVerfGE 9, 124 [131]; 35, 348 [355]; 51, 298 [302]), mas ultimamente se apóia no artigo 3 I, da lei fundamental, em união com o princípio do estado de direito (BVerfGE 81, 347 [356]; 92, 122 [124]). Comparar para isso, pormenorizadamente, R. Scholz, Justizgewährleistung und wirtschaftliche Leistungsfähigkeit, in: Gedächtnisschrift für Eberhard Grabitz, 1995, S. 725 ff.

povo.[12] Mas também os tribunais contribuem, por sua vez, para a legitimação democrática do poder estatal porque eles, pela revisão de medidas estatais, intensificam a sua aceitação e, com isso, diminuem a distância entre o cidadão e o estado. Sob esse aspecto, a jurisdição tem não somente uma função estatal-jurídica, mas também uma democrática que, em vista dos direitos de cooperação democráticos, antes ampliados fracamente, dos cidadãos, sem mais, tem peso.[13]

dd) No *sistema de divisão de poderes* a jurisdição forma um dos três "poderes" (artigo 20 II, da lei fundamental).[14] Enquanto o parlamento e os órgãos governamentais e administrativos, o legislativo e o executivo, são, em sentido jurídico-constitucional e político, enlaçados um com o outro, a jurisdição é, segundo a concepção da lei fundamental, rigorosamente separada de ambos os outros poderes. A jurisdição está reservada exclusivamente aos juízes (artigo 92, da lei fundamental); em contrapartida, os juízes podem, no máximo, em proporção limitada, assumir tarefas administrativas. Essa separação ordenada jurídico-constitucionalmente também não deve ser iludida pelo fato de os postos de juízes serem ocupados sob pontos de vista político-partidários. Os tribunais, certamente, também não formam um poder em suspensão livre. Eles são, ao contrário, vinculados às leis e, com isso, às decisões do parlamento, à medida que elas concordam com a constituição. A administração está entre a dação de leis e a jurisdição administrativa: ela é, por um lado, vinculada pelas leis (artigo 20 III, da lei fundamental) e, por outro, controlada pelos tribunais na observância das leis (artigo 19 IV, da lei fundamental).

II. O significado geral da garantia da proteção jurídica do artigo 19 IV, da lei fundamental

1. Desenvolvimento histórico

O artigo 19 IV, da lei fundamental, conclui um longo desenvolvimento. Das exigências estatal-jurídicas da burguesia liberal no século 19 fazia parte também a proteção jurídica judicial contra atos estatais antijurídicos.[15] Discutível era somente se os tribunais já existentes (tribunais civis)

---

[12] Comparar universalmente para a legitimidade democrática, BVerfGE 83, 60 (72 f.); 93, 37 (66 ff.); E. – W. *Böckenförde*, Demokratie als Verfassungsprinzip, in: J. Isensee/P. Kirchhof (Hrsg.), Handbuch des Staatsrechts der Bundesrepublik Deutschland, Bd. I: Grundlagen von Staat und Verfassung, 1987, § 22 Rn. 14 ff.

[13] Comparar para isso, BVerfGE 40, 237 (251); *H. Schulze-Fielitz*, in: H. Dreier (Hrsg.), Grundgesetz-Kommentar, Bd. I, 1996, Art. 19 IV Rn. 29; *P. M. Huber*, in: H. v. Mangoldt/F. Klein/C. Starck (Hrsg.), Grundgesetz-Kommentar, Bd. 1, 4. Aufl. 1999, Art. 19 Rn. 362.

[14] Comparar para isso, circunstanciado, *Schmidt-Aßmann* (nota 6), Art. 19 Abs. 4 Rn. 56 ff.

[15] Comparar para isso e para o seguinte, H. Külz/R. Naumann (Hrsg.), Staatsbürger und Staatgewalt, Bd. I, 1963; *W. Rüfner*, Die Entwicklung der Verwaltungsgerichtsbarkeit, in: K. G. A. Jeserich/H. Pohl/

ou tribunais particulares, a serem instalados novos (tribunais administrativos), deveriam decidir.[16] A constituição do império de Frankfurt (que não se tornou eficaz juridicamente), de 1849, manifestou-se pela primeira alternativa.[17] A decisão definitiva caiu, contudo, em favor da segunda alternativa. Ela formava um compromisso. A atividade administrativa deveria, sem dúvida, estar sujeita ao controle judicial, mas não ao controle dos "tribunais verdadeiros", dos tribunais de justiça existentes, mas de tribunais administrativos particulares, unidos com a administração. No último terço do século 19 produziram-se, em conformidade com isso, estabelecimentos de tribunais administrativos, inicialmente em Baden (1863), então em Preußen (1872/75), em Hessen (1875), em Württemberg (1876), e assim por diante. Em 1914, quase todos os estados federados na Alemanha tinham tribunais administrativos próprios que, todavia, mostravam diferenças consideráveis. No plano inferior, a jurisdição administrativa dependia de autoridades administrativas ou de grêmios ocupados com funcionários administrativos que, por adjuntos leigos honoríficos, foram ampliados como elemento da auto-administração democrática. A instância suprema estava, na maioria dos estados federados maiores, separada organizacional e pessoalmente da administração, mas seus juízes vinham, preponderantemente, da administração. A competência limitava-se, em conformidade com o princípio da enumeração, a determinados casos e conjunturas de casos; só isoladamente valia a cláusula geral (assim, em Württemberg). Essas diferenças estavam, em parte, condicionadas pela orientação diferente da jurisdição administrativa que – tendencialmente – em Preußen deveria servir ao controle jurídico objetivo da administração e na Alemanha do sul à proteção jurídica subjetiva do cidadão.[18] No total, a jurisdição administrativa de então ainda não correspondia às idéias estatal-jurídicas de hoje, mas foi, contudo, um progresso considerável.

Nessa situação jurídica também permaneceu no tempo de Weimar. Pelo menos, porém, a constituição do império de Weimar determinava que no império e nos estados deveriam existir tribunais administrativos

---

G. –C. v. Unruh (Hrsg.), Deutsche Verwaltungsgeschichte, Bd. III, 1984, S. 909 ff.; Bd. IV, 1985, S. 639 ff., 1100 ff.; W. –R. *Schenke*, in: Bonner Kommentar zum Grundgesetz, Art. 19 Abs. 4 (1982), Rn. 7 ff.; E. *Schmidt-Aßmann*, in: F. Schoch/E. Schmidt-Aßmann/R. Pietzner (Hrsg.), Verwaltungsgerichtsordnung, Einleitung (1996), Rn. 70 ff.; W. *Kohl*, Das Reichsverwaltungsgericht, 1991, S. 9 ff.

[16] As concepções diferentes uniam-se, como se sabe, com os nomes Otto Bähr (Der Rechtsstaat, 1864) e Rudolf von Gneist (Der Rechtsstaat und die Verwaltungsgerichte in Deutschland, 1872).

[17] O § 182 I, da constituição do império de Frankfurt, dizia: "A administração da justiça administrativa acaba; sobre todas as violações jurídicas decidem os tribunais". Essa proposição, em terminologia atual não sem mais compreensível, indicava duas coisas distintas: (1) com a administração da justiça administrativa era considerado o controle intra-administrativo até agora; ele deveria ser eliminado; (2) em vez disso, deveriam decidir sobre todas as violações jurídicas – não só no âmbito jurídico-civil, mas também no jurídico-público – os tribunais ordinários existentes (tribunais civis).

[18] Ambas as concepções representavam, outra vez, dois nomes, ou seja, para o chamado tipo alemão do norte Rudolf von Gneist (comparar nota 16) e para o chamado tipo alemão do sul Otto von Sarwey (Das öffentliche Recht und die Verwaltungsrechtspflege, 1880).

para a proteção do particular contra ordenações e disposições das autoridades administrativas (artigo 107, da constituição do império de Weimar) e assegurou, com isso, jurídico-constitucionalmente a jurisdição administrativa. O tribunal administrativo do império, previsto nessa e em outras prescrições constitucionais, não (mais) foi, apesar de algumas iniciativas de lei, criado.[19]

No período nacional-socialista, a jurisdição administrativa foi, progressivamente, limitada e escavada, todavia, institucionalmente, não totalmente eliminada. A ideologia-nacional-socialista, que acentuava o princípio do chefe e a comunidade do povo e recusava os direitos subjetivos dos cidadãos como relíquia do liberalismo supostamente antiquado, dirigiu-se contra uma proteção jurídica judicial. No estado antijurídico de então, a jurisdição administrativa não desempenhava mais nenhum papel.[20]

Tanto mais energicamente foi explorada, depois de 1945, a estrutura de uma jurisdição administrativa orientada estatal-juridicamente. Já em 1946/48 foram promulgadas leis de tribunais administrativos nas zonas de ocupação ocidentais e instalados tribunais administrativos. Pontos de vista dirigentes foram a separação rigorosa da administração, a independência dos juízes administrativos, a orientação na proteção jurídica individual e a competência ampla, segundo o princípio da cláusula geral.[21] A jurisdição administrativa estava agora com o mesmo valor ao lado da jurisdição civil.[22] Na matéria, isso foi uma vitória posterior da concepção estatal-judicial de Otto Bähr.[23]

O artigo 19 IV, da lei fundamental, refere-se a esse desenvolvimento, acolhe-o, amplia-o e assegura-o jurídico-constitucionalmente. Ele garante – ultrapassando as cláusulas gerais jurídico-administrativas das leis dos tribunais administrativos promulgadas em 1946/48 – proteção jurídica

---

[19] Comparar artigos 31 II, 107, 166, da constituição do império de Weimar; *Kohl*, Reichsverfassungsgericht (nota 15), S. 166 ff.

[20] O tribunal administrativo do império que foi criado por uma chamada ordem do chefe pode ser surpreendente. Contudo, não se tratava de uma mudança de tendência estatal-jurídica, mas, exclusivamente, da reunião organizacional do tribunal administrativo de terceira instância de Preußen com alguns tribunais administrativos especiais do império, comparar *Kohl*, Reichsverwaltungsgericht (nota 15), S. 451 ff.

[21] O enlace da admissão da via jurídica administrativa com a presença de um ato administrativo foi amortizado por uma interpretação extensiva do conceito de ato administrativo.

[22] É, por conseguinte, também, sem mais, conseqüente que os tribunais administrativos não mais – como antigamente – caibam ao ministro do interior, mas ao ministro da justiça. Tanto mais surpreendente é, por isso, com vista a esse desenvolvimento, a tentativa (todavia, fracassada) de um presidente de ministros de unir o ministério do interior e ministério da justiça; comparar para essa decisão político-juridicamente duvidosa, a sentença dogmático-juridicamente malograda do tribunal constitucional de Nordrhein-Westfalen DVBl. 1999, 714, com nota de *J. Wieland* (S. 719 ff.) e JZ 1999, 1109, com nota de *J. Isensee* (S. 1113 ff.), ademais, *H. Maurer*, Zur Organizationsgewalt im Bereich der Regierung, in: Festschrift für Klaus Vogel, 2000, S. 331 ff., com mais demonstrações.

[23] Comparar para isso, supra, nota 16.

ampla contra todas as violações jurídicas do poder público.[24] Seu significado pleno abre-se, certamente, primeiro, então, quando se o vê não só no contexto histórico, mas também no atual. Ele reage à atividade estatal, progressiva em proporção e intensidade no estado industrial e prestacionista, e à dependência do cidadão, disso resultante, do estado ao ele intensificar em conformidade os direitos e a proteção jurídica do cidadão.[25] A proteção jurídica progressiva é o correlato da atividade estatal progressiva.

Na literatura, a garantia da proteção jurídica do artigo 19 IV, da lei fundamental, foi saudada como "coroamento do estado de direito", como "chave de abóbada na abóbada do estado de direito", e coisas semelhantes.[26] Mas ela também encontrou críticas. Assim, trata-se de uma "hipertrofia da estatalidade judicial", do "estado da via jurídica" ou até – com vista à extensão temporal intermediária – do "estado de direito total".[27] Essas estimativas diferentes, que, preponderantemente, remontam ao tempo logo após a promulgação da lei fundamental e são conscientemente pontiagudas, expressam, por um lado, o significado da garantia da proteção jurídica para o cidadão, por outro, porém, também o temor, a autonomia e a efetividade da administração poderiam ser prejudicadas por essa jurisdicização.

O significado fundamental da garantia da proteção jurídica para o estado da lei fundamental hoje, mal ainda, é posto em dúvida. A discussão gira em torno, sobretudo, da relação entre administração e jurisdição administrativa. Embora, segundo a concepção clara da lei fundamental, a administração esteja vinculada às leis (artigo 20 III, da lei fundamental) e a observância das leis possa ser controlada pelos tribunais (artigo 19 IV, da lei fundamental), todavia, o traçamento de limites rigoroso permanece, sempre de novo, duvidoso, como mostram os conceitos reserva da lei, densidade regulativa e intensidade do controle, poder discricionário e conceitos jurídicos indeterminados, relevância ou não-observação dos vícios de procedimento. O artigo 19 IV, da lei fundamental, pode encontrar limites. Ele forma, contudo, a norma fundamental central. Limitações são, como ainda deve ser exposto, somente justificadas quando elas resultam dele mesmo.[28]

---

[24] Do mesmo modo, já artigo 2 III, da constituição de Hessen, de 1946. As constituições estaduais restantes promulgadas antes de 1949 limitam-se – em conformidade com o artigo 107, da constituição do império de Weimar – à garantia da proteção jurídica contra medidas administrativas.

[25] R. *Wassermann*, in: Alternativkommentar zum Grundgesetz, Bd. 1, 2. Aufl. 1989, Art. 19 Abs. 4 Rn. 9.

[26] Comparar as indicações em *G. Dürig*, in: T. Maunz/G. Dürig (Hrsg.), Grundgesetz-Kommentar, Art. 19 Abs. 4 (1958), Rn. 1, também impresso in *G. Dürig*, Gesammelte Schriften, 1984, S. 197 (197); *Schenke* (nota 15), Art. 19 Abs. 4 Rn. 24; *Wassermann* (nota 25), Art. 19 Abs. 4 Rn. 7.

[27] Comparar as indicações em *Schenke* (nota 15), Art. 19 Abs. 4 Rn. 24; *Wassermann* (nota 25), Art. 19 Abs. 4 Rn. 7; *Schmidt-Aßmann* (nota 15), Einleitung Rn. 3.

[28] Comparar para isso, infra III 6.

2. A classificação dogmático-constitucional da garantia da proteção jurídica do artigo 19 IV, da lei fundamental

a) O artigo 19 IV, da lei fundamental, é *direito imediatamente vigente*. Ele vincula, inicialmente, o dador de leis e obriga-o à regulação e formação circunstanciada da proteção jurídica judicial.[29] O dador de leis tem, nisso, um espaço de configuração amplo, mas deve observar os ajustes do artigo 19 IV, da lei fundamental, e desenvolver e determinar um sistema de proteção jurídica adaptado à função. O artigo 19 IV, da lei fundamental, contém, contudo, não só um pedido de dação de leis, mas também vincula os tribunais. Eles são obrigados a interpretar e aplicar o direito processual determinante no caso concreto à luz do artigo 19 IV, da lei fundamental, e a compensar déficits de proteção jurídica eventuais sob invocação do artigo 19 IV, da lei fundamental.[30] Por fim, resultam do artigo 19 IV, da lei fundamental, também efeitos antecipados para a atividade administrativa e o procedimento administrativo; eles, particularmente, não devem ser formados de modo que a proteção jurídica (posterior) seja dificultada ou até impedida.[31]

b) O artigo 19 IV, da lei fundamental, garante um *direito fundamental subjetivo*.[32] Sua violação pode, por isso, mesma ser feita valer judicialmente e, por fim, ser objetada com o recurso constitucional. No quadro do sistema dos direitos fundamentais, o artigo 19 IV, da lei fundamental, ocupa uma posição especial. Ele não fundamenta nenhuma posição jurídica material (como os direitos de liberdade e, condicionado, também os direitos de igualdade), mas serve como direito procedimental à proteção e à imposição de posições jurídicas materiais. Por isso, ele não tem – contra um modo de falar propagado – também nenhum âmbito de proteção, em todo o caso, nenhum âmbito de proteção, materialmente determinado ou juridicamente delimitado, com caráter de defesa. Ele fundamenta, ao contrário, uma pretensão de prestação do cidadão contra o estado,[33] ou seja, de garantia de proteção jurídica suficiente no caso litigioso concreto, o que, outra vez, pressupõe a instalação de uma jurisdição correspondente. Função de defesa ele tem somente à medida que ele contribui à imposição

---

[29] Comparar BVerfGE 40, 237 (256); 54, 94 (97); 101, 106 (123); 101, 397 (408).

[30] BVerfGE 54, 94 (97); 77, 275 (284).

[31] Comparar H. D. *Jarass*, in: ders./B. *Pieroth*, Grundgesetz-Kommentar, 5. Aufl. 2000, Art. 19 Rn. 49 f., com mais indicações.

[32] BVerfGE 96, 27 (39); 101, 106 (121); H. –J. *Papier*, Rechtsschutzgarantie gegen die öffentliche Gewalt, in: J. Isensee/P. Kirchhof (Hrsg.), Handbuch des Staatsrechts der Bundesrepublik Deutschland, Bd. VI: Freiheitsrechte, 1989, § 154 Rn. 1; *Schmidt-Aßmann* (nota 6), Art. 19 Abs. 4 Rn. 7; *Huber* (nota 13), Art. 19 Rn. 378; *Schulze-Fielitz* (nota 13), Art. 19 IV Rn. 30; W. *Krebs*, in: I. v. Münch/P. Kunig (Hrsg.), Grundgesetz-Kommentar, Bd. 1, 5. Aufl. 2000, Art. 19 Rn. 49.

[33] BVerfGE 101, 106 (123); *Schulze-Fielitz* (nota 13), Art. 19 IV Rn. 65; *Huber* (nota 13), Art. 19 Rn. 381.

da pretensão de defesa resultante dos direitos de liberdade.[34] Como ele garante proteção jurídica *sem lacunas*, ele forma, de certo modo, o equivalente formal ao artigo 2 I, da lei fundamental, que, como direito de liberdade principal jurídico-material, cobre todo o âmbito de liberdade. Por isso, o artigo 19 IV, da lei fundamental, é designado como "direito fundamental principal formal".[35]

c) A lei fundamental decidiu-se, com isso, em conformidade com o desenvolvimento histórico, para o sistema de proteção do direito individual.[36] Ponto de referência do exame judicial é a violação (afirmada) de direitos subjetivos, não o controle jurídico objetivo. Nisso, reside uma limitação do "estado da via jurídica" que, pelos críticos da garantia da proteção jurídica, não sempre é observada. A proteção de direitos subjetivos implica, certamente, um controle jurídico objetivo, uma vez que direitos existem não em si, mas somente em virtude de normas jurídicas e deveres jurídicos, disso resultantes. O enlace com o controle jurídico objetivo não é uma conseqüência secundária não-intencionada, mas, sem mais, querida. Permanece, contudo, a orientação pelo direito subjetivo, que o respectivo demandante faz valer. Isso torna-se problemático, quando o direito subjetivo concreto está em conexões maiores, possivelmente, até em uma entrançadura inteira de interesses e direitos diferentes e em sentido contrário, públicos e privados. Porque, por um lado, as conexões maiores podem só condicionalmente ser incluídas na decisão jurídica pontual, e, por outro, pode a decisão jurídica, outra vez, ter repercussões sobre precisamente essas conexões, sem que elas possam ser co-ponderadas.[37]

d) O artigo 19 IV, da lei fundamental, expressa, com isso, a *subjetivação* da relação-cidadão-estado. A pessoa particular não deve ser tratada como mero objeto do poder estatal, mas pode, como sujeito independente, pôr-se defronte do estado com direitos próprios e defender e fazer valer os seus direitos. A base e o motor dessa subjetivação são a garantia da dignidade humana no artigo 1 I, da lei fundamental, e os direitos fundamen-

---

[34] Contra, um pouco construído, *Schulze-Fielitz* (nota 13), Art. 19 IV Rn. 65, o artigo 19 IV, da lei fundamental, concede "ao particular uma pretensão de omissão, de não dificultar ou abreviar a proteção jurídica de um modo não-exigível, objetivamente não-suscetível de justificação".

[35] Assim, primeiro F. *Klein*, Tragweite der Generalklausel im Art. 19 Abs. 4 des Bonner Grundgesetzes, VVDStRL 8 (1950), S. 67 (88); *Schulze-Fielitz* (nota 13), Art. 19 IV Rn. 31; *Huber* (nota 13), Art. 19 Rn. 372; *Krebs* (nota 32), Art. 19 Rn. 47, acha até que com essa caracterização o artigo 19 IV, da lei fundamental, é "ainda subestimado", uma vez que proteção jurídica "não" é "uma adição que é associada ao direito fundamental material, mas parte da própria proteção de direitos fundamentais jurídico-subjetiva".

[36] Doutrina dominante, comparar, por exemplo, *Schulze-Fielitz* (nota 13), Art. 19 IV Rn. 8; *Papier*, Rechtsschutzgarantie (nota 32), Rn. 1.

[37] Comparar para isso, E. *Schmidt-Aßmann*, Das allgemeine Verwaltungsrecht als Ordnungsidee, 1998, S. 196.

tais que resultam dela.[38] Ela é assegurada e intensificada processualmente pelo artigo 19 IV, da lei fundamental.

e) O "significado destacado que cabe a essa 'norma de princípio para o ordenamento jurídico total' ... na estrutura constitucional da lei fundamental",[39] porém, também não deve induzir a isto, de *sobrecarregá-la*. Por isso, é oportuno, perante teses, que o artigo 19 IV, da lei fundamental, contém um *mandamento de jurisdicização*,[40] reserva. É, certamente, correto que a garantia da proteção jurídica somente pode ser eficaz quando existem critérios jurídicos, nos quais os atos estatais objetados podem ser examinados. Pelo artigo 19 IV, da lei fundamental, contudo, tais critérios são pressupostos, não-fundamentados ou, também, só fomentados.[41] Isso também não é necessário, uma vez que os direitos fundamentais e a reserva de lei geral garantem uma existência suficiente de tais regulações jurídico-materiais. No jogo de conjunto, regulado jurídico-constitucionalmente, de regras e realização do direito, o artigo 19 IV, da lei fundamental, tem o seu papel na realização do direito.

A concepção sustentada na literatura, que o artigo 19 IV, da lei fundamental, contém não só um direito fundamental subjetivo, mas também uma *decisão de valor objetiva*[42] e uma *garantia institucional* da jurisdição[43] não pode, igualmente, convencer bem. A tripartição (direito subjetivo, decisão de valor objetiva, garantia institucional) foi, com vista a determinados direitos fundamentais, particularmente, artigo 6 I, da lei fundamental, desenvolvida e, então, generalizada.[44] Ela, contudo, não se ajusta ao direito fundamental procedimental do artigo 19 IV, da lei fundamental. Pelo menos, ela não traz nenhum ganho de conhecimento adicional. Inicialmente se deveria, uma vez, esclarecer em qual sistema de valores (direitos fundamentais materiais/formais, funções estatais, e assim por diante) qual função de valores a proteção jurídica deve ocupar. Como norma constitucional objetiva, o artigo 19 IV, da lei fundamental, aliás, obriga os órgãos estatais à garantia da proteção jurídica – no caminho da regulação legal, da interpretação (conforme a constituição), da imposição concreta, e assim

---

[38] Isso também vale, quando o estado torna-se ativo fomentador e assistente, comparar para isso, a decisão de assistência fundamental BVerwGE 1, 159 ff.

[39] Assim, BVerfGE 58, 1 (40) com referência a *H. v. Mangoldt/F. Klein*, Das Bonner Grundgesetz, Bd. 1, 2. Aufl. 1957, s. 542.

[40] *D. Lorenz*, Der Rechtsschutz des Bürgers und die Rechtsweggarantie, 1973, S. 14 ff.; indo mais além ainda, *N. Achterberg* deduz do artigo 19 IV, da lei fundamental, uma reserva de lei ampla, comparar *N. Achterberg*, Probleme der Funktionslehre, 1970, S. 207 f.; *ders.*, Allgemeines Verwaltungsrecht, 2. Aufl. 1986, § 18 Rn. 29; recusante, *Schenke* (nota 15), Art. 19 Abs. 4 Rn. 438; *Schmidt-Aßmann* (nota 6), Art. 19 Abs. 4 Rn. 13.

[41] Comparar para isso, infra III 2.

[42] *Schmidt-Aßmann* (nota 6), Art. 19 Abs. 4 Rn. 6, 10 ff.; *Huber* (nota 13), Art. 19 Rn. 387.

[43] *Schmidt-Aßmann* (nota 6), Art. 19 Abs. 4 Rn. 6, 14 ff.; Stern/Sachs, Staatsrecht III/1 (nota 6), S. 1442; *Papier*, Rechtsschutzgarantie (nota 32), Rn. 3; *Krebs* (nota 32), Art. 19 Rn. 49.

[44] Comparar para o artigo 6 I, da lei fundamental: BVerfGE 6, 55 (72 f.); 62, 323 (329); 80, 81 (92 f.).

por diante. Mais também o conceito vago de decisão de valor não pode dar. Ele contém, ao contrário, o perigo que a garantia da proteção jurídica é ponderada com outros valores, isto é, porém, abreviada. O artigo 19 IV, da lei fundamental, contudo, segundo o seu texto claro e sua classificação sistemática, não concede nenhuma "proteção jurídica ponderada",[45] mas uma proteção jurídica sem lacunas ampla.

O artigo 19 IV, da lei fundamental, também não contém uma garantia institucional da jurisdição, mas remete à jurisdição regulada e "institucionalizada" no artigo 92 e seguintes, da lei fundamental. É, certamente, correto que o artigo 19 IV, da lei fundamental, correria no vazio se não existissem tribunais; mas esse conhecimento permanece abstrato, precisamente, porque o artigo 92 e seguintes, da lei fundamental, traz regulações correspondentes e o artigo 19 IV, da lei fundamental, somente contribui para a formação da proteção jurídica judicial.

f) Em contrapartida, o artigo 19 IV, da lei fundamental, também não deve ser *coberto* ou *suprimido* pelo fato de já dos *direitos fundamentais materiais* ser derivada *uma garantia de proteção jurídica correspondente*. Segundo a doutrina da proteção dos direitos fundamentais por organização e procedimento, o estado é obrigado, por regulações de organização e de procedimento, a assegurar que os direitos fundamentais materiais também (possam) ser impostos realmente.[46] Essa doutrina pode, certamente, apoiar-se em bons fundamentos. Ela, contudo, não compreende a proteção jurídica judicial.[47] Já é dogmático-juridicamente não-sustentável estender interpretativamente os direitos fundamentais materiais a um âmbito que já, inequivocamente, está ocupado por uma outra prescrição constitucional, ou seja, o artigo 19 IV, da lei fundamental.[48] Isso vale tanto mais que o relacionamento com os direitos fundamentais e a ponderação, disso resultante, com outros direitos fundamentais podem levar facilmente à abreviação da proteção jurídica. O artigo 19 IV, da lei fundamental, puxou, como *Krebs* comprova plasticamente, os conteúdos de garantia do procedimento judicial "atrás dos parênteses" e submeteu a uma regulação autônoma.[49] Isso não exclui influências dos direitos fundamentais mate-

---

[45] Assim, *Schmidt-Aßmann* (nota 6), Art. 19 Abs. 4 Rn. 4; *Huber* (nota 13), Art. 19 Rn. 388 f.

[46] Assim, o tribunal constitucional federal, comparar BVerfGE 46, 325 ff. (proteção da propriedade no procedimento de execução); 52, 380 (389 f.) (procedimento de exame); 53, 59 ff. (central de energia nuclear); 65, 44 (49) (autodeterminação relativa à informação); 69, 315 (355 ff.) (demonstração grande); 73, 280 (296) (procedimento de seleção); 90, 60 (96) (taxas de radiodifusão); ademais, *K. Hesse*, Grundzüge des Verfassungsrechts der Bundesrepublik Deutschland, 20. Aufl. 1995, Rn. 358 ff. [Nota do tradutor: esse livro foi vertido para a língua portuguesa, sob o título "Elementos de direito constitucional da república federal da Alemanha", publicado por Sergio Antonio Fabris, Porto Alegre, 1998. Tradutor: Luís Afonso Heck.]; *Stern*/Sachs, Staatsrecht III/1 (nota 6), S. 956 ff., com mais indicações.

[47] Limitativa, agora, também BVerfGE 101, 106 (122).

[48] Assim também a literatura preponderante, comparar, por exemplo, *Papier*, Rechtsschutzgarantie (nota 32), Rn. 14 f.; *Huber* (nota 13), Art. 19 Rn. 370 ff.

[49] *Krebs* (nota 32), Art. 19 Rn. 48.

riais sobre a configuração da proteção jurídica; elas resultam da função do direito processual, que serve à imposição do direito material e, por isso, deve orientar-se por ele. Uma divisão específica aos direitos fundamentais do direito processual não se deixa deduzir disso. Mesmo no caso de uma regulação especial é, como o tribunal constitucional federal acentua, "ordenada a maior reserva".[50]

g) O artigo 19 IV, da lei fundamental, que assegura a imposição processual dos direitos fundamentais materiais e outros direitos, é complementado pela garantia da *responsabilidade do estado no artigo 34, da lei fundamental*. Em conformidade com isso, é falado, na literatura, de proteção jurídica primária e de proteção jurídica secundária.[51] Ambas as garantias radicam no princípio do estado de direito. Se a proteção jurídica primária, que visa à eliminação da antijuridicidade, falha completamente ou em parte, porque já não mais foram criados fatos corrigíveis, então intervém o artigo 34, da lei fundamental, que garante o ressarcimento de dano e, com isso, proteção jurídica secundária. Em perspectiva histórica, o artigo 34, da lei fundamental, refere-se à responsabilidade do funcionário, do § 839, do código civil. Em perspectiva sistemática, ele forma, contudo, uma parte do sistema de proteção jurídica legal-fundamental. Ele transmuta não só uma pretensão, fundamentada no código civil, ao estado,[52] mas forma um fundamento de responsabilidade autônomo, que somente e também só em parte – condicionado do ponto de vista da história da origem – é preenchido pelos elementos do tipo do § 839, do código civil.[53]

III. O conteúdo de regulação do artigo 19 IV, da lei fundamental

1. Poder público

Sob o conceito do poder público cai, fundamentalmente, o poder estatal todo, em todas as suas manifestações soberanas.[54] Essa compreensão

---

[50] Assim, BVerfGE 60, 253 (296 ff.) com vista ao direito de asilo (artigo 16 II 2, da lei fundamental, antiga redação).

[51] Comparar para isso, *Schmidt-Aßmann* (nota 15), Einleitung Rn. 230 f.; *S. Detterbeck/K. Windthorst/H. -D. Sproll*, Staatshaftungsrecht, 2000, § 3 Rn. 6, com mais indicações.

[52] Assim, porém, ainda a jurisprudência e a doutrina dominante, comparar BVerfGE 61, 149 (198).

[53] Comparar para isso, também *H. Maurer*, Staatshaftung im europäischen Kontext, in: Festschrift für Karlheinz Boujong, 1996, S. 591 (611 f.), *ders.*, Allgemeines Verwaltungsrecht, 13. Aufl. 2000, Rn. 6 vor § 25 (S. 630 f.). [Nota do tradutor: esse livro foi vertido para a língua portuguesa, da 14. edição alemã, 2002, sob o título "Direito administrativo geral", publicado por Manole, São Paulo, 2006. Tradutor: Luís Afonso Heck.]

[54] Duvidoso e discutível é se e até que ponto também atuação administrativa *jurídico-privada* cai sob o artigo 19 IV, da lei fundamental, comparar as indicações em *Jarass* (nota 31), Art. 19 Rn. 29; *H. Krüger*, in: M. Sachs (Hrsg.), Grundgesetz-Kommentar, 2. Aufl. 1999, Art. 19 Rn. 120 f. Isso, praticamente, não desempenha nenhum papel porque, quando o artigo 19 IV, da lei fundamental, não é aplicável, intervém a pretensão de concessão de justiça geral (comparar para isso, infra V).

ampla vale também para o artigo 19 IV, da lei fundamental. De outra forma como no artigo 1 III, da lei fundamental, a lei fundamental renuncia, no artigo 19 IV, da lei fundamental, a isto, de enumerar um ao lado do outro os poderes particulares, porém emprega o conceito amplo do poder público, mas acha a mesma coisa. À vinculação aos direitos fundamentais ampla corresponde o controle judicial amplo.

a) Executivo

Ao poder público pertencem, inicialmente, uma vez, todos os atos executivos, não só medidas administrativas, particularmente, atos administrativos, mas também atos de governo, atos de graça, medidas de planejamento e normas administrativas.[55] Somente em casos particulares é, ocasionalmente, ainda, sustentada uma interpretação limitativa. Assim, o tribunal constitucional federal excluiu, em sua decisão de 23.4.1969, atos de graça;[56] se fica nessa decisão é, contudo, duvidoso, depois que o tribunal, algum tempo depois, incluiu a revogação de atos de graça.[57] Também com vista à disposição de direito executiva, o tribunal constitucional federal abandonou a sua reserva original. Enquanto ele, em 1971, ainda deixou aberto se a "dação de leis material", isto é, disposição de direito do executivo cai sob o artigo 19 IV, da lei fundamental,[58] ele, posteriormente – 1985 –, afirmou isso para estatutos (planos de urbanização).[59] O limite forma não a natureza jurídica do ato executivo particular, mas a afetação jurídica do cidadão. Se realmente a maioria dos atos de governo não são compreendidos pela garantia da proteção jurídica, então isso depende disto, que eles, em regra, não prejudicam o cidadão imediatamente em seus direitos.[60]

b) Legislativo

Discutível é se o artigo 19 IV, da lei fundamental, compreende também leis *formais*, portanto, atos legislativos. O tribunal constitucional federal nega isso,[61] mas encontra, nisso, na literatura, oposição progressivamen-

---

[55] Comparar para isso, em seus pormenores, as indicações em *Jarass* (nota 31), Art. 19 Rn. 29; *Huber* (nota 13), Art. 19 Rn. 436.

[56] BVerfGE 25, 352 (357 ff.).

[57] BVerfGE 30, 108 (110 f.); isso vale tanto mais quanto a primeira decisão foi pronunciada 4:4, a segunda decisão, unânime.

[58] BVerfGE 31, 364 (368).

[59] BVerfGE 70, 35 (55 ff.); no caso concreto, que se desenrolou em Hamburg, tratava-se até de um plano de urbanização em forma de uma lei que, porém, foi tratado processualmente pelo tribunal constitucional federal como um estatuto.

[60] Isso também vale para o recurso constitucional (artigo 93 I, número 4a, da lei fundamental); mas lá, o tribunal constitucional federal é, sem mais, generoso, como a decisão sobre o contrato de Maastrich (BVerfGE 89, 155 ff.) e sobre o Euro (BVerfGE 97, 350 ff.) mostram.

[61] BVerfGE 24, 33 (49 ff.); 24, 367 (401); 25, 352 (365); 45, 297 (322, 334); 75, 108 (165); 95, 1 (22).

te,[62] ainda que a doutrina dominante, certamente, ainda, siga o tribunal constitucional federal.[63] O tribunal constitucional federal fundamentou a exclusão das leis formais somente em sua primeira decisão de 25.6.1968.[64] Nas decisões posteriores, ele, em conjunto, remeteu a essa decisão sem revisar ou também só repetir os próprios argumentos. Isso é tanto mais problemático que a primeira decisão concerne a um caso atípico, ou seja, a questão, se o artigo 19 IV 2, da lei fundamental, intervém porque a lei de ratificação objetada (um contrato de direito internacional público com regulação de conseqüências da guerra) excluiu a via jurídica – também o, naquele tempo somente determinado legal-ordinariamente, recurso constitucional –. O tribunal constitucional federal negou a competência de substituição dos tribunais civis, segundo o artigo 19 IV 2, da lei fundamental, porque todo o artigo 19 IV, da lei fundamental, não compreende a dação de leis. Para a fundamentação o tribunal expôs que, primeiro, uma demanda imediata contra leis iria significar uma ruptura com a tradição jurídica e, por isso, deveria expressar-se inequivocamente no artigo 19 IV, da lei fundamental, o que, contudo, não é o caso, que, segundo, as prescrições sobre o controle normativo jurídico-constitucional, segundo o artigo 93 I, número 2, e artigo 100 I, da lei fundamental, são definitivas e que, terceiro, a decisão do controle normativo é com vinculatividade universal, mas o artigo 19 IV, da lei fundamental, não concede ao cidadão o direito de, por motivo da violação de seus direitos, provocar uma decisão com vinculatividade universal do tribunal ordinário sobre a validade de uma lei.[65] Esses argumentos, já naquele tempo, não podiam convencer; eles são, pelo menos, hoje, antiquados. O argumento da tradição já é malogrado porque o artigo 19 IV, da lei fundamental, não simplesmente quer conservar o direito até agora, mas intensificar a proteção jurídica. O segundo argumento leva à questão, o que a regulação "definitiva" deve excluir. O controle normativo objetivo[66] e a proteção jurídica subjetiva não estão em uma relação de concorrência imediata, que deveria ser solucionada por alguma regra de colisão, por exemplo, a regra-lex-specialis. O artigo 100 I, da lei fundamental, regula, na realidade, somente o monopólio de rejeição do tribunal constitucional federal, mas não exclui um exame de normas pelos tribunais especializados, mas até o pressupõe, prescindindo totalmente disto,

---

[62] *Schenke* (nota 15), Art. 19 Abs. 4 Rn. 249 ff.; *Schmidt-Aßmann* (nota 6), Art. 19 Abs. 4 Rn. 93 ff.; *Huber* (nota 13), Art. 19 Rn. 439 ff.

[63] *Jarass* (nota 31), Art. 19 Rn. 30; *Hesse*, Grundzüge (nota 46), Rn. 337.

[64] BVerfGE 24, 33 (49 ff.).

[65] BVerfGE 24, 33 (51); esse último argumento visa, sem dúvida, à competência de substituição dos tribunais ordinários, segundo o artigo 19 IV 2, da lei fundamental, mas deveria valer para todos os tribunais especializados.

[66] O artigo 100 I, da lei fundamental, concerne igualmente a um caso do controle normativo objetivo, uma vez que ele é aberto por solicitação do tribunal do processo (apresentação judicial) e tem exclusivamente a constitucionalidade da norma apresentada como objeto.

que ele somente vale para leis pós-constitucionais. O artigo 93 I, número 2, da lei fundamental, limita-se processual-constitucionalmente ao âmbito intra-estatal. Isso conduz já ao terceiro argumento. Pode, sem dúvida, com vista ao caso excepcional decidido naquele tempo, ter tido uma certa justificação, mas hoje, em todo o caso, não mais é capaz. A proteção jurídica contra normas jurídicas não deve ser estreitada à questão sobre o controle normativo principal. O artigo 19 IV, da lei fundamental, não garante, como o tribunal constitucional federal já comprovou acertadamente em sua decisão de 27.7.1971, uma "via jurídica determinada", mas somente que as medidas soberanas, que prejudicam o cidadão, podem ser revisadas em "algum procedimento judicial".[67] Basta que o cidadão possa defender-se exitosamente contra os atos de efetivação que o prejudicam ou outras repercussões da lei, segundo sua concepção, anticonstitucional.[68] Um controle normativo principal somente é ordenado quando a norma jurídica como tal afeta imediatamente o cidadão. Nesse caso, intervém o recurso constitucional. Do requisito do esgotamento da via jurídica e do princípio da subsidiariedade resulta que ele, somente como último meio, pode ser empregado. O próprio tribunal constitucional federal, sempre de novo, chama a atenção sobre isso. O recurso constitucional, por isso, não torna supérflua a inclusão da dação de leis no artigo 19 IV, da lei fundamental, mas exige-a exatamente, e precisamente, no interesse do alívio quantitativo e qualitativo do tribunal constitucional federal. Ao todo, deixa, com isso, conservar-se que o artigo 19 IV, da lei fundamental, também compreende o legislativo, mas a formação da proteção jurídica – sobretudo, com vista à situação de tensão de controle normativo atuante geral e proteção jurídica individual – deixa a cargo do dador de leis. O recurso constitucional insere-se no sistema de proteção jurídica legal-fundamental.[69]

Digno de atenção é que a tese, sustentada pelo tribunal constitucional federal, que o artigo 19 IV, da lei fundamental, não vale para leis formais, há muito não mais no âmbito de proteção jurídica, mas no âmbito da desapropriação, torna-se significativa. O tribunal sustenta, nomeadamente, a concepção que a desapropriação legal só excepcionalmente é admissível, porque contra leis formais e, com isso, contra a desapropriação legal não existe uma proteção jurídica suficiente.[70] Com isso, contudo, são confundidos causa e efeito. Se realmente não existisse proteção jurídica suficiente contra desapropriações legais, ela deveria, precisamente, ser ampliada em

---

[67] BVerfGE 31, 364 (368); comparar, ademais, BVerwGE 50, 11 (13 f.).
[68] BVerfGE 75, 108 (165).
[69] Comparar *Huber* (nota 13), Art. 19 Rn. 452, 475 f.; os pressupostos de aceitação do § 93a II, da lei do tribunal constitucional federal, deveriam estar presentes quando se trata da constitucionalidade de uma lei. Pelo menos, eles deveriam, com vista ao artigo 19 IV, da lei fundamental, ser interpretados nesse sentido. Possíveis déficits existem, no máximo, ainda naqueles estados federados que não conhecem recurso constitucional contra leis estaduais no tribunal constitucional estadual.
[70] BVerfGE 24, 367 (401 f.); 45, 297 (334); 95, 1 (22); comparar também BVerfGE 84, 133 (159).

conformidade. Correto é, todavia, que a desapropriação legal só excepcionalmente é admissível. Mas isso não tem a sua causa na proteção jurídica limitada, que – em interpretação correta – é garantida pelo artigo 19 IV, da lei fundamental – mas nisto, que a desapropriação, conforme o objeto, é um ato administrativo e, por isso, também deve, fundamentalmente, ser reservada à administração.[71] Pelo menos, porém, a garantia da proteção jurídica do artigo 19 IV, da lei fundamental, deveria ser estendida a tais atos administrativos revestidos em forma de lei.

c) Poder judiciário

Duvidoso é, ademais, se a garantia da proteção jurídica do artigo 19 IV, da lei fundamental, também compreende o poder judiciário. O tribunal constitucional federal[72] e a doutrina dominante[73] negam isso. O artigo 19 IV, da lei fundamental, concede proteção jurídica pelo juiz, não contra o juiz.[74] Ele, por isso, não fundamenta uma pretensão a um recurso jurídico contra uma decisão judicial ou a uma via de recursos.[75] Essa opinião não ficou inquestionável. *D. Lorenz* já, há anos, sustentou a concepção que o artigo 19 IV, da lei fundamental, pede a revisão de atos procedimentais judiciais, uma vez que o tribunal, sob esse aspecto, não decide como desinteressado entre duas partes, mas mesmo exerce poderes de domínio.[76] *A. Voßkuhle* deduz do artigo 19 IV, da lei fundamental, e do sistema de controle, segundo sua opinião, apoiado na lei fundamental, uma "pretensão de controle secundário" que, fundamentalmente, exige uma segunda instância.[77] Eles, entrementes, encontraram partidários.[78] A doutrina dominante reconhece, sem dúvida, que o texto e a tendência do artigo 19 IV, da lei fundamental, falam em favor da interpretação ampla, que inclui a jurisdição, remete, contudo, à função da jurisdição e exige, por conseguin-

---

[71] Comparar para isso, *Maurer*, Verwaltungsrecht (nota 53), § 26 Rn. 56; para a terminologia malograda do tribunal constitucional federal, lá, número de margem 51.

[72] BVerfGE 11, 263 (265); 15, 275 (280); 49, 329 (340 f.); 65, 76 (90); 76, 93 (98).

[73] *Schenke* (nota 15), Art. 19 Abs. 4 Rn. 275; *Schmidt-Aßmann* (nota 6), Art. 19 Abs. 4 Rn. 96 ff.; *ders.* (nota 15), Einleitung Rn. 16; *Papier*, Rechtsschutzgarantie (nota 32), Rn. 37; *K. A. Bettermann*, Der Schutz der Grundrechte in der ordentlichen Gerichtsbarkeit, in: ders./H. C. Nipperdey/U. Scheuner (Hrsg.), Die Grundrechte, Bd. III/2, 1959, S. 779 (790 f.).

[74] Assim, a fórmula procedente de Dürig e muito citada, comparar *Dürig* (nota 26), Art. 19 Abs. 4 Rn. 17; ademais, por exemplo, BVerfGE 11, 263 (265); 49, 329 (340); 76, 93 (98); *Jarass* (nota 31), Art. 19 Rn. 31.

[75] BVerfGE 4, 74 (94 f.) (com referência ao "princípio estatal-jurídico"); 49, 329 (340 f.); 65, 76 (90); 87, 48 (61); 92, 365 (410); 92, 58 (185); 96, 27 (39).

[76] *Lorenz*, Rechtsschutz (nota 40), S. 241 ff.; *ders.*, Verwaltungsprozeßrecht (nota 1), § 3 Rn. 16.

[77] *A. Voßkuhle*, Rechtsschutz gegen den Richter, 1993, S. 255 ff.

[78] *T. Brandner*, Instanzenzug und Verfassungsrecht, in: Festschrift für Hans Erich Brandner, 1996, S. 683 ff.; *Huber* (nota 13), Art. 19 Rn. 444 ff., particularmente, Rn. 448; *Schulze-Fielitz* (nota 13), Art. 19 IV Rn. 35 (todavia, com, antes, alusões vagas); ademais, já anteriormente *Horst Bauer*, Gerichtsschutz als Verfassungsgarantie, 1973, S. 100 f.

te, uma redução teleológica: a jurisdição deve, no interesse da certeza jurídica e da paz jurídica, trazer um conflito jurídico à conclusão; esse objetivo iria malograr se, sem limites – ad infinitum –, poderia e iria ser processado mais além. O argumento da decisão do litígio definitivo perde, contudo, em peso, quando se exige, simplesmente, uma segunda instância, sim, se a restringe até a revisão jurídica e, de resto, admite exceções materialmente fundadas.[79] Em contrapartida, pode, novamente, perguntar-se porque "se já" só uma revisão da primeira instância, não também da segunda e, talvez, até de outras instâncias deve ser admissível.

A classificação do poder judiciário tem, na discussão da reforma atual, também significado prático. Como o direito processual vigente em grande escala tem à disposição recursos jurídicos, trata-se – com vista à exigência por um alívio dos tribunais (superiores) e pela aceleração do procedimento – da questão, se o dador de leis pode determinar limitações segundo o seu poder discricionário ou está vinculado pelo artigo 19 IV, da lei fundamental, e, por isso, deve justificar particularmente eventuais limitações. Um afilamento unilateral, todavia, não satisfaz a problemática. Também então, quando o artigo 19 IV, da lei fundamental, não devesse intervir, o poder discricionário legislativo não pode passar por cima do mandamento estatal-jurídico da proteção jurídica, prescindindo totalmente disto, que a instalação de tribunais superiores da federação como ápices das jurisdições especializadas (artigo 95 I, da lei fundamental) pressupõe uma certa via de recursos.

De resto, também a jurisdição faz concessões. Assim, o tribunal constitucional federal, sempre de novo, comprova que o artigo 19 IV, da lei fundamental, sem dúvida, não exige uma segunda ou outra instância, mas que, se uma tal instância está aberta, deve ser concedida proteção judicial efetiva no sentido do artigo 19 IV, da lei fundamental.[80] Livre é o dador de leis, segundo isso, com vista ao se, mas não mais com vista ao como. Mais além, pode haver conjunturas que coercitivamente exigem uma outra instância, portanto, também vinculam no "se". Isso é, sobretudo, então, o caso, quando a primeira instância, por fundamentos materiais ou estruturais, mostra déficits estatal-jurídicos, que lá não são dissipáveis, por exemplo, controles preventivos judiciais em retiradas da liberdade (artigo 104 II, da lei fundamental) ou em buscas em habitação (artigo 13 II, da lei fundamental), que, freqüentemente, de imediato e sem audiência devem ser realizadas, em contrapartida, porém, podem apresentar intervenções em direitos fundamentais profundas.[81]

---

[79] Assim, *Voßkuhle*, Rechtsschutz (nota 77), S. 311 ff., 345 f.
[80] BVerfGE 40, 272 (274), 54, 94 (96 f.); 78, 88 (99); 96, 27 (39).
[81] Comparar, por exemplo, BverfGE 96, 27 (42).

Um outro problema, que toca a relação de jurisdição especializada e jurisdição constitucional, resulta quando um tribunal especializado infringe prescrições de procedimento jurídico-processuais, que, simultaneamente, são expressão de um direito fundamental processual garantido jurídico-constitucionalmente (audiência jurídica, segundo o artigo 103 I, da lei fundamental, juiz legal, segundo o artigo 101 I 2, da lei fundamental). Tais infrações devem, inicialmente, ser objetadas com os recursos jurídicos jurídico-processuais no interior da jurisdição especializada. Se, porém, nenhum recurso jurídico (mais) existe e, com isso, a via jurídica está esgotada, então – por causa da violação dos direitos fundamentais processuais – o recurso constitucional no tribunal constitucional federal é admissível. Se ele está fundamentado, então o tribunal constitucional federal deve anular a decisão atacada por causa do vício de procedimento e remeter a matéria ao tribunal especializado.[82] Como o tribunal constitucional federal interpreta extensivamente os direitos fundamentais processuais, particularmente, o artigo 103 I, da lei fundamental, e revisa a sua aplicação até no detalhe, trata-se, após as questões de princípio serem preponderantemente esclarecidas, em geral, de vícios de procedimento relativamente insignificantes. Com razão, acentua o tribunal constitucional federal que não pode ser tarefa da jurisdição constitucional decidir sobre tais infrações da constituição de tribunais inferiores.[83] De fato, o caminho sobre o recurso constitucional mostra-se desvio desnecessário.[84] O tribunal constitucional federal exige, por isso, explicar e aplicar generosamente os recursos jurídicos existentes.[85] Ademais, ele sugere para o caso, que nenhum recurso jurídico (mais) está à disposição, liquidar vícios de procedimento ordinários no caminho da representação e do autocontrole dos tribunais.[86] A questão, se e até que ponto esse caminho está aberto, certamente, ainda não é definitivamente esclarecida.[87] Aqui, existe, pelo visto, ainda carência de reforma, que chama a atenção sobre a dimensão processual-constitucional da problemática do recurso jurídico.

2. Direitos

Em conformidade com o princípio da proteção jurídica individual, o artigo 19 IV, da lei fundamental, aplica-se quando o demandante pode

---

[82] Comparar para o esgotamento da via jurídica, o § 93 II, da lei do tribunal constitucional federal, para a anulação da decisão judicial-especializada, o § 95 II, da lei do tribunal constitucional federal.
[83] BVerfGE 49, 252 (258 f.); do mesmo modo, em direitos fundamentais materiais BVerfGE 96, 27 (40).
[84] Assim, BVerfGE 49, 252 (259); BGHZ 130, 97 (100).
[85] BVerfGE 49, 252 (256); 96, 27 (39 ff.); 96, 40 (50); comparar também BVerfGE 61, 78 (80).
[86] BVerfGE 73, 322 (329).
[87] Comparar para isso, BGHZ 130, 97 (99 f.); BVerwG NJW 1994, 674; Sächs. VerfGH NJW 1998, 3114; ademais, com mais indicações, *Lorenz*, Verwaltungsprozeßrecht (nota 1), § 37 Rn. 10 ff.; *J. Meyer-Ladewig*, in: F. Schoch/E. Schmidt-Aßmann/R. Pietzner (Hrsg.), Verwaltungsgerichtsordnung, Vorb. § 124 (2000), Rn. 13 ff.; *D. Leipold*, in: F. Stein/M. Jonas (Hrsg.), Kommentar zur Zivilprozeßordnung, 21. Aufl. 1994, Vorb. § 128 Rn. 54 ff.; *J. Braun*, in: Münchener Kommentar zur Zivilprozeßordnung, Bd. 2, 3. Aufl. 2000, Vorb. § 567 Rn. 8; *Jauernig*, Zivilprozeßrecht (nota 10), § 29 III.

fazer valer, estar violado em seus direitos. Ele deve, portanto, denominar um determinado direito e expor plausivelmente que ele, no fundo, existe e que ele lhe cabe.[88] Com isso, o direito subjetivo torna-se conceito-chave do sistema de proteção jurídica legal-fundamental. O próprio artigo 19 IV, da lei fundamental, não fundamenta direitos, mas pressupõe, de outro modo, direitos fundamentados.[89] A posição sistemática do artigo 19 IV, da lei fundamental, no final do catálogo de direitos fundamentais pode, inicialmente, sugerir a suposição que somente os direitos fundamentais precedentes[90] devem ser assegurados processualmente. Direitos no sentido do artigo 19 IV, da lei fundamental, seriam, segundo isso, somente os direitos fundamentais.[91] Contra essa limitação falam, outra vez, o texto e a intenção do artigo 19 IV, da lei fundamental, ademais, o fato que os direitos fundamentais são concretizados e continuados pelo dador de leis e, por isso, os direitos fundamentais e os direitos legal-ordinários, em grande medida, são enlaçados estreitamente um com os outros, finalmente, também o princípio do estado de direito, que exige a proteção jurídica de todas as posições jurídicas na relação-cidadão-estado. O artigo 19 IV, da lei fundamental, concerne, com isso, não somente aos direitos fundamentais, mas também a direitos legal-ordinários do cidadão perante o estado.[92] Isso leva, certamente, à questão, muitas vezes, difícil, quando uma regulação legal afiança um direito subjetivo, isto é, não só determina uma obrigação objetiva do estado, mas também concede um direito subjetivo correspondente. Segundo a teoria da norma de proteção dominante, isso é, então, o caso, quando a norma jurídica objetiva – pelo menos, também – está determinada a servir os interesses do cidadão afetado.[93] Os direitos legal-ordinários são determinados pelo dador de leis, que nisso, todavia, não é livre, mas deve observar os direitos fundamentais "apoiadores" e sua irradiação no direito ordinário. Na dúvida, deve ser dada a primazia àquela interpretação de uma lei que concede ao cidadão uma pretensão jurídica.[94]

---

[88] Artigo 19 IV, da lei fundamental e § 42, da ordenação da organização da jurisdição administrativa, correspondem-se sob esse aspecto, comparar, por exemplo, *R. Wahl*, in: F. Schoch/E. Shmidt-Aßmann/R. Pietzner (Hrsg.), Verwaltungsgerichtsordnung, Vorb. § 42 Abs. 2 (1996), Rn. 1.

[89] BVerfGE 15, 275 (281); 51, 176 (185); 61, 82 (110); 69, 1 (49); 96, 100 (114).

[90] Eventualmente, adicionalmente os direitos iguais aos direitos fundamentais, particularmente, os direitos fundamentais processuais.

[91] Assim, *C. Pestalozza*, Art. 19 IV GG – nur eine Garantie des Fachgerichtsweges gegen die Verletzung von Bundesgrundrechten i.S. der Art. 1-17 GG, in: NVwZ 1999, S. 140 ff.

[92] BVerfGE 78, 214 (226); 83, 182 (195); 96, 110 (115); doutrina dominante, comparar, em vez de muitos, *Schenke* (nota 15), Art. 19 Abs. 4 Rn. 275; *Jarass* (nota 31), Art. 19 Rn. 25. – Nisso, nada muda também a história da origem exposta por *Pestalozza*, Art. 19 IV GG (nota 91), uma vez que essa não só universalmente, mas, exatamente, também com vista à lei fundamental, é pouco capaz.

[93] BVerfGE 27, 297 (307); 83, 128 (194); 96, 100 (114 f.); BVerwGE 92, 313 (317); 98, 118 (120 f.); 107, 215 (220 f.) (para o § 42, da ordenação da organização da jurisdição administrativa); *Lorenz*, Verwaltungsprozeßrecht (nota 1), § 18 Rn. 17; *F. O. Kopp/W. –R. Schenke*, Verwaltungsgerichtsordnung, 12. Aufl. 2000, § 42 Rn. 83.

[94] BVerfGE 15, 275 (282); 96, 100 (115).

A teoria da norma de proteção não é, como se sabe, não-problemática. Em outros estados (por exemplo, na França, Inglaterra e na Suíça) basta o estar afetado individual e imediato do demandante.[95] O tribunal das comunidades européias sustenta a mesma concepção para o direito comunitário europeu, o que, outra vez, tem repercussões para o fazer valer de pretensões fundamentadas jurídico-comunitariamente.[96] O artigo 19 IV, da lei fundamental, não é tocado com isso. O direito comunitário não coage a uma interpretação ampliada do artigo 19 IV, da lei fundamental. Às avessas, o artigo 19 IV, da lei fundamental, também não exclui, de outro modo, uma extensão fundamentada da capacidade de demanda judicial-administrativa. Por isso, a reserva do § 42 II, 1 meia-proposição, da ordenação da organização da jurisdição administrativa (à medida que legalmente nada mais está determinado), é sem objeção jurídico-constitucionalmente. Ele apóia tanto as demandas de grêmios e demandas de autoridades do direito alemão[97] como as demandas fundamentadas jurídico-comunitariamente.[98] O limite é, primeiro, então, obtido, quando os tribunais administrativos forem agravados ou invadidos muito fortemente por controles jurídicos objetivos ou quando eles, com isso, influir, muito com efeito forte e duradouro, no âmbito do executivo.[99]

3. Alguém

À característica conceitual "alguém" não cabe significado próprio. Ela forma somente o apoio idiomático para a caracterização da proteção jurídica individual. Quem tem determinados direitos pode, segundo o artigo 19 IV, da lei fundamental, também fazê-los valer processualmente. Determinante é, portanto, a afirmação plausível de direitos próprios. O artigo 19 III, da lei fundamental, tem importância, nessa conexão, somente à medida que ele dá informação sobre isto, quem, como possuidor dos direitos protegidos pelo artigo 19 IV, da lei fundamental, entra em consideração.[100] Por isso, podem, por exemplo, também os municípios apoiar-se no artigo 19 IV, da lei fundamental; eles não podem, sem dúvida, fazer valer a violação de direitos fundamentais materiais (que não lhes competem, segundo a jurisprudência do tribunal constitucional federal), mas a

---

[95] Comparar *Wahl* (nota 88), Vorb. § 42 Abs. 2 Rn. 17 ff.
[96] Comparar *Wahl* (nota 88), Vorb. § 42 Abs. 2 Rn. 121 ff.; M. *Burgi*, Verwaltungsprozeß und Europarecht, 1996, S. 51 ff.
[97] Comparar para isso, R. *Wahl/P. Schütz*, in: F. Schoch/E. Schmidt-Aßmann/R. Pietzner (Hrsg.), Verwaltungsgerichtsordnung, § 42 Abs. 2 (1996), Rn. 40 ff.
[98] Comparar as indicações na nota 96.
[99] *Schmidt-Aßmann* (nota 6), Art. 19 Abs. 4 Rn. 9; *Wahl/Schütz* (nota 97), § 42 Abs. 2 Rn. 38.
[100] A literatura dos comentários não é, sob esse aspecto, inequívoca, comparar, por exemplo, *Jarass* (nota 31), Art. 19 Rn. 34; *Huber* (nota 13), Art. 19 Rn. 394.

violação de direitos fundamentados legal-ordinariamente, à medida que eles também competem aos municípios.

4. Via jurídica

Via jurídica no sentido do artigo 19 IV, da lei fundamental, significa via judicial, isto é, o caminho a um tribunal estatal que corresponde às exigências estatal-jurídicas e, em um procedimento enformado estatal-juridicamente, decide sobre a demanda de proteção jurídica do cidadão. As exigências que devem ser postas a um tribunal estatal resultam dos artigos 92, 97, 98, da lei fundamental.[101] Pressuposto é, segundo isso, que o tribunal baseia-se em lei estatal, que ele está separado claramente organizacional e pessoalmente das autoridades administrativas, que os juízes são chamados pelo estado ou, pelo menos, sob cooperação do estado e que eles, como terceiro desinteressado, decidem em independência material e pessoal.[102] Esses critérios, que o tribunal constitucional federal desenvolveu com vista a tribunais profissionais médicos, tribunais de honra para advogados, tribunais municipais, e assim por diante, estão dados indiscutivelmente nos tribunais gerais, que pertencem a um ramo judicial mencionado no artigo 95 I, da lei fundamental.[103]

O artigo 19 IV, da lei fundamental, não determina uma via jurídica determinada. Do artigo 95 I, da lei fundamental, porém, resulta que, pelo menos, em geral, os tribunais administrativos devem ser competentes. A cláusula geral judicial-administrativa do § 40 I, da ordenação da organização da jurisdição administrativa, corresponde a essa idéia. Exceções são admissíveis. A própria lei fundamental destina os litígios (jurídico-públicos) sobre a indenização da desapropriação e a responsabilidade administrativa aos tribunais ordinários.[104] As exceções, de resto, deixam explicar-se só tradicionalmente. Outrora deveria, com a competência dos tribunais ordinários, ser posto à disposição uma jurisdição de valor inteiro. Como, agora, os tribunais administrativos competentes para os litígios jurídico-públicos igualmente bastam ilimitadamente às exigências estatal-jurídicas, esse ponto de vista está superado.[105] A competência dupla é,

---

[101] Comparar BVerfGE 11, 232 (233); 49, 329 (340); ademais, pormenorizadamente, para isso, *Schmidt-Aßmann* (nota 6), Art. 19 Abs. 4 Rn. 174 ff.

[102] Comparar BVerfGE 4, 74 (92 ff.); 14, 56 (65 ff.); 18, 241 (252 ff.); 48, 300 (315 ff.); 54, 159 (166 f.). – Os tribunais eclesiásticos não são tribunais estatais (porque eles não se baseiam em uma lei estatal e não são ocupados com juízes chamados estatalmente), mas – para o seu âmbito – reconhecidos pelo artigo 140, da lei fundamental, em união com o artigo 137 III, da constituição do império de Weimar, comparar para isso, BGH NJW 2000, 1555 = JZ 2000, 1111, com nota de *H. Maurer* (S. 1113 ff.).

[103] Comparar para os tribunais sociais, BVerfGE 27, 312 (319 ff.).

[104] Comparar artigo 14 III 4, artigo 34, proposição 3, da lei fundamental; do mesmo modo, para as pretensões de regresso, segundo o artigo 34, proposição 2, da lei fundamental.

[105] Comparar *J. Wieland*, in: H. Dreier (Hrsg.), Grundgesetz-Kommentar, Bd. II, 1998, Art. 34 Rn. 44; *F. Ossenbühl*, Staatshaftungsrecht, 5. Aufl. 1998, S. 121 f. A competência dos tribunais ordinários para

até, incerta, porque dois tribunais devem decidir sobre um e mesmo caso, quando tanto a anulação do ato estatal como o ressarcimento do dano ou a indenização é demandado.[106] Também, em geral, existem cruzamentos e dificuldades de delimitação, por exemplo, no âmbito policial preventivo e perseguidor penal.[107] O dador de leis, contudo, está obrigado a adotar prescrições de via jurídica claras, inequívocas e ajustadas à coisa.[108] Os tribunais especializados não deveriam, como o tribunal constitucional federal comprova monitoriamente, "deixar fracassar solicitações interpretáveis nisto, que a situação jurídica é pouco clara".[109] Se falta uma regulação da via jurídica, deve, inicialmente, no caminho da aplicação extensiva ou análoga de destinações a vias jurídicas existentes, ser determinada a via jurídica mais próxima à matéria.[110] Se isso também fracassa, são competentes, segundo o artigo 19 IV 2, da lei fundamental, os tribunais ordinários.[111]

5. Efetividade da proteção jurídica

O artigo 19 IV, da lei fundamental, exige, ademais, proteção jurídica efetiva. O mandamento de efetividade não está, sem dúvida, mencionado expressamente no artigo 19 IV, da lei fundamental, mas é, pelo tribunal constitucional federal, com razão, desenvolvido da garantia da proteção jurídica e empregado em sentidos distintos. Em jurisprudência constante o tribunal constitucional federal acentua: "O direito fundamental procedimental do artigo 19, alínea 4, da lei fundamental, garante não só o direito formal e a possibilidade teórica de recorrer aos tribunais, mas também a efetividade da proteção jurídica; o cidadão tem uma pretensão substancial a um controle judicial realmente eficaz".[112] A literatura compartilha essa concepção. Já em 1950 esclareceu *Bachof*, com vista a uma regulação legal

---

a responsabilidade administrativa deixa explicar-se, ademais, com a responsabilidade do funcionário jurídico-privada que está na sua base, que, hoje, certamente, igualmente, não mais é capaz. *Para a conservação da competência existente é feita valer a conexão com as pretensões de ressarcimento de dano jurídico-civis*, assim, E. *Schumann*, Der Einfluß des Grundgesetzes auf die zivilprozessuale Rechtsprechung, in: K. Schmidt (Hrsg.), 50 Jahre Bundesgerichtshof. Festgabe aus der Wissenschaft, Bd. III, 2000, S. 3 (12).

[106] Comparar para isso, também § 17 II, da lei de organização dos tribunais.

[107] Comparar para isso, K. *Stern*, Verwaltungsprozessuale Probleme in der öffentlich-rechtlichen Arbeit, 8. Aufl. 2000, Rn. 131 ff.

[108] BVerfGE 54, 277 (292 f.); 57, 9 (22).

[109] BVerfGE 96, 44 (50).

[110] Comparar *Schenke* (nota 15), Art. 19 Abs. 4 Rn. 64.

[111] Até onde é visível, o artigo 19 IV 2, da lei fundamental, até agora não se tornou atual. A cláusula geral do § 13, da lei de organização dos tribunais, § 40, da ordenação da organização da jurisdição administrativa, § 33, da ordenação da jurisdição financeira e § 51, da lei do tribunal social, cobrem todo o âmbito.

[112] BVerfGE 35, 263 (274); ademais, por exemplo, BVerfGE 40, 272 (275); 49, 329 (341); 69, 43 (58); 81, 123 (129); 96, 27 (39); 101, 397 (407).

intencionada, que o artigo 19 IV, da lei fundamental, garante "uma proteção jurídica *efetiva*, não só uma proteção jurídica de papel, tornada sem valor praticamente pela organização dos tribunais".[113] Entrementes isso generalizou-se.[114] O mandamento de efetividade não é um elemento do tipo adicional, não-escrito do artigo 19 IV, da lei fundamental, mas componente integral da proteção jurídica, de certo modo, um teste para isto, se proteção jurídica realmente é concedida. Uma proteção jurídica sem efeito ou inefetiva seria uma contradição em si! No caso particular, coloca-se, certamente, sempre de novo, a questão, que conclusões resultam desse mandamento. Trata-se, porém, mais de uma linha diretriz que ainda carece do desenvolvimento e prova na prática.

O mandamento de efetividade vale tanto para o dador de leis na regulação do direito processual como para os tribunais na interpretação e aplicação das prescrições vigentes.[115] Ele concerne, como já aqui deve ser observado, não só ao acesso aos tribunais, mas também ao decurso do procedimento judicial, e não só à proteção jurídica perante o poder público, mas também à proteção jurídica em litígios jurídico-civis.

O tribunal constitucional federal invocou o princípio da efetividade tanto para o asseguramento jurídico-constitucional de institutos jurídicos inteiros, por exemplo, a proteção jurídica provisória, como para o exame de decisões particulares processuais dos tribunais especializados. Em *sentido temporal*, ele pede que seja decidido dentro de um prazo conveniente.[116] Uma decisão que vem muito tarde (por exemplo, porque a demolição ordenada de uma construção está efetivada ou a exploração de indústria e comércio, por causa da recusação da subvenção solicitada, entrou em falência) é sem valor; ela fundamenta, no máximo, ainda pretensões de ressarcimento de dano. Defronte da exigência por aceleração do procedimento e decisão rápida, contudo, está o interesse na observância correta das prescrições de procedimento e numa decisão justa. Por isso, cabe à proteção jurídica provisória, que deve impedir fatos irreparáveis

---

[113] O. Bachof, Art. 19 Abs. 4 des Grundgesetzes und das Bundesverwaltungsgericht, in: DRZ 1950, S. 245 (246) (realçado no original).

[114] Comparar *Schenke* (nota 15), Art. 19 Abs. 4 Rn. 383 ff.; *Papier*, Rechtsschutzgarantie (nota 32), Rn. 75 ff.; *K. Finkelnburg*, Das Gebot der Effektivität des Rechtsschutzes in der Rechtsprechung des Bundesverwaltungsgerichts, in: O. Bachof/L. Heigl/K. Redeker (Hrsg.), Festgabe für das Bundesverwaltungsgericht, 1978, S. 169 ff.; *P. Wilfinger*, Das Gebot effektiven Rechtsschutzes in Grundgesetz und Europäischer Menschenrechtskonvention, 1995; crítico, *D. Lorenz*, Der grundrechtliche Anspruch auf effektiven Rechtsschutz, in: AÖR 105 (1980), S. 623 ff.; *ders.*, Das Gebot effektiven Rechtsschutzes des Art. 19 Abs. 4 GG, in: Jura 1983, S. 393 ff. ("fórmula vazia"); *H. –W. Arndt*, Praktikabilität und Effizienz, 1983, S. 105 ff., 137 ff.

[115] BVerfGE 77, 275 (284); 97, 298 (315).

[116] BVerfGE 54, 39 (41); 55, 349 (369); 60, 253 (269); 93, 1 (13); comparar, ademais, pormenorizado para isso, *P. Kirchhof*, Verfassungsrechtliche Maßstäbe für die Verfahrensdauer und für die Rechtsmittel, in: Festschrift für Karl Doehring, 1989, S. 439 ff.; *V. Schlette*, Der Anspruch auf gerichtliche Entscheidung in angemessener Frist, 1999, com mais indicações.

antes da decisão definitiva, significado considerável.[117] Análogo vale para a proteção jurídica evitadora.[118] Um papel considerável desempenham, na prática, os prazos. Eles devem, por um lado, possibilitar um procedimento rápido, mas também, por outro – como prazos do recurso jurídico – garantir a existência de decisões pronunciadas após o decurso de um certo tempo. Uma aplicação muito rígida dos prazos pode, contudo, se se segue o tribunal constitucional federal, igualmente infringir o mandamento de efetividade. O número daquelas decisões, nas quais o tribunal constitucional federal objetou as determinações do prazo vigentes e, sobretudo, a aplicação dos prazos processuais pelos tribunais especializados, é surpreendentemente alto. Assim, o tribunal constitucional federal, por exemplo, em toda uma série de casos, coagiu à reposição na situação anterior recusada pelos tribunais especializados.[119]

Em *sentido material*, requer o mandamento de efetividade um exame amplo da petição de proteção jurídica em sentido fático e jurídico.[120] Isso exclui também, fundamentalmente, uma vinculação do tribunal às comprovações e valorações feitas no procedimento administrativo. O próprio tribunal deve averiguar os fundamentos fáticos e obter e fundamentar sua concepção jurídica independente da administração, cuja decisão está atacada.[121] Só excepcionalmente é reconhecido pelo tribunal constitucional federal um espaço de apreciação, que admite uma revisão judicial limitada.[122]

6. Barreiras da garantia da proteção jurídica

a) *Regulações de formação*. O artigo 19 IV, da lei fundamental, carece, como pretensão de pôr à disposição e concessão de uma proteção jurídica judicial e, com isso, como pretensão de prestação, de formação legal. Não existe uma "proteção jurídica em si", mas somente uma proteção jurídica instalada estatalmente e regulada legalmente. As regulações necessárias

---

[117] Comparar, por exemplo, BVerfGE 35, 263 (274); 35, 382 (401 f.); 51, 268 (284); 65, 1 (70); 73, 1 (14); *Schenke* (nota 15), Art. 19 Abs. 4 Rn. 412 ff.; *Schmidt-Aßmann* (nota 6), Art. 19 Abs. 4 Rn. 273 ff.; *Papier*, Rechtsschutzgarantie (nota 32), Rn. 76, 79; *Jarass* (nota 31), Art. 19 Rn. 42, cada vez, com mais indicações.

[118] Comparar, por exemplo, *Schenke* (nota 15), Art. 19 Abs. 4 Rn. 390 ff.; *Papier*, Rechtsschutzgarantie (nota 32), Rn. 76.

[119] BVerfGE 41, 23 (26); 44, 302 (306); 50, 1 (3 f.); 54, 80 (84) (cada vez, notificação postal retardada); BVerfGE 86, 280 (284) (conhecimento do alemão defeituoso de um estrangeiro); comparar também as indicações da jurisprudência-câmara do tribunal constitucional federal em *W. Höfling/S. Rixen*, Stattgebende Kammerentscheidungen des Bundesverfassungsgerichts, in: AÖR 125 (2000), S. 613 ff.

[120] Comparar BVefGE 15, 275 (282); 84, 34 (49); 100, 106 (123); BVerwGE 94, 307 (309); 100 221 (225).

[121] Assim, BVerfGE 101, 106 (123).

[122] Comparar BVerfGE 84, 34 (50) (decisão sobre exme); 88, 40 (56 ff.) (interesse pedagógico particular para a admissão de uma escola privada segundo o artigo 7, da lei fundamental); comparar, ademais, para a problemática e para o âmbito de aplicação do espaço de apreciação, as indicações em *Maurer*, Verwaltungsrecht (nota 53), § 7 Rn. 31 ff.

levam forçosamente também a limitações e restrições. Quem determina direito deve delimitar e, com isso, separar do conjunto. Prescrições legais sobre a competência dos tribunais, sobre capacidade de parte e capacidade processual, sobre a autorização para representação e a intervenção forçosa de advogado, sobre a observância de prazos, sobre a vinculação à coisa julgada, e assim por diante, são admissíveis, se e porque elas não têm a finalidade de limitar a proteção jurídica, mas, às avessas, perseguem o objetivo de garantir uma proteção jurídica adaptada à função pelos tribunais.[123] Nisso, devem, todavia, ser considerados não só os interesses dos procuradores da proteção jurídica, mas também dos outros participantes do procedimento, assim como o interesse público em uma jurisdição capaz funcionalmente que, outra vez, favorece a todos. O dador de leis não pode, contudo, como o tribunal constitucional federal, sempre de novo, acentua, dificultar a proteção jurídica de modo inexigível, que não mais pode ser justificado por fundamentos materiais.[124] O limite da formação é, em todo o caso, excedido quando o acesso ao tribunal não só é dificultado por fundamentos materiais, mas jurídica ou realmente excluído.[125]

b) O artigo 19 IV, da lei fundamental, não contém *reserva de lei ou de barreira*. A tese, sustentada na literatura, que, por conseguinte, os princípios desenvolvidos para a limitação de direitos fundamentais concedidos sem reserva encontram aplicação e a proteção jurídica pode ser limitada por direitos fundamentais colidentes ou outros princípios constitucionais,[126] não é, em consideração circunstanciada, sustentável. Coloca-se já a questão, se um direito à prestação, apoiado em formação quanto ao conteúdo, no fundo, pode ser limitado, portanto, aquilo que foi dado pode, de novo, ser tomado. Com vista ao artigo 19 IV, da lei fundamental, pergunta-se, ademais, *quais* valores da constituição colidentes entram em consideração. A referência aos direitos fundamentais materiais falha. Como os direitos fundamentais materiais e o direito fundamental procedimental formal não são comensuráveis, eles também não podem, no caminho da concordância prática, ser trazidos à compensação. É dificilmente imaginável que a *perseguição* de direitos próprios deve fracassar na *existência* de direitos materiais de outras pessoas. Se existir uma situação de conflito jurídico-fundamental, então ela não deve ser solucionada no plano processual, mas no plano jurídico-material, situado na frente. Também outros valores da

---

[123] BVerfGE 60, 253 (268 f.); 77, 275 (284).

[124] Assim, já BVerfGE 10, 264 (268), comparar por último, BVerfGE 101, 397 (408).

[125] Assim, BVerfGE 101, 397 (408); comparar, ademais, *Schulze-Fielitz* (nota 13), Art. 19 IV Rn. 106.

[126] *Huber* (nota 13), Art. 19 Rn. 383; *Schulze-Fielitz* (nota 13), Art. 19 IV Rn. 105; outra concepção, certamente, *Schmidt-Aßmann* (nota 6), Art. 19 Abs. 4 Rn. 31. – Na BVerfGE 60, 253 (267) é, sem dúvida, mencionada a "salvaguarda de outros princípios constitucionais", mas, com isso, justamente, abordadas a certeza jurídica processual e a força de existência de atos administrativos. Dogmaticamente não-inequívoca é BVerfGE 101, 106 (124) (formação? limitação?).

constituição não podem ser jogados no prato da balança. Isso vale, em todo o caso, para a efetividade da administração que, nessa conexão, sem mais, é mencionada. A lei fundamental decidiu-se inequivocamente para uma proteção jurídica sem lacunas justamente também perante a administração. Essa decisão não deve, por referência a determinados interesses administrativos, ser relativizada e contraminada.

Se na proteção jurídica provisória o interesse do demandante e o interesse público opositor são ponderados reciprocamente, então isso tem a sua causa nisto, que a situação jurídica até a decisão definitiva ainda está aberta. Por conseguinte, também, em regra, não é direcionado para as perspectivas de êxito, mas para as conseqüências que resultam por concessão ou não-concessão da proteção jurídica provisória. A limitação material do controle judicial em decisões sobre exames, no âmbito escolar e escolar superior, e em decisões sobre prognoses com reservas de risco, no âmbito do direito ambiental,[127] deixa explicar-se com isto, que a jurisdição, nesses casos, encontra seus limites funcionais.[128] Problemático são, tanto quanto visível, somente os interesses de ocultação do estado e, eventualmente, também de cidadãos particulares. Eles, contudo, não requerem – como mostra a decisão "em câmara" do tribunal constitucional federal, de 27.10.1999 – uma exclusão completa ou parcial da via jurídica, mas podem (e devem) ser amortizados por configurações procedimentais intrajudiciais particulares.[129]

Se a exclusão ou a limitação essencial da proteção jurídica parecem indispensáveis, então deve isso ser respondido e regulado no plano jurídico-constitucional. Em conformidade com isso, a própria lei fundamental excluiu o controle judicial das decisões das comissões de investigação do parlamento federal (artigo 44 IV 1, da lei fundamental) e limitou a proteção jurídica no âmbito do exame de eleições (artigo 41, da lei fundamental)[130]. Por uma modificação da lei fundamental, realizada em 1968, foram criados os pressupostos para a exclusão da proteção jurídica contra determinadas medidas de defesa. Essa modificação era debatida não só político-constitucionalmente, mas também – com vista ao artigo 79 III, da lei fundamental – jurídico-constitucionalmente, mas foi, no essencial, certificada pelo tribunal constitucional federal.[131]

---

[127] Comparar supra, nota 122.

[128] Comparar BVerfGE 84, 34 (50); ademais, BVerwGE 94, 307 (309); 100, 221 (225).

[129] BVerfGE 101, 106 (128): apresentação das atas da autoridade, segundo o § 99, da ordenação da organização da jurisdição administrativa, somente ao tribunal, não também ao demandante.

[130] Comparar para isso, BVerfGE 66, 232 (234); 74, 96 (101); discutível, por exemplo, *M. Morlok*, in: H. Dreier (Hrsg.), Grundgesetz-Kommentar, Bd. II, 1998, Art. 41 Rn. 14 f.

[131] BVerfGE 30, 1 ff. com *voto especial* desviante de *Geller, v. Schlabrenddorff, Rupp* S. 33 ff.; comparar para isso, também BVerfGE 100, 313 (399).

IV. Pretensão de concessão de justiça

1. Fundamentos

O artigo 19 IV, da lei fundamental, regula simplesmente a proteção jurídica do cidadão contra o poder público. Ele, com isso, não é aplicável a litígios jurídico-públicos. Também, além disso, não se encontra, para isso, na lei fundamental, uma regulação expressa.[132] O artigo 103 I, da lei fundamental, exige a audiência jurídica, "diante do tribunal", portanto, pressupõe um procedimento já aberto e corrente. Análogo vale para o artigo 101 I 2, da lei fundamental, que, com a pretensão ao juiz legal, concerne à competência intrajudicial. O tribunal constitucional federal, contudo, deduz do artigo 2 I, da lei fundamental, em união com o princípio do estado de direito, pretensão de concessão de justiça geral.[133] A referência ao princípio do estado de direito merece, seguramente, aprovação.[134] Se o estado, no interesse da paz interna, ocupa para si o monopólio da força e, em conformidade com isso, impõe ao cidadão uma proibição de auto-auxílio, então ele deve – como compensação – assumir e garantir a proteção jurídica do cidadão (também) no âmbito jurídico-civil.[135] Prescindindo disso, faz parte da essência do estado de direito não só a vinculação ao direito, mas também a liquidação de conflitos jurídicos no caminho do direito.[136] Duvidoso é, contudo, o lado jurídico-subjetivo. Como o princípio do estado de direito é um princípio de direito objetivo, resulta disso, inicialmente, só o *dever* de concessão de justiça. A referência do tribunal constitucional federal ao artigo 2 I, da lei fundamental, não é não-problemática, uma vez que essa prescrição apresenta um direito de liberdade, o pôr à disposição de proteção jurídica judicial, em compensação, é uma prestação estatal.[137] A doutrina dos deveres de proteção jurídico-fundamentais[138] não ajuda,

---

[132] Comparar para as tentativas de fundamentação distintas, W. *Dütz*, Rechtsstaatlicher Gerichtsschutz im Privatrecht, 1970, S. 67 ff.; H. –J. *Papier*, Justizgewährungsanspruch, in: J. Isensee/P. Kirchhof (Hrsg.), Handbuch des Staatsrecht der Bundesrepublik Deutschland, Bd. VI: Freiheitsrechte, 1989, § 153 Rn. 2 f.; S. *Detterbeck*, Streitgegenstand, Justizgewährungsanspruch und Rechtsschutzanspruch, in: AcP 192 (1992), S. 325 (327 ff.); *Scholz*, Justizgewährleistung (nota 11), S. 727 ff.

[133] BVerfGE 54, 277 (291); 69, 381 (385 f.); 84, 366 (369); 85, 337 (354); 88, 118 (123); 93, 99 (107); 97, 169 (185); 101, 275 (294 f.); comparar também BVerfGE 74, 220 (224); BGHZ 140, 208 (217); do mesmo modo, a doutrina dominante que, todavia, em geral, invoca exclusivamente o princípio do estado de direito sem a juntura do artigo 2 I, da lei fundamental, comparar as indicações em *Krebs* (nota 32), Art. 19 Rn. 50.

[134] Muito estreito é, contudo, quando o tribunal constitucional federal remete, para a fundamentação do princípio do estado de direito, somente ao artigo 20 III, da lei fundamental.

[135] Comparar já as indicações supra, nota 5.

[136] Comparar J. *Isensee*, Staat und Verfassung, in: ders./P. Kirchhof (Hrg.), Handbuch des Staatsrechts der Bundesrepublik Deutschland, Bd. I: Grundlagen von Staat und Verfassung, 1987, § 13 Rn. 82.

[137] Comparar para isso, *Huber* (nota 13), Art. 19 Rn. 366; *Scholz*, Justizgewährleistung (nota 11), S. 729 f.; a literatura restante, tanto quanto visível, não aborda mais esse problema.

[138] Comparar para isso, H. *Dreier*, in: ders. (Hrsg.), Grundgesetz-Kommentar, Bd. I, 1996, Vorb. vor Art. 1 Rn. 62 ff.; *Stern*/Sachs, Staatsrecht III/1 (nota 6), S. 931 ff.

uma vez que ela concerne à proteção de posições jurídicas jurídico-fundamentais contra prejuízos de terceiros; além disso, ela deixa ao estado um espaço de poder discricionário amplo. Se se segue o tribunal constitucional federal, então o artigo 2 I, da lei fundamental, contém – além de seu significado como direito de liberdade geral e como direito de defesa contra todas as desvantagens legalmente não-fundamentadas – uma outra função, ou seja, a conversão das conseqüências resultantes de princípios constitucionais objetivos em direitos subjetivos, em todo caso, à medida que eles, em modo específico, servem à proteção e aos interesses do cidadão. Essa função insere-se na subjetivação, como também, em geral, perseguida pela lei fundamental, da relação-cidadão-estado.[139]

Sistematicamente, a pretensão de proteção jurídica do artigo 19 IV, da lei fundamental, forma um subcaso da pretensão de concessão de justiça geral. Se ela – em oposição a esta – é expressamente mencionada e determinada na lei fundamental, então isso tem a sua causa nisto, que a proteção jurídica do cidadão perante o estado, até agora, era limitada e duvidosa e, por conseguinte, particularmente carente de regulação.[140] A pretensão de concessão de justiça no âmbito jurídico-civil é, em compensação, desde há muito reconhecida.[141] Se ela, agora, é derivada do princípio do estado de direito e pelo artigo 2 I, da lei fundamental, converte-se em direito fundamental, então isso tem como conseqüência que o tribunal constitucional federal – sobretudo pelo recurso constitucional – decide sobre o desenvolvimento e a aplicação da pretensão de concessão de justiça.

2. Conteúdo

A pretensão de concessão de justiça no âmbito jurídico-civil e a pretensão de proteção jurídica, do artigo 19 IV, da lei fundamental, no âmbito jurídico-público, correspondem-se quanto ao conteúdo.[142] Elas concedem, ambas, igualmente, "proteção jurídica com eficácia", particularmente o acesso aos tribunais, a realização dentro do prazo do procedimento, o exame jurídico e fático amplo do objeto de litígio, assim como uma decisão vinculativa.[143] O tribunal constitucional federal chega na concretização de ambas as pretensões aos mesmos resultados; ele emprega, preponderan-

---

[139] Comparar para isso, já supra II 2 d.
[140] Comparar para o desenvolvimento histórico, supra II 1.
[141] Terminologicamente oferece-se distinguir entre a pretensão de concessão de justiça no âmbito jurídico-público (artigo 19 IV, da lei fundamental) e a pretensão de concessão de justiça no âmbito jurídico-civil e reunir ambos sob o conceito geral "pretensão de concessão de justiça geral". Se no que segue – abreviadamente – se trata de pretensão de concessão de justiça, então é considerado, com isso, a pretensão de concessão de justiça no âmbito jurídico-civil.
[142] As delimitações na literatura permanecem gerais, comparar *Schmidt-Aßmann* (nota 6), Art. 19 Abs. 4 Rn. 17; *Papier*, Justizgewährungsanspruch (nota 132), Rn. 5 f.; *ders.*, Rechtsschutzgarantie (nota 32), Rn. 12.
[143] Comparar para isso, as indicações na nota 133.

temente, até as mesmas formulações. Ocasionalmente ele próprio chama a atenção sobre o paralelismo de ambas as pretensões.[144] Também os limites são traçados em modo igual. Assim, por exemplo, a pretensão de concessão de justiça – do mesmo modo como o artigo 19 IV, da lei fundamental –, não concede uma pretensão a uma via de recurso.[145]

A pretensão de concessão de justiça carece da formação legal. Nisso, o dador de leis deve observar os mesmos ajustes como na formação da garantia da proteção jurídica do artigo 19 IV, da lei fundamental. A fórmula constante do tribunal constitucional federal, pela regulação de formação a via jurídica "não" deveria "ser dificultada de modo não-exigível, não mais justificável por fundamentos materiais", também se encontra aqui.[146] Duvidoso é, todavia, se a reserva de barreira do artigo 2 I, da lei fundamental, justifica uma limitação mais forte da pretensão de concessão de justiça. Isso deve ser negado. O mínimo estatal-jurídico garantido no artigo 19 IV, da lei fundamental, vale também para a pretensão de concessão de justiça no âmbito jurídico-civil. Não existem, por isso, objeções de aplicar, também aqui, a jurisprudência do tribunal constitucional federal sobre o artigo 19 IV, da lei fundamental. Diferenças resultam – por causa da dependência do direito processual do direito material – primeiro quando se trata da formação conforme o procedimento em seus pormenores.

V. Princípios do procedimento

1. Visão de conjunto

O princípio do estado de direito pede não só o acesso aos tribunais, mas também uma configuração procedimental que garante o objetivo da proteção jurídica pedida, de obter uma decisão correspondente ao direito e, com isso, justa. Já o artigo 19 IV, da lei fundamental, e a pretensão de concessão de justiça, que lhe corresponde, indicam, com suas orientações por proteção jurídica efetiva, nessa direção. O próprio procedimento judicial é determinado por certos princípios ancorados jurídico-constitucionalmente, ou seja, os princípios, ancorados expressamente na lei fundamental, do juiz legal (artigo 101 I 2, da lei fundamental) e da audiência jurídica (artigo 103 I, da lei fundamental), o princípio, resultante do princípio da igualdade do artigo 3 I, da lei fundamental, da igualdade de armas no processo e, por fim, o princípio, que resulta imediatamente do princípio do estado de direito, do procedimento correto. Todos esses princípios são cunhagens do princípio do estado de direito e, por isso, na sua luz

---
[144] BVerfGE 88, 118 (123).
[145] BVerfGE 54, 277 (291).
[146] Comparar, por exemplo, BVerfGE 88, 118 (124).

devem ser vistos e interpretados. Em contrapartida, eles são – sobretudo o princípio do procedimento correto – muito gerais e carecem, por isso, ainda, da concretização e afilamento para conjunturas de casos concretas. Eles formam, de certo modo, o membro intermediário entre o princípio do estado de direito e sua aplicação no caso particular.

Os princípios do procedimento mencionados já foram, desde há muito, regulados, mais ou menos detalhados, no direito processual e, pela jurisprudência, formados circunstanciadamente. Eles são, contudo, pela regulação legal-fundamental e pela ancoragem estatal-jurídica, elevados à hierarquia constitucional, mas, não obstante, permanecem, por causa de seu caráter geral, porém, flexíveis o suficiente.

Os princípios de procedimento são não só princípios de direito que dominam o direito processual e a prática processual, mas também direitos fundamentais. Isso vale não só para o "juiz legal" e a "audiência jurídica", que na lei fundamental são mencionados expressamente como direitos fundamentais processuais, assim como para igualdade de armas processuais, que resulta do princípio da igualdade do artigo 3 I, da lei fundamental, mas também para o mandamento-correção que, segundo a concepção do tribunal constitucional federal, pelo artigo 2 I, da lei fundamental, obtém caráter de direito fundamental.[147] Como direito fundamental, eles podem, em último lugar, ser feitos valer no caminho do recurso constitucional diante do tribunal constitucional federal.

2. Juiz legal

Quando se diz no artigo 101 I 2, da lei fundamental, que ninguém pode ser subtraído de seu juiz legal, então significa isso, formulado positivamente, que cada um tem uma pretensão a isto, que seu assunto litigioso é negociado e decidido por um juiz já fixado segundo a ordenação de competência legal. O artigo 101 I 2, da lei fundamental, exige regulações legais que, de antemão, determinam, por características abstrato-gerais, qual juiz é competente, de forma que o caso concreto, de certo modo "cegamente", vem para ele.[148] Essa regulação deve evitar o perigo que, por uma seleção direcionada do juiz decidior no caso concreto, seja exercida influência sobre a jurisdição. O artigo 102 I 2, da lei fundamental, assegura, com isso, a objetividade e neutralidade, ordenada estatal-juridicamente, da jurisdição.[149]

O direito ao juiz legal faz parte das exigências estatal-jurídicas da burguesia liberal no século 19. Ele dirigiu-se, inicialmente, contra o exe-

---
[147] Comparar para isso, infra V 5.
[148] Comparar BVerfGE 4, 412 (416); 17, 297 (299); 82, 159 (194); 95, 322 (329).
[149] BVerfGE 82, 159 (194).

cutivo, particularmente, contra o monarca e seu governo que, sempre de novo, "atraíam" ou tentavam conduzir, por uma ocupação correspondente dos tribunais, procedimentos precários politicamente.[150] Isso é, contudo, já história. O âmbito de aplicação atual do juiz legal, atualmente, reside, preponderantemente, no âmbito da jurisdição. A isso, dizem respeito também a maioria das decisões do tribunal constitucional federal.

A comprovação do "juiz legal" resulta, em conformidade com a organização dos tribunais, em três graus: inicialmente, deve ser determinado o tribunal competente como unidade organizacional (tribunal de segunda instância, tribunal administrativo, tribunal de terceira instância, e assim por diante), então a competência e a ocupação dos corpos sentenciadores dos tribunais particulares (câmaras, senados) e, por fim, a cooperação do juiz particular dentro dos corpos sentenciadores. O primeiro grau deve ser regulado por lei formal, pelo menos, porém – em questões de detalhes – por regulamento jurídico em virtude de uma lei (reserva da lei). Como ambos os outros graus, as competências intrajudiciais, já por fundamentos objetivos e estruturais, não podem ser regulados pelo dador de leis, são, para isso, os próprios tribunais chamados. Mas eles devem – como o dador de leis – determinar as competências por características abstratas e, com isso, conforme o preceito jurídico.[151] O segundo grau, a competência e ocupação dos corpos sentenciadores, é determinado, segundo o § 21e I, da lei de organização dos tribunais, pelo plano de repartição de funções que, pela presidência do respectivo tribunal, deve ser decidido de antemão por um ano. O terceiro grau, a destinação de tarefas no interior do corpo sentenciador, torna-se, sobretudo, então, atual, quando ao corpo sentenciador, pelo plano de repartição de funções, foram destinados mais juízes do que necessários legalmente (chamados corpos sentenciadores ocupados em excesso).[152] O tribunal constitucional federal, inicialmente, aprovou a regulação e prática antiga, segundo as quais o presidente, segundo o seu poder discricionário, dividia os juízes de seu corpo sentenciador.[153] Posteriormente, ele acrescentou que o presidente deve exercer o poder discricionário a ele concedido livre de arbitrariedade,[154] o que possibilita um exame judicial-constitucional correspondente. Na época posterior, a questão da distribuição das tarefas no interior dos corpos sentenciadores foi, por ambos os senados do tribunal constitucional federal, apreciada diferentemente. Produziu-se, por conseguinte, uma das poucas decisões

---

[150] Comparar BVerfGE 4, 412 (416); *H. Schulze-Fielitz*, in: H. Dreier (Hrsg.), Grundgesetz-Kommentar, Bd. III, 2000, Art. 101 Rn. 1 ff.

[151] BVerfGE 95, 322 (328 f.).

[152] A chamada ocupação em excesso ocupou desde BVerfGE 18, 344 (349 f.), sempre de novo, o tribunal constitucional federal; comparar para isso, também *O. R. Kissel*, Gerichtsverfassungsgesetz, 2. Aufl. 1994, § 21e Rn. 113 f., § 21g Rn. 3 f. (em parte, antiquado pela regulação nova).

[153] BVerfGE 18, 344 (351); 22, 282 (286).

[154] BVerfGE 69, 112 (120 f.); comparar também BVerfGE 82, 286 (361).

do pleno.¹⁵⁵ O tribunal constitucional federal pede agora que o presidente, por um plano de cooperação, de antemão, segundo características abstratas e gerais, deve determinar qual juiz no caso concreto deve cooperar. O dador de leis, entrementes, foi ainda um passo além e determinou que o plano de cooperação deve ser decidido por todos os juízes profissionais pertencentes ao corpo sentenciador.¹⁵⁶ Esse desenvolvimento é um exemplo digno de atenção para a condensação estatal-jurídica progressiva do direito processual.

O artigo 102 I 2, da lei fundamental, exige não só o juiz *legal*, isto é, o juiz predeterminado conforme o preceito jurídico, mas, se se segue o tribunal constitucional federal e a opinião dominante, também o juiz *conforme a lei*, isto é, o juiz que corresponde às exigências jurídico-constitucionais (artigos 92, 97 I, da lei fundamental). Por isso, pode, pelo artigo 101 I 2, da lei fundamental, também ser feito valer que o juiz decidor não possui a necessária independência, neutralidade e objetividade.¹⁵⁷ Desse modo, as regulações sobre a exclusão e a parcialidade de juízes obtêm hierarquia constitucional e proteção jurídico-fundamental.

O direito ao juiz legal é não só então violado, quando falta uma regulação correspondente ao artigo 101 I 2, da lei fundamental, ou quando, embora exista uma regulação, mas não basta às exigências do artigo 101 I 2, da lei fundamental, mas também então, quando pelos tribunais especializados, no caso concreto, é infringida uma regulação, concretizadora do artigo 101 I 2, da lei fundamental, do direito processual ordinário. O tribunal constitucional federal limita-se, contudo, nesses casos, à questão se direito constitucional específico está violado. Ele examina somente se a – viciosa – interpretação e aplicação do direito ordinário é arbitrária ou manifestamente insustentável ou se o tribunal julgador ignorou, fundamentalmente, o significado e o alcance do artigo 101 I 2, da lei fundamental.¹⁵⁸

3. Audiência jurídica

a) *Significado*. O direito, garantido no artigo 103 I, da lei fundamental, à audiência no procedimento judicial tem uma função dupla.¹⁵⁹ Ele deve,

---

¹⁵⁵ BVerfGE 95, 322 (324 ff.); do mesmo modo, já BGH, decisão dos grandes senados unidos, de 5.5.1994, BGHZ 126, 63 (69 ff.).

¹⁵⁶ § 21g I, da lei de organização dos tribunais, na redação de 22.12.1999 (BGBl. I S. 2598); para isso, O. R. *Kissel*, Die Novelle 1999 zur Präsidialverfassung, in: NJW 2000, S. 460 ff.; *P. Gummer*, in: R. Zöller (Hrsg.), Zivilprozeßordnung, 22. Aufl. 2001, § 21g GVG Rn. 1.

¹⁵⁷ BVerfGE 10, 200 (213); 14, 156 (162); 21, 139 (145 f.); 82, 286 (298); *Schulze-Fielitz* (nota 150), Art. 101 Rn. 27, 42; *C. Degenhart*, in: M. Sachs (Hrsg.), Grundgesetz-Kommentar, 2. Aufl. 1999, Art. 101 Rn. 8.

¹⁵⁸ Comparar já BVerfGE 3, 359 (364 f.); sintética, BVerfGE 82, 286 (299); 87, 282 (285).

¹⁵⁹ Comparar para isso e para o que segue: BVerfGE 9, 89 (95); 39, 156 (168); 55, 1 (6); 70, 180 (188); ademais, por exemplo, *E. Schmidt-Aßmann*, in: T. Maunz/G. Dürig (Hrsg.), Grundgesetz-Kommentar,

por um lado, dar aos participantes do procedimento a possibilidade de apresentar suas idéias e conhecimentos no procedimento e, com isso, exercer influência sobre a tomada de decisão do tribunal. E ele deve, por outro, proporcionar ao tribunal informações e estimativas de outra maneira não-obteníveis ou não sem mais, que são necessárias para uma decisão correta objetivamente. A audiência jurídica é, por conseguinte, componente indispensável estatal-juridicamente do procedimento judicial. Ela resulta, além disso, da exigência estatal-jurídica, por fim, ancorada na dignidade humana, que o cidadão não somente como objeto do procedimento estatal deve ser tratado, mas como sujeito independente deve ser levado a sério. No procedimento judicial, apoiado contraditoriamente, a audiência jurídica é também uma conclusão do princípio da igualdade, que pede que todos os participantes possam "falar" igualmente. Isso também expressam as proposições "Audiatur et altera pars" e "A fala de um homem não é fala, Deve escutar-se a ambos equitativamente". O tribunal constitucional federal designa a audiência jurídica até como "direito original processual da pessoa",[160] com o que ele, certamente, quer chamar a atenção sobre isto, que ele já desde sempre foi considerado como um direito procedimental evidente.

O artigo 103 I, da lei fundamental, vale expressamente só para o procedimento *judicial*, não para procedimentos administrativos,[161] também não para procedimentos diante do administrador de justiça.[162] O significado amplo da audiência, porém, expressa-se pelo fato de ela, em cada procedimento, ser derivada imediatamente do princípio do estado de direito como mandamento da correção.[163] Se, portanto, o artigo 103 I, da lei fundamental, deixasse de existir ou fosse limitado, o princípio do estado de direito aplicar-se-ia imediatamente. Com o artigo 19 I, da lei fundamental, une o artigo 103 I, da lei fundamental, o mesmo objetivo, ou seja, a garantia de uma proteção jurídica efetiva.[164] O mandamento de efetividade, por isso, vale – mutatis mutandis – também para o artigo 103 I, da lei fundamental.[165]

b) *Conteúdo*. Os participantes do procedimento devem receber a oportunidade de manifestar-se, antes da decisão judicial, em sentido fático e jurídico sobre o estado de coisas decisivo. Isso pressupõe que eles rece-

---

Art. 103 Abs. 1 (1988), Rn. 2 ff.; *Lorenz*, Verwaltungsprozeßrecht (nota 1), § 3 Rn. 38 f.; *F. –L. Knemeyer*, Rechtliches Gehör im Gerichtsverfahren, in: J. Isensee/P. Kirchhof (Hrsg.), Handbuch des Staatsrechts der Bundesrepublik Deutschland, Bd. VI: Freiheitsrechte, 1989, § 155 Rn. 12 ff.; *Leipold* (nota 87), Vorb. § 128 Rn. 9 ff.

[160] BVerfGE 55, 1 (6); 70, 180 (188).
[161] BVerfGE 27, 88 (103).
[162] BVerfGE 101, 397 (404 f.).
[163] Assim, BVerfGE 101, 397 (404 f.).
[164] BVerfGE 81, 123 (129); 101, 106 (129).
[165] BVerfGE 81, 123 (129).

bam conhecimento das circunstâncias relevantes para a decisão, particularmente, das alegações escritas da parte contrária e das provas feitas pelo tribunal. O tribunal tem deveres de referência e de informação correspondentes. Até onde esses vão é, todavia, duvidoso. O tribunal constitucional federal é da opinião que o tribunal, fundamentalmente, não é obrigado a realizar uma conversação jurídica ou a dar uma referência à sua concepção jurídica.[166] O tribunal constitucional federal exige, porém, em todo o caso, então, uma referência correspondente, quando o tribunal coloca exigências particulares à exposição dos fatos ou direciona para um ponto de vista jurídico, com o qual também um participante do procedimento consciencioso e experto, mesmo sob consideração da multiplicidade das concepções jurídicas sustentáveis, não precisava contar.[167] Também em outras ocasiões deveria, contudo, ser conveniente, se o tribunal não deixa argumentar os partidos no incerto. A conversação jurídica serve, ademais, ao alívio do próprio tribunal. A audiência jurídica deve proteger particularmente diante de decisões-surpresa. Se os participantes manifestaram-se, então o tribunal está obrigado a inteirar-se de sua exposição e levar em consideração em sua decisão.[168] Nos fundamentos da decisão isso deve expressar-se. A própria decisão é antijurídica se ela baseia-se em fatos ou resultados de prova sobre os quais os afetados não se puderam manifestar. Ao dever de audiência corresponde, portanto, uma proibição de utilização.[169]

c) *Limites*. Como a garantia da proteção jurídica ao todo, assim carece também a audiência jurídica da formação pelo dador de leis. Ela leva, forçosamente, a traçamentos de limites e, com isso, a limitações, particularmente – no interesse da aceleração do procedimento –, em sentido temporal. A exclusão completa da audiência jurídica é, fundamentalmente, inadmissível e fundamenta uma proibição de utilização. Algo diferente vale, todavia, então, quando a exclusão reside no interesse do afetado, como o tribunal constitucional federal, em sua já mencionada decisão "em câmara",[170] expôs: nesse caso, a proteção jurídica, garantida pelo artigo 19 IV, da lei fundamental, torna-se possível, primeiro e somente, pela limitação da audiência jurídica, ou seja, pelo fato de, sem dúvida, não o demandante, contudo, pelo menos, o tribunal poder ter vista nos autos (supostamente) carentes de ocultação.

d) *Violação*. Enquanto a violação de prescrições legal-ordinárias, que concernem ao direito ao juiz legal, segundo a jurisprudência do tribu-

---

[166] Comparar as indicações na nota 167.
[167] Assim, para a exposição dos fatos: BVerfGE 84, 188 (190); 96, 189 (204); para o ponto de vista jurídico: BVerfGE 86, 133 (144); 98, 218 (263).
[168] BVerfGE 11, 218 (220); 72, 119 (121); 96, 205 (216); 98, 218 (263).
[169] Comparar H. D. *Jarass*, in: *ders./B. Pieroth*, Grundgesetz-Kommentar, 5. Aufl. 2000, Art. 103 Rn. 39a.
[170] BVerfGE 101, 106 (130).

nal constitucional federal, somente então apresenta uma infração contra o artigo 101 I 2, da lei fundamental, e pode ser objetada com o recurso constitucional, quando ela é arbitrária ou grave,[171] o tribunal, com vista à audiência jurídica, é muito mais generoso.[172] Ele aceita, em regra, já então uma infração da constituição, se a prescrição legal-ordinária, simultaneamente, é expressão da audiência jurídica regulada no artigo 103 I, da lei fundamental.[173] A conseqüência é que o número de recursos constitucionais, que objetam a violação da audiência jurídica, é descomunalmente alto e o tribunal constitucional federal precisa sempre mais entrar no detalhe.[174] A delimitação clara e convincente entre a violação *somente* do direito constitucional e a violação *também* do direito constitucional, especialmente do artigo 103 I, da lei fundamental, forma ainda um desiderato.[175]

4. A chamada igualdade de armas processual

O princípio da igualdade de armas processual é um caso de aplicação do princípio da igualdade geral que, evidentemente, também vale para o direito processual e sua aplicação.[176] A inclusão, nessa conexão, habitual, do princípio do estado de direito (artigo 3 I, da lei fundamental, em união com o princípio do estado de direito) é, em si, superficial, porque o princípio da igualdade responde por si. Como, porém, a igualdade de tratamento não pode ser apreciada abstratamente, mas somente com vista a determinadas conjunturas, pode ser natural orientá-la pelo direito processual e sua função estatal-jurídica. A igualdade de armas processual exige que os partidos igualmente tenham a oportunidade de apresentar solicitações, dar tomadas de posição materiais e jurídicas e fazer atuações processuais. O direito à audiência (artigo 103 I, da lei fundamental) assegura essa exigência adicionalmente. A igualdade de armas ordena, inicialmente, uma equiparação formal. Mas ela visa, mais além, também à equivalência da posição jurídica.[177] Por isso, devem, eventualmente, desigualdades dadas

---

[171] Comparar supra, nota 158.

[172] Comparar *Degenhart* (nota 157), Art. 101 Rn. 18, particularmente Rn. 21; *ders.*, ebenda, Art. 103 Rn. 11 ff.

[173] Comparar, por exemplo, BVerfGE 6, 12 (14 f.); 49, 212 (215 f.); 53, 43 (45 f.); 75, 302 (312 ff.); 89, 381 (392); K. *Schlaich*, Das Bundesverfassungsgericht, 4. Aufl. 1997, Rn. 311 ff.

[174] Comparar para isso, com indicações estatísticas, E. *Schumann*, Bundesverfassungsgericht, Grundgesetz und Zivilprozeß, 1983, S. 12 ff.; os números não se modificaram essencialmente, como mostra o relatório da comissão, editado pelo ministério federal da justiça, Entlastung des Bundesverfassungsgerichts, 1998, S. 63 f.

[175] Comparar para isso, continuador *Schmidt-Aßmann* (nota 159), Art. 103 Abs. 1 Rn. 143 ff.

[176] Comparar para isso, por exemplo, BVerfGE 52, 131 (143 ff., 156 f.); 69, 126 (140); 69, 248 (254); 74, 78 (94 f.); 81, 347 (356 f.); P. J. *Tettinger*, Fairneß und Waffengleichheit, 1984, S. 18 ff.; M. *Vollkommer*, Der Grundsatz der Waffengleichheit im Zivilprozeß – eine neue Prozeßmaxime? –, in: Festschrift für Karl Heinz Schwab, 1990, S. 503 ff.; *Leipold* (nota 87), Vorb. § 128 Rn. 62 ff.

[177] Comparar *Leipold* (nota 87), Vorb. § 128 Rn. 63.

ser compensadas. Isso vale, por exemplo, para as custas processuais. Se o estado proíbe ao cidadão o auto-auxílio e remete-o à via jurídica, ele não deve deixar fracassar essa via jurídica nisto, que o cidadão não pode pagar as custas processuais pendentes. A regulação legal do auxílio de custas processuais é, por isso, também ordenada e assegurada jurídico-constitucionalmente.[178] O princípio da igualdade de armas vale também no processo penal, carece lá, contudo, de uma formação particular, porque o advogado do estado, por um lado, possui uma posição potencialmente mais forte, por outro, não deve antecipar-se unilateralmente, mas é obrigado à objetividade.[179]

5. O princípio do procedimento correto

O princípio do procedimento correto não está expressamente determinado na lei fundamental. Mas ele é derivado pela jurisprudência[180] e pela literatura[181] do princípio do estado de direito. Pelo artigo 2 I, da lei fundamental, ele ganha caráter de direitos fundamentais com a conseqüência que ele pode ser feito valer judicialmente não somente diante dos tribunais especializados, mas também diante do tribunal constitucional federal.[182] Ele foi manifestamente assumido do direito anglo-americano.[183] Ademais, o artigo 6, da convenção européia para a proteção dos direitos do homem e liberdades fundamentais, deveria ter servido de modelo, que, todavia, na Alemanha, vale somente como lei ordinária e, por conseguinte, não desempenha nenhum papel na jurisprudência do tribunal constitucional federal.

Como princípio de direito geral, o mandamento-correção somente então se aplica, quando não existem regulações especiais. Isso vale, sobretudo, com vista à audiência jurídica diante do tribunal (artigo 103 I, da lei fundamental)[184] e à igualdade de armas processuais (artigo 3 I, da lei fundamental),[185] que certamente também são enformados estatal-juridica-

---

[178] BVerfGE 81, 347 (356 f.); comparar, ademais, as indicações supra, nota 11.

[179] BVerfGE 38, 105 (111); 63, 45 (61); *H. D. Jarass*, in: *ders./B. Pieroth*, Grundgesetz-Kommentar, 5. Aufl. 2000, Art. 20 Rn. 96; *H. Hill*, Verfassungsrechtliche Gewährleistungen gegenüber der staatlichen Strafgewalt, in: J. Isensee/P. Kirchhof (Hrsg.), Handbuch des Staatsrechts der Bundesrepublik Deutschland, Bd. VI: Freiheitsrechte. 1989, § 165 Rn. 44 ff.

[180] BVerfGE 26, 66 (71); 38, 105 (111); 39, 156 (163); 46, 202 (210); 57, 250 (274 ff.); 75, 183 (188 f.); 78, 123 (126 f.); 93, 99 (113); ocasionalmente, o tribunal fala também somente da "pretensão a um procedimento estatal-jurídico" (assim, por exemplo, BVerfGE 91, 176 [180]), mas acha o mesmo.

[181] Comparar, por exemplo, *Tettinger*, Fairneß (nota 176), S. 1 ff.; *M. Vollkommer*, Der Anspruch der Parteien auf ein faires Verfahren im Zivilprozeß, in: Gedächtnisschrift für Rudolf Bruns, 1980, S. 195 ff.; *G. Dörr*, Faires Verfahren, 1984; *Leipold* (nota 87), Vorb. § 128 Rn. 65 ff.; *M. Nierhaus*, Beweismaß und Beweislast, 1989, S. 449 ff.

[182] Comparar para a subjetivação, supra IV 1 para a pretensão de concessão de justiça.

[183] Comparar para isso, as indicações em *Stern/Sachs*, Staatsrecht III/1 (nota 6), S. 1471 f.

[184] Assim, acertadamente, *Schmidt-Aßmann* (nota 159), Art. 103 Abs. 1 Rn. 9

[185] Malogrado é, por isso, quando na literatura, justamente, às avessas, a igualdade de armas é derivada do mandamento do procedimento correto, assim, por exemplo, *H. Schulze-Fielitz*, in: H. Dreier

mente e devem garantir um procedimento estatal-jurídico, mas justamente, porém, ganharam sua regulação especial. A propensão, na jurisprudência do tribunal constitucional federal e na literatura, de combinar cunhagens distintas do princípio do estado de direito uma com a outra não é sustentável dogmático-constitucionalmente. Ela contém, além disso, o perigo que as garantias especiais são abreviadas no caminho da concretização ponderadora do princípio do estado de direito. Isso não exclui que a idéia da correção de procedimento seja invocada na interpretação dos direitos fundamentais especiais.

O princípio do procedimento correto é, inicialmente, somente uma linha diretriz. Ele não contém, como acentua o tribunal constitucional federal, mandamentos e proibições determinados em todos os detalhes, mas carece da concretização conforme os dados materiais.[186] Alvos determinantes são a qualidade de pessoa e posição de sujeito do cidadão, que não deve ser degradado a mero objeto do procedimento estatal, e a decisão objetivamente correta como objetivo do procedimento. Freqüentemente, trata-se mais do como do que do que. Assim, o juiz não deve conduzir-se contraditoriamente, ele não deve, de vícios ou omissões próprios ou que devem a ele ser atribuídos, derivar desvantagens processuais, ao contrário, ele é obrigado universalmente à tomada em consideração perante os participantes no procedimento em sua situação concreta.[187] Como o princípio do procedimento correto somente intervém subsidiariamente e também somente então se torna atual, quando o direito processual é deficitário, aparecem, na jurisprudência do tribunal constitucional federal, conjunturas de casos muito diferentes, que, consideradas em si, podem ser pouco significativas, mas os participantes no procedimento, com isso afetados, possivelmente, acertam sensivelmente. O mandamento-correção é uma cláusula geral; ele possui, como *Stern* comprova,[188] "uma função de amortização para infrações gravíssimas, que não podem ser vencidas com os asseguramentos especiais dos direitos fundamentais processuais.

VI. Observação final

A jurisprudência do tribunal constitucional federal, no total, deixa dividir-se objetivamente em três âmbitos. O primeiro âmbito concerne às decisões do procedimento judicial-estatal verdadeiro, ou seja, os litígios entre órgãos e os litígios federativos, assim como o controle normativo abstrato, à medida que ele, em um procedimento, de certo modo simplificado, persegue os mesmos objetivos. Fazem parte do segundo âmbito as

---

(Hrsg.), Grundgesetz-Kommentar, Bd. II, 1998, Art. 20 (estado de direito) Rn. 203.
[186] BVerfGE 57, 250 (276).
[187] Assim, BVerfGE 78, 123 (126) com indicações da jurisprudência.
[188] *Stern*/Sachs, Staatsrecht III/1 (nota 6), S. 1472.

decisões que – em regra, em virtude de uma apresentação judicial ou um recurso constitucional –, têm como objeto a compatibilidade de regulações estatais ou outras decisões estatais com os direitos fundamentais materiais. O terceiro âmbito formam, finalmente, as decisões que – em regra, em virtude de um recurso constitucional contra uma sentença –, revisam a observância dos direitos fundamentais processuais pelos tribunais especializados. Enquanto no primeiro âmbito trata-se da divisão de poderes intra-estatal (no sentido horizontal e no vertical) e, no segundo âmbito, da relação-cidadão-estado, o terceiro âmbito, que é objeto dessa contribuição, concerne a questões de organização e de procedimento intrajudicial, embora com vista às suas repercussões para o cidadão participante no procedimento.

Se se compara as decisões judicial-constitucionais do terceiro âmbito (que, no que segue, por causa da simplicidade, devem ser designadas como decisões processuais) com as decisões do primeiro e do segundo âmbito, então deve ser comprovado que elas (1), em geral, afetam somente uma questão jurídica[189] e, por conseguinte, saem escassas, que elas, por conseguinte (2), também são pouco espetaculares e mal encontram observação na discussão jurídico-constitucional e política geral, que elas, porém (3), numericamente subrepujam consideravelmente as decisões de ambos os primeiros âmbitos e que elas (4), por fim, proporcionalmente, freqüentemente, comprovam uma infração da constituição e, com isso, são pronunciadas em favor do cidadão.[190] A alta cota de êxito dos recursos constitucionais contra uma sentença apoiada em um vício de procedimento surpreende, porque se deveria supor que os juízes conhecem e observam os direitos fundamentais processuais. Já em 1978, o tribunal constitucional federal objetou o alto número de recursos constitucionais por causa de violação da audiência jurídica e, a seguir, explicou: "A aplicação do artigo 103, alínea 1, da lei fundamental, também só em casos excepcionais raros apresenta questões novas e fundamentais de tipo jurídico-constitucional. Por uma jurisprudência ampla do tribunal constitucional federal o seu âmbito de validez está esclarecido quase até nos últimos detalhes."[191] Mal se modificou alguma coisa.

As infrações contra direitos fundamentais processuais, feitas valer no caminho do recurso constitucional contra uma sentença, têm fundamentos distintos. Por um lado, existem, sempre de novo, colocações de questões

---

[189] Isso vale – para a parte processual – também então, quando, o que ocorre freqüentemente, tanto a compatibilidade com os direitos fundamentais processuais como com os direitos fundamentais materiais deve ser examinada.

[190] Comparar para isso, a reunião em *Schumann*, Bundesverfassungsgericht (nota 174), S. 12 ff. e *dems.*, Einfluß (nota 105), S. 17 ff.; ademais, *ders.*, Die Wahrung des Grundsatzes des rechtlichen Gehörs – Dauerauftrag für das BVerfG?, in: NJW 1985, S. 1134 ff.; *Schmidt-Aßmann* (nota 159), Art. 103 Abs. 1 Rn. 142; *H. Schulze-Fielitz*, in: H. Dreier (Hrsg.), Grundgesetz-Kommentar, Bd. III, 2000, Art. 103 I Rn. 14.

[191] BVerfGE 49, 252 (259).

novas de tipo fundamental, que carecem de um esclarecimento judicial-constitucional.[192] Muito mais freqüentes são, contudo, por outro, os casos nos quais o vício de procedimento baseia-se em um engano do tribunal. Assim, comprova o tribunal constitucional federal, a infração contra o artigo 103 I, da lei fundamental, é, "muitas vezes, só uma mera, pane", assim, por exemplo, ao um prazo ser ignorado, uma notificação não estar em ordem, uma alegação escrita entrar em um auto falso ou outras vezes perder-se ou a audiência necessária de um participante simplesmente ser esquecida.[193] Objetivamente, pode tratar-se nessas panes, até, preponderantemente, de bagatelas;[194] mas isso não deve enganar acerca disto, que elas podem subjetivamente, sem mais, ser de peso, uma vez que o cidadão, com isso, possivelmente, perde os seus direitos materiais.[195] Por fim, existem também casos que não mais se podem qualificar de panes, mas apresentam decisões errôneas crassas e incompreensíveis.[196] A jurisprudência do tribunal constitucional federal é interessante não só em perspectiva jurídico-constitucional, mas também em sentido fático-jurídico. Quando ao tribunal constitucional federal é censurado que ele vai muito no detalhe, então ele é motivado para isso, pelo visto, pela prática dos tribunais especializados. Que ele, com isso, desempenha uma tarefa, "que cumprir, em si, faz parte dos deveres jurídico-constitucionais de cada um tribunal", é, sem mais, consciente.[197] Ele acentua, por isso, sempre de novo, a subsidiariedade do recurso constitucional.

A sobrecarga quantitativa do tribunal constitucional federal baseia-se, sobretudo, na pluralidade de recursos constitucionais contra uma sentença, que objetam a violação de direitos fundamentais processuais. Por conseguinte, a reforma exigida em toda a parte e muito discutida deve, em primeiro lugar, começar aqui.[198] Ela não deve – no triângulo das forças

---

[192] Comparar, por exemplo, BVerfGE 92, 158 (183 ff.) (participação do pai de uma criança ilegítima no procedimento de adoção); 101, 106 (121 ff.) (decisão – "em câmara").

[193] BVerfGE 42, 243 (248); comparar também BVerfGE 46, 185 (187); 49, 252 (258); na literatura é, sob esse aspecto, falado de uma "jurisprudência de panes" ou de um "auxílio de panes" do tribunal constitucional federal, comparar *Schumann*, Wahrung (nota 190), S. 1135 ff.; *ders.*, Einfluß (nota 105), S. 31.

[194] Assim, *Schumann*, Wahrung (nota 190), S. 1136 f., com referência a casos particulares.

[195] As "panes" também nem (sempre) se deixam explicar com a sobrecarga de trabalho do tribunal (comparar *Schmidt-Aßmann* [nota 159], Art. 103 Abs. 1 Rn. 142), assim, certamente, não no caso no qual o tribunal fixou um prazo de declaração ao participante, mas, não obstante, já antes da expiração do prazo decidiu (BVerfGE 12, 110 [113]).

[196] Comparar, por exemplo, BVerfGE 78, 123 (126 f.): o tribunal de segunda instância rejeitou uma apelação como inadmissível, porque a assinatura do advogado, que durante muitos anos foi reconhecida por esse tribunal como suficiente, não corresponde às exigências jurídicas, sem também, somente no mínimo, antes chamar a atenção sobre essa modificação abrupta. Ou BVerfGE 96, 27 (43): a referência do tribunal de segunda instância aos "fundamentos acertados da decisão impugnada" vai para o vazio, uma vez que a decisão impugnada, no fundo, não contém fundamentos; de resto, a fundamentação do tribunal de segunda instância "não" é "seguível", o que é explicado mais.

[197] BVerfGE 49, 252 (259).

[198] Comparar para a discussão sobre o alívio do tribunal constitucional federal, por último, o relatório da comissão.

de proteção jurídica, jurisdição constitucional e jurisdição especializada – ir à custa da proteção jurídica. Ao contrário, a proteção jurídica deveria ser ampliada mais efetivamente no âmbito da jurisdição especializada, de modo que o tribunal constitucional federal possa limitar-se às colocações de questões realmente essenciais.[199]

---

[199] Comparar, outra vez, BVerfGE 49, 252 (259).

— 6 —

Jurisdição constitucional*

Sumário: I. Fundamentos e significado geral; 1. Desenvolvimento; 2. Bases jurídicas; 3. A posição jurídico-constitucional do tribunal constitucional federal; 4. O significado político-constitucional do tribunal constitucional federal; II. A formação da jurisdição constitucional; 1. A organização do tribunal constitucional federal; 2. Eleição e posição jurídica dos juízes constitucionais federais; 3. Competência; 4. Procedimento; 5. Ordenação cautelar; III. Procedimento de litígio entre órgãos; 1. Caracterização geral; 2. Pressupostos de admissibilidade; 3. Decisão; IV. Litígios federativos; 1. Visão de conjunto; 2. Litígio-estados-federação; 3. Litígio entre os estados federados; 4. Litígios intra-estaduais; V. Controle normativo abstrato; 1. Conceito, estrutura e tipos de controle normativo; 2. Caracterização geral do controle normativo abstrato; 3. Admissibilidade do controle normativo abstrato; 4. A decisão do controle normativo; VI. Controle normativo concreto; 1. Desenvolvimento e fundamentos; 2. Finalidade e âmbito de aplicação da apresentação judicial; 3. Os pressupostos de admissibilidade da apresentação judicial; 4. Procedimento e decisão; VII. Recurso constitucional; 1. Função e significado geral; 2. Os pressupostos de admissibilidade do recurso constitucional; 3. Procedimento e decisão; VIII. Outras competências do tribunal constitucional federal; 1. Procedimentos relacionados à norma; 2. Procedimento de proteção à constituição; IX. Tribunal constitucional federal e tribunais constitucionais estaduais; 1. Os tribunais constitucionais estaduais; 2. Tribunal constitucional federal e tribunais constitucionais estaduais.

I. Fundamentos e significado geral

1. Desenvolvimento

A jurisdição constitucional (outrora também denominada jurisdição estatal) tem na Alemanha uma longa tradição. Os primeiros inícios remontam até ao tribunal cameral do império e ao conselho áulico do império, do império alemão velho. Novos inícios encontram-se nas constituições constitucionais da primeira metade do século 19, que previam para a proteção da constituição uma acusação contra ministro. A constituição do império de Frankfurt, de 1849, queria, com apoio na constituição dos Estados Unidos, introduzir uma jurisdição constitucional ampla, porém, como se sabe, não se tornou eficaz juridicamente. A jurisdição constitucional por ela concebida não teve, inicialmente, também nenhuma influência no de-

1

---
* Este escrito é a parte que compõe o § 20, intitulado "jurisdição constitucional", do livro Staatsrecht I, 4. Aufl., München: Verlag C. H. Beck, 2005, de Hartmut Maurer. As remissões a outras partes do livro foram omitidas, exceto quando são necessárias para a compreensão da conexão no texto; as partes que remetem à parte traduzida foram mantidas.

senvolvimento constitucional ulterior na Alemanha. Prússia e o império alemão, de 1871, por ela dominada, não conheciam jurisdição constitucional. A acusação contra ministro, prevista na constituição prussiana, de 1850, permaneceu insignificante já por falta da lei de execução (artigo 61, da constituição). A constituição do império destinou até litígios federativos a um órgão político, ao conselho federal, e não a um tribunal. A constituição do império de Weimar, de 1919, introduziu, em compensação, uma jurisdição constitucional, mas a limitou a alguns âmbitos parciais (litígios entre o império e os estados, litígios constitucionais intra-estatais, acusações contra ministro). À ruptura chegou primeiro depois de 1945. As constituições estaduais, promulgadas na Alemanha do sul, de 1946/47, regulavam – em parte, em seguimento às propostas de reforma do tempo de Weimar – uma jurisdição constitucional ampla (controle normativo concreto, preponderantemente, também, procedimento de litígio entre órgãos e controle normativo abstrato, em Bayern e em Hessen, ademais, um recurso constitucional).

2   A lei fundamental referiu-se a isso e criou com o tribunal constitucional federal uma jurisdição constitucional ampla. O tribunal constitucional federal foi estabelecido em 1951, depois da promulgação da lei sobre o tribunal constitucional federal. Ele desenvolveu, desde então, uma jurisprudência que influenciou com efeito forte e duradouro tanto o âmbito político-estatal como o âmbito social. A jurisdição constitucional converteu-se em um elemento enformador da república federal da Alemanha. Ao tribunal constitucional federal, todavia, resulta, por um lado, nos tribunais constitucionais estaduais, que desde 1990, especialmente pela introdução dos recursos constitucionais estaduais, obtiveram importância, e, por outro, nos tribunais europeus – no tribunal europeu, em Luxemburg, que, entre outras coisas, tem de decidir sobre a compatibilidade de direito alemão com o direito comunitário europeu e no tribunal europeu para direitos do homem, em Straßburg, que tem de decidir sobre violações da convenção européia para a proteção dos direitos do homem e liberdades fundamentais – uma concorrência progressiva.

2. Bases jurídicas

3   a) As prescrições fundamentais sobre o tribunal constitucional federal encontram-se já na *lei fundamental*: artigo 92, da lei fundamental, determina a posição do tribunal constitucional federal no âmbito da jurisdição, artigo 93 I, da lei fundamental, contém um catálogo de competências, artigo 94 I, da lei fundamental, determina a composição do tribunal. Outras competências do tribunal constitucional federal estão dispersas sobre toda a lei fundamental (sobretudo artigo 100 I, da lei fundamental, ademais, artigo 18, artigo 21 II, da lei fundamental, e assim por diante). De resto,

o dador de leis é autorizado a destinar ao tribunal constitucional federal outras competências (artigo 93 II, da lei fundamental) e, sobretudo, a regular circunstanciadamente a organização e o procedimento do tribunal constitucional federal (artigo 94 II, da lei fundamental).

b) As determinações de execução necessárias traz a *lei sobre o tribunal constitucional federal*, que foi promulgada em 1951, desde então, porém, modificada multiplamente. A maioria das modificações visavam a uma limitação do número demasiado grande de recursos constitucionais (comparar para isso, também infra, número de margem 124). Algumas outras modificações concerniam, porém, também a questões de organização e de procedimento. Assim, a lei de modificação, de 16.7.1998 (BGBl. I S. 1823), regula o registro em radiodifusão e em televisão no procedimento oral (§ 17a) e as solicitações, apresentadas fora do procedimento, de vista dos autos (§§ 35a e seguintes). No total, porém, a concepção da jurisdição constitucional permaneceu imodificada.

4

Na solução de casos deve ser observado que as regulações do artigo 93 I, da lei fundamental, e as prescrições correspondentes da lei sobre o tribunal constitucional federal complementam-se. Por isso, não basta – por exemplo, no exame da admissibilidade de procedimentos de litígio entre órgãos – somente invocar o artigo 93 I, número 1, da lei fundamental, ou somente os §§ 63 e seguintes, da lei do tribunal constitucional federal. Ao contrário, ambos devem ser invocados, citados e examinados. Porque o artigo 93 I, número 1, da lei fundamental, vai além, à medida que se trata da capacidade de participação e o § 64, da lei do tribunal constitucional federal, precisa o poder de solicitação.

c) O tribunal constitucional federal possui, ademais, um *regulamento interno* (§ 1 III, da lei do tribunal constitucional federal). Ele é promulgado pelo pleno do tribunal constitucional federal e publicado no diário oficial da federação. Como os regulamentos internos dos outros órgãos constitucionais, ele é vinculativo somente no interior do órgão, mas tem, por sua aplicação, também repercussões para externos (por exemplo, no que concerne à condução da negociação, às comunicações à imprensa, aos votos especiais, e assim por diante). A lei sobre o tribunal constitucional federal remete, muitas vezes, expressamente ao regulamento interno (§ 15 II 4 e § 30 II 3, da lei do tribunal constitucional federal).

5

3. A posição jurídico-constitucional
do tribunal constitucional federal

a) O tribunal constitucional federal é um *tribunal*. Isso resulta já do seu nome, sobretudo, porém, de sua classificação legal-fundamental, no título jurisdição, e de sua formação como tribunal em sentido organizacional, funcional e conforme o procedimento. O § 1 I, da lei do tribunal constitucional federal, certifica o caráter de tribunal.

6

Por isso, valem para o tribunal constitucional federal os princípios, também, em geral, determinantes para a jurisdição. Ele pode tornar-se ativo somente por solicitação, ele decide em independência judicial, ele está exclusivamente vinculado ao direito (direito constitucional). O significado político do tribunal constitucional federal, certamente, não deve ser subestimado. Como ele, preponderantemente, tem de decidir sobre questões politicamente debatidas, são suas próprias decisões processo, acontecimento ou objeto de significado político e têm, muitas vezes, conseqüências políticas extensas. Mas isso, nada modifica nisto, que o tribunal constitucional federal tem de decidir não segundo considerações de conformidade com a finalidade políticas, mas segundo critérios jurídico-constitucionais.

7   b) O tribunal constitucional federal é, ademais, um *órgão constitucional*. Isso foi inicialmente debatido, é, porém – sobretudo por insistência do tribunal constitucional federal –, entrementes, universalmente reconhecido. O próprio tribunal constitucional federal acentuou e fundamentou energicamente em um memorial particular, o chamado memorial-status, de 27.6.1952, seu status como órgão constitucional (impresso com relatório preliminar de G. *Leibholz* e outras tomadas de posição in JÖR Bd. 6 (1957) S. 109 ff.). Isso distingue o tribunal constitucional federal de todos os outros tribunais, também dos tribunais da federação supremos, segundo o artigo 95 I, da lei fundamental, aos quais esse status não cabe. A qualificação como órgão constitucional também é fundamentada dogmático-constitucionalmente, uma vez que o tribunal constitucional federal não só pode derivar sua existência e suas competências da lei fundamental, mas também por sua jurisprudência toma parte na formação da vontade estatal total.

8   A caracterização como órgão constitucional tem determinadas conseqüências:

– o tribunal constitucional federal não está associado ou até sotoposto a nenhum ministro federal. Ele possui um plano orçamentário próprio (plano particular 19); ele pode imediatamente (não pelo ministério) ter relações com outros órgãos constitucionais; o presidente do tribunal constitucional federal é o empregador supremo dos funcionários e empregados do tribunal;

– o tribunal constitucional federal está autorizado a dar-se um regulamento interno (o que é certificado pelo § 1 III, da lei do tribunal constitucional federal);

– os juízes do tribunal constitucional federal não são juízes federais, mas juízes no tribunal constitucional federal e estão, por isso (como os membros de outros órgãos constitucionais), em uma relação de cargo jurídico-pública;

– protocolarmente, o tribunal constitucional federal está no plano dos órgãos constitucionais.

4. O significado político-constitucional do tribunal constitucional federal

O significado político-constitucional do tribunal constitucional federal resulta da vinculação de todos os órgãos estatais, inclusive dos órgãos dadores de lei, à lei fundamental e da competência do tribunal constitucional federal, de revisar a observância dessa vinculação. O tribunal constitucional federal tem de, no caso litigioso, decidir vinculativamente sobre a interpretação e aplicação da lei fundamental. Ele determina, portanto, em último lugar, "o que a lei fundamental diz".

Comparar para isso, a decisão, muito citada, do juiz na suprema corte dos Estados Unidos Charles E. Hughes: "The constitution is what the judges say it is." Em conformidade com isso, o professor de direito do estado, *R. Smend*, comprovou em seu discurso solene para o festejo da existência de dez anos do tribunal constitucional federal, em 1962: "A lei fundamental vale agora praticamente assim como o tribunal constitucional federal a interpreta e a literatura a comenta nesse sentido. Também perante outros amplos âmbitos materiais, o tribunal constitucional federal realizou do direito constitucional esclarecimentos fundamentais e também eles são agora direito vigente" (Das Bundesverfassungsgericht, 1963, S. 23, 25; também impresso in: P. Häberle (Hg.), Verfassungsgerichtsbarkeit, 1976, S. 329, 330).

O significado político-fático do tribunal constitucional federal depende, todavia, de *dois pressupostos*, ou seja, por um lado, que ele, no fundo, é chamado, e, por outro, que suas decisões são aceitas pelos afetados. O tribunal constitucional federal não pode, por ele mesmo, intervir e suas decisões não mesmo impor por meio de coerção. Seu "poder" baseia-se na autoridade da constituição e na força de convicção de suas decisões.

É digno de atenção, porque de modo nenhum tão compreensível como, geralmente, é aceito, que ambos os pressupostos – a solicitação e a aceitação – na vida política da república federal (até agora) estavam dados. Mal existiu uma questão de litígio política essencial entre o governo e a oposição e mal uma lei essencial, que não foram apresentadas ao tribunal constitucional federal para decisão. O procedimento de dação de leis termina, sem dúvida, formalmente com a proclamação no diário oficial da federação (artigo 82 I, da lei fundamental). De fato, porém, ele, em muitos casos, termina primeiro quando o tribunal constitucional federal certificou a lei no procedimento de controle normativo em seguida. Que as decisões do tribunal constitucional federal no caso particular encontram não só aprovação, mas também – sobretudo na parte sucumbida – crítica ou até recusa cortante, não deveria ser surpreendente. Importante é a aceitação. Ela pressupõe que o tribunal fundamenta suas decisões racional e convincentemente da constituição. Problemáticas são também decisões que, no aspirar obter uma satisfação universal, têm "caráter de compromisso" e, por isso, juridicamente, são menos convincentes.

Seria, certamente, uma tarefa atrativa perseguir a *história da república federal da Alemanha no espelho da jurisprudência do tribunal constitucional federal*. Iria mostrar-se que quase todas as manobras de agulha politicamente importantes encontraram uma repercussão na jurisprudência do tribunal constitucional federal. Iria mostrar-se, ademais, que o tribunal constitucional federal, pelo desenvolvimento dos direitos fundamentais, determinou essencialmente e determina a relação-cidadão-estado, mas também as relações dos cidadãos uns com os outros e, com isso, o âmbito social (direitos fundamentais como decisões de valores e normas de princípio, efeito de proteção dos direitos fundamentais, realização e asseguramento dos direitos fundamentais por organização e procedimento, direito de personalidade geral, artigo 2 I, da lei fundamental, como garantia da liberdade de atuação geral, efeito perante terceiros mediata).

No sentido político-geral deve ser mencionado: a decisão para o estabelecimento do exército federal e, com isso, para a política ocidental de Adenauer que, todavia, por causa da eleição para o parlamento federal 1953, não ultrapassaram questões de procedimento (BVerfGE 1, 396; 2, 79; 2, 143), a sentença-Saar (BVerfGE 4, 157), a proibição, também relativa à política externa explosiva, do partido comunista (BVerfGE 5, 85), a sentença para a validade e vinculatividade intra-estatal da concordata imperial (BVerfGE 6, 309), as sentenças para a consulta popular sobre armamento atômico (BVerfGE 8, 104; 8, 122), a primeira sentença de princípio para a posição dos partidos (BVerfGE 20, 56), as sentenças da escola superior (BVerfGE 35, 79; 43; 242), a sentença sobre o acordo fundamental entre a república federal da Alemanha e a república democrática alemã e, com isso, sobre a política oriental do governo Brand/Scheel (BVerfGE 36, 1), a sentença sobre a co-determinação de exploração do empregado (BVerfGE 50, 290), a sentença sobre a dissolução prematura do parlamento federal (BVerfGE 62, 1), as sentenças sobre a compensação financeira estatal-federal (BVerfGE 72, 330; 86, 148; 101, 158), a sentença sobre a primeira eleição de toda a Alemanha (BVerfGE 82, 322), as sentenças concernentes à reunificação e às suas conseqüências (BVerfGE 84, 90; 84, 133; 94, 12; 102, 254), a sentença sobre o acordo de Maastricht e a união européia (BVerfGE 89, 155), as decisões sobre o emprego do exército federal no exterior e a evolução da Nato (BVerfGE 90, 286; 104, 151; 108, 34), as sentenças para o chamado compromisso de asilo (BVerfGE 94, 49; 94, 115; 94, 166), as sentenças para os mandatos suplementares e para a cláusula do mandato fundamental, segundo a lei de eleição federal (BVerfGE 95, 335; 95, 408; 97, 317), a resolução sobre o Euro (BVerfGE 97, 350), a sentença sobre o serviço de informação federal (BVerfGE 100, 313), as sentenças sobre a atividade de informação do governo federal (BVerfGE 105, 252 e 105, 279), a sentença sobre a lei de imigração (BVerfGE 106, 310), a resolução sobre a suspensão do procedimento de proibição-partido democrático nacional da Alemanha (BVerfGE 107, 339) e a sentença sobre o imposto ecológico (BVerfGE 110, 274). – Ademais, âmbitos do direito inteiros foram enformados pela jurisprudência do tribunal constitucional federal em várias decisões, assim, especialmente o direito de radiodifusão e de televisão, o direito dos partidos e o direito eclesiástico estatal.

II. A formação da jurisdição constitucional

1. A organização do tribunal constitucional federal

a) *Senados como corpos sentenciadores*. O tribunal constitucional federal compõe-se de dois senados com, cada vez, 8 juízes (§ 2, da lei do tribunal constitucional federal). Os senados são organizacional e pessoalmente completamente separados. Sua competência é já legalmente determinada (§ 14, da lei do tribunal constitucional federal).

Com isso, o tribunal constitucional federal distingue-se, essencialmente, dos outros tribunais, que mesmos, por uma regulação intrajudicial (o regulamento interno judicial), decidem sobre a distribuição dos juízes e a competência aos corpos sentenciadores particulares (senados, câmaras). Por causa da separação organizacional e pessoal de ambos os senados também uma representação por um juiz do outro senado, no caso de impedimento, fundamentalmente, não entra em consideração (comparar também infra, número de margem 25).

b) O *pleno* compõe-se, como já o nome diz, de todos os juízes do tribunal constitucional federal. Ele tem de garantir, sobretudo, a uniformidade da jurisprudência do tribunal constitucional federal e, por isso, então, de decidir quando um senado em uma questão jurídica quer desviar da concepção jurídica do outro senado (§ 16, da lei do tribunal constitucional federal). 13

A isso chegou-se, até agora, somente quatro vezes: BVerfGE 4, 27 (posição processual dos partidos políticos no procedimento de litígio entre órgãos); BVerfGE 54, 277 (recusa de uma revisão, segundo § 554b, do código de processo civil); BVerfGE 95, 322 (determinação da ocupação concreta de corpos sentenciadores judiciais); BVerfGE 107, 395 (proteção jurídica judicial-especializada em infração em última instância contra o artigo 103 I, da lei fundamental). Em um outro caso, extremamente problemático, permaneceu a questão, discutível entre ambos os senados, se existe um dever de apresentação, aberta, comparar BVerfGE 96, 375, 403 ff.; 96, 409 ff. (responsabilidade médica por causa de esterilização malograda para o sustento da criança). – Ademais, o pleno tem de decidir sobre a apresentação de candidatos no caso da retardação da ocupação de um posto de juiz no tribunal constitucional federal (§ 7a II, da lei do tribunal constitucional federal) e sobre a destituição de um juiz constitucional federal (segundo § 105 II, da lei do tribunal constitucional federal). Algumas outras tarefas e direitos resultam do § 2, do regulamento interno.

c) *As câmaras*. Os senados formam, para a duração de um ano econômico, várias câmaras que, cada vez, compõem-se de 3 juízes do respectivo senado (§ 15a, da lei do tribunal constitucional federal) As câmaras servem ao alívio dos senados. Eles decidem no antecampo sobre a admissibilidade de resoluções de apresentação (§ 81a, da lei do tribunal constitucional federal) e sobre a aceitação de recursos constitucionais (§§ 93 a-d, da lei do tribunal constitucional federal). Comparar para o procedimento de aceitação, infra, número de margem 124. 14

2. Eleição e posição jurídica dos juízes constitucionais federais

a) *Eleição*. Os juízes do tribunal constitucional federal são eleitos, metade pelo parlamento federal, metade pelo conselho federal (artigo 94 I 2, da lei fundamental). Eles são, com isso, legitimados, em parte, democráti- 15

CONTRIBUTOS PARA O DIREITO DO ESTADO **223**

co-parlamentarmente e, em parte, democrático-federalmente. As determinações de execução dos §§ 5 e seguintes, da lei do tribunal constitucional federal, diferenciam entre o parlamento federal e o conselho federal. Enquanto o conselho federal elege imediatamente (§ 7, da lei do tribunal constitucional federal), elege o parlamento federal, para a duração de seu período eleitoral, segundo as regras da eleição proporcional, uma comissão eleitoral de 12 cabeças que, por sua vez, tem de eleger os juízes (§ 6, da lei do tribunal constitucional federal).

Na literatura, encontram-se vozes consideráveis que consideram a delegação legal-ordinária a uma comissão do parlamento federal, por causa da infração contra o artigo 94 I 2 e artigo 42 I 1, da lei fundamental, assim como de fundamentos da legitimação democrática defeituosa, anticonstitucional (comparar *Pieroth*, JP Art. 94 Rn. 1, com mais indicações). O tribunal constitucional federal, nas decisões, nas quais ele ocupou-se com a sua ocupação própria de acordo com a ordem (artigo 101 I 2, da lei fundamental), não abordou isso e, com isso, certamente, implicitamente, certificou a constitucionalidade dessa regulação (BVerfGE 2, 1, 9; 40, 356, 362 ff.; 65, 152, 154 ff.). Em perspectiva *político-constitucional*, as objeções são fundadas. Pelo deslocamento a uma pequena comissão do parlamento federal, que com os seus 12 membros justamente compreende 2% dos deputados, não celebra sessões publicamente e suas decisões também não precisa fundamentar, a eleição dos juízes constitucionais federais é subtraída do controle do parlamento e do público. É, certamente, oportuno que, inicialmente, em um grêmio menor é discutido e decidido sobre a seleção dos candidatos. Isso, porém, não exclui uma eleição ou certificação subseqüente pelo pleno do parlamento federal. Esses pontos de vista, porém, ainda não fundamentam uma anticonstitucionalidade. Também o artigo 94 I 2, da lei fundamental, não é tão preciso que disso devesse ser concluído que somente uma eleição imediata é admissível. Para excluir dúvidas, contudo, deve ser recomendado uma modificação correspondente da lei fundamental, caso não, o que ainda seria melhor, se modifique a regulação duvidosa do § 6, da lei do tribunal constitucional federal.

16 Em ambos os grêmios – na comissão eleitoral do parlamento federal e no conselho federal – é necessária uma maioria-2/3. Com isso, deve ser impedido que a maioria do governo no parlamento federal ou a respectiva maioria no conselho federal decida sobre a ocupação do tribunal constitucional federal. A oposição (maior) deve receber um "direito de intervenção". Esse objetivo, contudo, só limitadamente é obtido. Na prática, exatamente os postos de juiz são paritariamente a ambos os grandes partidos – o união democrática cristã/união social cristã e o partido democrático social da Alemanha – distribuídos, em que o partido do governo respectivo cede ao pequeno parceiro da coalizão (antigamente ao partido democrático livre, agora aos verdes) um posto. Se um posto de juiz torna-se livre, então tem – conforme a qual partido ele compete – um ou outro lado um direito de apresentação. Sua proposta é também, em regra, aceita. A conseqüência é que o tribunal, geralmente, é ocupado com pessoas que pertencem a um partido político ou dele, pelo menos, "são íntimos". Isso deixa com o artigo 33 II, da lei fundamental, no máximo, então, compatibilizar-se, quando se vê no tribunal constitucional federal um órgão político,

que em conformidade também pode ser ocupado politicamente. A ocupação, orientada político-partidariamente, do tribunal constitucional federal também não deve, contudo, em contrapartida, ser sobrevalorizada. A prática mostra que os partidos são bem assessorados quando eles chamam juízes qualificados. Porque somente eles estarão capacitados para afirmar-se no senado perante seus colegas e compor uma sentença fundamentada suficientemente e, com isso, aceitável no público. Juízes somente "fiéis à linha" nada trazem. Juízes qualificados, porém, não se deixam tomar em uma andadeira, ainda que, naturalmente, a chamada pré-compreensão desempenhe um determinado papel na tomada de decisão.

Comparar para a eleição de juízes: *K. Kröger*, Richterwahl, BVerfG-Festschrift, Bd. I, S. 67 ff.; *K. W. Geck*, Wahl und Amtsrecht der Bundesverfassungsrichter, 1986; *ders.*, Wahl und Status der Bundesverfassungsrichter, HStR II (1987), S. 697 ff.; *U. Preuß*, Die Wahl der Mitglieder des Bundesverfassungsgerichts als verfassungsrechtliches und – politisches Problem, ZRP 1988, 389 ff.; *K. Stern*, Gedanken zum Wahlverfahren für Bundesverfassungsrichter, Gedächtnisschrift für Geck, 1989, S. 885 ff.; *E. Benda/E. Klein*, Verfassungsprozeßrecht, 1991, Rn. 86 ff.; *Th. Trautwein*, Bestellung und Ablehnung von Bundesverfassungsrichtern, 1994; *St. U. Pieper*, Verfassungsrichterwahlen, 1998, S. 22 ff.

b) *Os pressupostos pessoais dos juízes no tribunal constitucional federal* 17 resultam do § 3, da lei do tribunal constitucional federal: eles devem ter obtido uma determinada idade de vida, ou seja, 40 anos, e possuir a elegibilidade para o parlamento federal (§ 15, da lei eleitoral federal). Ademais, eles devem possuir a capacidade para o cargo de juiz, segundo a lei dos juízes alemã, isto é, ter prestado com êxito ambos os exames do estado jurídicos (§ 5, da lei dos juízes alemã). O tribunal constitucional federal é, portanto, um "tribunal de juristas" puro. Com isso, ele distingue-se de alguns tribunais constitucionais estaduais, que também são ocupados com juízes leigos. Assim, por exemplo, o tribunal estatal de Baden-Württemberg compõe-se de três juízes profissionais, três juristas, que não são juízes profissionais, e três não-juristas (artigo 68 III, constituição do estado Baden-Württemberg). Os juízes no tribunal constitucional federal são ativos concernentemente à profissão principal. Somente professores de escola superior podem – ao lado de seu cargo principal judicial – exercer além sua atividade de ensino.

Três juízes de cada senado devem ser eleitos do número de juízes nos tribunais supremos da federação (tribunal federal, tribunal administrativo federal, e assim por diante). Com isso, deve ser colhida a experiência jurídica, mas também produzida uma certa união pessoal para com os outros tribunais federais.

Como o tribunal constitucional federal é um órgão constitucional, os 18 juízes constitucionais federais não estão – como os outros juízes federais – em uma relação de serviço jurídico-pública, mas – como os membros de outros órgãos constitucionais, por exemplo, os ministros federais – em uma relação de cargo jurídico-pública. As prescrições da lei dos juízes alemã são aplicáveis aos juízes constitucionais federais só subsidiariamente e em conformidade. As percepções dos juízes constitucionais federais são reguladas em uma lei particular (lei sobre o ordenado do cargo dos membros do tribunal constitucional federal, na redação de 16.7.1998, BGBl. I S. 1824).

19 c) *Período do cargo.* Os juízes no tribunal constitucional federal são eleitos para 12 anos, o mais tardar, até a obtenção do limite de idade, que está determinada na consumação do 68 ano de vida (§ 4, da lei do tribunal constitucional federal). Uma reeleição subseqüente ou posterior é, para o asseguramento da independência, excluída. O período de 12 anos garante, por um lado, um trabalho contínuo, impede, porém, por outro, uma "petrificação" do tribunal.

Problemática é a regulação, que os juízes, após o decurso de seu período do cargo regular, prosseguem seus assuntos do cargo até a nomeação do sucessor (§ 4 IV, da lei do tribunal constitucional federal). Com isso, deve ser impedida uma vacância. Contudo, essa regulação infringe o princípio do juiz legal, segundo o qual a ocupação do tribunal, de antemão, deve ser determinada legalmente (artigo 100 I 2, da lei fundamental). Isso vale, sobretudo, então, quando a eleição do sucessor é retardada conscientemente para prorrogar o período do cargo, legalmente decorrido, do juiz até agora, como isso, com vista aos procedimentos correntes para com o direito de asilo 1995/96, ocorreu. Comparar para isso, B. *Rüthers*, Nicht wiederholbar!, NJW 1996, 1867 ff.; R. *Wassermann*, Manipulation bei der Amtsdauer von Bundesverfassungsrichtern?, NJW 1996, 702 f.; W. *Höfling/Th. Roth*, Ungesetzliche Bundesverfassungsrichter? DÖV 1997, 67 ff., com mais indicações.

3. Competência

20 A competência do tribunal constitucional federal não é determinada por uma cláusula geral, mas pelo princípio de enumeração. Com isso, o tribunal constitucional federal distingue-se dos tribunais administrativos e dos tribunais civis, que, fundamentalmente, têm de decidir sobre *todos* os litígios jurídico-públicos de tipo não-jurídico-constitucional ou *todos* os litígios jurídico-civis (§ 40, da ordenação da organização da jurisdição administrativa, § 13, da lei de organização dos tribunais). Ele somente é competente nos casos particularmente mencionados. Esses casos são determinados não só por características materiais, mas também, e sobretudo, por exigências jurídico-procedimentais. Assim pode, por exemplo, o controle normativo abstrato somente ser solicitado por determinados órgãos ou partes de órgãos (governo federal, governo estadual e membros do parlamento federal). Embora valha o princípio de enumeração, os âmbitos de competência do tribunal constitucional federal são traçados tão amplamente que, praticamente, não existe litígio jurídico-constitucional que, de antemão, estaria subtraído ao tribunal constitucional federal. O tribunal constitucional federal é, na dúvida, generoso (BVerfGE 108, 251, 266 f.).

Se, então ele fracassa no poder de solicitação ou em um outro pressuposto processual. As competências particulares devem posteriormente ser abordadas circunstanciadamente.

Uma divisão aproximada deixa obter-se por alguns princípios constitucionais essenciais: 21

- o princípio da divisão dos poderes leva a uma coexistência e a uma concorrência de órgãos constitucionais autônomos. Se se produzem litígios de competência, então decide o tribunal constitucional federal no caminho do litígio entre órgãos (comparar para isso, infra, número de margem 40 e seguintes);

- o princípio do estado federal leva a uma coexistência e, com isso, a uma concorrência entre a federação e os estados e os estados uns com os outros. À medida que se produzem conflitos de competência, então decide o tribunal constitucional federal no caminho dos litígios federativos (comparar para isso, infra, número de margem 53 e seguintes);

- o princípio do estado de direito leva à vinculação de todos os órgãos estatais, também do dador de leis, à constituição. Se nasce litígio sobre a compatibilidade de uma lei com a lei fundamental, então decide o tribunal constitucional federal no caminho do controle normativo (comparar para isso, infra, número de margem 66 e seguintes).

Isso é, certamente, só uma divisão aproximada. O controle normativo é apto, por exemplo, também, como ainda deverá ser exposto, à decisão de litígios federativos. Ademais, existem outros casos de competência que não ou só limitadamente cabem nesse retículo (comparar a reunião no § 13, da lei do tribunal constitucional federal). Segundo o artigo 93 II, da lei fundamental, pode o dador de leis destinar ao tribunal constitucional federal outras competências, é, nisso, todavia, também quando isso não é dito expressamente, limitado a litígios relevantes jurídico-constitucionalmente.

Comparar § 33 II, da lei dos partidos (proibição da organização de substituição de um partido declarado anticonstitucional), § 50 III, da ordenação da organização da jurisdição administrativa (decisão sobre o caráter jurídico-constitucional de um litígio por apresentação do tribunal administrativo federal), §§ 14 III, 24 V, 36 IV, da lei sobre o procedimento em plebiscito, petição popular para plebiscito, consulta popular, segundo o artigo 29 VI, da lei fundamental, na redação de 30.7.1979 (decisões sobre a admissibilidade de petições populares para plebiscito, e assim por diante, comparar BVerfGE 96, 139), § 26 III, da lei de eleição da Europa (exame de eleição referente às eleições para o parlamento europeu, comparar para isso, BVerfGE 70, 271); § 36 II , da lei de comissão de investigação (apresentação do tribunal federal, quando ele, no quadro de um conflito jurídico concreto, considera anticonstitucional o emprego da comissão de investigação).

4. Procedimento

a) *Regulações de procedimento*. A lei sobre o tribunal constitucional federal contém algumas prescrições de procedimento essenciais, mas nenhuma codificação concluída. Também não existe nenhuma remissão geral à 22 lei de organização dos tribunais e ao código de processo civil, como no § 173, da ordenação da organização da jurisdição administrativa, para o procedimento judicial-administrativo.

Somente pontualmente é remetido às prescrições da lei de organização dos tribunais, do código de processo civil e (para os procedimentos semelhantes ao direito penal) do código de processo penal (§§ 17, 28 I, 38, 61 I, II, da lei do tribunal constitucional federal). O dador de leis deixa ao tribunal constitucional federal conscientemente um certo espaço. Ele é, contudo, de antemão limitado pelo fato de as regulações do procedimento judicial típicas também valerem para a jurisprudência do tribunal constitucional federal. Desvios são somente admissíveis quando eles resultam da peculiaridade da jurisdição constitucional ou procedimentos judicial-constitucionais particulares. É, por isso, pelo menos, equivocado, quando o tribunal constitucional federal é designado como "senhor do procedimento" e falado da "autonomia do direito processual constitucional" e da "autonomia procedimental" do tribunal constitucional federal.

<small>Assim, o tribunal constitucional federal, baseando-se em sua posição de órgão constitucional, BVerfGE 13, 54, 94; 36, 342, 357; 60, 175, 213; ademais, *P. Häberle*, Die Eigenständigkeit des Verfassungsprozeßrecht, JZ 1973, 451 ff.; *G. Zembsch*, Verfahrensautonomie des Bundesverfassungsgerichts, 1971; *K. Engelmann*, Prozeßgrundsätze im Verfassungsprozeßrecht, 1977. – Crítico e recusante – como aqui –, em compensação, *E. Schumann*, Einheit der Prozeßordnung oder Befreiung des Verfassungsprozeßrechts vom prozessualen Denken?, JZ 1973, 484 ff.; *Stern*, Staatsrecht II, S. 1028 ff.; *Schlaich*, Bundesverfassungsgericht, Rn. 54 ff.; *J. Wieland*, Der Herr des Verfahrens, Festschrift für Mahrenholz, 1994, S. 885 ff.</small>

23 b) *Solicitação*. O tribunal constitucional federal não pode – como cada tribunal – tornar-se ativo por ele mesmo, mas somente por solicitação (demanda). As exigências à solicitação são reguladas no § 23 I, da lei do tribunal constitucional federal (forma escrita, fundamentação, indicação dos meios de prova). Não existe intervenção forçosa de advogado. Somente no procedimento oral os participantes devem-se deixar representar por um advogado ou um professor de escola superior (§ 22, da lei do tribunal constitucional federal). A retratação da solicitação é possível. O tribunal constitucional federal, mas, não obstante, pode continuar o procedimento e decidir o fundo do assunto, se isso está ordenado no interesse público.

<small>Comparar para a decisão, apesar da retratação da solicitação BVerfGE 1, 396, 414 f., com vista ao controle normativo abstrato; BVerfGE 24, 299, 300, com vista ao procedimento de litígio entre órgãos e BVerfGE 98, 218, 242 f., com vista ao recurso constitucional; discutível, comparar para a decisão mencionada por último do tribunal constitucional federal: recusante, *V. Wagner*, NJW 1998, 2638 ff.; aprovador, *M. Cornils*, NJW 1998, 3624 ff.; *H. Lang*, DÖV 1999, 624 ff.</small>

24 c) *Decurso do procedimento*. O tribunal constitucional federal decide, segundo § 25, da lei do tribunal constitucional federal, em virtude de um procedimento oral. Com aprovação de todos os participantes pode ser re-

nunciado ao procedimento oral e decidido no procedimento escrito. Vale o princípio da investigação (§ 26, da lei do tribunal constitucional federal). A admissibilidade de registro em fita magnética e registro em televisão e em radiodifusão é agora regulada no § 17a, da lei do tribunal constitucional federal (introduzido por lei de modificação, de 16.7.1998).

d) *Tomada de decisão*. Os senados do tribunal constitucional federal têm quorum quando, pelo menos, 6 dos 8 membros do senado estão presentes (§ 15 II 1, da lei do tribunal constitucional federal). Eles podem, portanto, também decidir com 7 ou, até, somente 6 juízes. Isso é digno de atenção, porque os corpos sentenciadores de todos os outros tribunais devem estar completamente ocupados. À ocupação menor pode chegar, entre outras coisas, quando um juiz é excluído porque ele, pessoal ou profissionalmente, é ou tomou parte na matéria (§ 18, da lei do tribunal constitucional federal) ou quando ele, por temor de parcialidade, é recusado ou considera-se mesmo como parcial (§ 19, da lei do tribunal constitucional federal). Uma representação – sejam quais forem os fundamentos – do juiz impedido, em regra, não tem lugar (comparar também supra, número de margem 12). Somente então, quando um senado, "em um procedimento de particular imperiosidade, não tem quorum" são chamados um ou mais membros do outro senado, em que a seleção realiza-se por um procedimento de sorteio (§ 15 II 2, da lei do tribunal constitucional federal). 25

A exclusão em virtude de lei ou por causa de imparcialidade pode levar a remoções de maioria consideráveis no senado. Isso mostra a decisão sobre o financiamento dos partidos (BVerfGE 20, 56), na qual um juiz, em vista de manifestações científicas fora do procedimento, foi recusado por causa de parcialidade e, com isso, não pôde cooperar na decisão (BVerfGE 20, 1; 20, 9; comparar também BVerfGE 20, 26 (auto-recusa)), o que, certamente, também teve conseqüências para a própria decisão. Comparar, ademais, BVerfGE 82, 30, onde o tribunal, com vista a um juiz, que antes do seu período do cargo afirmou em um parecer a constitucionalidade da lei impugnada com o recurso constitucional, não aceitou exclusão, segundo o § 18 I, número 2, da lei do tribunal constitucional federal, mas por causa de temor de parcialidade, segundo o § 19, da lei do tribunal constitucional federal. Comparar para isso, circunstanciado, com indicações sobre casos particulares, *W. Schaffert/ A. Schmitz/E. Steiner*, Die Richterablehnung im verfassungsgerichtlichen Normenkontrollverfahren, VerwArch. 91 (2000), S. 453 ff.

Os senados decidem, em regra, com a maioria dos membros presentes (§ 15 III 2, da lei do tribunal constitucional federal). Se 8 ou 6 juízes estão presentes, então se pode produzir igualdade de votos. Também isso é uma peculiaridade do tribunal constitucional federal, uma vez que os corpos sentenciadores de todos os outros tribunais são e devem ser ocupados com um número ímpar de juízes. No caso de igualdade de votos, isto é, em uma situação de empate, "não" pode, segundo o § 15 IV 3, da lei do tribunal constitucional federal, "ser comprovada uma infração contra a lei fundamental ou de outro direito federal". Dito sem rodeios, isso quer dizer que a solicitação (por exemplo, a solicitação de comprovação da an- 26 ticonstitucionalidade de uma lei no procedimento de controle normativo ou a solicitação de anulação de uma sentença no procedimento de recurso constitucional) pode ser denegada como infundada. Isso leva a uma preferência dos detentores do poder competentes para decisão. Enquanto para o governo ou maioria parlamentar basta quando 4 juízes estão ao seu lado, precisa, a oposição ou o cidadão, 5 juízes. Esse "prêmio do poder" é dificilmente sustentável. Ele também dificilmente se deixa compatibilizar com a função dos direitos fundamentais, que partem da liberdade como regra e da limitação como exceção.

> Na literatura, é até sustentada a concepção que a regulação sobre a igualdade de votos infringe os artigos 92 e 97, da lei fundamental (assim, *G. Barbey*, HStR III S. 843). Também quando essa concepção não deve ser seguida, permanecem não só dúvidas político-jurídicas, mas também dogmático-jurídicas. O próprio tribunal constitucional federal notoriamente tem dificuldades com a igualdade de votos. Assim, ele comprova, na BVerfGE 76, 211, 217, que em uma decisão mais antiga, a aplicação debatida do § 249, do código penal, a bloqueios por meio de sentar, "em vista da igualdade de votos", não foi "declarada nem anticonstitucional nem de acordo com a constituição" pelo tribunal constitucional federal; na BVerfGE 92, 1, ele somente diz ainda que a questão permaneceu "não-decidida" (S. 14), que a sentença mais antiga "não produziu o esclarecimento esperado por causa da igualdade de votos no senado" (S. 15 f.). Crítico para isso, *Ulsamer*, in: Maunz/Schmidt-Bleibtreu u. a., BVerfGG, § 15 Rn. 14; comparar para a igualdade de votos, também *H. Brox*, Rechtsprobleme der Abstimmungen beim Bundesverfassungsgericht, Festschrift für G. Müller, 1970, S. 1, 7 ff.; *Th. I. Schmidt*, Die Entscheidung trotz Stimmgleichheit, JZ 2003, 133 ff.

27 e) *Decisão*. O tribunal constitucional federal decide por decisão ou por resolução, conforme se um procedimento oral teve lugar ou não (§ 25 II, da lei do tribunal constitucional federal). Diferenças objetivas não resultam disso. Os pressupostos e características habituais da decisão judicial também aqui são determinantes (comparar para isso, em seus pormenores, § 30, da lei do tribunal constitucional federal).

28 f) *Denegação-A-limine*. Por fundamentos econômico-processuais, podem solicitações, que são inadmissíveis ou manifestamente infundadas, ser rejeitadas por resolução unânime do senado, segundo § 24, da lei do tribunal constitucional federal (chamada denegação-A-limine = denegação no umbral do tribunal). A decisão pode, mas não precisa ser fundamentada além, quando do solicitador, antes, foi chamada a atenção sobre as objeções contra a admissibilidade ou fundabilidade de sua solicitação. Ela tem o mesmo efeito como outras decisões do tribunal constitucional federal. O tribunal escolhe esse procedimento, sobretudo, também, então, quando a questão de admissibilidade é duvidosa e complicada, mas pode permanecer em aberto, porque a solicitação, em todo o caso, é infundada. Comparar para isso, por exemplo, a chamada decisão-Euro BVerfGE 97, 350, 368.

g) *Voto especial*. Quando um juiz, na discussão, sustenta uma opinião desviadora para a decisão ou para a sua fundamentação, com isso, porém, não penetra, ele pode expressar sua opinião divergente em um voto especial. O voto especial deve ser associado à decisão do senado, que deve ser assinada por todos os juízes e é com ela publicado na chamada coleção de sentenças oficiais. (§ 30 II, da lei do tribunal constitucional federal, § 56, do regulamento interno). Também isso é uma particularidade do tribunal constitucional federal. Em favor da admissibilidade de votos especiais fala que os pontos de vista diferentes no interior do senado chegam à apresentação, que possíveis desenvolvimentos para o futuro são impulsionados, que a fundamentação da decisão é aliviada, uma vez que opiniões desviadoras não podem ser incluídas, mas ser apresentadas separadamente e que a parte vencida, pelo menos, recebe uma determinada certificação de sua posição. Contra os votos especiais fala que a decisão perde em peso e força de convicção, porque manifestamente não todos os juízes estão atrás disso. Mas por que um consenso deve ser simulado, que realmente, por conseguinte, não existe?

29

Em decisões mais recentes sucede, sempre de novo, que as concepções diferentes do juiz particular (com nome) são incluídas na própria fundamentação da decisão. Isso vale, sobretudo, quando duas opiniões estão face a face e domina igualdade de votos. Nesse caso, não existe, certamente também, na realidade, uma opinião minoritária desviadora da maioria. Por isso, é falado da concepção "dos juízes apoiadores da decisão" e da concepção "dos juízes não-apoiadores da decisão". Comparar para isso, particularmente significativa, BVerfGE 95, 335, 348 ff. (mandatos suplementares). Digno de atenção é que em 1998 foi votado em virtude de uma lei eleitoral que, todavia, 4 juízes constitucionais federais consideravam, em parte, anticonstitucional (BVerfGE 95, 335, 367 ff.), sem que isso, tanto quanto visível, tivesse perturbado qualquer pessoa no palco político.

30

h) *Efeito vinculativo*. As decisões do tribunal constitucional federal passam – como todas as decisões judiciais – à *coisa julgada*. Elas são, ademais, *vinculativas* para *todos os órgãos estatais* (órgãos constitucionais, autoridades, tribunais, e assim por diante (§ 31 I, da lei do tribunal constitucional federal). Decisões de controle normativo obtêm, mais além, *força de lei* (§ 31 II, da lei do tribunal constitucional federal). A expressão tradicional força de lei não deve ser entendida mal. Ela não quer equiparar o controle normativo à dação de leis, mas indica simplesmente que a decisão sobre a validade ou invalidade (nulidade) de uma lei – como a própria lei – é com vinculatividade universal. Força de lei significa, portanto, vinculatividade universal (comparar para isso, também infra, número de margem 83).

31

Enquanto universalmente é reconhecido que a coisa julgada e a força de lei somente dizem respeito ao dispositivo da decisão judicial-constitucional, o alcance do *efeito vinculativo* é debatido. A doutrina dominante limita-o ao dispositivo, de modo que ela, ao fim e ao cabo, estende somente a coisa julgada em sentido subjetivo a todos os órgãos estatais, também aos que não tomaram parte no procedimento (assim, energicamente *Schlaich/Korioth*, BVerfG Rn. 485 ff., com mais indicações). O tribunal constitucional federal e parte da

32

literatura estendem-no, em compensação, também aos fundamentos apoiadores da decisão (BVerfGE 1, 14, 37; 40, 88, 93 f.; BVerwGE 99, 119, 122 f.; *Benda/Klein*, Verfassungsprozeßrecht, Rn. 1323 ff.; reservado BVerfGE 104, 151, 197 f.). Contra a extensão, que, ademais, somente deve valer para os outros órgãos estatais, não para o próprio tribunal constitucional federal (BVerfGE 78, 320, 328), já fala que os fundamentos apoiadores mal confiavelmente se deixam delimitar dos outros fundamentos. O tribunal constitucional federal para isso ainda não tomou posição inequivocamente. Na BVerfGE 36, 1 (acordo fundamental), ele esclareceu, em conjunto, "todas as exposições da fundamentação da sentença (são) necessárias, portanto, no sentido da jurisprudência do tribunal constitucional federal, parte dos fundamentos apoiadores da decisão" (S. 36). Na BVerfGE 96, 375 (responsabilidade médica) diz-se, em outra conexão (chamamento do pleno, segundo o § 16 I, da lei do tribunal constitucional federal), "apoiadores para uma decisão (são) aqueles preceitos jurídicos, que não podem ser abstraídos sem que o resultado da decisão concreta, segundo o processo das idéias, que se expressa na decisão, deixe de existir" (S. 404). O tribunal administrativo federal direciona para as proposições diretrizes, o que, igualmente, não pode satisfazer (BVerwGE 73, 263, 268; 77, 258, 261). As propostas oferecidas na literatura, por exemplo, a "conexão necessária ao pensar", igualmente, não proporcionam nenhuns critérios de delimitação seguros. Contudo, a referência às dificuldades de delimitação ainda não é um argumento contrário. Decisivo é, ao contrário, que pela extensão da força vinculativa aos fundamentos da decisão os órgãos estatais, especialmente os tribunais, iriam ser vinculados não só à própria constituição, mas também à jurisprudência constitucional, que se torna sempre mais ampla, e cada evolução deveria ser comprovada com o veredito da anticonstitucionalidade. Na prática, esse litígio tem um grande significado, porque à jurisprudência do tribunal constitucional federal, de uma maneira ou outra, cabe efeito de precedente e os casos que aparecem de novo têm seus próprios aspectos. – Se se segue a tese, que também os fundamentos da decisão apoiadores são compreendidos pelo efeito vinculativo do § 31 II, da lei do tribunal constitucional federal, deve ser observado que isso vale somente para a interpretação do direito constitucional, não para a interpretação do direito ordinário (BVerfGE 40, 88, 94; BVerwGE 99, 119, 123).

33 i) *Execução*. Habitualmente se entende sob execução, no direito processual, a imposição e realização, por meio de coerção, de uma decisão, caso o destinatário não é capaz ou não disposto a cumprir a obrigação declarada na decisão judicial. O § 35, da lei do tribunal constitucional federal, inicialmente, parte desse conceito de execução e determina *quem* tem de executar as decisões do tribunal constitucional federal. O próprio tribunal constitucional federal não possui meio de execução e não pode, por isso, executar. A regulação do império de Weimar, que o presidente imperial tem de executar as decisões do tribunal estatal não é, por causa da posição alterada do presidente federal, transferível. Em consideração entraria o governo federal que, porém, possivelmente é destinatário mesmo de uma decisão judicial-constitucional. O § 35, da lei do tribunal constitucional federal, prevê, por isso, que o tribunal constitucional federal, no caso particular, determina quem, no caso concreto, deve executar suas decisões. Como as decisões do tribunal constitucional federal até agora sempre foram observadas, a execução nesse sentido restrito, até agora, não se tornou atual.

O tribunal constitucional federal concebe, contudo, a execução no sentido do § 35, da lei do tribunal constitucional federal, essencialmente, mais amplo. Ele vê-se como "senhor da execução", que possui "a liberdade plena de obter o ordenado no modo, cada vez, mais ajustado à coisa, mais rápido, mais conforme a finalidade, mais simples e mais eficaz" (BVerfGE 6, 300, 304). Ele adota, por isso, não só prescrições sobre a efetivação imediata, mas também sobre outras conseqüências de suas decisões, assim, por exemplo, sobre a perda do mandato de membros de um partido proibido (BVerfGE 2, 1, 77 f.), sobre as conseqüências da anulação de decisões de expulsão perante estrangeiros (BVerfGE 35, 382, 408), e assim por diante. Se se trata, nos exemplos até agora mencionados, de atos particulares, então o tribunal, no caso da declaração de nulidade de uma lei, ocasionalmente, continua mais um passo e promulga, em virtude do § 35, da lei do tribunal constitucional federal, regulações transitórias para o impedimento de lacunas, reais ou pretendidas, no direito. Nesse caso, ele apresenta-se como "dador de lei substitutivo" ou como "dador de lei de necessidade". 34

Comparar para isso, BVerfGE 39, 1, 2 f., 68 (interrupção da gravidez I): o tribunal constitucional federal chegou à concepção que a regulação nova é anticonstitucional, que, porém, também a regulação legal antiga não mais é aplicável e que uma renúncia à regulação, também só a curto prazo, no interesse do nascituro não pode ser aceita; por isso, ele promulgou uma regulação transitória (aproximadamente situada na linha mediana), que posteriormente também pelo dador de leis foi amplamente assumida; do mesmo modo, BVerfGE 88, 203, 209 ff., 334 ff. (interrupção da gravidez II). Comparar, ademais, de tempo mais recente, por exemplo, BVerfGE 102, 197, 223 (banco de jogo de Konstanz); BVerfGE 103, 111, 141 f. (tribunal do exame de eleições de Hessen). – Na literatura, a "dação de lei substitutiva", apoiada no § 35, da lei do tribunal constitucional federal, encontrou crítica e recusa, comparar, sobretudo, *H.-P. Schneider*, Die Vollstreckungskompetenz nach § 35 BVerfG – Ein Notverordnungsrecht des Bundesverfassungsgerichts?, NJW 1994, 2590 ff.; ademais, já *R. Herzog*, Die Vollstreckung von Entscheidungen des Bundesverfassungsgerichts, Der Staat 4 (1965), S. 37 ff.; mediador, *P. Lerche*, Das Bundesverfassungsgericht als Notgesetzgeber, insbesondere im Blick auf das Recht des Schwangerschaftsabbruchs, Festschrift für Gitter, 1995, S. 509 ff.; *W. Roth*, Grundlage und Grenzen von Übergangsordnungen des Bundesver-fassungsgerichts zur Bewältigung möglicher Folgeprobleme seiner Entscheidungen, AÖR 124 (1999), S. 470 ff., com mais indicações.

5. *Ordenação cautelar*

a) *Generalidade*. O tribunal constitucional federal pode, segundo o § 32 I, da lei do tribunal constitucional federal, promulgar uma ordenação cautelar, "quando isso é ordenado urgentemente para o rechaço de graves desvantagens, para o impedimento de força iminente ou, de um outro fundamento importante, para o bem-estar comum". A ordenação cautelar é uma regulação provisória até a decisão definitiva no assunto principal. Ela deve impedir que fatos ou estados jurídicos irreparáveis sejam criados 35 ou conservados, que dificultam ou frustram a realização da decisão posterior.

A ordenação cautelar, segundo o § 32, da lei do tribunal constitucional federal, corresponde à ordenação cautelar no direito processual administrativo (§ 123, da ordenação da organização da jurisdição administrativa) e à disposição cautelar no direito processual civil (§§ 935 e seguintes, do código de processo civil). Ao lado do § 32, da lei do tribunal constitucional federal, existem, para alguns tipos de procedimento, ainda, prescrições particulares que, todavia, praticamente mal entram em consideração, ou seja, o § 53, da lei do tribunal constitucional federal (acusação do presidente federal), § 58 I, da lei do tribunal constitucional federal (acusação contra juiz), § 105 V, da lei do tribunal constitucional federal (aposentação prematura ou despedida de um juiz constitucional federal) e § 16 III, da lei de exame de eleições (procedimento de exame de eleições).

36 b) *Pressupostos de admissibilidade*. A ordenação cautelar orienta-se no procedimento do assunto principal. Ela é, por isso, somente admissível quando (1) o tribunal constitucional federal é competente no procedimento do assunto principal, (2) o solicitador é participante no procedimento do assunto principal, (3) está dada a carência de proteção jurídica e (4) a forma escrita foi observada (§ 23 I 1, da lei do tribunal constitucional federal). Um prazo não está previsto. A solicitação deveria, porém, então ser inadmissível, quando o prazo no procedimento do assunto principal expirou.

A ordenação cautelar é promulgada, fundamentalmente, por solicitação. Mas ela também se pode realizar de ofício. Ademais, é possível que antes da pendência do assunto principal a solicitação é apresentada e a ordenação cautelar promulgada. A promulgação de uma ordenação cautelar de ofício, antes da abertura do procedimento do assunto principal, é, certamente, excluída, uma vez que o tribunal, de alguma maneira, deve estar ocupado com o assunto (onde nenhum demandante, aí também nenhum juiz).

37 c) *Fundabilidade*. A ordenação cautelar é promulgada quando ela – temporalmente – é urgente e – materialmente – é ordenada para a evitação de graves desvantagens. As perspectivas de êxito no assunto principal permanecem excluídas. Não se trata, portanto, da constitucionalidade ou anticonstitucionalidade da medida atacada. De outra forma é somente se já agora as perspectivas de êxito do assunto principal podem ser apreciadas com segurança. Se a solicitação no assunto principal é manifestamente inadmissível ou infundada, a ordenação cautelar é recusada. Se ela é manifestamente admissível e fundamentada, a ordenação cautelar é pronunciada. Nesses casos pode, porém, também o assunto principal ser decidido rapidamente, de modo que a solicitação de promulgação de uma ordenação cautelar se resolve.

38 De resto, deve, segundo a jurisprudência do tribunal constitucional federal, ser ponderado entre as conseqüências, que se iriam produzir, se uma ordenação cautelar não fosse pronunciada, a solicitação no assunto principal, porém, tivesse êxito, e as desvantagens, que nasceriam se a

ordenação cautelar pedida fosse promulgada, à solicitação no assunto principal, porém, deveria ser recusado o êxito. Relacionado a uma lei, contra a qual é promovido um recurso constitucional, isso significa: deve ser ponderado entre as conseqüências, que iriam acontecer se a ordenação cautelar não é pronunciada, o recurso constitucional, porém, tem êxito e a lei posteriormente é declarada anticonstitucional e nula, e as desvantagens, que nascem se a lei atacada é, no caminho da ordenação cautelar, provisoriamente posta fora de aplicação, posteriormente, porém, o recurso constitucional denegado. O tribunal precisa, portanto, fazer duas prognoses (hipóteses) e ponderá-las uma com a outra. Por isso, também é falado de uma "hipótese dupla" (comparar *Schlaich/Korioth*, BVerfG Rn. 464).

A ordenação cautelar concerne, na prática, a leis, decisões políticas amplas, mas também a medidas individuais. Ela foi, até agora, preponderantemente recusada, comparar, por exemplo, BVerfGE 88, 173 (emprego do exército federal no exterior); BVerfGE 104, 51 (lei do parceiro de vida); BVerfGE 106, 253 (ocupação da comissão de conciliação); todavia, encontram-se também casos consideráveis, nos quais ela foi acolhida, comparar, por exemplo, BVerfGE 37, 324 (interrupção da gravidez I); BVerfGE 64, 67 (lei do censo da população); BVerfGE 63, 254 (distribuição do tempo de emissão na radiodifusão para a propaganda eleitoral de partidos políticos); BVerfGE 89, 38 (empregos do exército federal no exterior); BVerfGE 89, 98 ff. (expulsão de solicitantes de asilo); BVerfGE 104, 42 (lei de cuidado dos velhos). 39

III. Procedimento de litígio entre órgãos

1. Caracterização geral

O procedimento de litígio entre órgãos concerne a litígios entre órgãos constitucionais da federação ou dentro de órgãos constitucionais da federação sobre direitos e deveres fundados jurídico-constitucionalmente. 40

Em consideração entra, por exemplo, um litígio entre o parlamento federal e o governo federal sobre a extensão dos direitos de aprovação do parlamento federal para contratos de direito internacional público, segundo o artigo 59 II, da lei fundamental, ou um litígio entre um deputado e o presidente do parlamento federal sobre o direito de palavra parlamentar, segundo o artigo 38 I 2, da lei fundamental, em união com o § 37, do regulamento interno do parlamento federal alemão (BVerfGE 10, 4). Ademais, pode, o que também é praticamente significativo, uma parte de órgão fazer valer direitos de seu órgão constitucional contra outros órgãos, por exemplo, uma fração, os direitos do parlamento federal contra o governo federal (BVerfGE 45, 1).

O procedimento de litígio entre órgãos tem o seu fundamento no princípio da divisão de poderes e na proteção das minorias. Procedimentos de litígio entre órgãos são, contudo, já por causa das uniões político-parti- 41 dárias, raros. Em compensação, a proteção da minoria desempenha um papel considerável. O procedimento de litígio entre órgãos dá à oposição a possibilidade de fazer valer judicialmente e de impor os seus direitos de minoria ou os direitos do órgão no qual eles participam.

Uma olhada na prática até agora mostra que se produziram só relativamente poucas, mas, em geral, politicamente significativas, decisões no procedimento de litígio entre órgãos, assim, por exemplo, financiamento dos partidos (BVerfGE 24, 300; 85, 264), relações públicas do governo federal na campanha eleitoral (BVerfGE 44, 125), competência de urgência do ministro das finanças federal, segundo o artigo 112, da lei fundamental (BVerGE 45, 1), dissolução prematura do parlamento federal 1982/1983 (BVerfGE 62, 1), comissão de investigação (BVerfGE 67, 100; 77, 1), posição jurídica de deputado sem fração (BVerfGE 80, 188), posição jurídica das frações e grupos (BVerfGE 84, 304; 96, 264), primeira eleição de toda a Alemanha (BVerfGE 82, 322), emprego do exército federal no exterior (BVerfGE 90, 286), continuação do desenvolvimento da Nato (BVerfGE 104, 151).

42   O procedimento de litígio entre órgãos é determinado, sobretudo, por *duas características*, ou seja, por um lado, pelos participantes e, por outro, pelo objeto do procedimento. Ambas têm uma relação com a constituição específica. Os participantes devem ser órgãos constitucionais e o procedimento deve ter a interpretação e aplicação de prescrições constitucionais como objeto.

Essas características são também para a delimitação para com a jurisdição administrativa determinantes. A via jurídica administrativa está, segundo o § 40 I, da ordenação da organização da jurisdição administrativa, dada em todos os "litígios jurídico-públicos de tipo não-jurídico-constitucional". Os litígios "jurídico-constitucionais" que, com isso, não entram em consideração são, precisamente, os litígios (1) entre órgãos constitucionais (2) sobre a interpretação e aplicação da constituição (chamada imediatidade à constituição dupla). Nenhum litígio jurídico-constitucional existe, por conseguinte, se um cidadão demanda, também quando a demanda dirige-se contra um órgão constitucional e afeta a interpretação da constituição. *Exemplo*: A dirige-se com uma petição, segundo o artigo 17, da lei fundamental, ao parlamento federal, recebe, porém, segundo sua concepção, uma decisão extremamente insuficiente. Ele quer demandar. Ele não pode, uma vez que ele não é órgão constitucional, solicitar um procedimento de litígio entre órgãos; ele pode, porém, no tribunal administrativo, demandar contra o parlamento federal por causa de suposta violação do artigo 17, da lei fundamental (BVerwG NJW 1977, 118; demanda de prestação) e então – após esgotamento da via jurídica – promover recurso constitucional no tribunal constitucional federal (BVerfG NJW 1992, 3033).

2. Pressupostos de admissibilidade

43   Determinantes são: artigo 93 I, número 1, da lei fundamental, § 13, número 5, §§ 63 e seguintes, da lei do tribunal constitucional federal.

Se se compara as prescrições da lei fundamental e da lei sobre o tribunal constitucional federal, então se mostra que elas não estão ajustadas uma sobre as outras totalmente: (1) artigo 93 I, número 1, da lei fundamental, fundamenta uma interpretação da norma abstrata *por motivo* de um conflito jurídico, o § 64, da lei do tribunal constitucional federal, transforma, em compensação, o próprio conflito jurídico em *objeto* do procedimento e da decisão; (2) o artigo 93, número 1, da lei fundamental, fala, em geral, dos órgãos federais supremos ou outros participantes, enquanto o § 63, da lei do tribunal constitucional federal, definitivamente ("só") menciona alguns órgãos constitucionais. Segundo opinião do tribunal constitucional federal e da doutrina dominante, o § 64, da lei do tribunal constitucional federal, apresenta uma concretização admissível e conveniente do artigo 93 I, número 1, da lei fundamental, e o conceito de participante amplo do artigo 93 I, número 1, da lei fundamental, prevalece sobre a enumeração do § 63, da lei do tribunal constitucional federal, de modo que esta deve ser entendida não-definitiva, mas exemplarmente. Por causa dessas diferenças, deve ser cuidado disto, que na solução de casos tanto o artigo 93 I, número 1, da lei fundamental, como os §§ 63 e seguintes, da lei do tribunal constitucional federal, são invocados.

Em seus pormenores, devem ser examinados os pressupostos de admissibilidade seguintes:

a) *solicitador*. Aquele que apresenta ou quer apresentar a solicitação, deve ser capaz de ser parte. Capacidade de ser parte possuem: **44**

- *todos os órgãos constitucionais*: o parlamento federal, o conselho federal, o governo federal, o presidente federal (assim, também o § 63, da lei do tribunal constitucional federal), ademais, a assembléia federal e a comissão comum, segundo o artigo 53a, da lei fundamental (chamado parlamento de necessidade); discutível é se também o delegado militar (artigo 45b, da lei fundamental) e o tribunal de contas federal (artigo 115 II, da lei fundamental) caem sob isso (comparar para isso, *Benda/Klein*, Verfassungsprozeßrecht, Rn. 922);

- *as partes desses órgãos constitucionais*, quando e à medida que elas, na lei fundamental ou no regulamento interno do respectivo órgão constitucional, são dotadas com direitos próprios (artigo 93 I, número 1, da lei fundamental, § 63, da lei do tribunal constitucional federal). Fazem parte disso, com vista ao parlamento federal: o presidente, as comissões, as frações, os grupos, segundo o § 10 IV, do regulamento interno do parlamento federal alemão, a minoria qualificada do artigo 44 I, da lei fundamental, os deputados particulares (comparar, para isso, todavia, também BVerfGE 108, 251, 266 f.). Análogo vale para os outros órgãos constitucionais;

- *partidos políticos*: eles não são, sem dúvida, órgãos constitucionais no sentido verdadeiro, mas, segundo a jurisprudência do tribunal constitucional federal, outros "participantes" segundo o artigo 93 I, número 1, da lei fundamental. Eles podem, por isso, no procedimento de litígio entre órgãos fazer valer a violação de seu status jurídico-constitucional, segundo o artigo 21 I, da lei fundamental, por um outro órgão constitucional;

b) *oponente*. Aquele, contra o qual se dirige ou deve dirigir a solicitação, deve, igualmente, ser capaz de ser parte. Vale o mesmo como para a capacidade de ser parte do solicitador; **45**

46 c) *objeto da solicitação*. A solicitação deve concernir a uma conduta determinada do oponente, "uma medida ou omissão do oponente", segundo o § 64 I, da lei do tribunal constitucional federal. Uma omissão é, então, relevante juridicamente, se o órgão demandado está obrigado ao tornar-se ativo, por exemplo, o presidente federal para a sanção de uma lei que se realizou de acordo com a ordem.

Em consideração entra cada medida relevante juridicamente, por exemplo, a dissolução do parlamento federal pelo presidente federal (BVerfGE 62, 1, 32 f.); a concessão de gastos pelo ministro das finanças federal, segundo o artigo 112, da lei fundamental (BVerfGE 45, 1, 28); o chamamento à ordem do presidente do parlamento federal, não, porém, a mera advertência, equivalente a uma monitória, perante um deputado (BVerfGE 60, 374, 381 f.); ademais, a promulgação de uma lei (BVerfGE 1, 208, 220; 82, 322, 335; 92, 80, 87). A omissão de uma medida é somente então relevante juridicamente, quando não pode ser excluído que o oponente está obrigado jurídico-constitucionalmente à execução da medida omitida (BVerfGE 103, 81, 86). Se também "meras omissões do dador de leis" podem ser objetadas no caminho do procedimento de litígio entre órgãos, o tribunal constitucional federal até agora deixou aberto expressamente (comparar BVerfGE 92, 80, 87; 107, 286, 294): cada vez, lei eleitoral). Em geral, a omissão será unida com a promulgação ou a persistência de uma regulação legal, de modo que essas podem ser atacadas como defeituosas e, com isso, anticonstitucionais;

47 d) *poder de solicitação*. O solicitador deve fazer valer que ele ou o órgão, ao qual ele pertence, pela conduta do oponente, está violado ou posto em perigo imediatamente em seus direitos ou deveres transferidos a ele pela lei fundamental. Em si, órgãos constitucionais não têm direitos subjetivos, mas somente jurisdições e competências. Eles podem, porém, defender e impor essas processual-constitucionalmente na qualidade de ou como "direitos subjetivos".

Os direitos feitos valer devem ser fundamentados *jurídico-constitucionalmente*. A violação de leis ordinárias ou do regulamento interno não basta. É, todavia, possível que uma regulação do regulamento interno concretiza um direito fundamentado jurídico-constitucionalmente, de modo que pode ser referido à regulação jurídico-constitucional e invocada a prescrição do regulamento interno para a interpretação. O direito de palavra dos deputados, sem dúvida, não está regulado expressamente na lei fundamental, mas somente no regulamento interno; mas ele resulta do status jurídico-constitucional do deputado, segundo o artigo 38 I 2, da lei fundamental, de modo que, no caso de limitação, pode ser objetada a sua violação.

48 Como já foi exposto, podem os órgãos do parlamento federal (fração, deputado, e assim por diante) fazer valer não só seus próprios direitos, mas também os direitos do parlamento federal (poder de conduzir um processo em nome próprio sobre um direito alheio). Isso vale mesmo então, quando o parlamento federal aprovou a medida objetada como anticonstitucional.

Comparar BVerfGE 45, 1, 28 f. (demanda da fração-união democrática cristã para o parlamento federal contra o ministro das finanças federal por causa de violação do artigo 112, da lei fundamental); BVerfGE 90, 286, 336 (demanda da fração-partido democrático social da Alemanha e partido democrático livre contra o governo federal por causa do emprego do exército federal no exterior). A "minoria" ou a "oposição" não formam "parte de órgão" e, por isso, como tais, também não são capaz de ser parte. Comparar para isso, também as exposições sutis na BVerfGE 90, 286, 336 ff.;

e) *forma e prazo*. A solicitação deve ser apresentada por escrito e fundamentada (§§ 23 I, 64 II, da lei do tribunal constitucional federal). Ademais, deve ser observado um prazo de 6 meses (iniciante com a data do ser divulgado da medida ou omissão objetada) (§ 64 III, da lei do tribunal constitucional federal). 49

Trata-se de um prazo de exclusão, que também não no caminho da reposição na situação anterior pode ser prolongado (BVerfGE 71, 299, 304). Para o prazo na promulgação de leis e nas omissões, comparar BVerfGE 92, 80, 87 ff.;

f) *carência de proteção jurídica*. Se existem os pressupostos do § 64 I, da lei do tribunal constitucional federal, então, em regra, também está dada a carência de proteção jurídica. 50

Pode, contudo, excepcionalmente ser negada, assim, por exemplo, se o oponente estivesse estado capacitado para evitar, em tempo oportuno, a violação do direito objetada por atuação própria (BVerfGE 68, 1, 77: estacionamento de foguetes), ademais, se existem possibilidades de remediação mais simples ou mais amplos (assim, todavia, reservado, BVerfGE 45, 1, 30: competência de emergência do ministro das finanças federal, segundo o artigo 112, da lei fundamental).

3. Decisão

a) O procedimento de litígio entre órgãos termina, quando a solicitação é fundamentada, com uma *sentença de comprovação* (§ 67, da lei do tribunal constitucional federal). Isso significa, que o tribunal constitucional federal nem anula a medida objetada nem declara a obrigação do oponente a uma ação, omissão ou tolerância determinada (sentença de anulação ou de obrigação), mas se limita à comprovação que o oponente violou o solicitador pela medida objetada em direitos determinados, designados circunstanciadamente (comparar, por exemplo, o dispositivo da decisão na BVerfGE 82, 322, 325 f.). Análogo vale, quando foi decidido em forma de resolução. Da sentença de comprovação judicial-constitucional resulta que a medida objetada é anticonstitucional e, dado o caso, nula. De resto, o § 67, da lei do tribunal constitucional federal, parte disto, que o oponente irá tirar as conseqüências da sentença de comprovação e tomar sem demora as medidas necessárias para a eliminação do estado anticonstitucional. 51

b) Se a solicitação no procedimento de litígio entre órgãos dirige-se contra a *promulgação de uma lei* e é exitosa, então não é a lei declarada nula ou anticonstitucional, mas somente comprovado que a promulgação da lei (a decisão do parlamento federal, a aprovação do conselho federal) viola 52 o solicitador em seus direitos. Essa comprovação implica, porém, simultaneamente, a anticonstitucionalidade da lei e essa, outra vez – pelo menos, em regra – a nulidade da lei.

Caso: o partido X, não-representado no parlamento, é da concepção que a regulação nova, agora mesmo aprovada, do financiamento dos partidos, não é compatível com a lei fundamental, porque ela prejudica antiigualitariamente os partidos menores, entre outras coisas, também ele próprio. Ele quer demandar no tribunal constitucional federal. Como deve ser apreciada a admissibilidade?

Solução: em consideração entra um procedimento de litígio entre órgãos:

- solicitador: o partido é capaz de ser parte e pode, por isso, apresentar a solicitação;

- oponente: parlamento federal e conselho federal;

- objeto da solicitação: decisão de lei do parlamento federal e cooperação (aprovação) do conselho federal;

- poder de solicitação: o partido X pode fazer valer que ele é violado pela regulação nova em seu direito a igualdade de oportunidades (artigo 21 I, da lei fundamental);

- forma e prazo: comparar § 23 e § 64 II, III, da lei do tribunal constitucional federal.

IV. Litígios federativos

1. Visão de conjunto

53 Litígios federativos são litígios jurídico-constitucionais que resultam do âmbito estatal-federal. Eles concernem a litígios jurídico-constitucionais entre a federação e os estados (artigo 93 I, número 3, da lei fundamental) e litígios jurídico-constitucionais entre os estados (artigo 93 I, número 4, alternativa 2, da lei fundamental). Trata-se – como nos litígios entre órgãos – de procedimento contraditório com solicitador e oponente. A diferença consiste somente nisto, que não se trata de direitos e deveres de órgãos constitucionais, mas da federação e dos estados. Fundamentos dos litígios federativos são, sobretudo, prescrições de competência da lei fundamental, ademais, princípios constitucionais gerais, especialmente, o princípio da lealdade à federação e direitos e deveres de contratos jurídico-constitucionais. Já da função do tribunal constitucional federal resulta que se pode tratar somente de direitos e deveres fundamentados jurídico-constitucionalmente, também quando isso, nas prescrições particulares, nem sempre se expressa claramente.

54 Em sentido amplo, pode ser atribuído aos litígios federativos também a competência do tribunal constitucional federal para a decisão de litígios jurídico-constitucionais intra-estatais (artigo 93 I, número 4, alternativa 3, da lei fundamental). Porque a federação tem um interesse legítimo nisto, que conflitos constitucionais intra-estatais, por causa de suas

possíveis repercussões no âmbito federal, possam ser liquidados judicial-constitucionalmente. Essa competência do tribunal constitucional federal existe, todavia, só subsidiariamente, caso nenhuma ou nenhuma suficiente competência judicial-constitucional estadual esteja dada. O tribunal constitucional federal, nesse caso, como ele mesmo acentua, "conforme o objeto torna-se ativo como 'tribunal constitucional estadual subsidiário'" (BVerfGE 99, 1, 17; 102, 245, 250).

2. Litígio-estados-federação

a) As *bases jurídicas determinantes* são o artigo 93 I, número 3, da lei fundamental, § 13, número 7, §§ 68-70, da lei do tribunal constitucional federal. 55

b) Os *pressupostos de admissibilidade* correspondem amplamente àqueles do procedimento de litígio entre órgãos. Como solicitador e oponente, o § 68, da lei do tribunal constitucional federal, denomina não a federação e os estados, mas seus órgãos autorizados à representação, ou seja, o governo federal ou o governo estadual. O governo federal tem de, por isso, fazer valer os direitos da federação. Análogo vale para os estados. Os parlamentos e outros órgãos ou partes de órgão da federação ou dos estados não são autorizados à solicitação. 56

De resto, o § 69, da lei do tribunal constitucional federal, remete aos §§ 64-67, da lei do tribunal constitucional federal. Deve, por isso, ser examinado:

1) solicitador: governo federal ou governo estadual;
2) oponente: como acima;
3) objeto da solicitação: medidas relevantes juridicamente;
4) poder de solicitação: fazer valer da violação de um direito fundamentado jurídico-constitucionalmente;
5) forma e prazo: solicitação escrita e fundamentada, prazo-6-meses.

c) *Decisão*. O tribunal constitucional federal faz – como no procedimento de litígio entre órgãos – uma sentença de comprovação. 57

d) *Procedimento preparatório*. As regulações expostas valem também, quando existe litígio sobre a execução de leis federais pelos estados (artigos 84, 85, da lei fundamental). Se o litígio concerne à objeção contra defeito do governo federal, segundo o artigo 84 IV, da lei fundamental, deve, antes, o conselho federal ser intercalado. Trata-se de um procedimento preparatório, que é pressuposto para a admissibilidade da demanda judicial-constitucional. 58

e) *Prática*. O procedimento de litígio-estados-federação não obteve grande significado na jurisprudência do tribunal constitucional federal. Isso depende também disto, que então, quando se trata de uma lei, o pro- 59 cedimento mais simples do controle normativo abstrato pode ser e é escolhido. Todavia, existem, sobretudo dos primeiros anos da jurisprudência do tribunal constitucional federal, alguns procedimentos e decisões importantes.

Devem ser mencionados sobretudo: o litígio sobre a formação do estado sudoeste entre o estado (de então) Baden e a federação (BVerfGE 1, 14), o litígio sobre a validade da concordata imperial entre a federação e o estado Niedersachsen (BVerfGE 6, 309), o litígio sobre a admissibilidade do plebiscito popular sobre armamento atômico entre a federação e o estado Hessen (BVerfGE 8, 122), o litígio sobre televisão entre o estado Hessen e a federação (BVerfGE 12, 205), o litígio sobre a admissibilidade de uma instrução no quadro da administração de pedido federal, segundo o artigo 85 III, da lei fundamental (BVerfGE 81, 310), o litígio sobre a linha diretiva sobre televisão entre o estado Bayern e a federação (BVerfGE 92, 203), o litígio entre os estados Baden-Württemberg e Hessen, por um lado, e a federação, por outro, sobre a participação dos estados no produto do leilão das chamadas licenças de rádio móvel-UMTS pela federação (BVerfGE 115, 185).

60   f) *Excurso*. Duvidoso é a competência do tribunal constitucional federal em "outros litígios jurídico-públicos entre a federação e os estados", segundo o artigo 93 I, número 4, alternativa 1, da lei fundamental. Se se trata de um litígio jurídico-constitucional entre a federação e os estados, intervém já o artigo 93 I, número 3, da lei fundamental. Os "outros" litígios podem, por isso, ser somente litígios jurídico-públicos de tipo não-jurídico-constitucional, para os quais, porém, segundo o artigo 93 I, número 4, última meia-proposição, da lei fundamental, e § 50 I, número 1, da ordenação da organização da jurisdição administrativa, é competente o tribunal administrativo federal. A competência do tribunal constitucional federal, com isso, anda no vazio.

Se se segue o tribunal constitucional federal, então isso, todavia, não é exato totalmente. Ele é, exatamente, da opinião que o acordo de unificação é um acordo jurídico-constitucional, litígios do acordo de unificação (comparar artigo 44, do acordo de unificação), porém, não caem sob o artigo 93 I, número 3, da lei fundamental, mas – sob esse aspecto, conseqüente – sob o artigo 93 I, número 4, alternativa 1, da lei fundamental (BVerfGE 94, 297, 309 ff.; 95, 250, 266). Contudo, poderia, sem mais, invocar-se o artigo 93 I, número 3, da lei fundamental. Praticamente isso não tem repercussões.

3. Litígio entre os estados federados

61   a) As *bases jurídicas* determinantes formam o artigo 93 I, número 4, alternativa 2, da lei fundamental, § 13, número 8, §§ 71, 72, da lei do tribunal constitucional federal.

62   b) *Pressupostos de admissibilidade*. Solicitador e oponente são os governos estaduais, que se apresentam para os seus estados e fazem valer ou defendem seus direitos (competência). De resto, aplicam-se – como no procedimento-estados-federação – as regulações sobre o procedimento de litígio entre órgãos em conformidade.

c) *Decisão*. Enquanto o tribunal constitucional federal, no procedimento de litígio entre órgãos e procedimento de litígio-estados-federação, está limitado a uma sentença de comprovação, pode ele, no procedimento de litígio entre estados, promulgar também uma sentença de obrigação. Ele pode sentenciar a uma obrigação do oponente, de omitir, desfazer, realizar ou tolerar uma determinada medida ou de produzir uma determinada prestação (comparar § 72 I, da lei do tribunal constitucional federal).

d) *Prática*. Os litígios-entre-estados até agora mal se tornaram atual. Eles concernem quase sempre a contratos do tempo de Weimar sobre a incorporação de estados ou partes de estado menores em um estado maior e os direitos disso resultantes.

Comparar BVerfGE 22, 221 (Coburg-Bayern) e BVerfGE 42, 345 (Pyrmont-Preußen). O tribunal constitucional federal qualificou os contratos de qualificação como contratos jurídico-constitucionais, simulou a persistência dos estados incorporados, à medida que tratava do fazer valer dos direitos contratuais, e aceitou o poder de conduzir um processo em nome próprio sobre um direito alheio das entidades territoriais supremas existentes agora nessa área (distritos estaduais e cidades livres de estado). Em compensação, negou o caráter jurídico-constitucional do contrato estatal sobre a adjudicação de vagas de estudos universitários, de 20.10.1972, uma vez que se tratava somente do procedimento na adjudicação de vagas de estudos universitários e da determinação de direitos e deveres para os candidatos aos estudos, estudantes e administração da universidade (BVerfGE 42, 103, 112 f.; BVerwGE 50, 124, 130 ff.).

4. Litígios intra-estaduais

Segundo o artigo 93 I, número 4, alternativa 3, da lei fundamental, o tribunal constitucional federal decide sobre litígios jurídico-públicos no interior de um estado. Essa fórmula ampla é, contudo, limitada em sentido duplo: de uma parte, a competência compreende somente litígios entre órgãos jurídico-constitucionais, em conformidade com os litígios entre órgãos da federação, segundo o artigo 93 I, número 1, da lei fundamental (assim, § 71 I, número 3, da lei do tribunal constitucional federal, certificado pela BVerfGE 27, 240, 245 ff.), todavia, sem o poder de conduzir um processo em nome próprio sobre um direito alheio, lá admitido, das partes de órgão para os seus órgãos (BVerfGE 91, 246, 250; comparar também supra, número de margem 40, 48). De outra parte, essa competência intervém só subsidiariamente (comparar já supra, número de margem 54).

Como todos os estados instituíram uma jurisdição constitucional própria (Schleswig-Holstein, pela remissão à lei do tribunal constitucional federal, segundo o artigo 99, da lei fundamental) e destinaram a ela, entre outras coisas, a decisão de litígios entre os órgãos constitucionais estaduais, a competência subsidiária do tribunal constitucional federal somente ainda entra em consideração, quando as regulações de competência jurídico-constitucionais estaduais são inferiores às exigências legal-fundamentais, especialmente, traçam mais estreitamente o círculo dos autorizados à solicitação perante o direito federal. Isso torna-se, sobretudo, então, atual, quando jurídico-estadualmente o direito de solicitação de deputado particular está excluído ou limitado; eles podem, então, chamar o tribunal constitucional federal; comparar BVerfGE 60, 319, 323 (Bremen); BVerfGE 93, 195, 202 f. (Hamburg, recusado). A competência do tribunal constitucional federal não tem lugar, assim que a competência, que falta até agora, do tribunal constitucional estadual é introduzida jurídico-estadualmente, até para um procedimento já corrente (BVerfGE 102, 245, 252 ff.).

V. Controle normativo abstrato

Antes de abordar, circunstanciadamente, o controle normativo abstrato e, posteriormente, o controle normativo concreto e o controle normativo no quadro do procedimento do recurso constitucional, são necessárias algumas observações fundamentais para o controle normativo.

1. Conceito, estrutura e tipos de controle normativo

66 a) *Conceito*. Sob controle normativo deve ser entendido o exame da compatibilidade de uma norma jurídica com uma norma jurídica de hierarquia mais elevada. Pressuposto e fundamento do controle normativo é a ordem hierárquica das fontes jurídicas que traz a pluralidade de normas jurídicas em ordem graduada determinada e indica que, no caso de uma colisão de normas, a norma jurídica de hierarquia inferior é suprimida e, em conformidade com isso, é inválida (nula).

67 Da comprovação geral que a norma jurídica de hierarquia mais elevada precede à norma jurídica de hierarquia inferior resultam, no caso concreto, duas questões:

(1) jurídico-materialmente: existe, no fundo, uma contradição normativa? É, por exemplo, uma lei formal incompatível com a constituição?

(2) jurídico-formalmente: quem tem, em qual procedimento, de decidir sobre a possível contradição normativa? Quem, por exemplo, está autorizado a decidir sobre isto, se uma lei contradiz a constituição?

A segunda questão indica a problemática do controle normativo.

68 b) *Campo de referência*. O controle normativo pode dizer respeito a todos os planos normativos: compatibilidade de uma lei com a constituição, compatibilidade de um regulamento jurídico com as leis e a constituição, compatibilidade de um estatuto com os regulamentos jurídicos, leis e a constituição; ademais, compatibilidade de uma norma jurídica jurídico-estadual com o direito federal e, finalmente, compatibilidade de ambos com o direito-comunidade européia. Estruturalmente, sempre se trata do mesmo processo de exame. Em perspectiva jurídica e política, contudo, o exame da constitucionalidade de leis formais está em primeiro plano, ou seja,

a questão, se e quem está autorizado a examinar uma lei, que pelo parlamento federal, sob cooperação do governo federal e do conselho federal e do presidente federal em um procedimento particularmente formado e público, foi promulgada, em sua compatibilidade com a lei fundamental e, dado o caso, rejeitar por causa de anticonstitucionalidade. Essa questão cai no âmbito jurídico-constitucional e deve, por isso, no que segue, ser examinada.

Certamente, também a revisão de normas jurídicas infralegais tem uma referência jurídico-constitucional, no primeiro plano, contudo, estão os aspectos jurídico-administrativos, de modo que ela habitualmente é tratada no quadro do direito administrativo, comparar Maurer, VerwR § 4 Rn. 47 ff.[1] A revisão jurídico-comunitária de direito nacional faz parte do âmbito jurídico-europeu, comparar para isso, por exemplo, *Streinz*, Europarecht, Rn. 168 ff.

c) *Tipos de controle normativo.* Conforme motivo e conexão deixam distinguir-se tipos de controle normativo diferentes. Teórica e praticamente devem ser realçados, sobretudo, os seguintes pares conceituais:

aa) *controle normativo principal e incidental.* Esse par conceitual diz respeito ao objeto do litígio. Um controle normativo principal existe, quando a própria compatibilidade da lei com a constituição é objeto da solicitação, do procedimento e da decisão. Trata-se, portanto, exclusivamente de uma lei e sua constitucionalidade. O controle normativo incidental realiza-se, em compensação, no quadro de um conflito jurídico, que tem um outro objeto (por exemplo, a juridicidade de uma notificação de imposto), em cuja decisão, porém, a constitucionalidade e vinculatividade de uma norma (por exemplo, da lei de imposto que está na base da notificação de imposto) deve ser esclarecida e decidida como questão prejudicial. A diferença entre controle normativo principal e o incidental mostra-se, sobretudo, na decisão (negativa). O controle normativo principal leva a uma declaração de nulidade da lei com vinculatividade universal, o controle normativo incidental limita-se, em compensação, à comprovação, que aparece somente nos fundamentos da sentença, que a lei relevante para a decisão é nula e, por conseguinte, no caso presente não-aplicável, porém, não tem efeito que ultrapassa isso e, com isso, com vinculatividade universal. No controle normativo principal, a lei é eliminada formalmente, no controle normativo incidental ela, em compensação, somente é declarada inaplicável para o caso concreto;

bb) *controle normativo abstrato e concreto.* Esse par conceitual direciona para o *motivo* do controle normativo. O controle normativo concreto realiza-se por motivo de um conflito jurídico concreto, no qual se torna atual a questão, se a lei relevante para a decisão é compatível ou não com a constituição. O controle normativo abstrato não está, em compensação,

---

[1] *Nota do tradutor*: esse livro foi vertido para a língua portuguesa, da 14. edição alemã, 2002, sob o título "Direito administrativo geral", publicado por Manole, São Paulo, 2006. Tradutor: Luís Afonso Heck.

em nenhuma conexão com um conflito jurídico concreto. Ele realiza-se independente do caso e serve ao objetivo de esclarecer universalmente a constitucionalidade de uma lei;

72 cc) *controle normativo concentrado e difuso*. Esse par conceitual direciona para o tribunal competente para a decisão. No caso do controle normativo concentrado, a competência de exame, pelo menos, porém, a competência de rejeição, está reservada a *um* tribunal, enquanto no caso do controle normativo difuso todos, ou, pelo menos, um maior número dos tribunais estão autorizados para o exame e rejeição;

73 dd) *controle normativo especial e integrado*. Essa distinção direciona para isto, se a jurisdição constitucional e, com isso, o controle normativo é destinado a um tribunal constitucional especial ou a um tribunal supremo competente para todos os âmbitos. Exemplos para a segunda alternativa são a suprema corte dos Estados Unidos e o tribunal federal suíço;

74 ee) *Combinações*. Os pares conceituais expostos admitem combinações que, em parte, são conceitualmente coercitivas, em parte, são determinadas pelo dador de leis. O controle normativo abstrato é sempre controle normativo principal; o controle normativo concreto é, inicialmente, um controle normativo incidental, pode, porém, continuar até um controle normativo principal; o controle normativo concentrado é, em regra, mas não geralmente, um controle normativo principal, enquanto, às avessas, o controle normativo principal coercitivamente é um controle normativo concentrado, uma vez que ele deve realizar-se pelo tribunal supremo ou, pelo menos, um competente para o território estatal todo.

75 d) Os pares conceituais e combinações diferentes encontram-se preponderantemente também na *lei fundamental*. Habitualmente é distinguido entre o controle normativo abstrato (artigo 93 I, número 1, da lei fundamental), o controle normativo concreto (artigo 100 I, da lei fundamental) e o controle normativo em virtude de um recurso constitucional (artigo 93 I, número 4a, da lei fundamental), aos quais se acrescenta, ainda, o controle normativo em virtude de um recurso constitucional comunal (artigo 93 I, número 4b, da lei fundamental), o controle normativo incidental no quadro de um procedimento de exame de eleições (artigo 41, da lei fundamental) e o controle normativo como controle de promulgação de normas no quadro de um procedimento de litígio entre órgãos ou de um litígio federativo (comparar supra, número de margem 46, 52). Desdobrado além, resulta:

- o controle normativo abstrato é, simultaneamente, um controle normativo principal, concentrado e especial;

- o controle normativo concreto é, inicialmente, um controle normativo incidental, continua, porém, dado o caso, até um controle normativo principal, concentrado e especial no tribunal constitucional federal;

- o controle normativo, em virtude de um recurso constitucional, é um controle normativo principal ou um incidental e, simultaneamente, um controle normativo concentrado e especial;

- o controle normativo, em virtude de um recurso constitucional comunal, é um controle normativo principal, concentrado e especial;

- o controle normativo, no quadro do exame de eleição, é um controle normativo incidental, concentrado e especial.

2. Caracterização geral do controle normativo abstrato

O controle normativo abstrato está regulado no artigo 93 I, número 2, da lei fundamental, § 13, número 6, §§ 76 e seguintes, da lei do tribunal constitucional federal. Ele está estruturado simples. Basta uma solicitação de exame e comprovação da anticonstitucionalidade de uma lei ou de uma outra norma jurídica. Em oposição ao procedimento de litígio entre órgãos, aos litígios federativos e ao recurso constitucional não é necessário que o solicitador faça valer a violação de direitos subjetivos. O controle normativo abstrato não é um procedimento de proteção jurídica subjetivo, mas um procedimento de objeção objetivo. Por isso, não existe oponente. O tribunal constitucional federal deve, porém, dar aos órgãos constitucionais da federação e, dado o caso, dos estados, oportunidade de tomada de posição (§ 77, da lei do tribunal constitucional federal). Isso pode ocorrer também no procedimento oral. Com isso, o procedimento do controle normativo abstrato, sem mais, pode obter um traço contraditório. De fato, trata-se também, em geral, de questões de litígio, que existem entre grupamentos político-(partidários) e, finalmente, são dirimidos desse modo.

Em consideração entram, por exemplo, uma solicitação da oposição no parlamento federal que, todavia, deve compreender, pelo menos, 1/4 dos membros do parlamento federal, ou de um governo estadual, unido com ela político-partidariamente, contra uma lei federal promulgada pela maioria do governo, uma solicitação da federação contra uma lei estadual promulgada anticompetentemente, uma solicitação de um governo estadual contra uma lei estadual promulgada em um outro estado federado. Assim, por exemplo: solicitação do governo estadual de Hessen contra o financiamento de partidos na federação (BVerfGE 20, 56), solicitação do governo estadual de Bayern contra o acordo fundamental (BVerfGE 36, 1), solicitação dos governos estaduais, (naquele tempo) cinco conduzidos pela união democrática cristã/união social cristã, contra a lei de responsabilidade do estado, de 1981, promulgada pelo parlamento federal com os votos da maioria do partido democrático social da Alemanha/partido democrático livre (BVerfGE 61, 149), solicitação de membros do parlamento federal e do governo estadual de Bayern contra a lei de Schleswig-Holstein sobre o direito eleitoral comunal de estrangeiros (BVerfGE 83, 37), solicitação dos governos estaduais de Sachsen, Thüringen e Bayern contra a lei do parceiro de vida (BVerfGE 105, 313).

3. Admissibilidade do controle normativo abstrato

77   a) *Solicitação*. A limitação mais importante realiza-se pelo círculo restrito do solicitador. A solicitação de realização de um controle normativo abstrato pode ser apresentada, exatamente, somente pelo (1) governo federal, (2) um governo estadual ou (3) um terço dos membros do parlamento federal. Outros órgãos (por exemplo, o presidente federal ou o conselho federal) ou partes do parlamento federal (por exemplo, frações, comissões ou até deputados particulares) não são autorizados à solicitação. Para o conselho federal, essa limitação não significa uma desvantagem, porque já cada governo estadual, portanto, cada representação no conselho federal, é autorizado à solicitação.

78   Uma ampliação limitada dos autorizados à solicitação realiza-se pelo artigo 93 I, número 2a, da lei fundamental, introduzido em 1994. Segundo isso, pode a solicitação ser apresentada também pelo conselho federal ou um parlamento estadual, mas somente para o exame, se uma lei com o artigo 72 II, da lei fundamental (cláusula de necessidade na dação de leis concorrente), é compatível. O artigo 93 I, número 2a, da lei fundamental, não traz um procedimento novo, mas somente uma formação específica do controle normativo abstrato (ampliação dos autorizados à solicitação, mas critério de exame reduzido). O § 76 II, da lei do tribunal constitucional federal, amplia essa regulação – apoiado no artigo 93 II, da lei fundamental –, a infrações contra o artigo 75 II, da lei fundamental.

79   b) *Objeto de exame*. No quadro do controle normativo abstrato podem, fundamentalmente, todos os preceitos jurídicos ser revisados: leis formais, regulamentos jurídicos e estatutos, tanto do direito federal como do direito estadual, ademais, leis que modificam a constituição com vista ao artigo 79 III, da lei fundamental (os preceitos jurídicos precisam estar proclamados, mas ainda não estar entrado em vigor, BVerfGE 104, 23, 29). Determinante é somente a forma, não o conteúdo dos preceitos jurídicos respectivos. Por isso, podem também a lei orçamentária ou a lei de aprovação para um contrato de direito internacional público, que, segundo a doutrina dominante, são somente leis no sentido formal, não também no sentido material, ser revisadas.

O controle normativo afeta, em si, somente a lei orçamentária, não o plano orçamentário. Como, porém, a lei orçamentária somente então é de acordo com a constituição, quando as determinações no plano orçamentário concordam com a constituição, pode e deve pela lei orçamentária também o plano orçamentário ser revisado em sua constitucionalidade. Comparar para a lei orçamentária: BVerfGE 20, 56, 89 f. (financiamento de partidos); BVerfGE 38, 121, 127 (somente controle normativo abstrato, não também concreto, uma vez que no controle normativo abstrato cada "lei" pode ser revisada, no controle normativo concreto, porém, somente um "preceito jurídico material"). Análogo vale para a lei de aprovação, segundo o artigo 59 II, da lei fundamental, e o contrato de direito internacional público, com isso compreendido, comparar BVerfGE 4, 157, 161 ff. (sentença-Saar);

BVerfGE 36, 1, 13 (acordo fundamental entre a república federal da Alemanha e a república democrática alemã).

c) *Critério de exame*. Direito federal pode ser revisado somente em sua compatibilidade com a lei fundamental, direito estadual, em sua compatibilidade com outro direito federal. 80

A questão, se uma norma jurídica infringe direito constitucional estadual ou se um regulamento jurídico jurídico-federal, direito legislado, não pode, por isso, ser revisada no caminho do controle normativo abstrato. Já por causa dessa extensão do exame limitada não seria conveniente empregar o controle normativo abstrato contra direito infralegal (comparar para isso, infra, número de margem 82).

d) *Fundamento da solicitação*. O controle normativo abstrato pressupõe, ademais, que existem divergências de opiniões ou dúvidas sobre a constitucionalidade ou acordação com direito federal. Essa fórmula é conscientemente formulada amplamente. Basta que em alguma parte – de modo relevante juridicamente e determinante – aparecem dúvidas ou divergências de opiniões. O solicitador não precisa tomar parte nisso. Ponderações ou objeções puramente teóricas somente não entram em consideração. O § 76, da lei do tribunal constitucional federal (na redação de 1998), limita, contudo, essa formulação ampla. Segundo isso, a solicitação somente é admissível quando o solicitador considera uma norma jurídica (1) por causa de sua incompatibilidade com a lei fundamental ou outro direito federal nula ou (2) válida depois que um órgão da federação ou de um estado não a aplicou como anticonstitucional ou antijurídica federal. 81

Uma parte da literatura é da opinião que essa limitação não é compatível, toda ou em parte, com o artigo 93 I, número 2, da lei fundamental, e, com isso, nula. O tribunal constitucional federal, em compensação, em uma decisão mais recente – sem abordar as objeções na literatura – afirmou a constitucionalidade. Ele é da concepção que o § 76, da lei do tribunal constitucional federal, concretiza o artigo 93 I, número 2, da lei fundamental, e é expressão do interesse do esclarecimento necessário. Comparar BVerfGE 96, 133, 137. Outra opinião, por exemplo, *H. Söhn*, Die abstrakte Normenkontrolle, BVerfG-Festschrift, 1976, B. I, S. 292 (303); *Schlaich/Korioth*, Bundesverfassungsgericht, Rn. 130 (com mais indicações). Muitas vezes, também é tentado vencer a discrepância por interpretação limitativa do § 76, da lei do tribunal constitucional federal (comparar, por exemplo, *Benda/Klein*, Verfassungsprozeßrecht, Rn. 665; *P. Lerche*, Festschrift für Jauch, 1990, S. 121 f.). Para a formulação nova do § 76, da lei do tribunal constitucional federal, de 16.7.1998 (BGBl. I S. 1823) *Ch. Pestalozza*, JZ 1998, 1039, 1041 ff.; *R. Zuch*, NJW 1998, 3028 ff.

e) *Interesse do esclarecimento*. Em conformidade com o caráter objetivo do controle normativo abstrato, o solicitador não precisa fazer valer a violação de direitos subjetivos ou também somente ter um interesse de proteção jurídica. O tribunal constitucional federal pede somente um interesse do esclarecimento objetivo (comparar BVerfGE 52, 63, 80; 88, 203, 334; 100, 149, 257 f.; 108, 169, 178). Isso, em regra, já é indiciado pelas divergências de opiniões ou dúvidas. Excepcionalmente, porém, ele pode faltar, assim, por exemplo, quando uma norma, entrementes, ficou sem vigor e não ma- 82 nifesta mais efeitos jurídicos ou quando a questão jurídica foi esclarecida em um procedimento paralelo.

Segundo BVerfGE 96, 133 o interesse do esclarecimento falta, também, então, quando a norma apresentada pode ser nula não somente por causa de infração contra a lei fundamental ou contra direito federal (assim, artigo 93 I, número 2, da lei fundamental), mas também de outros fundamentos que não devem ser examinados pelo tribunal constitucional federal (por exemplo, infração contra a constituição estadual ou contra direito legislado ordinário). Esse ponto de vista acertado, todavia, é enlaçado de modo não bem seguível com o § 76, da lei do tribunal constitucional federal (comparar supra, número de margem 81). Em realidade, trata-se da subsidiariedade do controle normativo abstrato, que ainda deveria ser desenvolvida mais rigorosamente. Inadmissível é, segundo isso, por exemplo, o controle normativo abstrato contra regulamentos jurídicos e estatutos jurídico-estaduais, se e porque o controle normativo judicial-administrativo amplo, segundo o § 47, da ordenação da organização da jurisdição administrativa, intervém.

4. A decisão do controle normativo

83   a) *Generalidade*. O controle normativo principal termina com uma decisão com vinculatividade universal sobre a constitucionalidade e validade da própria norma. Se ela é afirmada, então o tribunal constitucional federal comprova expressamente no dispositivo de sua decisão que a lei "é compatível com a lei fundamental" (comparar, por exemplo, BVerfGE 89, 346, 347). Se a constitucionalidade é negada, então se chega, fundamentalmente, à declaração de nulidade da lei, excepcionalmente, à declaração de anticonstitucionalidade ou até somente à obrigação do dador de leis de eliminar o estado anticonstitucional por promulgação de uma lei de acordo com a constituição. Ademais, pode o tribunal constitucional federal evitar o veredito da anticonstitucionalidade e nulidade por uma interpretação conforme a constituição, caso existam os pressupostos determinantes para isso.

84   b) *Declaração de nulidade*. A lei anticonstitucional é, fundamentalmente, nula. O tribunal constitucional federal tem de, por isso, declarar nula uma lei que, segundo sua concepção, é anticonstitucional (§ 78, proposição 1, da lei do tribunal constitucional federal). A declaração de nulidade atua – como a nulidade – ex tunc. Ela diz respeito à data da promulgação da lei ou, se a anticonstitucionalidade e nulidade só posteriormente – por modificação das circunstâncias fáticas ou jurídicas – se produziram, à data da modificação. Como a nulidade produz-se ipso iure, a declaração de nulidade é somente um ato declaratório que, todavia, obtém um significado constitutivo determinado pelo fato de agora a nulidade da lei estar fixada vinculativo-juridicamente e, com isso, determinante.

A concepção, que a lei anticonstitucional de antemão é nula, não é indiscutível, corresponde, porém, à jurisprudência e à doutrina dominante, comparar BVerfGE 1, 14, 36 f.; 68, 384, 390; 90, 263, 276; 101, 397, 409; *Schlaich/Korioth*, Bundesverfassungsgericht, Rn. 366

ff., com mais indicações, outra concepção, ultimamente, outra vez, *Heckmann* (aaO Fn. 95), S. 53 ff. Ela resulta da primazia de validez da constituição e do procedimento de controle normativo, determinado na lei fundamental, especialmente da concepção do direito do exame judicial, expressado no artigo 100 I, da lei fundamental, que é compreensível dogmaticamente somente sob o pressuposto da nulidade de leis anticonstitucionais (comparar para isso, infra, número de margem 96 e seguintes). Na prática, a declaração de nulidade, certamente, converte-se sempre mais em exceção e a declaração de anticonstitucionalidade ou a continuidade de vigência, limitada temporalmente, da lei, em regra. Contudo, deve ser perseverado na nulidade e declaração de nulidade como princípio, cujas exceções carecem de fundamentação.

c) *Alcance da declaração de nulidade.* É possível que uma lei, no total, é anticonstitucional e, por isso, no total, é declarada nula, assim, por exemplo, a lei de responsabilidade do estado, de 1981, que infringiu as prescrições de competência da lei fundamental (BVerfGE 61, 149). Em regra, limitam-se, contudo, a anticonstitucionalidade e nulidade a prescrições particulares de uma lei ou até somente a partes de tais prescrições. Nesses casos, basta uma declaração de nulidade parcial, à medida que o resto permanecente pode existir para si. A nulidade parcial pode realizar-se expressamente ao uma prescrição ou até somente palavras particulares de uma prescrição serem "cortadas" (declaração de nulidade parcial quantitativa). Ela pode, porém, também se realizar pelo fato de, sem dúvida, o texto continuar a existir, mas casos de aplicação determinados serem declarados anticonstitucionais (declaração de nulidade qualitativa). [85]

A segunda alternativa aparece no dispositivo com a fórmula: § X é incompatível com a lei fundamental ou nulo, à medida que ... Assim, por exemplo, BVerfGE 62, 117, 118: a regulação do segundo estudo no § 32, proposição 1, da lei-quadro escolar superior, infringe o artigo 12 I, em união com o artigo 3 I, da lei fundamental, e o princípio do estado de direito e é nulo, à medida que a admissão a um segundo estudo médico também compreende um grupo determinado de candidatos. Em regra, o tribunal constitucional federal, nesses casos, todavia, não comprova a nulidade, mas a incompatibilidade, o que, porém, ao fim e ao cabo, não faz diferença: a aplicação da lei a conjunturas determinadas é inadmissível, porque ela "sob esse aspecto" com a lei fundamental não é compatível ou nula. A supressão de conjunturas de casos determinadas resulta do princípio da proporcionalidade. Técnico-decisivamente é problemático que essa limitação imanente da regulação realiza-se sem redução do texto e, por isso, também no texto "corrigido" da lei não se expressa.

d) *As conseqüências jurídicas da declaração de nulidade.* Pela declaração de nulidade não só a lei anticonstitucional é eliminada, mas também retirado o fundamento dos atos jurídicos, que até agora, em virtude dessa lei, foram promulgados. Certo é que a lei declarada nula não mais deve ser aplicada. Problemático é, porém, o vencimento dos atos jurídicos que se baseiam na lei anticonstitucional. [86]

O § 79, da lei do tribunal constitucional federal traz para um âmbito parcial, ou seja, sentenças com coisa julgada e atos jurídicos com força de existência, uma regulação. Segundo isso, vale: [87]

CONTRIBUTOS PARA O DIREITO DO ESTADO

- sentenças penais com coisa julgada devem, por solicitação do condenado, segundo as prescrições do código de processo penal, ser vistas de novo, portanto, revisadas (§ 79 I, da lei do tribunal constitucional federal);

- de resto, continuam a existir sentenças com coisa julgada e atos administrativos com força de existência, que se baseiam em uma lei declarada nula (§ 79 II 1, da lei do tribunal constitucional federal). A declaração de nulidade não forma, portanto, um fundamento de revisão (adicional) para sentenças judiciais ou fundamento de retratação para atos administrativos;

- as decisões com coisa julgada e atos administrativos com força de existência não devem, porém, após a declaração de nulidade de sua base jurídica, mais ser executados (§ 79 II 2, da lei do tribunal constitucional federal);

- ademais, resulta mediatamente do § 79 II, da lei do tribunal constitucional federal, que os casos ainda não-decididos com coisa julgada agora devem ser apreciados e decididos sob a observância da declaração de nulidade judicial-constitucional;

- finalmente, reserva-se o dador de leis, no conhecimento correto que a regulação em conjunto do § 79, da lei do tribunal constitucional federal, não sempre basta, uma "regulação legal particular". Dessa reserva ele, certamente, mal fez uso, o que levou a isto, que tanto mais o tribunal constitucional federal seguiu a lacuna com isso aberta (comparar para isso, infra, número de margem 90 e seguintes).

88   O § 79, da lei do tribunal constitucional federal, baseia-se em um princípio de concepção clara: ele faz um corte claro entre o passado e o futuro. O antijurídico ocorrido deve-se deixar correr. No futuro, porém, o antijurídico constitucional não deve ser continuado, também não, à medida que se trata de casos já correntes e ainda não-concluídos. Nessa concepção, insere-se também a proibição de execução conseqüentemente.

Caso: A, B e C são invocados, por notificação de 1.3.1998, em virtude de uma regulação legal, para pagamento de uma contribuição. As circunstâncias estão situadas em todos os três igualmente. Mas eles reagem diferentemente: A paga, B promove oposição, C não faz nada. Em 1.7.1998 a lei é declarada anticonstitucional e nula pelo tribunal constitucional federal. A quer agora reaver o seu dinheiro; B e C são da concepção que eles não mais precisam pagar. Como deve ser decidido? No caso A, a notificação tornou-se com força de existência e, com isso, base jurídica do pagamento. A não mais pode pedir a devolução do dinheiro por ele pago. – No caso B, a autoridade de oposição deve observar a declaração de nulidade e, por conseguinte, anular a notificação, também quando ela, por outros fundamentos, tiver sido impugnada. B, portanto, não precisa pagar. – No caso C, a notificação, sem dúvida – como no caso A –, tornou-se com força de existência, mas ele, segundo o § 79 II 2, da lei do tribunal constitucional federal, não mais deve ser executado. C, igualmente, não precisa pagar. – Embora a solução das três conjunturas de casos seja conseqüente, ela político-juridicamente mal é capaz de satisfazer, uma vez que o cidadão leal é "apenado", o cidadão tardio, porém, "recompensado". Ela é, em conformidade com isso, debatida. Também o tribunal constitucional federal evita-a ocasionalmente, comparar BVerfGE 87, 153, 177 ff. (imposição do mínimo existencial).

89   À medida que o § 79, da lei do tribunal constitucional federal, não intervém, as conseqüências jurídicas da declaração de nulidade retroativa

de leis devem ser esclarecidas segundo os princípios gerais. Deve, sem dúvida, ser partido disto, que os contratos, declarações de vontade, atos reais, e assim por diante, que se baseiam na lei posteriormente declarada nula ou orientaram-se nisso, são antijurídicos. Mas isso ainda não leva coercitivamente à ineficácia ou ao retrodesenvolvimento desses atos jurídicos. Ao contrário, devem – como também de costume em tais casos – os princípios de lealdade e boa-fé, o exercício do direito inadmissível, do venire contra factum proprium, da proteção à confiança, do exercício do poder discricionário sem vício, e assim por diante, ser considerados. De fato, a jurisprudência também geralmente conseguiu solucionar satisfatoriamente tais situações.

e) *Declaração de anticonstitucionalidade.* Existem, sempre de novo, casos, nos quais a declaração de nulidade, em si necessária, não compreende a infração da constituição verdadeira ou não só não elimina a anticonstitucionalidade, mas, até, ainda aprofunda. O tribunal constitucional federal renuncia, nesses casos, à declaração de nulidade e limita-se, em vez disso, à comprovação que a lei não é compatível com a lei fundamental e, por isso, anticonstitucional, ou à comprovação que a lei, apesar de seu defeito jurídico-constitucional, persiste para um período transitório, mas por uma regulação nova legal deve ser retocada ou substituída. Inicialmente, deve ser abordada a primeira alternativa. Ela concerne, sobretudo, à violação do princípio da igualdade. Se uma regulação legal discrimina um grupo de pessoas determinado, pode e deve ela ser declarada nula. De outra forma se situa, em compensação, quando uma regulação legal beneficia um grupo de pessoas e prejudica um outro grupo de pessoas e nem o benefício nem o agravamento, mas somente o tratamento diferente de ambos os grupos de pessoas infringe o princípio da igualdade. Essa infração pode, por modos distintos, ser dissipada: (1) pela eliminação do benefício, (2) por inclusão dos até agora não-beneficiados no benefício, (3) por uma regulação completamente nova, agora correspondente ao princípio da igualdade. O tribunal constitucional federal é da concepção que é assunto do dador de leis decidir entre essas três possibilidades. A referência à liberdade de configuração do dador de leis, certamente, ainda não é capaz de convencer plenamente. Porque a declaração de nulidade iria, por certo, do mesmo modo – até mais ainda –, dar ao dador de leis a oportunidade para a regulação nova. Decisivo é, ao contrário, que não seria justificado, de um grupo de pessoas retirar uma vantagem, por declaração de nulidade instantânea, somente pelo fato de um outro grupo (talvez até somente um grupo pequeno separado) não ter sido incluído no benefício ou – às avessas – incluir um grupo de pessoas, por declaração de nulidade da exclusão, no benefício, porque outros foram beneficiados. Acresce a isso ainda, que somente uma exclusão expressa, não, porém, uma exclusão por não-menção, pode ser declarada nula. Se, por exemplo, todas as mulheres recebem uma vantagem legal, os homens, com isso, estão automaticamente excluídos; como a exclusão não está ordenada expressamente, ela também não pode ser eliminada no caminho da declaração de nulidade. A particularidade desses casos reside na natureza ambivalente e relativa do princípio da igualdade. Ele não pede uma regulação material determinada; ele exige, ao contrário, que casos comparáveis – de uma maneira ou de outra – sejam regulados igualmente. A anticonstitucionalidade não reside na *regulação material*, mas na *regulação diferente*. A relatividade do princípio da igualdade leva à anticonstitucionalidade relativa. Com a declaração de nulidade cassatória não se vence essa conjuntura. Por isso, o tribunal constitucional federal limita-se à declaração de anticonstitucionalidade. Ela não diz respeito, como foi exposto, à regulação material respectiva como tal, mas ao fato que o dador de leis adotou regulações diferentes.

91 A comprovação judicial-constitucional da anticonstitucionalidade não se limita, contudo, a violações do princípio da igualdade, mas ocorre também em infrações contra direitos fundamentais de liberdade e outras determinações constitucionais. Ela é, como o tribunal constitucional federal declara, então ordenada, "quando a parte anticonstitucional da norma não é claramente delimitável ou quando o dador de leis tem possibilidades distintas de eliminar o estado anticonstitucional" (BVerfGE 90, 263, 276). Isso é, sobretudo, então, o caso, quando a limitação legal de um direito de liberdade, sem dúvida, no total é admissível, mas, sob pressupostos determinados, infringe o princípio da proporcionalidade e, sob esse aspecto (!), é anticonstitucional. Em último lugar, trata-se da conjuntura do caso respectivo.

Comparar a visão geral sobre a jurisprudência em *S. Stuth*, in: BVerfG-Mitarbeiter-Kommentar, § 78 Rn. 12 ff.; *J. Blüggel*, aaO (Rn. 95), S. 14 ff.

92 A declaração de anticonstitucionalidade obriga o dador de leis a liquidar o estado anticonstitucional e adotar uma regulação nova de acordo com a constituição. Em parte, o tribunal constitucional federal fixa ao dador de leis um prazo determinado. De resto, ele deve, dentro de um prazo conveniente, tornar-se ativo. O que é conveniente determina-se segundo a dificuldade da matéria, da preparação já feita, os agravamentos do dador de leis, e assim por diante. No tempo intermediário, a situação jurídica permanece aberta. A lei não é, até onde alcança a anticonstitucionalidade, aplicável. Os tribunais, porém, também, não devem simplesmente decidir assim como se a lei declarada anticonstitucional não existisse, mas devem suspender o procedimento e aguardar a regulação nova legal. Se isso, todavia, demorar muito, então o tribunal tem de, com recurso à constituição, tomar uma decisão material.

Comparar para isso, bem claro, BVerfGE 82, 126, 154 f. (prazos de rescisão diferentes para empregado e trabalhador, segundo o § 622, do código civil, antiga redação); comparar, ademais, a apresentação e indicações amplas em *Schlaich/Korioth*, Bundesverfassungsgericht, Rn. 413 ff.; *Lechner/Zuck*, BVerfGG, § 78 Rn. 9 ff.; *J. Blüggel*, aaO (Rn. 95) S.

91 ff. – A terminologia ainda é variada, *Schlaich/Korioth* propõem, em seguimento ao tribunal constitucional federal, o termo "declaração de incompatibilidade" (aaO Rn. 398 ff.). Nisso, eles ignoram que o tribunal constitucional federal direciona para isto, que no caso concreto uma prescrição legal é "incompatível" com esta ou aquela regulação da lei fundamental ("anticonstitucional deixa, nessa conexão, naturalmente, também malmente se dizer). Como conceito coletivo mostra-se, contudo, a designação "declaração de anticonstitucionalidade" mais apropriada: ela corresponde à graduação de anticonstitucionalidade e nulidade (a conseqüência jurídica da anticonstitucionalidade, ou seja, a nulidade não é tirada) e expressa também a própria matéria melhor (incompatível com a constituição = anticonstitucional). Em todo o caso, o conceito, aqui sustentado, "declaração de anticonstitucionalidade" cobre-se com o conceito "declaração de incompatibilidade".

f) *Obrigação do dador de leis a regulação nova*. Em outras decisões, o tribunal constitucional federal, apesar de defeito constitucional comprovado, renunciou não só à declaração de nulidade, mas também à declaração de anticonstitucionalidade. Ele, ao contrário, comprovou que a regulação até agora deve ser aceita para um período transitório, o dador de leis, porém, dentro do prazo fixado ou de um conveniente, deve adotar uma regulação nova de acordo com a constituição. A conseqüência é que não só – como na declaração de anticonstitucionalidade – a situação jurídica permanece aberta, mas que a lei que padece de um defeito jurídico-constitucional, durante o período transitório, persiste como vigente e, com isso, direito aplicável. Para esse meio apela o tribunal constitucional federal então, quando pelo desaparecimento da regulação legal o estado anticonstitucional não iria ser eliminado, mas, até, ainda aprofundado. De fato, seria um rigorismo falso se se perseverasse, sem consideração às conseqüências jurídico-constitucionais (não fáticas!), na declaração de nulidade ou declaração de anticonstitucionalidade. A obrigação para a regulação nova resulta, na realidade, não do dispositivo da decisão judicial-constitucional, mas da constituição, porém, é comprovado vinculativamente pelo tribunal constitucional federal.

93

Comparar para isso, por exemplo, BVerfGE 83, 130, 154: o tribunal constitucional federal comprova que o posto de verificação federal para escritos que põem em perigo a juventude não corresponde totalmente às exigências jurídico-constitucionais, mas, simultaneamente, declarou que ele ainda pode continuar trabalhando para um período transitório, uma vez que, ao contrário, no fundo, não iria ter lugar um exame de escritos que põem em perigo a juventude. Ademais, apela o tribunal constitucional federal a esse meio, quando a situação jurídica até agora universalmente foi considerada como de acordo com a constituição e primeiro pela decisão do tribunal constitucional federal revelada como anticonstitucional (BVerfGE 84, 239, 284 f.: imposição dos juros) ou quando uma lei, outrora de acordo com a constituição, por modificação das circunstâncias fáticas, tornou-se anticonstitucional, uma vez que aqui também um dever de retoque do dador de leis poderia ser fundamentado (comparar BVerfGE 49, 89, 132: central de energia nuclear). – A declaração de obrigação é – em seguimento à contribuição de *W. Rupp – v. Brünneck*, Darf das Bundesverfassungsgericht an den Gesetzgeber appellieren? Festschrift für G. Müller, 1970, 355 ff. – designada como "decisão de apelo". Deve ser observado, contudo, que o tribunal constitucional federal não só apela ao dador de leis, mas expressa uma obrigação constitucional vinculativa do dador de leis. Por isso é, talvez, a designação "declaração de obrigação" ou "comprovação de obrigação", conforme, se ela aparece no dispositivo ou não, melhor.

94   A chamada decisão de apelo ou declaração de obrigação corresponde, em certo modo, a situação jurídica austríaca. Lá, a lei anticonstitucional é anulada com efeito ex nunc pelo tribunal constitucional. Pode até ser determinada uma data posterior para o ficar sem vigor da lei (até 18 meses após a decisão). Comparar artigo 140 V, da lei constitucional federal austríaca.[2]

Literatura (para decisão do controle normativo e seus efeitos):

95   *H. Maurer*, Zur Verfassungswidrigerklärung von Gesetzen, Festschrift für W. Weber, 1974, S. 345 ff.; *Ch. Pestalozza*, "Noch verfassungsmäßige" und "bloß verfassungs- widrige" Rechtslagen, BVerfG-Festschrift, Bd. I, 1976, S. 519 ff.; *J. Ipsen*, Rechtsfolgen der Verfassungswidrigkeit von Norm und Einzelakt, 1980; *H. Heußner*, Folgen der Verfassungswidrigkeit eines Gesetes ohne Nichtigerklärung, NJW 1982, 257 ff.; *A. Gerontas*, Die Appellentscheidungen, Sondervotumsappelle und die bloßen Unvereinbarkeitsfestellung als Ausdruk der funktionellen Grenzen der Verfassungsgerichtsbarkeit, DVBl. 1982, 486 ff.; *P. E. Hein*, Die Unvereinbarerklärung verfassungswidriger Gesetze durch das Bundesverfassungsgericht, 1988; *M. Schulte*, Appellentscheidungen des Bundesverfassungsgerichts, DVBl. 1988, 1200 ff.; *R. Seer*, Die Unvereinbarkeitserklärung des BVerfG am Beispiel seiner Rechtsprechung zum Abgabenrecht, NJW 1996, 285 ff.; *D. Heckmann*, Geltungskraft und Geltungsverlust von Rechtsnormen, 1997, S. 44 ff.; *J. Blüggel*, Unvereinbarerklärung statt Normkassation durch das Bundesverfassungsgericht, 1998; *U. Steiner*, Zum Entscheidungsanspruch und seinen Folgen bei der verfassungsgerichtlichen Normenkontrolle, Festschrift für Leisner, 1999, S. 569 ff.; *W. Ebke/O. Fehrenbacher*, Verfassungswidrige Steuernormen, Gewaltenteilungsgrundsatz und das Bundesverfassungsgericht, Festschrift für Geiß, 2000, S. 571 ff.

VI. Controle normativo concreto

1. Desenvolvimento e fundamentos

96   a) O chamado controle normativo concreto está *regulado* no artigo 100 I, da lei fundamental, § 13, número 11, §§ 80-82, da lei do tribunal constitucional federal. Essas prescrições trazem à conclusão uma discussão longa e controversa sobre o chamado direito do exame judicial. A designação de uso corrente – sobretudo outrora – "direito do exame judicial" é, certamente, inexata. Trata-se da questão, se os tribunais estão autorizados a examinar uma norma, relevante para a decisão no conflito jurídico concreto, em sua constitucionalidade e, dado o caso, rejeitá-la, isto é, não aplicar como anticonstitucional e nula. Competência de exame e competência de

---
[2] *Nota do tradutor*: essa lei, lei do tribunal constitucional 1953, e a parte correspondente da lei constitucional-federal austríaca encontram-se traduzidas para língua portuguesa: jurisdição constitucional e legislação pertinente no direito comparado. Porto Alegre: Livraria do Advogado Ed., 2006. Tradução de Luís Afonso Heck.

rejeição podem convergir, mas também ser distribuídas a órgãos distintos. Elas devem conceitualmente ser distinguidas, mas também se condicionam. Porque a rejeição pressupõe um exame correspondente e o exame somente é conveniente, se ele leva a conseqüências, precisamente, à recusa e rejeição da norma jurídica.

97 Caso: A participa, com um barrete de lã puxado profundamente sobre o rosto, de uma demonstração, ele é, por conseguinte, acusado por causa de infração contra a proibição de encapotar (§ 17a II, número 1, § 27 II, número 2, da lei de reunião). A declara que a proibição de encapotar por causa de infração contra o artigo 8, da lei fundamental, é anticonstitucional e nula e ele, já por esse fundamento, deve ser absolvido. Como essa objeção deve ser apreciada? Colocam-se duas questões: pode o tribunal, no fundo, examinar se o § 17a II, número 1, da lei de reunião, é anticonstitucional? Pode o tribunal, caso a competência de exame é afirmada, deixar essa regulação, no caso de anticonstitucionalidade, inaplicada como nula? Somente então, quando se aceita não só uma competência de exame incidental, mas também uma competência de rejeição incidental pode o tribunal absolver A. Comparar para a solução, infra, número de margem 113.

98 b) *Aspectos históricos*. A questão do direito de exame judicial foi já no século 19 discutida, naquele tempo, porém, preponderantemente recusada. No tempo de Weimar começou, então, uma mudança. As opiniões permaneceram, porém, até o último momento, controversas. Na discussão foram expostos todos os argumentos possíveis jurídico-constitucionais, dogmático-constitucionais, processuais e políticos. Em último lugar, tratava-se da relação de dador de leis e juiz. Enquanto, por um lado, o direito de exame judicial foi recusado, porque o juiz não está sobre, mas sob a lei votada pelo parlamento, foi, por outro, feito valer que ele somente pode aplicar uma lei de acordo com a constituição e, com isso, válida e, por isso, deve ter uma competência de exame correspondente. Ademais, contra o direito de exame judicial, foi levado em campo que a certeza jurídica é prejudicada se cada juiz pode passar por cima de uma lei supostamente anticonstitucional. Na jurisprudência, o direito de exame judicial impôs-se definitivamente com a sentença do tribunal imperial, de 4.11.1925 (RGZ 111, 320). O tribunal comprovou que a questão do direito do exame judicial nem positiva nem negativamente está regulada. Ela deve ser afirmada, uma vez que o juiz, na contradição entre lei e constituição, somente pode observar *uma* norma, isso deve, porém, ser a constituição vinculativa mais fortemente; a lei anticonstitucional, por isso, no caso concreto, não deveria ser aplicada.

99 Na prática judicial, o direito do exame judicial, naquele tempo, certamente, não desempenhava nenhum papel. Na literatura, essa questão permaneceu até o último momento controversa. O governo imperial retomou essa discussão e apresentou, em 1926, no parlamento imperial, um projeto de lei, que afirmou o direito de exame judicial, simultaneamente, porém, concentrou a competência de rejeição no tribunal estatal do império. O projeto de lei, assim como um outro, em 1928 apresentado, não mais foram aprovados. Eles, porém – pelas constituições estaduais de 1946/47 –, influenciaram notoriamente a regulação da lei fundamental. Comparar para o desenvolvimento histórico, especialmente para a literatura e jurisprudência

contemporânea: *E. R. Huber*, VerfGesch. III, S. 1057 ff., VI, S. 563 ff.; *Ch. Gusy*, Richterliches Prüfungsrecht. Eine verfassungsgeschichtliche Untersuchung, 1985; *ders.*, Die Weimarer Reichsverfassung, 1997, S. 216 ff.; *H. Maurer*, DÖV 1963, 477 ff.; *ders.*, Festschrift für Hangartner, 1998, S. 247, 253 ff.

c) *Pelo artigo 100 I, da lei fundamental*, a questão de litígio do tempo de Weimar é decidida jurídico-positivamente. A competência de exame dos tribunais é, fundamentalmente, afirmada, a competência de rejeição, porém, concentrada e monopolizada no tribunal constitucional federal.

Devem ser distinguidos os seguintes graus:

- o tribunal do processo deve (caso existem dúvidas ou objeções correspondentes de uma parte são apresentadas) examinar a constitucionalidade da lei e sobre isso tomar uma decisão;

- se ele afirma a constitucionalidade, então ele tem de aplicar a lei e decidir em conformidade o caso concreto;

- se ele nega a constitucionalidade, então ele tem de suspender o procedimento e pedir a decisão do tribunal constitucional federal (chamada apresentação judicial);

- o tribunal constitucional federal decide em virtude da apresentação definitivamente e com vinculatividade universal sobre a constitucionalidade ou anticonstitucionalidade e nulidade da lei;

- se o tribunal constitucional decidiu, então o tribunal do processo deve continuar seu procedimento e, sob a observância da decisão do tribunal constitucional federal, decidir o caso concreto.

A apresentação judicial do artigo 100 I, da lei fundamental, é, na realidade, uma solicitação de realização de um controle normativo principal. O conflito jurídico concreto não é objeto, mas somente motivo da apresentação. O tribunal constitucional federal tem de decidir exclusivamente sobre a constitucionalidade e validade da lei apresentada para exame. Trata-se, da perspectiva do processo concreto, de um procedimento intermediário independente, em perspectiva material, de um controle normativo principal. Por isso, também a decisão definitiva do tribunal constitucional federal é com vinculatividade universal.

2. Finalidade e âmbito de aplicação da apresentação judicial

a) *Finalidade*. Segundo concepção do tribunal constitucional federal, o monopólio de rejeição judicial-constitucional serve, em primeiro lugar, à proteção do dador de leis parlamentar. Deve ser impedido que cada particular tribunal possa passar por alto da vontade do dador de leis e recusar a aplicação a uma lei no caso concreto por causa de anticonstitucionalidade e nulidade (pretendidas). Os tribunais devem, sem dúvida, examinar a constitucionalidade, mas a decisão definitiva sobre a anticonstitucionalidade e nulidade de uma lei deve permanecer reservada ao tribunal constitucional federal.

Dessa função de proteção do artigo 100 I, da lei fundamental, resultam, segundo a jurisprudência do tribunal constitucional federal, duas limitações importantes: o monopólio de rejeição limita-se a (1) leis formais e (2) leis pós-constitucionais. Ele, portanto, não compreende as normas jurídicas infralegais (regulamentos jurídicos, estatutos, e assim por diante) e não as leis pré-constitucionais (que foram promulgadas antes da entrada em vigor da lei fundamental ou de uma modificação da lei fundamental correspondente). Como elas não procedem do dador de leis ou não foram promulgadas sob o domínio da lei fundamental, pela sua rejeição incidental a autoridade do dador de leis não é tangida. Os tribunais do processo tem de, por isso, mesmos e definitivamente decidir sobre a constitucionalidade e validade dessas normas jurídicas como questão prejudicial do conflito jurídico concreto. 104

Comparar para isso, BVerfGE 1, 184, 189 ff. (leis formais); BVerfGE 2, 124, 128 ff. (direito pós-constitucional); ademais, por exemplo, BVerfGE 68, 337, 344 f.; 86, 71, 77; 97, 117, 122). Na literatura, essa concepção encontrou críticas, comparar, sobretudo, *Schlaich/Korioth*, Bundesverfassungsgericht, Rn. 138. É feito valer que são determinantes não a proteção do dador de leis, mas os pontos de vista da unidade jurídica e da certeza jurídica. Pontos de vista que, de resto, também o tribunal constitucional federal reconhece como fundamentos adicionais para o monopólio de rejeição (comparar, por exemplo, BVerfGE 63, 131, 141; ademais, BVerfGE 96, 345, 360). Texto e história da origem não são, sob esse aspecto, produtivos. Em favor da concepção do tribunal constitucional federal fala (1) que outrora somente o direito do exame judicial com respeito às leis formais e pós-constitucionais era debatido e *essa* questão de litígio deveria ser decidida pelo artigo 100 I, da lei fundamental, (2) que o artigo 100 I, da lei fundamental, manifestamente persegue a finalidade de resolver o conflito, que resulta da lei supostamente anticonstitucional, entre o dador de leis e o juiz, (3) que seria pouco conveniente deixar decidir o tribunal constitucional federal sobre a constitucionalidade da pluralidade de regulamentos jurídicos e estatutos com alcance local e material, em geral, só limitado, (4) que a unidade jurídica e a certeza jurídica também podem ser obtidas pelas decisões de instância máxima da jurisdição especializada que, dado o caso, podem ser impugnadas até ainda com o recurso constitucional.

A limitação do monopólio de rejeição judicial-constitucional a leis pós-constitucionais torna-se problemática quando regulações de uma lei pré-constitucional só *em parte* por uma lei pós-constitucional são modificadas ou substituídas. Certamente, as partes modificadas são pós-constitucionais. Como está, porém, com as partes não expressamente modificadas dessa lei? O tribunal constitucional federal direciona para isto, se o dador de leis "acolheu em sua vontade e, com isso, certificou" essas partes. A "vontade de certificação" deve ser averiguada do conteúdo da lei e da conexão. 105

Comparar para isso, BVerfGE 6, 55, 64 ff. (§ 26, da lei do imposto de renda, certificada pós-constitucionalmente); BVerfGE 64, 217, 220 f. (§ 124b, da ordenação de indústria e comércio, é direito pré-constitucional); BVerfGE 70, 126, 129 ff. (§ 40 II 1, da lei sobre o contrato de seguro, é, igualmente, pré-constitucional); BVerfG-K NJW 1998, 3557 (§ 828 II, do código civil, é direito pré-constitucional), comparar, ademais, as indicações em *Pieroth*, JP Art. 100 Rn. 8 f. – O esclarecimento da "vontade de certificação" requer, sempre de novo, gasto considerável e permanece, apesar disso, em geral, duvidoso. Pergunta-se, por isso, se hoje – depois que o direito pré-constitucional continuamente baixa e os casos problemáticos deveriam estar esclarecidos (também pelo tribunal constitucional federal no caminho do controle normativo abstrato e do recurso constitucional) – a supressão dos casos restantes do direito pré-constitucional ainda é conveniente. – Um âmbito novo abre-se, todavia, pelas leis da república democrática alemã que, segundo o acordo de unificação, devem continuar vigendo: elas devem, segundo BVerfGE 97, 117, 123 f., ser qualificadas de direito pré-constitucional.

106 b) *O âmbito de aplicação do artigo 100 I, da lei fundamental*, compreende conjunturas diferentes:

- apresentação ao tribunal constitucional federal, quando um tribunal considera uma lei federal, por causa de violação da lei fundamental, anticonstitucional (artigo 100 I 1, alternativa 2, da lei fundamental);

- apresentação ao tribunal constitucional federal, quando um tribunal considera uma lei estadual (inclusive a constituição estadual), por causa de violação da lei fundamental, anticonstitucional (artigo 100 I 2, alternativa 1, da lei fundamental);

- apresentação ao tribunal constitucional federal, quando o tribunal considera uma lei estadual (inclusive a constituição estadual), por causa de violação de uma lei federal ou direito federal, antijurídica federal (artigo 100 I 2, alternativa 2, da lei fundamental);

- apresentação ao tribunal constitucional estadual, quando o tribunal considera uma lei estadual, por causa de violação da constituição estadual, anticonstitucional (artigo 100 I 1, alternativa 1, da lei fundamental).

107 Com a alternativa, por último mencionada, a lei fundamental adotou uma regulação vinculativa para o âmbito das constituições estaduais e os tribunais constitucionais estaduais. Os estados podem formar circunstanciadamente o dever de apresentação ao tribunal constitucional estadual. Eles também podem ampliá-lo, mas não limitar ou até abolir.

Alguns estados exigem – em ampliação do artigo 100 I, da lei fundamental, que se limita, segundo a jurisprudência do tribunal constitucional federal, a leis pós-constitucionais e leis formais (comparar supra, número de margem 104) – um dever de apresentação também para direito estadual pré-constitucional (assim, artigo 88, da constituição do estado Baden-Württemberg) ou para regulamentos jurídicos (assim, artigo 133, da constituição do estado Hessen). Isso é admissível, comparar BWVerfGE 4, 178, 188 f.; BWStGH DÖV 1955, 760; HessStGH ESVGH 20, 217, 222; 21, 1, 12 ff.

As exposições seguintes limitam-se ao caso de aplicação principal do artigo 100 I, da lei fundamental, ou seja, à violação da lei fundamental por lei federal ou lei estadual.

3. Os pressupostos de admissibilidade da apresentação judicial

A apresentação judicial, que equivale a uma solicitação de realização de um controle normativo principal, é admissível somente sob pressupostos jurídicos determinados. O tribunal constitucional federal pede a observância rigorosa dos pressupostos de admissibilidade. Existe – até ao tempo mais recente – uma série toda de apresentações judiciais que fracassaram nas barreiras processuais. Os pressupostos de admissibilidade não devem, de resto, ser menosprezados como puras formalidades. Eles devem garantir que o conflito jurídico concreto, inicialmente, seja examinado pelos tribunais especializados sob todos os pontos de vista fáticos e jurídicos e, primeiro, então, o tribunal constitucional federal é intercalado, quando se trata decisivamente do esclarecimento judicial-constitucional. 108

Em contrapartida, os tribunais *devem* chamar o tribunal constitucional federal, quando os pressupostos de admissibilidade da apresentação judicial estão dados. Enquanto costumeiramente a apresentação da solicitação reside no poder discricionário da pessoa e órgão autorizado à solicitação, existe para os tribunais não só um direito de apresentação, mas também um dever de apresentação. 109

Em seus pormenores, existem os pressupostos de admissibilidade seguintes:

a) *autorização de apresentação*. Autorizados à apresentação e, com isso, também obrigados à apresentação, são todos os tribunais estatais, mas também somente os tribunais estatais. 110

<small>A posição do tribunal é insignificante. O dever de apresentação refere-se – na existência dos pressupostos do artigo 100 I, da lei fundamental –, aos tribunais inferiores (tribunal de primeira instância, tribunais administrativos, e assim por diante), precisamente assim como aos tribunais federais supremos (tribunal federal, tribunal administrativo federal, e assim por diante) e aos tribunais constitucionais estaduais (para os últimos, BVerfGE 69, 112, 117). Em compensação, não entram em consideração órgãos executivos, também quando eles são materialmente independentes (chamadas comissões livres de instrução) ou até, como os tribunais de contas, "possuem independência judicial" (comparar artigo 114 II 1, da lei fundamental). Do mesmo modo, não entram em consideração tribunais não-estatais (tribunais de associação, tribunais arbitrais, tribunais eclesiásticos, e coisas semelhantes);</small>

b) *objeto de apresentação*. Suscetíveis de apresentação são todas as leis pós-constitucionais formais (comparar supra, número de margem 104). Fazem parte disso as prescrições das constituições estaduais (BVerfGE 36, 342, 356), leis que modificam a constituição (com vista a sua compatibilidade com o artigo 79 III, da lei fundamental), leis de aprovação para 111 contratos estatais entre os estados federados e os contratos de direito internacional público (BVerfGE 63, 131, 140; 95, 39, 44).

Pelas leis de aprovação podem também os próprios contratos ser tornados objetos da apresentação (por exemplo: a lei de aprovação é anticonstitucional e nula *porque* o contrato referido é anticonstitucional). Em compensação, as leis orçamentárias não são compreendidas com os planos orçamentários, todavia, não, porque eles, em princípio, não iriam entrar em consideração, mas porque elas não fundamentam direitos e deveres externos e, por isso, no conflito jurídico concreto não se podem tornar relevantes para a decisão (comparar BVerfGE 38, 121, 127). Comparar também supra, número de margem 79;

112   c) *convicção da anticonstitucionalidade*. O tribunal pode somente então apresentar ao tribunal constitucional federal, quando ele está convencido disto, que a lei é anticonstitucional. Isso resulta já do texto do artigo 100 I, da lei fundamental ("se um tribunal considera uma lei ... anticonstitucional"). Meras dúvidas ou objeções, por isso, não bastam. O tribunal deve, antes, se ele próprio tem objeções ou se a anticonstitucionalidade é exposta por um participante, tomar uma decisão sobre a anticonstitucionalidade e fundamentar essa suficientemente. Isso pressupõe, como o tribunal constitucional federal, sempre de novo, acentua, que o tribunal ocupa-se com todos os pontos de vista relevantes e, nisso, considera todas as concepções jurídicas desenvolvidas na literatura e jurisprudência. Isso vale, sobretudo, então, quando se trata de uma apresentação renovada por causa de modificação das circunstâncias fáticas ou jurídicas (comparar BVerfGE 105, 61, 70 ff.: constitucionalidade do serviço militar);

113   d) *relevância da decisão*. Ademais, deve a questão da constitucionalidade da lei ser relevante para a decisão. Também isso já resulta do texto do artigo 100 I, da lei fundamental ("... uma lei, de cuja validade trata-se na decisão"). A relevância da decisão deve somente então ser aceita, se o tribunal, no procedimento inicial, em invalidade da norma, iria chegar a um outro resultado do que em sua validade (BVerfGE 7, 171, 173; 94, 315, 323). O tribunal do processo deve, portanto, inicialmente, fazer todas as averiguações fáticas e esclarecer todas (as outras) questões jurídicas e pode somente, se se "trata", também, então, ainda da anticonstitucionalidade da norma determinante – portanto, em sua invalidade deveria ser decidido de outra forma do que em sua validade – apresentar a matéria ao tribunal constitucional federal. O tribunal constitucional federal põe também a esse pressuposto de admissibilidade exigências rigorosas, porém, na apreciação da relevância da decisão parte da concepção jurídica do tribunal apresentador, a não ser que essa seja manifestamente insustentável ou não-seguível (BVerfGE 108, 186, 208).

No caso exemplificativo supradito (proibição de encapotar, comparar número de margem 97) deve o tribunal penal, inicialmente, examinar se a conduta de A, no fundo, é compreendida pelo § 17 II, número 1, da lei de reunião. Se isso não é o caso, então não se trata mais da constitucionalidade dessa regulação, então, deve A, de uma maneira ou de outra – ou porque a norma penal não intervém ou porque a norma penal é anticonstitucional – ser absolvido. Se o tribunal chega ao resultado que a norma penal intervém, então deve o tribunal examinar, mais além, se ela é de acordo com a constituição e, se isso é negado, apresentar ao tribunal constitucional federal. – No exame da relevância da decisão também devem ser consideradas as repercussões de uma anticonstitucionalidade eventual e seu vencimento, comparar expressivamente BVerfGE 105, 48 (retroatividade de uma lei e regulações de proteção à confiança do direito administrativo).

O requisito da relevância da decisão pode levar a isto, que averiguações amplas, sobretudo, um registro da prova dispendioso, tornem-se necessárias, que, então, parecem desnecessárias se, ato contínuo, deve ser comprovado que a lei determinante era anticonstitucional e nula e – "já" desse fundamento – a demanda devia ser acolhida. Fundamentos econômico-processuais podem, por isso, falar em favor de uma apresentação prévia. O tribunal constitucional federal persevera, contudo, no requisito da relevância da decisão. Em favor disso fala – ao lado do alívio do tribunal – que os tribunais especializados pré-esclarecem os aspectos específicos da norma e, sobretudo, as suas repercussões jurídicas e práticas e, com isso, podem fornecer ao tribunal constitucional federal material do caso tanto quanto possível. Excepcionalmente o tribunal constitucional federal renuncia, contudo, às exigências rigorosas da relevância da decisão. Ele invoca o § 90 II 2, da lei do tribunal constitucional federal, que vale para o recurso constitucional, em conformidade e admite o acesso prematuro ao tribunal constitucional federal no procedimento, segundo o artigo 100 I, da lei fundamental, então, "quando a questão da apresentação tem importância geral e fundamental para o bem-estar da comunidade e, por conseguinte, sua decisão é imperiosa" (BVerfGE 47, 146 (157). 114

Exemplo (BVerfGE 47, 146, 157 ff.): N demandou como vizinho contra a primeira autorização parcial de uma central de energia nuclear do tipo "reator autofertilizante", segundo o § 7, da lei atômica. O tribunal de terceira instância, ocupado com isso, chegou a concepção que o § 7, da lei atômica, é anticonstitucional e nulo à medida que ele também admite a autorização de centrais de energia nuclear desse tipo e, por isso, a autorização, já por falta de base jurídica suficiente, deve ser anulada. Segundo os pressupostos de apresentação geral ele deveria, contudo, inicialmente, examinar se os pressupostos de autorização do § 7, da lei atômica, subordinados à sua validade, no fundo, existem. Porque a demanda de N é fundamentada, se, primeiro, o § 7, da lei atômica, é anticonstitucional ou, segundo, o § 7, sem dúvida, é de acordo com a constituição, mas seus pressupostos do tipo no caso concreto não são preenchidos. O tribunal de terceira instância era da opinião que esse exame iria requerer um registro de prova extremamente amplo, que requer muito tempo e também caro, que se mostra superficial se o § 7, da lei atômica, é anticonstitucional e nulo. Ele apresentou, por conseguinte, ao tribunal constitucional federal, sem outro exame de fundo, a questão da constitucionalidade do § 7, da lei atômica. O tribunal constitucional federal aceitou a apresentação excepcionalmente, em aplicação correspondente do § 90 II 2, da lei do tribunal constitucional federal. Em favor disso falou não só o gasto do registro da prova, costumeiramente necessário, mas também, que o tribunal constitucional federal posteriormente, aliás, teria de ter decidido sobre a questão da constitucionalidade do § 7, da lei atômica, todavia – e esse é ponto decisivo –, somente depois que a problemática fática e jurídica de tais centrais de energia atômica no plano jurídico-ordinário está esclarecida. 115

4. Procedimento e decisão

116   a) A apresentação judicial realiza-se *de ofício*. Solicitações eventuais das partes processuais do procedimento inicial devem ser valoradas como meras sugestões. A recusa da apresentação não pode ser impugnada isoladamente, mas só juntamente com a decisão definitiva do tribunal do processo. Se, por exemplo, alguém, em virtude de uma lei de imposto, que ele considera anticonstitucional, é invocado para o imposto, então ele, se o tribunal financeiro recusa a apresentação no tribunal constitucional federal, sem dúvida, não pode proceder contra essa recusa, mas promover contra a sentença definitiva do tribunal financeiro revisão no tribunal financeiro federal e, subseqüentemente, contra essa sentença, recurso constitucional no tribunal constitucional federal.

117   b) Como a apresentação judicial leva a um controle normativo principal, não existe *nenhum oponente*. As partes do procedimento inicial ganham, porém, oportunidade para a tomada de posição, ademais, podem – como no controle normativo abstrato – os órgãos constitucionais aderir em cada situação do procedimento (§ 82, da lei do tribunal constitucional federal).

118   c) O tribunal constitucional federal decide exclusivamente sobre a *constitucionalidade da lei apresentada*. Se ela é negada, então a lei é declarada anticonstitucional e nula com efeito vinculativo-universal. O tribunal do processo tem, em conseqüência disso, de continuar o procedimento concreto – sob a observância da decisão do controle normativo do tribunal constitucional federal (§ 31 I e II, da lei do tribunal constitucional federal). Para a decisão do controle normativo do controle normativo concreto, valem os mesmos princípios e regras como para a decisão do controle normativo do controle normativo abstrato. Excepcionalmente pode – como lá – ser abstraído da declaração de nulidade (comparar para isso, já supra, número de margem 90 e seguintes).

VII. Recurso constitucional

1. Função e significado geral

119   a) Segundo o artigo 93 I, número 4a, da lei fundamental, pode cada um, com a afirmação de estar violado pelo poder público em seus direitos fundamentais ou direitos iguais aos direitos fundamentais, promover recurso constitucional no tribunal constitucional federal. O recurso constitucional foi acolhido primeiro em 1969 na lei fundamental, mas já existe desde o início em virtude da lei sobre o tribunal constitucional federal. Lá também se encontram as regulações circunstanciadas (§§ 90-95, da lei do tribunal constitucional federal).

b) O recurso constitucional tem uma *função dupla*. Ele serve, de uma 120 parte, à proteção dos direitos fundamentais do cidadão e, por outra parte, à salvaguarda e aperfeiçoamento do direito constitucional objetivo (comparar BVerfGE 85, 109, 113, com mais indicações). Essa função dupla corresponde – ainda que em outro plano – à maioria dos outros expedientes jurídicos, por exemplo, à demanda judicial-administrativa, que tem por objeto tanto a proteção jurídica do cidadão como o controle jurídico objetivo. No primeiro plano está a proteção do direito individual. O recurso constitucional forma a conclusão e o ponto culminante do sistema de proteção jurídica garantido legal-fundamentalmente: cada cidadão pode dirigir-se ao tribunal extremo se ele acha estar violado por uma medida estatal em seus direitos fundamentais. Justamente porque o tribunal extremo é chamado, devem, porém, também, ser traçados limites. Eles já resultam da posição do tribunal constitucional federal, que não forma o ápice da via de recurso regulada jurídico-processualmente, mas está ao lado e sobre o sistema de vias jurídicas. O recurso constitucional é um expediente jurídico extraordinário que somente tem a possibilidade de atuar subsidiariamente e como último meio para a proteção especial dos direitos fundamentais.

A função objetiva da salvaguarda e aperfeiçoamento do direito constitucional, com 121 isso unida, ganha o seu significado particular pela primazia da constituição. Ela torna-se, sobretudo, então, atual, quando questões constitucionais fundamentais não são esclarecidas ou não podem ser esclarecidas no caminho do procedimento de litígio entre órgãos ou do controle normativo objetivo. De fato, também numerosas decisões do tribunal constitucional federal, que desenvolvem os direitos fundamentais em direções diferentes, baseiam-se em recursos constitucionais. O controle normativo concreto e o recurso constitucional complementam-se. Se o tribunal do processo, apesar das objeções de uma parte do processo, recusa a apresentação ao tribunal constitucional federal, segundo o artigo 100 I, da lei fundamental, então ela pode, por promoção do recurso constitucional, sempre ainda obter um esclarecimento judicial-constitucional.

c) Uma comparação com a *garantia da proteção jurídica do artigo 19 IV,* 122 *da lei fundamental,* mostra comunidades, mas também diferenças: o artigo 19 IV, da lei fundamental, proporciona a entrada no sistema de proteção jurídica judicial e põe a esse exigências determinadas; o recurso constitucional forma a conclusão que coroa do sistema de proteção jurídica e aplica-se, por isso mesmo, só subsidiariamente. Ademais, o alcance é diferente: o artigo 19 IV, da lei fundamental, compreende todas as violações jurídicas (não só violações de direitos fundamentais), mas se limita objetivamente a atos executivos; o artigo 93 I, número 4a, da lei fundamental, limita-se às violações dos direitos fundamentais, mas se estende objetivamente também, e sobretudo, às leis e decisões judiciais.

d) Na literatura, é distinguido entre o *recurso constitucional contra uma* 123 *sentença* e o *recurso constitucional contra um preceito jurídico*. Essa distinção refere-se ao objeto do recurso (decisões judiciais – leis). Significado fundamental não lhe cabe. Como, porém, existem pressupostos de admissibilidade diferentes em parte, essa diferenciação é útil. O recurso constitucional contra uma sentença é – já por causa do esgotamento da via jurídica – a regra. O recurso constitucional contra um preceito jurídico somente entra em consideração quando o promovente do recurso é afetado *imediatamente* por uma lei ou um outro preceito jurídico em seus direitos fundamentais.

124   e) *Na prática*, o número alto de recursos constitucionais é problemático. As chegadas novas anuais cresceram, no correr do tempo, contínuamente. Eles importam, atualmente, aproximadamente 5.000 recursos constitucionais por ano. Com isso, o tribunal constitucional federal é agravado desmesuradamente, o que pode ter repercussões sobre a capacidade funcional do tribunal. Além disso, um grande número de chegadas novas é, de antemão, inadmissível ou infundado. Foram feitos, por isso, sempre de novo, tentativas de limitação dos recursos constitucionais ou de separação dos recursos constitucionais inadmissíveis ou insignificantes. Também o dador de leis, muitas vezes, tentou, por regulações correspondentes, reagir contra a afluência. Segundo as prescrições atualmente determinantes, o recurso constitucional carece da "aceitação", cujos pressupostos jurídicos, inicialmente, são examinados em um procedimento preparatório por uma câmara instalada no tribunal constitucional federal e composta de três juízes (comparar para isso, circunstanciadamente, §§ 93 a-d, § 15a, da lei do tribunal constitucional federal).

    Comparar para os números e as propostas distintas o relatório da comissão, instituída pelo ministério federal da justiça, com o título "alívio do tribunal constitucional federal", 1998. A própria comissão fez a proposta de pôr a aceitação do recurso constitucional no poder discricionário do tribunal (Bericht, S. 42 ff.). Comparar para isso, *E. Benda*, Entlastung des Bundesverfassungsgerichts – Vorschläge der Entlastungskommission, 1998; *H. H. Klein*, Überlegungen zu einer Entlastung des Bundesverfassungsgerichts, Festschrift für Graßhof, 1998, S. 367 ff., com mais indicações. O dador de leis (até agora) não seguiu a proposta da comissão.

2. Os pressupostos de admissibilidade do recurso constitucional

125   a) *Capacidade de recurso*. O recurso constitucional pode ser promovido por "cada um". Essa formulação ampla é precisada e limitada pelo relacionamento com os direitos fundamentais do recurso constitucional. Capaz de recurso constitucional é quem é justificado pelos direitos fundamentais ou capaz de direitos fundamentais. A capacidade de recurso corresponde à capacidade de parte no processo civil e à capacidade de ser parte no processo administrativo, todavia, com a diferença que não é direcionado para a capacidade jurídica, mas para a capacidade de direitos fundamentais. Capaz de ser parte são todas as pessoas naturais, também estrangeiros,

se eles, no fundo, podem apoiar-se no direito fundamental feito valer. A questão, se e até que ponto pessoas jurídicas, assim como associações e organizações não-capaz juridicamente ou capaz juridicamente parcialmente são capaz de direitos fundamentais e, com isso, capaz de recurso, determina-se segundo o artigo 19 III, da lei fundamental).

b) *Objeto do recurso*. O recurso constitucional pode, em si, ser promovido contra todas as medidas do poder estatal alemão, contra leis, regulamentos jurídicos e estatutos, atos de governo e atos administrativos, outras medidas do executivo, por exemplo, convênios administrativos ou atos de indulto, ademais, contra decisões judiciais de todos os tipos e graus (com exceção das decisões do próprio tribunal constitucional federal). Se se invoca alguns outros pressupostos de admissibilidade – ou seja, o estar afetado imediatamente e o esgotamento da via jurídica (comparar, em seguida, infra) –, então o círculo de objetos do recurso possíveis reduz-se, em regra, a decisões judiciais de última instância e, dado o caso, a leis. 126

Assim, não entram em consideração, por exemplo, geralmente, atos administrativos. Como eles podem ser impugnados diante dos tribunais administrativos ou outros tribunais, não pode o afetado atacar eles, mas, no máximo, a decisão judicial de última instância, que certifica o ato administrativo, com o recurso constitucional. Pode, em conformidade com isso, distinguir-se entre objetos do recurso imediatos e objetos do recurso mediatos, conforme o caso, se eles podem ser objetados diretamente ou só incidentalmente com o recurso constitucional.

c) *Fundamento do recurso*. O promovente do recurso deve fazer valer que ele, pela medida objetada, é violado em um direito fundamental ou um direito igual aos direitos fundamentais, mencionados no artigo 93 I, número 4a, da lei fundamental (artigos 33, 38, 101, 103, 104, da lei fundamental). Esse pressuposto corresponde à capacidade de demanda do § 42 II, da ordenação da organização da jurisdição administrativa, todavia, outra vez, limitada aos direitos fundamentais. Como lá, basta também aqui a *possibilidade* de violação de direitos (fundamentais). 127

Segundo a jurisprudência do tribunal constitucional federal, existe também então uma violação de direitos fundamentais, quando a lei interveniente nos direitos fundamentais infringe prescrições de competência ou viola princípios constitucionais gerais. Com isso, todas as normas constitucionais e princípios constitucionais recebem uma orientação subjetiva, fundamentadora do recurso constitucional.

d) *Poder de recurso*. Segundo a jurisprudência do tribunal constitucional federal, deve o promovente do recurso estar afetado mesmo, atual e imediatamente pela medida objetada em seus direitos fundamentais. Esse pressuposto torna-se, sobretudo, em leis, importante, mas também pode em outras medidas, por exemplo, uma sentença judicial, tornar-se atual (comparar BVerfGE 72, 1, 5 ff.). "Mesmo" significa que o promovente do recurso e não terceiros são prejudicados pela medida objetada; "atual" significa que o prejuízo ao direito fundamental já existe e não somente deve 128 ser esperado; "imediatamente" significa que a medida objetada leva ao prejuízo. "Mesmo" diz respeito, portanto, à pessoa do promovente do recurso, "atual", à dimensão temporal e "imediato", ao ato prejudicial.

De importância completamente considerável é o requisito da imediatidade para recursos constitucionais que se dirigem imediatamente contra leis. Se uma lei ainda deve ser efetivada ou também somente pode ser efetivada, então o afetado está obrigado a aguardar o ato de efetivação ou de aplicação e demandar contra esses. Por isso, por exemplo, um cidadão não pode promover recurso constitucional contra a regulação nova da lei do imposto de renda, anticonstitucional segundo sua concepção, mas deve aguardar a notificação do imposto de renda e contra essa demandar no tribunal financeiro; se a demanda e a revisão subseqüente no tribunal financeiro federal permanecem sem resultado, então ele pode, contra a sentença de última instância, promover recurso constitucional e fazer valer que a notificação do imposto e a sentença certificadora dessa notificação são anticonstitucionais, porque elas baseiam-se em uma lei anticonstitucional. O pressuposto da imediatidade tem seu fundamento justificador na subsidiariedade do recurso constitucional.

e) *Capacidade de procedimento*. A capacidade de procedimento corresponde à capacidade processual no procedimento judicial civil ou administrativo e significa que o promovente do recurso juridicamente está capacitado para, mesmo ou por um representante mesmo eleito, fazer ou receber as atuações processuais necessárias. Capaz de processo é, em todo o caso, aquele que, segundo direito civil, é capaz de contrato. Duvidoso é se também menores de idade – independente da maioridade jurídico-civil – podem promover recurso constitucional.

Isso depende, segundo a doutrina dominante, da maioridade para os direitos fundamentais. Como essa, contudo, não está esclarecida, permanece também a capacidade de procedimento de menores de idade duvidosa. O exemplo clássico é o aluno menor de idade, que edita um jornal dos alunos e perante o diretor da escola apóia-se no artigo 5 I, da lei fundamental. Correto é que ele pode apoiar-se no artigo 5 I, da lei fundamental; duvidoso é, porém, se ele próprio pode fazer valer processualmente esse direito. Certamente não se trata somente do próprio recurso constitucional, mas também do procedimento judicial-administrativo anteposto com sua via de recursos e das custas, unidas com isso. O que significa, quando o dinheiro para despesas miúdas não basta? A doutrina dominante ainda é pouco examinada minuciosamente, porém, pelo visto, isso na prática (ainda) não é um problema sério.

f) *Forma*. O recurso constitucional dever ser promovido por escrito e fundamentado (§§ 23 I, 92, da lei do tribunal constitucional federal).

g) *Prazo*. O recurso constitucional contra decisões judiciais deve ser promovido dentro de um mês, o recurso constitucional imediato contra leis ou outras normas jurídicas, deve dentro de um ano (§ 73, da lei do tribunal constitucional federal).

O prazo-um-ano é, então, problemático, quando o promovente do recurso somente *após* o decurso desse prazo é afetado pela lei. Antes, o recurso constitucional é inadmissível por falta de poder de recurso, depois ele é por causa da expiração do prazo. O tribunal constitucional federal, apesar disso, persevera na determinação do prazo (BVerfGE 30, 112,

126). A problemática, todavia, é suavizada pelo fato de um controle normativo incidental sem prazo fixo ser possível. Ademais, pode ser aceito que em leis gerais, pelo menos, defeitos graves, por qualquer pessoa, em tempo oportuno, são reconhecidos e feitos valer. Contudo, permanece um resto insuficiente. Comparar para isso e para as propostas de solução distintas na literatura, *Lechner/Zuck*, BVerfGG, § 93 Rn. 74 ff.

h) *Esgotamento da via jurídica*. O recurso constitucional é, ademais, segundo o § 90 II 1, da lei do tribunal constitucional federal, somente admissível, se o promovente do recurso promoveu os recursos jurídicos juridicamente possíveis. Isso significa também, que ele deve ter passado a via de recursos toda (por exemplo: tribunal administrativo, tribunal administrativo de terceira instância, tribunal administrativo federal). O requisito do esgotamento da via jurídica expressa o princípio da subsidiariedade do recurso constitucional. Ele deve (1) aliviar o tribunal constitucional federal, (2) proporcionar ao tribunal constitucional federal o modo de ver do caso dos tribunais especializados em perspectiva fática e jurídica e (3) assegurar a competência dos tribunais especializados. 132

Comparar para isso – e para a relação do esgotamento da via jurídica (estreita) e da subsidiariedade (ampla) do recurso constitucional, que foi desenvolvida pelo tribunal constitucional federal como outro critério de admissibilidade, contudo, outra vez, está unida com o esgotamento da via judicial –, *Schlaich*, Bundesverfassungsgericht, Rn. 236 ff.; *Lechner/Zuck*, BVerfGG, § 90 Rn. 129 ff. Problemático é o esgotamento da via jurídica e a subsidiariedade, sobretudo, em proteção jurídica provisória, comparar para isso, igualmente, os autores mencionados. Excepcionalmente, pode o tribunal constitucional federal já antes do esgotamento da via jurídica decidir sobre um recurso constitucional, ou seja, então, "quando ele tem importância geral ou quando ao promovente do recurso nasceria uma desvantagem grave e inevitável, caso ele fosse remetido primeiro à via jurídica" (§ 90 II 2, da lei do tribunal constitucional federal). 133

i) *Interesse de proteção jurídica*. Como todo procedimento orientado na proteção jurídica, também o recurso constitucional somente é admissível quando existe uma carência de proteção jurídica (geral) (BVerfGE 33, 247, 253; 81, 138, 140 f.). Os pressupostos de admissibilidade já discutidos indiciam, contudo, em regra, sua existência. 134

3. Procedimento e decisão

a) *O procedimento* conhece somente o promovente do recurso como solicitador, mas nenhum oponente. O tribunal constitucional federal tem, contudo, de dar ao órgão constitucional ou à autoridade, que promulgou a medida objetada, assim como às partes, no procedimento inicial, oportunidade para manifestação, de modo que realmente possa nascer algo como um procedimento contraditório. 135

b) O recurso constitucional é *fundamentado*, se a medida objetada viola o proponente do recurso em um de seus direitos fundamentais ou direi- 136 tos iguais aos direitos fundamentais. A decisão do tribunal constitucional federal depende disto, se se trata de um recurso constitucional contra um preceito jurídico ou um recurso constitucional contra uma sentença. No primeiro caso, o tribunal constitucional federal declara a lei anticonstitucional e nula (§ 95 III 1, da lei do tribunal constitucional federal). A declaração de nulidade é – como a decisão do controle normativo principal – com vinculatividade universal; ela atua não só em favor do promovente do recurso, mas em favor de todos (inter omnes). No segundo caso, a dispositivação é algo mais complicado. Devem ser distinguidas três alternativas:

- a sentença judicial, que foi objetada com o recurso constitucional, infringe, como tal, direitos fundamentais, por exemplo, artigo 103 I, da lei fundamental: o tribunal constitucional federal tem de anular a sentença e, dado o caso, remeter a matéria ao tribunal competente (§ 95 II, da lei do tribunal constitucional federal);

- a sentença judicial baseia-se em uma lei anticonstitucional, por exemplo, em uma lei de imposto anticonstitucional: o tribunal constitucional federal tem de anular a sentença e não só comprovar nos fundamentos a anticonstitucionalidade e nulidade da lei que está na base da sentença, mas também declarar no dispositivo. A declaração de nulidade é independentizada processualmente e obtém o efeito de uma decisão de controle normativo com vinculatividade universal (§ 95 III 2, da lei do tribunal constitucional federal);

- a sentença judicial baseia-se em uma lei que, sem dúvida, é de acordo com a constituição, mas no caso concreto foi interpretada anticonstitucionalmente: o tribunal constitucional federal tem de anular a sentença e remeter a matéria para decisão renovada ao tribunal competente.

137 c) A *extensão do exame* não apresenta problemas particulares quando se trata da compatibilidade de uma lei com a constituição. Objeto do exame e critério de exame estão determinados ou podem ser determinados. Também em recursos constitucionais contra sentenças parece, inicialmente, correr simples. O tribunal constitucional federal tem de examinar somente a compatibilidade da decisão judicial com a constituição, não com o direito legislado ordinário. A referência, que sentenças antijurídicas mediatamente infringem o artigo 2 I, da lei fundamental, ou artigo 20 III, da lei fundamental, aqui não faz efeito. A problemática torna-se, porém, clara se se inclui o efeito de irradiação dos direitos fundamentais no direito ordinário. Os tribunais devem, na interpretação e aplicação do direito ordinário, observar as repercussões que resultam dos direitos fundamentais. Deve, por conseguinte, ser distinguido entre a interpretação ordinária e a interpretação relacionada à constituição. A questão é onde transcorre o limite. O tribunal constitucional federal já se ocupou cedo com isso. Ele expôs que ele somente tem de examinar se "direito constitucional específico" está violado, se a decisão contém vícios de interpretação que se baseiam em uma visão fundamentalmente incorreta do significado e alcance do direito fundamental afetado, especialmente, da extensão de seu âmbito de proteção.

Comparar BVerfGE 18, 85, 92 f. (chamada fórmula de Heck, porque ela (foi) desenvolvida pelo relator, de então, *Heck*; ela é, desde então, invocada sempre de novo em variantes diferentes, comparar BVerfGE 30, 173, 188; 85, 248, 258. A fórmula é ainda muito geral. Por isso, o tribunal constitucional federal invoca outros critérios. Sobretudo, a intensidade da intervenção (sentenças penais!) desempenha um papel relevante. Em seus pormenores isso não mais pode ser abordado. Comparar para isso, circunstanciado, a apresentação penetrante de *Schlaich/Korioth*, Bundesverfassungsgericht, Rn. 280 ff., com mais indicações, nota 321.

VIII. Outras competências do tribunal constitucional federal

As outras competências do tribunal constitucional federal não podem aqui ser expostas circunstanciadamente, contudo, devem, pelo menos, ser apresentadas concisamente. O exame de eleições, segundo o artigo 41, da lei fundamental, já foi mencionado supra, § 13, número de margem 43 e seguintes, em conexão com a eleição para o parlamento federal. As competências restantes deixam reunir-se sob os apontamentos "procedimentos relacionados à norma" e "procedimentos de proteção à constituição".

1. Procedimentos relacionados à norma

A esses procedimentos é comum que eles dizem respeito a normas jurídicas – sua validade, sua classificação ou sua qualificação –.

a) *Recurso constitucional comunal*. Segundo o artigo 93 I, número 4b, da lei fundamental, podem municípios e grêmios de municípios, no caminho do recurso constitucional, no tribunal constitucional federal, fazer valer que eles, por uma lei, são violados em seu direito à auto-administração, segundo o artigo 28, da lei fundamental. O recurso constitucional comunal é formado com apoio no recurso constitucional individual, segundo o artigo 93 I, número 4a, da lei fundamental. A lei sobre o tribunal constitucional federal regula ambos em conjunto. A classificação e natureza jurídica do recurso constitucional comunal, contudo, é debatida. Duvidoso é se ele – como o recurso constitucional individual – deve ser associado à proteção jurídica subjetiva ou – de outra forma como este – apresenta um controle normativo objetivo. O litígio depende da interpretação diferente do artigo 28 II, da lei fundamental. Enquanto uns sustentam a concepção que o artigo 28 II, da lei fundamental, fundamenta um direito autêntico (não direito fundamental) dos municípios, que pode ser defendido com auxílio do recurso constitucional comunal, os outros são da opinião que o artigo 28 II, da lei fundamental, somente contém uma garantia institucional e, em conformidade com isso, o recurso constitucional comunal apresenta um controle normativo objetivo.

Comparar para isso, *Benda/Klein*, Verfassungsprozeßrecht, Rn. 687 ff., com mais indicações; para a interpretação do artigo 28 II, da lei fundamental, também *Maurer*, DVBl. 1995, 1037 ff.

140 Os pressupostos de admissibilidade do recurso constitucional comunal resultam do artigo 93 I, número 4b, da lei fundamental, e §§ 91 e seguintes, da lei do tribunal constitucional federal, de modo que não mais deve ser abordado esse litígio: (1) *solicitador* podem ser somente municípios e grêmios de municípios; o conceito de grêmios de municípios não é livre de dúvidas, compreende, porém, em todo o caso, os distritos estaduais; (2) *objeto da solicitação* são "leis", segundo concepção do tribunal constitucional federal caem sob isso não só leis formais, mas também regulamentos jurídicos, certamente, até "todas as normas jurídicas promulgadas pelo estado, que desenvolvem efeito externo perante uma comuna" (BVerfGE 76, 107, 114); (3) *objeto do exame* é exclusivamente o direito de auto-administração, segundo o artigo 28, da lei fundamental, mais rigorosamente: artigo 28 I 2 e artigo 28 II, da lei fundamental; (4) *o poder de recurso* está dado quando o solicitador mesmo, atual e (todavia, só condicionalmente) imediatamente está afetado pela norma jurídica em seu direito de auto-administração (BVerfGE 72, 25, 34 ff.; 78, 331, 340); (5) o *esgotamento da via jurídica* (§ 90 II, da lei do tribunal constitucional federal) também vale aqui, limita-se, contudo, ao controle normativo judicial-administrativo, segundo o § 47, da ordenação da organização da jurisdição administrativa; (6) o *prazo de um ano* do § 93 III, da lei do tribunal constitucional federal, deve, igualmente, ser observado; (7) *subsidiariedade*: o recurso constitucional comunal não tem lugar se o tribunal constitucional estadual pode ser chamado, o que, entrementes, em quase todos os estados federados é o caso. A competência do tribunal constitucional federal continua a existir, porém, em leis *federais*, que intervêm no direito de auto-administração, ilimitadamente, uma vez que direito federal somente pela lei fundamental, não também pela constituição estadual pode ser aferido.

O recurso constitucional, segundo o artigo 93 I, número 4a, da lei fundamental, não se aplica – nem cumulativa nem alternativamente – uma vez que os municípios não são capazes de direitos fundamentais; uma exceção vale somente para os direitos fundamentais processuais (artigo 100 I, artigo 103 I, da lei fundamental), que também competem aos municípios e, por isso, no caminho do recurso constitucional geral podem ser feitos valer diante do tribunal constitucional federal.

141 b) *Verificação de normas*. Ponto de partida é o artigo 25, da lei fundamental, que qualifica "as regras gerais do direito internacional público" de componente do direito federal; elas são superiores em hierarquia às leis formais, mas sob a constituição. Se em um conflito jurídico concreto nascem dúvidas sobre a existência ou sobre a extensão e o alcance de uma regra geral do direito internacional público, então o tribunal do processo tem de suspender o procedimento e pedir a decisão do tribunal constitucional federal. O mesmo vale quando é duvidoso se uma tal regra cria direitos e deveres para pessoas particulares. A decisão do tribunal constitucional federal tem força de lei (§ 31 II, da lei do tribunal constitucional federal) e deve ser observada pelo tribunal do processo em sua decisão definitiva.

Comparar, circunstanciado, artigo 100 II, da lei fundamental, § 13, número 12, §§ 83, 84, da lei do tribunal constitucional federal; BVerfGE 94, 315, 328 ff.; 100, 209, 211 ff.; 109, 13, 27 ff.; *M. Ruffert*, Der Entscheidungsmaßstab im Normverifikationsverfahren nach Art. 100 II GG, JZ 2001, 633 ff. – Uma outra questão é se uma regulação jurídico-federal ou jurídico-estadual infringe uma regra geral de direito internacional público que se tornou direito federal. Nesse caso, intervém não o artigo 100 II, da lei fundamental, mas o artigo 100 I, da lei fundamental (controle normativo concreto).

c) *Apresentação de divergência*. Ela concerne aos tribunais constitucionais estaduais. Esses tribunais têm, em si, de decidir somente sobre a compatibilidade de direito estadual com a constituição estadual. É, porém, possível que eles precisem invocar também a lei fundamental, ou seja, então, quando incidentalmente se coloca a questão, se uma prescrição jurídico-constitucional estadual relevante da constituição estadual é compatível com a lei fundamental. Se ele, nesse caso, quer desviar de uma decisão do tribunal constitucional federal ou de uma decisão de um outro tribunal constitucional estadual, ele deve pedir a decisão do tribunal constitucional federal. 142

Comparar para isso, o artigo 100 III, da lei fundamental, § 113, número 13, § 85, da lei do tribunal constitucional federal. – Duvidoso é o significado dessa apresentação por causa do efeito vinculativo das decisões do tribunal constitucional federal, segundo o § 31 I, da lei do tribunal constitucional federal (comparar supra, número de margem 31, 32). Em todo o caso, ela torna-se atual em um desvio de uma decisão de um outro tribunal constitucional estadual.

d) *Qualificação de normas*. Ela refere-se ao artigo 123 e seguintes, da lei fundamental, que regulam não só a persistência do direito pré-constitucional (do direito existente antes do unir-se do primeiro parlamento federal), mas também determinam se ele deve continuar vigendo como direito federal ou como direito estadual. A qualificação de direito federal ou direito estadual tem, entre outras coisas, importância, porque direito estadual (também) pelo dador de leis estadual pode ser modificado e anulado. Se nascem divergências de opiniões sobre isto, se uma norma pré-constitucional persiste como direito federal (e não como direito estadual), o tribunal constitucional federal tem de decidir. Nisso, entra em consideração tanto uma apresentação judicial por motivo de um conflito jurídico concreto (correspondente ao controle normativo concreto) como uma solicitação de órgãos constitucionais determinados (correspondente ao controle normativo abstrato). 143

Comparar para isso, o artigo 126, da lei fundamental, § 13, número 14, §§ 86-89, da lei do tribunal constitucional federal. – O artigo 126, da lei fundamental, concerne somente à hierarquia, não à validade da norma; o tribunal constitucional federal examina, porém, como questão prejudicial, se a norma jurídica, cuja qualidade como direito federal é discutível, ainda vale (BVerfGE 28, 119, 139).

2. Procedimento de proteção à constituição

144 O tribunal constitucional federal tem de, ademais, decidir sobre medidas e providências para a proteção da ordem fundamental democrática liberal. Disso fazem parte – ao lado da revisão e rejeição de leis, que infringem os princípios do artigo 79 III, da lei fundamental –, a declaração da perda de direitos fundamentais (artigo 18, da lei fundamental), a proibição de partido (artigo 21 II, da lei fundamental) e as medidas contra juízes, que infringem os princípios da constituição (artigo 98 II, da lei fundamental). Em sentido mais amplo pode ser incluído nisso também a acusação contra presidente, segundo o artigo 61, da lei fundamental, que, todavia – excedente da proteção à constituição –, compreende todas as violações jurídicas dolosas.

IX. Tribunal constitucional federal e tribunais constitucionais estaduais

1. Os tribunais constitucionais estaduais

145 a) Da independência e da autonomia constitucional dos estados resulta que eles estão autorizados a instalar uma jurisdição constitucional própria para o seu âmbito. A lei fundamental, no artigo 100 I, até parte da existência dos tribunais constitucionais estaduais e destina a eles o controle normativo concreto para a revisão de direito estadual na constituição estadual.

Ademais, aparecem os tribunais constitucionais estaduais no artigo 100 III, da lei fundamental, (apresentação de divergência, comparar número de margem 142) e mediatamente no artigo 93 I, número 4, alternativa 3, da lei fundamental, que prevê uma competência de substituição do tribunal constitucional federal para o caso que não existe nenhuma ou nenhuma competência judicial-constitucional estadual suficiente para litígios entre órgãos intra-estaduais (comparar supra, número de margem 65).

146 b) Quase todos os estados federados instalaram um *tribunal constitucional federal próprio*. Somente *Schleswig-Holstein* fez uso da autorização do artigo 99, da lei fundamental, e destinou ao tribunal constitucional federal a decisão de litígios jurídico-constitucionais estaduais (artigo 44, da constituição de Schleswig-Holstein). Existe um caso de empréstimo de órgão. O tribunal constitucional federal decide, nesse caso, como tribunal constitucional estadual sobre a interpretação e aplicação da constituição estadual.

c) *A organização* dos tribunais constitucionais estaduais particulares 147 mostra comunidades, mas também diferenças. Em todos os estados federados, o tribunal constitucional estadual (também denominado tribunal constitucional ou tribunal estatal) é uma instalação independente que se torna ativa de caso a caso e, por isso, está ocupada somente com juízes em cargo secundário ou honorífico. Os juízes e seus representantes são eleitos, em geral, pelos parlamentos estaduais, com maioria simples ou qualificada, à medida que não existe uma qualidade de membro em virtude do cargo (assim, em Nordrhein-Westfalen e em Rheinland-Pfalz o presidente do tribunal administrativo de terceira instância é, simultaneamente, membro e presidente do tribunal constitucional estadual). Os tribunais compõem-se somente de *um* corpo sentenciador que – distinto de estado para estado – é ocupado com 8 até 11 membros. Somente em Bayern as circunstâncias situam-se um pouco diferente. Lá são chamados, no total, 22 membros juízes profissionais e outros 15, o tribunal decide, porém, em regra, somente em uma ocupação com 9 juízes. Em todos os estados federados (com exceção de Saarland) juízes leigos cooperam. Sua parte está situada, em geral, abaixo, em parte, porém, além de 50 por cento. A eleição realiza-se, em regra, para um período determinado, mas é, em parte – em juízes leigos –, limitada à duração do período eleitoral.

d) *A competência* cobre-se, no essencial, com as competências do tribu- 148 nal constitucional federal. Todas as constituições estaduais promulgadas depois de 1949 regulam, com apoio na lei fundamental, o litígio entre órgãos constitucionais, o controle normativo abstrato e o controle normativo concreto. Essas três competências fazem parte do repertório padrão da jurisdição constitucional alemã. As constituições estaduais, promulgadas antes de 1949 e ainda existentes (Bayern, Hessen, Rheinland-Pfalz), empregam, em parte, outras formas e termos, mas se deixam, igualmente, classificar nessa divisão. Isso vale tanto mais que a lei fundamental referiu-se ao desenvolvimento mais antigo. Uma diferença essencial existe com respeito ao *recurso constitucional*. Antes da reunificação, de 1990, existia o recurso constitucional estadual somente em Bayern e, em parte, em Hessen (como demanda de direitos fundamentais), ademais, em Saarland. Os estados federados novos introduziram, no empenho de, após o término do domínio-partido unificado socialista da Alemanha, criar e assegurar estados estatal-jurídicos, um recurso constitucional para o tribunal constitucional estadual. Rheinland-Pfalz seguiu em 1993. O recurso constitucional estadual somente é conveniente e efetivo se também a base jurídico-material necessária, ou seja, a garantia de direitos fundamentais estaduais, existe. Isso deve, para as constituições pré-constitucionais e para as constituições dos estados federados novos, em geral, ser afirmado. Elas contêm direitos fundamentais que, em parte, ultrapassam a existência de direitos fundamentais da lei fundamental. Enquanto os tribunais constitucionais estaduais com recurso constitucional desenvolveram uma jurisprudência ampla que, certamente, no futuro ainda irá obter importância, os outros tribunais constitucionais estaduais ocupam, antes, uma posição marginal. Sua jurisprudência limita-se, no essencial, a litígios jurídico-constitucionais comunais, especialmente, sobre a dotação financeira conveniente dos municípios e distritos estaduais pelo estado.

Comparar para a jurisdição constitucional estadual, *Ch. Starck/K. Stern* (Hg.), Landesverfassungsgerichtsbarkeit, 3 Bde, 1983; *Ch. Pestalozza*, Verfassungsprozeßrecht, S. 372 ff.; *G. Robbers*, Verfassungsprozeßrecht, S. 107 ff.; *Degenhart*, Staatsrecht, Rn. 642 ff.; *J. Menzel*, Landesverfassungsrecht, 2002, S. 520 ff.; comparar para o recurso constitucional estadual também a reunião em BVerfGE 96, 345, 391 ff.

2. Tribunal constitucional federal e tribunais constitucionais estaduais

149   A relação entre o tribunal constitucional federal e os tribunais constitucionais estaduais primariamente é enformada pelo direito material. O direito processual tem de tirar disso as conseqüências. No estado federal de enformação legal-fundamental, os âmbitos constitucionais – ou os espaços constitucionais, como o tribunal constitucional federal, ocasionalmente, diz plasticamente – estão, fundamentalmente, independente um ao lado do outro (BVerfGE 60, 175, 209, com mais indicações). Em conformidade com isso, também os tribunais constitucionais da federação e dos estados estão um ao lado do outro. O tribunal constitucional federal é guarda da constituição federal, o tribunal constitucional estadual é guarda da constituição estadual respectiva. Disso resulta que o tribunal constitucional federal tem de decidir sobre a violação da lei fundamental e os tribunais constitucionais estaduais sobre a violação de suas constituições.

Com essa fórmula, orientada no critério de exame, deixam também a maioria dos casos solucionar-se sem mais.

150   a) *Litígios entre órgãos constitucionais.* Não-problemático é que litígios entre órgãos constitucionais da federação devem ser decididos pelo tribunal constitucional federal e litígios entre órgãos constitucionais dos estados pelo tribunal constitucional estadual, uma vez que, no primeiro caso, aplica-se exclusivamente a lei fundamental, no segundo caso, exclusivamente a constituição estadual. Também nos casos do artigo 93 I, número 4, alternativa 3, da lei fundamental (competência de substituição do tribunal constitucional federal), e do artigo 99, da lei fundamental (utilização do tribunal constitucional federal por um estado federado), aplica-se somente a constituição estadual. Um litígio entre um órgão constitucional da federação e um órgão constitucional de um estado não cai nem na competência do tribunal constitucional federal nem na do tribunal constitucional esta-

dual. Ele deixa, todavia, dirimir-se por litígios federativos (comparar para isso, supra, número de margem 53 e seguintes).

b) Também o *controle normativo concreto* leva a relações claras: o tribunal constitucional federal tem de examinar se uma lei federal *ou* uma lei estadual é compatível com a lei fundamental, o tribunal constitucional federal, em compensação, tem de decidir somente sobre a compatibilidade de uma lei estadual com a constituição estadual. Por conseguinte, pode – conforme o caso – no caminho da apresentação judicial tanto o tribunal constitucional federal como o tribunal constitucional estadual respectivo ser chamado. [151]

Quando uma lei estadual infringe as exigências formais da constituição estadual e um direito fundamental determinado na lei fundamental, então deve ser apresentado tanto ao tribunal constitucional estadual como ao tribunal constitucional federal. Análogo vale quando uma lei estadual infringe um direito fundamental federal e um direito fundamental estadual com conteúdo da garantia igual ou diferente. Se um de ambos os tribunais declarou a norma anticonstitucional e nula, resolve-se o outro procedimento. Se um tribunal constitucional estadual chega à concepção que a norma de critério da constituição estadual (não a norma de exame apresentada) não é compatível com a lei fundamental, ele tem de apresentar essa questão, segundo o artigo 100 I, da lei fundamental, ao tribunal constitucional federal. Comparar para isso, também *Maurer*, in: P. Feuchte, Verfassung des Landes Baden-Württemberg, 1986, Art. 68 Rn. 86 ff., com mais indicações.

c) Problemático é o recurso constitucional estadual, se e porque direito federal e direito estadual, assim como poder estatal federal e poder estatal estadual engrenam. Isso é, por exemplo, então o caso, quando um tribunal estadual, em um procedimento regulado por lei federal (ordenação da organização da jurisdição administrativa, código de processo penal, e assim por diante) tem de aplicar tanto direito federal como direito estadual. Segundo o § 90 III, da lei do tribunal constitucional federal, o recurso constitucional para o tribunal constitucional federal não exclui um recurso constitucional, admissível segundo direito estadual, para o tribunal constitucional estadual. Se também o direito estadual não prevê uma exclusão, então ambos os expedientes jurídicos podem ser feitos valer um ao lado do outro. Necessário é somente que os pressupostos de admissibilidade respectivos existam. O *critério de delimitação determinante* forma, outra vez, o critério de exame. O tribunal constitucional estadual somente pode examinar se a lei estadual ou a aplicação da lei estadual é compatível com a constituição estadual. Em compensação, o exame da compatibilidade com a lei fundamental está reservado ao tribunal constitucional federal. Como leis federais somente devem ser aferidas pela lei fundamental, não também pela constituição estadual, elas não entram em consideração como objeto de exame dos recursos constitucionais judicial-constitucionais estaduais. [152]

Isso, todavia, não é indiscutível, como mostra o conhecido e muito discutido caso-Honecker: o presidente do conselho do estado da antiga república democrática alemã, Erich Honecker, foi, em 1992, por causa de homicídio em vários casos (tiros de morte no muro), acusado diante do tribunal de segunda instância em Berlin e tomado em prisão para investigação. Seus advogados solicitaram, na negociação principal, suspender o procedimento [153] por causa do estado de saúde ruim de Honecker e anular a ordem de prisão. A solicitação foi negada. Em conseqüência disso, os advogados promoveram recurso constitucional no tribunal constitucional do estado de Berlin. O tribunal comprovou que infringe o mandamento da consideração da dignidade humana, também ancorado na constituição de Berlin, se a prisão para investigação e o procedimento penal fossem continuados, embora o acusado esteja gravemente doente e com toda a probabilidade não mais irá experimentar o término do processo (resolução de 12.1.1993, DVBl. 1993, 368 = NJW 1993, 515). Em conseqüência disso, a ordem de prisão foi anulada e o procedimento suspenso pela câmara penal. Honecker pôde, ainda no mesmo dia, sair como "homem livre". É compreensível que o processo-Honecker e seu término inesperado causou uma discussão política calorosa. Aqui, trata-se somente da problemática jurídica e também, sob esse aspecto, somente da jurídico-processual. O procedimento penal é regulado definitivamente no código de processo penal jurídico-federal. Lá, também estão mencionados definitivamente os fundamentos particulares para a suspensão do procedimento e anulação da prisão para investigação. O fundamento de suspensão do procedimento e de anulação da prisão, desenvolvido pelo tribunal constitucional de Berlin da constituição de Berlin ("o acusado segundo toda a probabilidade não mais irá experimentar o término do procedimento"), no código de processo penal nem expressa nem concludentemente é mencionado. Ele, até agora, também na literatura e prática não foi sustentado por ninguém. Isso, certamente, não exclui (o que, aqui, não mais deve ser discutido) que, segundo conhecimento mais recente, resulte uma conseqüência correspondente do princípio da dignidade humana e o direito do procedimento penal deva ser mudado e complementado em conformidade. Somente, isso é um assunto *jurídico-federal*. O código de processo penal, regulado de unidade federal (artigo 74 I, número 1, da lei fundamental), não deve ser iludido por regulações jurídico-constitucionais estaduais e sua aplicação no caso concreto. Se fosse diferente, então cada estado poderia introduzir fundamentos de suspensão do procedimento ou de anulação da prisão adicionais e para o seu âmbito – por exemplo, para o estado Berlin – promulgar regulações especiais. Que os tribunais penais são tribunais estaduais e, como tais, também são vinculados à constituição estadual, nisso nada modifica; porque essa vinculação, naturalmente, só alcança até onde a constituição estadual, segundo a ordenação de competências estatal-federal, no fundo, intervém. – Comparar para o caso-Honecker – como aqui – recusante: *Ch. Stark*, Der Honecker-Beschluß des Berliner VerfGH, JZ 1993, 231 ff.; *Ch. Pestalozza*, Der "Honecker-Beschluß" des Berliner Verfassungsgerichtshofs, NVwZ, 1993, 340 ff.; *J. Berkemann*, Ein Landesverfassungsgericht als Revisionsgericht – Der Streitfall Honecker, NVwZ 1993, 409 ff.; aprovador, *R. Bartlsperger*, Einstellung des Strafverfahren von Verfassungs wegen, DVBl. 1993, 333 ff.; *Ph. Kunig*, Die rechtsprechende Gewalt in den Ländern und die Grundrechte des Landesverfassungsrechts, NJW 1994, 687 ff. – Em perspectiva geral, *J. Rozek*, Landesverfassungsgerichtsbarkeit, Landesgrundrechte und die Anwendung von Bundesrecht, AÖR 119 (1994) S. 450 ff.; *W. Zierlein*, Prüfungs – und Entscheidungskompetenz der Landesverfassungsgerichte bei Verfassungsbeschwerden gegen landesrechtliche Hoheisakte, die auf Bundesrecht beruhen oder in einem bundesrechtlich geregelten Verfahren ergangen sind, AÖR 120 (1995) S. 205 ff.; *H. Dreier*, Grundrechtsschutz durch Landesverfassungsgerichte, 2000.

154   Em uma decisão mais recente, o tribunal constitucional federal – por apresentação do tribunal constitucional do estado livre de Sachsen – chegou ao resultado que os tribunais constitucionais estaduais estão autorizados a aferir a aplicação de *regulações de procedimento jurídico-federais* pela

constituição estadual, à medida que são cumpridos pressupostos estreitos determinados (BVerfGE 96, 345). No caso concreto, tratava-se de um recurso constitucional no tribunal constitucional do estado livre de Sachsen, com o qual foi objetada a violação da audiência jurídica por um tribunal de primeira instância. O tribunal constitucional federal argumentou, sem dúvida, jurídico-materialmente, ao ele abordar os artigos 31 e 142, da lei fundamental, julgou, porém, jurídico-processualmente, ao ele ampliar o critério de exame dos tribunais constitucionais estaduais. A ampliação, todavia, é bem limitada: como critério de exame entram em consideração somente direitos fundamentais procedimentais (não também direitos fundamentais materiais); os direitos fundamentais procedimentais devem, além disso, não só segundo conteúdo e direção de objetivos concordar com os direitos fundamentais procedimentais da lei fundamental, mas também, no caso concreto, levar ao mesmo resultado (o que requer uma interpretação correspondente de ambos os direitos fundamentais); o exame limita-se a decisões dos tribunais estaduais (não também dos tribunais federais); a via jurídica ordinária deve estar esgotada.

A sentença levanta uma série de questões e problemas, que aqui não mais podem ser discutidos. Ainda está aberto, se e até que ponto ela irá confirmar-se e impor-se na prática. Comparar para isso, por exemplo, *K. Lange*, Kontrolle bundesrechtlich geregelter Verfahren durch Landesverfassungsgerichte? NJW 1998, 1278 ff; *ders.*, BVerfG-Festschrift 2001, S. 289, 294 ff.; *K. E. Hain*, Urteilsanmerkung, JZ 1998, 620 ff.; *E. Klein/A. Haratsch*, Die Landesverfassungsbeschwerde – Ein Instrument zur Überprüfung der Anwendung von Bundesrecht?, JuS 2000, 209 ff.; *Degenhart*, Staatsrecht, Rn. 663 ff. – A situação é, já, até certo ponto, grotesca, se se considera que se tratava de uma infração relativamente simples contra uma regulação processual-civil, que possivelmente apresentou também uma violação do princípio da audiência jurídica (determinada jurídico-constitucionalmente). Não pode, realmente, ser tarefa dos tribunais constitucionais seguir tais insignificâncias. Ao contrário, a jurisdição civil deveria ser formada de modo que esses defeitos possam ser liquidados na via jurídica ordinária, onde eles pertencem. Pela ampliação da competência do tribunal constitucional estadual o tribunal constitucional federal, sem dúvida, é aliviado (o que, de resto, ainda é duvidoso), em contrapartida, porém, tudo fica ainda mais complicado. Isso é tanto mais lamentável que uma série de decisões sobre questões constitucionais fundamentais demoram muito. **155**

Literatura para o § 20: manuais, compêndios e comentários para o direito processual constitucional e para a lei sobre o tribunal constitucional federal: E. Benda/E. Klein, Lehrbuch des Verfassungsprozeßrechts, 2. Aufl. 2001; *R. Fleury*, Verfassungsprozeßrecht, 6. Aufl. 2004; *Ch. Pestalozza*, Verfassungsprozeßrecht, 3. Aufl. 1991; *G. Robbers*, Verfassungsprozessuale Probleme in der öffentlich-rechtlichen Arbeit, 1996; *Ch. Hillgruber/Ch. Goos*, Verfassungsprozeßrecht, 2004; *M. Sachs*, Verfassungsprozeßrecht, 2004; *K. Schlaich/St. Korioth*, Bundesverfassungsgericht, 6. Aufl. 2004 (com ampla indicação de literatura, S. 385-424); *K. Stern*, Staatsrecht II, S. 329 ff. – *H. Lechner/R. Zuck*, Das Bundesverfassungsgerichtsgesetz, 4. Aufl. 1996; *Th. Maunz/B. Schmidt-Bleibtreu/F. Klein/H. Bethge*, Bundesverfassungsgerich, Loseblatt-Kommentar; *D. C. Umbach/Th. Clemens* (Hg.), Bundesverfassunsgerichtsgesetz. Mitarbeitenkommentar und Handbuch, 1992. **156**

157 *Monografias e artigos*: P. *Häberle* (Hg.), Verfassungsgerichtsbarkeit, 1976; *ders.*, Kommentierte Verfassungsrechtsprechung, 1979; *Ch. Starck* (Hg.), Bundesverfassungsgericht und Grundgesetz. Festgabe aus Anlaß des 25 jährigen Bestehens des Bundesverfassungsgerichts, 2 Bde., 1976 (citado: BVerfG-Festschrift 1976); *U. Scheuner*, Verfassungsgerichtsbarkeit und Gesetzgebung, DÖV 1980, 473 ff.; *K. Hesse*, Funktionelle Grenzen der Verfassungsg-erichtsbarkeit, Festschrift für H. Huber, 1981, S. 270 ff.; *K. Korinek/J. P. Müller/K. Schlaich*, Die Verfassungsgerichtsbarkeit im Gefüge der Staatsfunktionen, Referate mit Diskussion, VVDStRL 39 (1981), S. 7 ff.; *Ch. Gusy*, Parlamentarischer Gesetzgeber und Bundesverfassungsgericht, 1985; *G. Roellecke*, Aufgaben und Stellung des Bundesverfassungsgericht im Verfassungsgefüge und in der Gerichtsbarkeit, HStR II (1987), § 53; *W. Löwer*, Zuständigkeiten und Verfahren des Bundesverfassungsgerichts, HStR (1987), § 56; *W. –R. Schenke*, Verfassungsgerichtsbarkeit und Fachgerichtsbarkeit, 1987; *H. –P. Schneider*, Richter oder Schlichter? Das Bundesverfassungsgericht als Integrationsfaktor, Festschrift für W. Zeidler, 1987, S. 293 ff.; *W. Heun*, Funktionell-rechtliche Schranken der Verfassungsgerichtsbarkeit, 1992; *H. Simon*, Verfassungsgerichtsbarkeit, HVerfR S. 1637 ff.; *K. Hesse*, Verfassungsrechtsprechung im geschichtlichen Wandel, JZ 1995, 265 ff.; *St. Detterbeck*, Streitgegenstand und Entscheidungswirkungen im Öffentlichen Recht, 1995, S. 302 ff.; *C. Fricke*, Zur Kritik an der Staats– und Verfassungsgerichtsbarkeit im verfassungsstaatlichen Deutschland. Geschichte und Gegenwart, 1995; *P. Kirchhof*, Die Aufgaben des Bundesverfassungsgerichts in Zeiten des Umbruchs, NJW 1996, 1497 ff.; *J. Isensee*, Bundesverfassungsgericht – quo vadis?, JZ 1996, 1085 ff.; *Ch. Starck*, Verfassungsgerichtsbarkeit und Fachgerichte, JZ 1996, 1033 ff.; *H. H. Klein*, Gedanken zur Verfassungsgerichtsbarkeit, Festschrift für Stern, 1997, S. 1135 ff.; *R. Scholz*, Karlsruhe im Zwielicht – Anmerkungen zu den wachsenden Zweifeln am BVerfG, Festschrift für Stern, 1997, S. 1201 ff.; *H. Schulze-Fielitz*, Das Bundesverfassugsgerichts in der Krise des Zeitgeists, AÖR 122 (1997), S. 1 ff.; *Bundesministerium der Justiz* (Hg.), Entlastung des Bundesverfassungsgerichts. Bericht der Kommission, 1998; *R. Seegmüller*, Praktische Probleme des Verfassungsbeschwerdeverfahrens, DVBl. 1999, S. 738 ff.; *E. –W. Böckenförde*, Verfassungsgerichtsbarkeit: Strukturfragen, Organisation, Legitimation, NKW 1999, 9 ff.; *G. F. Schuppert/Ch. Bumke* (Hg.), Bundesverfassungsgericht und gesellschaftlicher Grundkonsens, 2000; *S. Broß*, Das Bundesverfassungsgericht und die Fachgerichte, BayVBl. 2000, 513 ff.; *P. Badura/H. Dreier* (Hg.), Festschrift 50 Jahre Bundesverfassungsgericht, 2 Bde, 2001 (citado: BVerfG-Festschrif 2001); *W. Brohm*, Die Funktion des BVerfG – Oligarchie in der Demokratie?, NJW 2001, 1 ff.; *T. Kender*, Praxisfragen zur Zulässigkeit der Verfassungsbeschwerde, NJW 2001, 1243 ff.; *U. Steiner*, Der Richter als Ersatzgesetzgeber, NJW 2001, 2919 ff.; *R. Nickel*, Zur Zukunft des Bundesverfassungsgerichts im Zeitalter der Europäisierung, JZ 2001, 625 ff.; *C. Enders*, Die neue Subsidiarität des Bundesverfassungsgerichts, JuS 2001, 462 ff.; *R. Alexy/Ph. Kunig/W. Heun/G. Hermes*, Verfassungsrecht und einfaches Recht – Verfassungsgerichtsbarkeit und Fachgerichtsbarkeit, Referate mit Diskussion, VVDStRL 61 (2002), S. 7 ff.; *M. Kloepfer*, Ist die Verfassungsbeschwerde unentbehrlich?, DVBl. 2004, 676 ff.

Jurisprudência: comparar as indicações no texto.

— 7 —

A revisão jurídico-constitucional das leis pelo tribunal constitucional federal*

Sumário: I. Visão de conjunto; II. Pontos de vista dogmático-jurídicos; 1. A estrutura do controle normativo; 2. Tipos de controle normativo; III. Aspectos históricos; IV. Os fundamentos do controle normativo judicial-constitucional; 1. Princípio do estado de direito; 2. Princípio da divisão de poderes; 3. Princípio democrático; 4. Partidos políticos; V. Os procedimentos de controle normativo particulares; 1. O controle normativo abstrato; 2. O controle normativo concreto; 3. O recurso constitucional; 4. Procedimento de litígio entre órgãos; 5. Controles normativos limitados objetivamente; VI. A decisão no procedimento de controle normativo; 1. Declaração de nulidade; 2. Alternativas para a declaração de nulidade.

I. Visão de conjunto

Faz parte das marcas características da constituição da república federal da Alemanha – "denominada lei fundamental"[1] – a instalação de uma jurisdição constitucional ampla. O tribunal constitucional federal, que se compõe de dois senados com, cada vez, oito juízes, decide *exclusivamente* sobre litígios que resultam da interpretação e aplicação da lei fundamental. Ele distingue-se, com isso, por exemplo, do supremo tribunal federal do Brasil e da suprema corte dos Estados Unidos da América que, como tribunais supremos, *também* têm de decidir sobre litígios jurídico-constitucionais. A competência do tribunal constitucional federal está mencionada singularmente no artigo 93, da lei fundamental, e outras prescrições da lei fundamental, no total, porém, tão amplamente, que o tribunal constitucional federal pode, por fim, ser chamado em todas as questões jurídico-constitucionalmente relevantes. Fazem parte disso:

- litígios entre órgãos (artigo 93 I, número 1, da lei fundamental): litígios entre órgãos constitucionais da federação ou partes desses órgãos

---

* Este artigo foi publicado no livro Fundamentos do estado de direito. Estudos em homenagem ao professor Almiro do Couto e Silva (org. Umberto Ávila). São Paulo: Malheiros editores, 2005, página 169 e seguintes.

[1] A designação "lei fundamental" deve ser reduzida ao ponto de vista da história da origem, mas não modifica nada nisto, que se trata (pelo menos, hoje) de uma constituição de valor inteiro, comparar K. Hesse, Grundzüge des Verfassungsrechts der Bundesrepublik Deutschland, 20. Aufl. 1995, S. 34 [Nota do tradutor: esse livro foi vertido para a língua portuguesa, sob o título "Elementos de direito constitucional da república federal da Alemanha", publicado por Sergio Antonio Fabris, Porto Alegre, 1998. Tradutor: Luís Afonso Heck.] ; K. Stern, Das Staatsrecht der Bundesrepublik Deutschland, Bd. V, 2000, S. 1223 ff.

constitucionais sobre seus direitos recíprocos, por exemplo, entre o parlamento federal e o conselho federal, entre uma fração do parlamento federal e o presidente do parlamento federal, e assim por diante;

- litígios federativos (artigo 93 I, número 3, da lei fundamental): litígios entre a federação e os estados ou entre estados particulares sobre seus direitos e deveres recíprocos;

- controle normativo abstrato (artigo 93 I, número 2, da lei fundamental): exame imediato da compatibilidade de uma norma jurídica com a lei fundamental ou da compatibilidade de uma prescrição jurídico-estadual com o direito federal, por solicitação de determinados órgãos constitucionais, ou seja, o governo federal, um governo estadual ou um terço dos membros do parlamento federal;

- controle normativo concreto (artigo 100 I, da lei fundamental): exame da constitucionalidade de uma lei por apresentação de um juiz que, em si, deveria aplicar essa lei em um conflito jurídico concreto, mas a considera anticonstitucional;

- recurso constitucional (artigo 93 I, número 4a, da lei fundamental): demanda de um cidadão por causa da violação de seus direitos fundamentais pelo poder público, todavia, primeiro depois do esgotamento da via jurídica e, assim, como ultima ratio.

Acresce a esses âmbitos de competências gerais ainda uma série de procedimentos particulares, assim, o exame da constitucionalidade da eleição para o parlamento federal (artigo 41 II, da lei fundamental), o recurso constitucional comunal, com o qual municípios e distritos estaduais podem objetar a violação de seu direito de auto-administração, garantido no artigo 28 II, da lei fundamental (artigo 93 I, número 4b, da lei fundamental), e algumas determinações de proteção à constituição (perda de direitos fundamentais, segundo o artigo 18, da lei fundamental, proibição de partido, segundo o artigo 21 II, da lei fundamental, acusação contra juiz, segundo o artigo 98 II, da lei fundamental, e, até um certo grau, também a acusação contra o presidente federal, segundo o artigo 61, da lei fundamental).[2]

Se se tem presente as competências distintas do tribunal constitucional federal, então se mostra que elas, sem dúvida, não se distinguem insignificantemente segundo os autorizados à solicitação e os pressupostos jurídico-procedimentais, mas que elas têm por objeto, bem preponderantemente, a constitucionalidade das leis. Isso já vale conceitualmente para o controle normativo abstrato e concreto. Isso vale, ademais, para o recurso constitucional que, na maioria dos casos, dirige-se contra uma lei, seja imediatamente, ao a própria constitucionalidade da lei ser atacada, seja mediatamente, ao uma sentença judicial ser impugnada com a fundamentação, que ela baseia-se em uma lei anticonstitucional e é, por conseguinte,

---

[2] Comparar a reunião das competências do tribunal constitucional federal no § 13, da lei sobre o tribunal constitucional federal.

mesma anticonstitucional. Também os litígios entre órgãos e os litígios federativos, concernem, freqüentemente, à constitucionalidade de uma lei, assim, por exemplo, quando é feito valer que o parlamento federal ou o estado X promulgou uma lei anticonstitucional e, com isso, prejudicou o solicitador em seus direitos. O recurso constitucional comunal é, já pelo texto do artigo 93 I, número 4b, da lei fundamental, limitado à violação da garantia da auto-administração "por lei". Finalmente, pode, também no exame de eleições, ficar atual a constitucionalidade de uma lei, ou seja, da lei eleitoral que está na base da eleição.[3]

A função de controle do tribunal constitucional federal não se limita, sem dúvida, à dação de leis, mas compreende também os atos de governo[4] e sentenças judiciais, que não se baseiam em uma lei anticonstitucional, mas, por causa de uma interpretação viciosa de uma lei ou por causa de uma infração contra um direito procedimental, garantido jurídico-constitucionalmente, é anticonstitucional.[5] Porém, ela está, realmente, no primeiro plano e enforma a jurisdição constitucional.

Antes de, no que segue, serem abordados circunstanciadamente os procedimentos de controle normativo distintos, que servem à revisão judicial-constitucional de leis em sua constitucionalidade (para isso, infra V), são oportunos, para melhor compreensão, algumas observações dogmático-jurídicas, históricas e fundamentais (para isso, II-IV).

II. Pontos de vista dogmático-jurídicos

1. A estrutura do controle normativo

a) Sob controle normativo entende-se o exame da compatibilidade de uma norma jurídica com normas jurídicas de hierarquia mais elevada. Pressuposto e fundamento do controle normativo é a doutrina da ordem hierárquica das fontes jurídicas.[6] Ela traz as (numerosas) normas jurídicas em uma relação de graus e indica que a norma jurídica de hierarquia mais baixa deve corresponder à norma jurídica de hieraquia mais elevada. Se

---

[3] Comparar, por exemplo, BVerfGE 16, 130 (divisão de um distrito eleitoral); BVerfGE 95, 335 (mandatos suplementares).

[4] Por exemplo, o emprego do exército federal no exterior (BVerfGE 90, 286) ou os poderes de inspeção e de dar instrução do ministério federal competente perante os estados no âmbito da administração de pedido (BVerfGE 81, 310; 104, 249).

[5] A interpretação viciosa de uma lei é então relevante judicial-constitucionalmente, quando ela, simultaneamente, apresenta uma infração contra direito constitucional, comparar para isso, K. Schlaich/St. Korioth, Das Bundesverfassungsgericht, 5. Aufl. 2001, S. 186 f. Como infração de procedimento, entra em consideração, por exemplo, a violação da audiência jurídica (artigo 103 I, da lei fundamental) no procedimento judicial.

[6] Comparar para isso, circunstanciado, H. Maurer, Allgemeines Verwaltungsrecht, 14. Aufl. 2002, § 4 Rn. 37 ff. [Nota do tradutor: esse livro foi vertido para a língua portuguesa, sob o título "Direito administrativo geral", publicado por Manole, São Paulo, 2006. Tradutor: Luís Afonso Heck.]

isso não é o caso, então a norma jurídica de hierarquia mais baixa, não-compatível com a norma jurídica de hierarquia mais elevada, é não-observável, anulável ou nula. Os graus distintos formam a constituição, a lei formal, o regulamento jurídico e o estatuto.[7]

No que segue, interessa, somente ainda, a relação entre a constituição e a lei formal. A concepção, que entre elas existe uma relação de hierarquia, formou-se, na Alemanha, somente com o tempo. Antigamente – no século 19, mas também ainda no tempo de Weimar, no século 20 – foi, preponderantemente, sustentada a concepção, que ambas ocupam hieraquia igual, e a particularidade da constituição somente reside nisto, que para modificações da constituição existem formas determinadas e maiorias elevadas.[8] A lei fundamental parte, agora, inequivocamente de uma tal relação de hierarquia. Isso resulta já do texto da lei fundamental, ou seja, dos artigos 1 III, 20 III, da lei fundamental, que vinculam o dador de leis à constituição, e do artigo 79, da lei fundamental, que põe à modificação da constituição exigências elevadas em comparação com a dação de leis ordinária. Isso resulta, porém, também, do significado e da função da constituição que, como ordem fundamental jurídica da comunidade estatal geral, não pode estar submetida à disposição arbitrária do dador de leis.

b) Na prática, colocam-se duas questões. De uma parte, trata-se da questão *jurídico-material* se, no fundo, existe uma contradição normativa, se a lei, cuja anticonstitucionalidade é afirmada, também, realmente, é anticonstitucional. Essa questão é, por causa dos tipos do direito constitucional, formulados ampla e indeterminadamente, muitas vezes, duvidosa e, entre os participantes, debatida . Tanto mais significativa é, por conseguinte, a segunda questão *jurídico-constitucional*, quais órgãos estatais em qual procedimento estão autorizados e, dado o caso, obrigados a examinar e comprovar a contradição normativa e, com isso, a anticonstitucionalidade da lei. A competência para o exame é pressuposto para a comprovação da anticonstitucionalidade. Se ela faltasse, então a lei "não-examinada" deveria ser aceita como vinculativa e aplicada.

c) O exame da norma compõe-se, em princípio, de três atos. O órgão de controle competente, portanto, sobretudo, o tribunal, deve averiguar e determinar, no caminho da interpretação, o conteúdo da lei (objeto do exame) e o conteúdo da norma constitucional correspondente (critério de exame) e, a seguir – comparante – examinar se a lei é compatível com a constituição. Se varia a interpretação de uma de ambas as normas, então também a comparação irá sair diferente. Quando da interpretação da lei

---

[7] A distinção orienta-se pelo dador de normas: as leis formais são promulgadas pelo parlamento, os regulamentos jurídicos pelo executivo e os estatutos pelas entidades com auto-administração. A constituição é promulgada por decisão popular ou, pelo menos, em um procedimento particular.

[8] Assim o comentário condutor sobre a constituição do império de Weimar G. *Anschütz*, Die Verfassung des Deutschen Reiches, 14. Aufl. 1933, Art. 76 Anm. 1.

resulta que sentidos distintos são sustentáveis e uma está de acordo com a constituição, mas a outra não é compatível com a constituição, então pode, e deve, a interpretação de acordo com a constituição ser escolhida (chamada interpretação conforme a constituição).

d) O controle normativo como tal diz respeito somente ao processo de exame. Ele ainda nada declara sobre isto, quais conseqüências jurídicas resultam de uma contradição normativa comprovada. Algumas conseqüências, contudo, devem existir, se o exame não deve ser sem sentido. Fundamentalmente, atos estatais anticonstitucionais são inválidos, precisamente, porque eles não correspondem às exigências jurídicas e, com isso, não cumprem os pressupostos para a sua validade. Mas o ordenamento jurídico também pode determinar outras conseqüências do vício.[9] Assim, é possível que leis anticonstitucionais somente são nulificáveis, isto é, primeiro pela declaração de nulidade judicial-constitucional ex tunc perdem a sua eficácia jurídica, mas até a decisão judicial-constitucional devem ser observadas e aplicadas, ou que elas até somente são anuláveis, isto é, primeiro com a decisão judicial-constitucional perdem a sua eficácia jurídica ex nunc ou em uma data posterior. Segundo o direito alemão, leis anticonstitucionais são, fundamentalmente, nulas. O tribunal constitucional federal limita-se, porém, sempre de novo, à comprovação da anticonstitucionalidade de uma lei ou até à comprovação que o dador de leis, dentro de um prazo determinado ou conveniente, tem de adotar uma regulação nova. Isso ocorre então, quando a comprovação – que atua cassativamente – da nulidade não iria compreender convenientemente a infração da constituição ou até aprofundar mais a anticonstitucionalidade.[10]

e) Contradições normativas também podem, como deve ser acrescentado complementarmente, nascer no mesmo grau de ordem hierárquica, ou seja, então, quando uma norma jurídica nova contradiz uma norma jurídica mais antiga. Elas deixam solucionar-se segundo princípios já há muito conhecidos e solidificados, por exemplo, as regras que a lei posterior suprime e anula a lei mais antiga ou a lei mais especial, a lei geral.[11]

Problemas de juridicidade, nisso, não resultam. O dador de leis está, fundamentalmente, autorizado a, por regulações novas, anular ou modificar ou, por prescrições especiais, relativizar suas leis. As regras de colisão mencionadas têm justamente a função de assegurar a liberdade de configuração do dador de leis. Em compensação, a promulgação de uma pres-

---

[9] Atos administrativos antijurídicos são, como se sabe, em regra, só impugnáveis e anuláveis e só excepcionalmente, ou seja, quando eles padecem de um vício grave e manifesto, nulos. Comparar para isso e para outras conseqüências do vício do ato administrativo, *Maurer* (aaO. nota 6), § 10 Rn. 20 ff.

[10] Comparar para isso, circunstanciado, infra VI.

[11] Eles são até hoje, muitas vezes, expressos na formulação latina: lex posterior derogat legi priori; lex specialis derogat legi generali. Essas proposições, todavia, não são evidentes, assim, na Idade Média, foi sustentada a concepção que a lei mais antiga, que foi considerada como a melhor lei, suprimia a lei posterior.

crição jurídica, que não está de acordo com o direito de hierarquia mais elevada, indicia sua antijuridicidade. A comprovação, que o dador de leis promulgou uma lei anticonstitucional, contém a censura – pelo menos, objetiva – de atuação anticonstitucional e, com isso, uma sentença de desvalor. As regras de colisão da doutrina da ordem hierárquica não asseguram a liberdade de configuração do dador de leis, mas têm, às avessas, a função de assegurar a primazia da constituição. Uma variante particular forma o caso, que uma lei, de acordo com a constituição originalmente, torna-se anticonstitucional pela modificação da constituição ou das circunstâncias fáticas. Também nesse caso vale a proposição: lex superior derogat legi inferiori. Mas ao dador de leis não toca a censura, que ele não observou os ajustes jurídico-constitucionais; porque pela modificação das circunstâncias jurídicas ou fáticas a lei existente é, de certo modo, atropelada.

2. Tipos de controle normativo

A formação jurídico-procedimental do controle normativo pode ser regulada diferentemente. Deve ser distinguido entre o controle normativo principal e o incidental, o controle normativo abstrato e o concreto, o controle normativo concentrado e o difuso, assim como o controle normativo especial e o integrado, em que esses pares conceituais podem, cada vez, cruzar-se. Eles também não são somente de natureza processual, mas têm repercussões jurídico-materiais.

a) *Controle normativo principal e incidental.* Esse par conceitual diz respeito ao objeto do litígio. No controle normativo principal é a questão da constitucionalidade/anticonstitucionalidade da lei, mesma e exclusivamente, objeto do procedimento. A solicitação da demanda visa a um esclarecimento e decisão correspondente. A decisão do controle normativo torna-se coisa julgada e é forçosamente vinculativo-universal, uma vez que uma e mesma norma jurídica não pode ser nula, referente a uma pessoa ou algumas pessoas, de resto, porém, eficaz.[12] Pela declaração de nulidade principal, a lei também é eliminada formalmente. – O controle normativo incidental realiza-se, em compensação, no quadro de um conflito jurídico que tem um outro objeto (por exemplo, a juridicidade de uma notificação de imposto), em cuja decisão, porém, a constitucionalidade e vinculatividade de uma norma relevante para a decisão (por exemplo, da lei de imposto que está na base da notificação de imposto) deve ser esclarecida e decidida como questão prejudicial. A comprovação incidental da anticonstitucionalidade e nulidade de uma lei leva somente à não-aplicação no caso concreto, uma declaração de nulidade com vinculatividade

---

[12] De outra forma é somente no caso da declaração de nulidade parcial que – condicionada materialmente – também pode ter repercussões pessoais diferentes.

universal, que ultrapassa isso, não está, com isso, unida.[13] É, sem mais, possível que outros tribunais, em casos comparáveis, decidam de outra forma e certifiquem incidentalmente a constitucionalidade da lei. O dador de leis é afetado menos pelo controle normativo incidental, uma vez que a lei, por ele promulgada, primeiro somente em um caso é rejeitada, não, porém, geralmente.

b) *Controle normativo abstrato e concreto.* Esse par conceitual direciona para o motivo do controle normativo. O controle normativo concreto realiza-se por motivo de um conflito jurídico concreto, quando e porque se torna atual a questão, se a lei, relevante para a decisão, é compatível com a constituição. Ele apresenta, por isso – em todo o caso, inicialmente –, um controle normativo incidental, mas pode continuar até o controle normativo principal, como mostra o exemplo do controle normativo concreto, segundo o artigo 100, alínea 1, da lei fundamental. – O controle normativo abstrato, em compensação, não está em uma conexão com um conflito jurídico concreto. Ele serve, ao contrário, ao esclarecimento, independente do caso e, com isso, geral, da constitucionalidade da lei e é, por isso, sempre um controle normativo principal.

c) *Controle normativo concentrado e difuso.* Esse par conceitual direciona para os tribunais competentes para a decisão. No caso do controle normativo concentrado, a competência de exame, pelo menos, porém, a competência de rejeição está reservada a *um* tribunal, enquanto no caso do controle normativo difuso, todos, ou, pelo menos, um número maior de tribunais está autorizado ao exame e rejeição. O controle normativo principal é sempre um controle normativo concentrado; ele deve realizar-se pelo tribunal supremo ou, pelo menos, pelo competente para o território estatal total, uma vez que o âmbito de ação da declaração de nulidade deve corresponder ao âmbito de validez da lei. Em contrapartida, o controle normativo concentrado também pode estar unido com o controle normativo incidental. É, melhor dito, possível que os juízes do processo, que examinam incidentalmente, têm de pedir a decisão do tribunal supremo, quando eles consideram uma lei, relevante para a decisão, anticonstitucional e nula. Em compensação, o controle normativo difuso é sempre um controle normativo incidental.

d) *Controle normativo especial e integrado.* Essa distinção direciona para isto, se a jurisdição constitucional e, com isso, o controle normativo, foi destinado a um tribunal constitucional especial ou a um tribunal supremo,

---

[13] O direito processual pode, todavia, determinar que a nulidade comprovada incidentalmente seja declarada no dispositivo. Nesse caso, não só é decidido o conflito jurídico concreto, mas também a norma jurídica afetada é declarada nula vinculativo-universalmente. Como exemplo, pode ser remetido ao § 95 III, da lei do tribunal constitucional federal (comparar infra V 3).

competente para todos os âmbitos, portanto, também para o direito civil e penal.[14]

III. Aspectos históricos

Em perspectiva histórica, o controle normativo não faz parte dos objetos originais da jurisdição constitucional na Alemanha.[15] A questão discutível, se os tribunais do antigo império alemão, epecialmente, o tribunal cameral do império, de 1495, e o conselho áulico do império, de 1498, estavam autorizados ao controle normativo,[16] pode, aqui, permanecer em aberto, porque eles, aliás, estavam em um outro campo de referência político-constitucional e jurídico-constitucional, ainda que não deva ser ignorado que a idéia de uma decisão, em forma de justiça, de questões de litígio políticas remonta até à Idade Média. As constituições estaduais, que nasceram no decorrer do século 19, que primeiro enformaram o direito constitucional na Alemanha no sentido do direito do estado constitucional, estabeleceram, sem dúvida, preponderantemente, um tribunal estatal, mas limitaram a sua competência, no essencial, à decisão de acusações contra ministro e, em parte, também – correspondente – a acusações contra deputados por causa de violação da constituição. Como as constituições do século 19 realizavam-se, de certo modo, como contrato entre o monarca e os estamentos, representantes da burguesia, ou, pelo menos, estavam concebidas nesse sentido, deveriam "violações contratuais", que, sobretudo, foram temidas do lado do governo monárquico, dessa forma, *ser* sancionadas e, com isso, *impedidas*.

No plano da federação ou do império, o desenvolvimento transcorreu mais arrastadamente. A intenção original, de criar um tribunal federal para a federação alemã, de 1815, fracassou; um controle normativo, aliás, certamente não teria entrado com consideração, devido ao caráter confederativo da federação alemã. A constituição do império de Frankfurt, de 1849, previu, em compensação, um tribunal imperial com um catálogo de competências judicial-constitucional amplo que, entre outras coisas, continha um controle normativo abstrato dos estados particulares e um recurso constitucional do cidadão;[17] ela, contudo, como se sabe, não se

---

[14] Comparar para isso, já supra, I: o tribunal constitucional federal é competente *só* para os litígios jurídico-constitucionais, o supremo tribunal federal do Brasil, a suprema corte dos Estados Unidos da América e o tribunal federal da Suíça também são para litígios jurídico-civis e penais.

[15] Comparar para o desenvolvimento da jurisdição constitucional na Alemanha *U. Scheuner*, Die Überlieferung der deutschen Staatsgerichtsbarkeit im 19. und 20. Jahrhundert, in: Ch. Starck (Hg.), Bundesverfassungsgericht und Grundgesetz, Bd. I, 1976, S. 1 ff.; *R. Hoke*, Verfassungsgerichtsbarkeit in den deutschen Ländern in der Tradition der deutschen Staatsgerichtsbarkeit, in: Ch. Starck/K. Stern (Hg.), Landesverfassungsgerichtsbarkeit, Bd. I, 1983, S. 25 (56 ff.).

[16] Comparar para isso, *Hoke* (nota 15), S. 30 ff., com mais indicações.

[17] §§ 125 e seguintes, da constituição do império alemão, de 28.3.1849, impresso em *E. R. Huber*, Dokumente zur deutschen Verfassungsgeschichte, Bd. 1, 1961, S. 304 ff.

tornou eficaz juridicamente. A constituição do império, de 1871, renunciou totalmente a uma jurisdição estatal ou constitucional própria. Mesmo as tarefas, necessárias no estado federal, da decisão de litígios entre os estados-membros não foram transferidas a um tribunal, mas ao conselho federal, portanto a um órgão constitucional, todavia, composto federativamente, para a "resolução".[18] A constituição do império de Weimar, de 1919, previu, sem dúvida, outra vez, um tribunal estatal, mas somente para decisões de conflitos jurídicos federativos (litígios entre o império e os estados e os estados um com o outro), de litígios no interior de um estado e de acusações contra ministros.[19] Um primeiro passo para o controle normativo (abstrato) realizou-se, contudo, pelo artigo 13 II, da constituição do império de Weimar, segundo o qual o tribunal imperial ou o tribunal financeiro imperial tinham de, por solicitação do governo imperial ou de um governo estadual, decidir sobre a compatibilidade de direito estadual com direito imperial.[20] Conforme o objeto, porém, tratava-se de um litígio federativo e ato da inspeção imperial. O exame principal ou incidental de leis imperiais em sua compatibilidade com a constituição do império não estava regulado.[21]

A visão de conjunto histórica sobre a competência limitada da jurisdição estatal, contudo, compreende somente um âmbito parcial da problemática total. Ao lado disso, efetivou-se um desenvolvimento, ou seja, que, finalmente, ainda levou à imposição do controle normativo, sem dúvida, não pela ampliação das competências dos tribunais estatais (o que somente pelo dador de leis teria sido possível), mas pelo controle incidental dos tribunais no quadro de conflitos jurídicos concretos. Já no século 19, o chamado direito ao exame judicial, isto é, a competência dos tribunais de revisar a lei, relevante para a decisão no caso concreto, em sua constitucionalidade e, no caso de anticonstitucionalidade, deixar inaplicada, foi calorosamente discutido e, muitas vezes, afirmado.[22] Ocasionalmente, naquele tempo, também os tribunais utilizaram para si o direito ao exame e não aplicaram uma lei, segundo sua concepção, anticonstitucional, no

---

[18] Comparar o artigo 76, da constituição do império alemão, de 16.4.1871, impresso em *E. R. Huber*, Dokumente zur deutschen Verfassungsgeschichte, Bd. 2, 1964, S. 288 (305).

[19] Comparar para isso, *Hoke* (nota 15), S. 80 ff.; *E. R. Huber*, Deutsche Verfassungsgeschichte, Bd. VI, 1981, S. 546 ff.

[20] Artigo 13 II, da constituição do império de Weimar, e lei de execução, de 8.4.1920 (RGBl. S. 510); comparar para isso, *Hoke* (nota 15), S. 92 ff.; *Huber* (nota 19), S. 562 f.

[21] O problema do direito ao exame judicial foi na assembléia nacional dadora da constituição, de 1919, sem mais, visto e discutido pormenorizadamente, mas conscientemente deixado aberto, uma vez que não se pôde acordar, comparar as Verh. der verfassungsgebenden Deutschen Nationalversammlung, Bd. 336, Aktenstück Nr. 391, Bericht des Verfassungsausschusses, 1920, S. 483 ff.

[22] Comparar para isso, as indicações em *E. R. Huber*, Deutsche Verfassungsgeschichte, Bd. III, 3. Aufl. 1988, S. 1057; *Ch. Gusy*, Richterliches Prüfungsrecht, 1985, S. 29 ff. – Concepções diferentes nasceram também sobre o alcance do direito ao exame judicial (direito ao exame formal mais estreito ou mais amplo, direito ao exame material?). Um direito ao exame amplo foi, sobretudo, aceito por *R. v. Mohl*, comparar Staatsrecht, Völkerrecht und Politik, Bd. I, 1860, S. 81 ff.

caso concreto.[23] No tempo de Weimar, depois de 1919, a discussão intensificou-se; o direito ao exame judicial foi, agora, na literatura, afirmado progressivamente, todavia, permaneceu sempre, ainda, debatido.[24] A ruptura decisiva, na prática, realizou-se pela sentença do tribunal imperial, de 4.11.1925, na qual o tribunal declarou-se, inequivocamente, a favor do direito ao exame judicial.[25]

A discussão de quase 100 anos sobre o direito ao exame judicial proporciona um arsenal inteiro de argumentos *pro* e *contra*. Os argumentos dogmático-jurídicos levaram certamente, em geral, a uma situação de empate ou reciprocamente se anulavam outra vez. Assim, por um lado, foi deduzido do princípio da divisão de poderes que o juiz não está sobre a lei, mas abaixo da lei e tem de, por conseguinte, aplicá-la não-examinada, enquanto, por outro, foi acentuado que o juiz somente poderia aplicar uma lei válida, uma lei anticonstitucional, porém, não é válida, o que o juiz, em primeiro lugar, tem de examinar. Da sanção das leis pelo imperador ou presidente imperial foram, igualmente, tiradas conseqüências jurídicas diferentes. Progressivamente, contudo, foi reconhecido que o problema não se deixa solucionar somente com realizações da prova jurídico-positivas e que argumentam conceitualmente, mas requer uma ponderação de interesses sobre a base das decisões fundamentais jurídico-constitucionais. No segundo plano, estava a questão, se as instalações jurídico-constitucionais existentes concediam proteção suficiente contra violações da constituição pelo dador de leis.[26]

O reconhecimento fundamental da revisão judicial da constitucionalidade de leis realizou-se, como mostram as exposições até agora, não por um ato legislativo, mas – de certo modo, ao lado da dação de leis –, pela jurisprudência judicial superior. Mais do que um controle incidental, contudo, no caminho do aperfeiçoamento do direito, não era realizável. Isso teve, outra vez, como conseqüência, que não só o tribunal imperial

---

[23] Conhecidas são, sobretudo, as decisões do tribunal de apelação superior de Kassel, do principado de Hesse, durante o litígio constitucional do principado de Hesse, de 1850, comparar para isso, sobretudo, E. R. Huber, Deutsche Verfassungsgeschichte, Bd. II, 3. Aufl. 1988, S. 908 ff.; referências a outras decisões, em *Gusy* (nota 22) S. 25 ff.

[24] Comparar para isso, Huber (nota 19) S. 564; Ch. Gusy (nota 22) S. 90 ff.; W. Appelt, Geschichte der Weimarer Verfassung, 2. Aufl. 1964, S. 291, 300, 305, 358 (muito crítico); H. Maurer, Das richterliche Prüfungsrecht zur Zeit der Weimarer Verfassung, DÖV 1963, 683 ff.

[25] RGZ 111, 320, 322 f. O tribunal comprova, primeiro, que a questão do direito ao exame judicial não está nem positiva nem negativamente regulada e o afirmou, a seguir, com a alusão, que o juiz, na contradição entre lei e constituição, somente pode observar uma norma, essa, porém, deve ser a constituição, que vincula mais fortemente.

[26] Assim, a colocação da questão de R. Thoma em sua comunicação no primeiro congresso da associação dos professores de direito do estado de 1922, impresso in AÖR Bd. 43 (1922) S. 267 ff. Thoma afirmava essa questão, outros professores de direito do estado a negavam, assim, por exemplo, *Morstein Marx*, Variationen über die richterliche Zuständigkeit zur Prüfung der Rechtmäßigkeit des Gesetzes, 1927, S. 73 ff.; E. v. Hippel, Das richterliche Prüfungsrecht, in: Anschütz/Thoma, Handbuch des Deutschen Staatsrechts, Bd. II, 1932, S. 546 (556).

como tribunal supremo, mas todos os tribunais, também os muitos tribunais do plano inferior, estavam autorizados e obrigados ao controle normativo incidental. De uma parte da literatura foi, por isso, temido não só o prejuízo da autoridade do dador de leis, mas também, e sobretudo, o perigo à unidade jurídica e à certeza jurídica por decisões contraditórias. Universalmente foi sustentada a concepção que a competência de rejeição deveria ser concentrada no tribunal estatal.

Agora produziram-se também iniciativas legislativas. O governo imperial apresentou, em 11.12.1926, ao parlamento imperial, um projeto de uma lei sobre o exame da constitucionalidade de prescrições do direito imperial.[27] O projeto de lei afirmava, primeiro, o direito ao exame judicial geral, mas deslocou a competência de rejeição ao tribunal estatal, introduziu, segundo, um controle normativo abstrato no tribunal estatal por solicitação do governo imperial ou por cada um terço do parlamento imperial ou do conselho imperial e determinou, terceiro, que o tribunal estatal, por solicitação do presidente imperial ou do governo imperial, tinha de fazer um parecer sobre a constitucionalidade de decisões de leis do parlamento imperial. O projeto, contudo, não ultrapassou os inícios do debate parlamentar; o mesmo destino sofreu um projeto de lei correspondente, que foi apresentado no período legislativo seguinte.[28] Somente depois de 1945 essas idéias legislativas foram, outra vez, retomadas. As constituições estaduais, que em 1946/47 foram promulgadas nos estados das zonas de ocupação americana e francesa de então, previam geralmente o direito ao exame judicial com o dever de apresentação no tribunal estatal e o controle normativo abstrato no tribunal estatal. A lei fundamental associou-se a esse desenvolvimento e o trouxe à conclusão.

IV. Os fundamentos do controle normativo judicial-constitucional

1. Princípio do estado de direito

A decisão da lei fundamental para o controle normativo judicial-constitucional conclui o desenvolvimento histórico e consuma o estado de direito em perspectiva jurídico-constitucional. O princípio do estado de direito pede não só a vinculação do dador de leis à constituição, como ordem fundamental do estado, mas também um controle corresponden-

---

[27] Verh. des Reichstags, III. Wahlperiode, Drs. Nr. 2855. Comparar para isso, W. *Külz* (ministro do interior imperial e autor da lei), Die Prüfung der Verfassungsmäßigkeit von Vorschriften des Reichsrechts, DJZ 1926, 837 ff.; crítico, R. *Grau*, zum Gesetzentwurf über die Prüfung der Verfassungsmäßigkeit von Reichsgesetzen und Reichsverordnungen, AÖR Bd. 11 (1926) S. 287 ff.; ademais, *Huber* (nota 24) Bd. VI S. 563 f.; *Maurer*, DÖV 1963, 686 f.

[28] Verh. des Reichstags, IV. Wahlperiode, Drs. Nr. 382.

te por uma instância politicamente independente, isto é, porém, por um tribunal. Em perspectiva estatal-jurídica, seria, ademais, insuportável se o juiz, exclusivamente obrigado ao direito, devesse aplicar uma lei, que ele considera anticonstitucional. Ele deve, pelo menos, estar capacitado para produzir um esclarecimento no âmbito da jurisdição. Pelo monopólio de rejeição judicial-constitucional é, em contrapartida, no interesse da certeza jurídica, garantido que não cada particular tribunal, mas somente o tribunal constitucional, que mesmo é órgão constitucional, oponha-se ao parlamento dador de leis.

2. Princípio da divisão de poderes

Em favor dessa decisão fala também o princípio da divisão de poderes que, aliás, na literatura, é considerado parte e escoadouro do princípio do estado de direito. Nessa relação-equilíbrio cabe à jurisdição constitucional um significado específico. Ela tem de decidir, no caso litigioso, sobre as vinculações e limites jurídico-constitucionais dos outros poderes estatais, mas não pode, por causa de sua própria vinculação à constituição, tornar-se politicamente ativa. Seguramente litígios jurídico-constitucionais têm, em geral, um fundo político com a conseqüência que as próprias sentenças judicial-constitucionais são um processo, acontecimento ou objeto de significado político e, muitas vezes, causam conseqüências políticas extensas. Mas isso nada modifica nisto, que o próprio tribunal constitucional não tem de decidir segundo considerações de conformidade com a finalidade políticas, mas exclusivamente segundo critérios jurídico-constitucionais.

3. Princípio democrático

Não pode ser posto em dúvida que o tribunal constitucional federal é legitimado democraticamente pela ancoragem na constituição democrática, pela eleição democrática dos juízes constitucionais e pela vinculação da jurisprudência do tribunal constitucional federal à constituição. Contudo, existe, em perspectiva democrática, uma relação de tensão entre a jurisdição constitucional e a dação de leis. As leis são promulgadas pelo parlamento legitimado democraticamente imediatamente e que representa imediatamente do povo. É sustentável que as leis, que pelo parlamento são aprovadas por maioria, possivelmente até uniformemente, podem ser rejeitadas pelo tribunal constitucional federal como anticonstitucionais? E isso, embora a questão da anticonstitucionalidade, muitas vezes, é duvidosa e discutível? Essas questões sugestivas, contudo, vão na direção falsa. O princípio democrático pode, sem dúvida – conforme a proximidade da base democrática –, fundamentar uma legitimidade graduada. Mas disso, ainda, não resulta nenhuma ordem hierárquica dos órgãos constitucionais e nenhum desnível de competências entre os órgãos constitucionais. A lei fundamental, ao contrário, distribuiu, em conformidade com o princípio da divisão de poderes, as competências aos órgãos constitucionais distintos e conferiu ao tribunal constitucional federal a competência para o asseguramento da constitucionalidade das leis no quadro de um procedimento judicial. O princípio democrático, aliás, não vale absolutamente, mas deve ser visto em conexão com os outros princípios constitucionais, pelos quais ele é complementado, intensificado, mas também relativizado e limitado.

4. Partidos políticos

A jurisdição constitucional também desempenha no quadro da estatalidade partidária, que é expressamente reconhecida pelo artigo 21 I, da lei fundamental,[29] um papel considerável. Quando se trata do parlamento dador de leis, deve, de imediato, ser acrescentado, em pensamento, que os partidos, representados no parlamento –, seja um com o outro, seja um contra o outro –, tomam as decisões legislativas determinantes. Isso significa que com o controle normativo não só a própria lei, mas também os projetos políticos apoiadores dos partidos são revisados jurídico-constitucionalmente e, dado o caso, rejeitados. O tribunal constitucional federal opõe-se, com isso, não só aos outros órgãos constitucionais, mas também aos partidos políticos. Isso torna-se atual, sobretudo, então, quando a lei foi votada pela maioria do governo, a oposição, vencida politicamente, contudo, descobre defeitos jurídico-constitucionais e, por conseguinte, chama o tribunal constitucional federal. O tribunal constitucional federal é então, de certo modo, o juiz arbitral entre os partidos políticos. Como, na atualidade, todos os órgãos constitucionais políticos são ocupados mais ou menos pelos partidos, resta somente ainda o tribunal constitucional federal como contrapeso. Segundo as regulações jurídico-constitucionais, o procedimento de dação de leis transcorre em cinco graus (iniciativa de lei, tomada de decisão do parlamento federal, cooperação do conselho federal, sanção pelo presidente federal e proclamação no diário oficial da federação).[30] Com a proclamação da lei no diário oficial da federação, pode a lei, em si, entrar em vigor. Como, porém, leis politicamente debatidas, em geral, ainda são apresentadas ao tribunal constitucional federal para exame (pela oposição no parlamento federal, por um ou alguns estados federados ou por cidadãos),

---

[29] O artigo 21 I 1, da lei fundamental, diz: "Os partidos cooperam na formação da vontade política do povo."
[30] Comparar para isso, o artigo 76 e seguintes, da lei fundamental.

pode – um pouco exageradamente – se dizer que a lei, primeiro, então, torna-se eficaz juridicamente, quando o tribunal constitucional federal, no procedimento de controle normativo subseqüente, certificou a constitucionalidade da lei.

V. Os procedimentos de controle normativo particulares

1. O controle normativo abstrato

O controle normativo abstrato, segundo o artigo 93 I, número 2, da lei fundamental, forma, de certo modo, a forma pura da revisão judicial-constitucional de normas jurídicas na constituição. Objeto do exame são, em primeiro lugar, leis formais (leis do parlamento); mais além, porém, também entram em consideração outras normas jurídicas, especialmente, regulamentos jurídicos e estatutos, ainda que isso, por causa da subsidiariedade da jurisdição constitucional, só raramente será o caso. Mesmo contratos estatais entre os estados federados e contratos de direito internacional público podem ser revisados; eles, sem dúvida, não são imediatamente objeto do controle normativo, mas a lei de aprovação, que lhes deve proporcionar validez, pode ser impugnada com a fundamentação, que ela é anticonstitucional porque ela diz respeito a um contrato anticonstitucional.[31] Análogo vale para o plano orçamentário e a lei orçamentária.[32]

A limitação determinante realiza-se pelo círculo restrito dos órgãos constitucionais autorizados à solicitação. Somente o governo federal, um governo estadual ou um terço dos membros do parlamento federal podem apresentar uma solicitação e, com isso, iniciar o controle normativo abstrato. A violação de direitos subjetivos do solicitador não é necessária. O controle normativo abstrato não é um procedimento de proteção jurídica subjetivo, mas um procedimento de objeção objetivo. O tribunal constitucional federal pede, somente, um interesse do esclarecimento que, porém, em regra, já está dado com as dúvidas ou divergências de opiniões sobre a constitucionalidade da lei. Conseqüentemente, também não existe, no procedimento do controle normativo abstrato, nenhum oponente. Mas o tribunal constitucional federal pode dar aos órgãos constitucionais da federação e dos estados oportunidade para tomada de posição, também no procedimento oral, de modo que as concepções jurídicas diferentes, dessa forma, podem expressar-se.

O tribunal constitucional federal examina, no caso do controle normativo abstrato, exclusivamente – em primeiro lugar –, a compatibilidade da lei com a constituição. Na decisão do controle normativo definitiva é

---
[31] BVerfGE 4, 157, 161 ff.; 36, 1, 13.
[32] Comparar BVerfGE 20, 56, 89 ff.; 79, 311, 326.

comprovado que a lei é compatível com a lei fundamental ou não-compatível. Essa comprovação é – do mesmo modo como a lei afetada – vinculativo-universal.

Na prática, o controle normativo abstrato ocorre relativamente raramente, mas concerne, nos casos raros, em geral, a questões de litígio de peso político considerável. Ele dá, sobretudo, à oposição no parlamento federal, a possibilidade de – diretamente (à medida que ela compreende, pelo menos, um terço dos membros do parlamento federal) ou por um governo estadual unido a ela político-partidariamente – fazer cair uma lei, que ela não pôde impedir no parlamento federal, sempre ainda diante do tribunal constitucional federal. Ademais, litígios estatal-federais, que dizem respeito a uma lei federal ou a uma lei estadual, podem ser dirimidos desse modo, assim pode, por exemplo, um governo estadual demandar com a fundamentação que uma lei federal intervém nas competências dos estados, determinadas jurídico-constitucionalmente.

2. O controle normativo concreto

O controle normativo concreto, segundo o artigo 100 I, da lei fundamental, concerne ao caso que a questão da constitucionalidade de uma lei torna-se atual – incidentalmente – no quadro de um conflito jurídico concreto. A lei fundamental assume o direito ao exame judicial tradicional, que se formou na época de Weimar, mas o modifica simultaneamente, ao ela reservar a competência de rejeição ao tribunal constitucional federal.[33]

a) Segundo o artigo 100 I, da lei fundamental, os tribunais têm, à medida que resultam dúvidas ou objeções correspondentes são expostas por uma parte, de examinar a constitucionalidade das leis a serem por eles aplicadas e de tomar uma decisão sobre isso. Se o tribunal afirma a constitucionalidade, então ele tem de aplicar a lei e de decidir o caso concreto em conformidade. Se ele nega a constitucionalidade, então ele tem de suspender o procedimento e de pedir a decisão do tribunal constitucional federal. O tribunal constitucional federal decide em virtude da apresentação, mas somente sobre a constitucionalidade da lei, não sobre o conflito jurídico concreto. Sua decisão é definitiva e vinculativo-universal. O tribunal apresentador tem de, sob a observância da decisão do tribunal constitucional federal, continuar o seu procedimento.

A apresentação judicial é, na realidade, uma solicitação de realização de um controle normativo principal. O conflito jurídico concreto é somente motivo da apresentação. Objeto do procedimento judicial-constitucional é, exclusivamente, a questão da constitucionalidade da lei. Trata-se, por isso,

---
[33] Comparar para isso, supra III.

da perspectiva do processo concreto, de um procedimento intermediário independente, conforme o objeto, de um controle normativo principal.

b) Finalidade do monopólio da rejeição é a proteção do dador de leis parlamentar. Deve ser impedido que cada particular tribunal possa passar por alto da vontade do dador de leis e recusar a aplicação a uma lei no caso concreto por causa de anticonstitucionalidade e nulidade pretendidas.[34] Ao lado disso, desempenham os pontos de vista da certeza jurídica e da unidade jurídica um papel, que devem ser obtidos pelo monopólio de rejeição do tribunal constitucional federal.[35] Da idéia da proteção ao parlamento resultam duas limitações essenciais: o monopólio da rejeição restringe-se, por um lado, a leis formais[36] e, por outro, também sob esse aspecto, somente a leis pós-constitucionais, isto é, tais leis, que primeiro após a entrada em vigor da lei fundamental ou a modificação decisiva da lei fundamental foram promulgadas.[37] O efeito de proteção do artigo 100 I, da lei fundamental, não tem lugar, em compensação, em regulamentos jurídicos e estatutos, que são promulgados pelos executivos ou uma entidade com auto-administração, e em leis pré-constitucionais, cuja anticonstitucionalidade é condicionada pela modificação da constituição e, por isso, não pode ser dada a culpa disso ao dador de leis.[38]

c) A apresentação judicial é dependente de determinados pressupostos, mas se deve, quando esses pressupostos existem, também realizar de fato.

aa) Como resulta das exposições para b), a apresentação judicial entra em consideração somente em leis pós-constitucionais formais, é, portanto, nesse aspecto, mais estreita que o controle normativo abstrato. Sobre a constitucionalidade e a juridicidade de regulamentos jurídicos e estatutos, o próprio tribunal do processo tem de, no quadro do conflito jurídico concreto, e, para esse, decidir determinantemente.

bb) A apresentação judicial pressupõe, ademais, que a lei duvidosa é, segundo a concepção do tribunal apresentador, anticonstitucional. Mera dúvida ou objeções não bastam. O tribunal do processo deve, ao contrário, antes de apresentar ao tribunal constitucional federal, tomar uma decisão

---

[34] Assim, já BVerfGE 1, 184, 197 f.; jurisprudência contínua, comparar, por exemplo, BVerfGE 86, 71, 77.
[35] Comparar BVerfGE 68, 337, 344 f.; 97, 117, 122; ademais, Schlaich/Korioth (nota 5) S. 98 f., que direcionam exclusivamente para esses pontos de vista.
[36] BVerfGE 1, 184, 189 ff.
[37] BVerfGE 2, 124, 128 ff.
[38] A limitação a leis pós-constitucionais torna-se, sempre de novo, problemática quando uma lei pré-constitucional só em parte é modificada por uma lei pós-constitucional. Seguramente as partes modificadas são pós-constitucionais, porém, como está com as partes da lei não-modificadas expressamente? O tribunal constitucional federal direciona para isto, se o dador de leis "acolheu em sua vontade e, com isso, certificou" essas partes; a "vontade de certificação" deve ser averiguada do conteúdo da lei e da conexão, comparar, por exemplo, BVerfGE 6, 55, 64 ff.; 64, 217, 220 f.

sobre a anticonstitucionalidade da lei e fundamentar pormenorizadamente essa decisão, sob a consideração da literatura e jurisprudência.[39]

cc) Finalmente, a apresentação judicial somente é admissível quando a anticonstitucionalidade da lei é relevante para a decisão.[40] Isso, somente então, deve ser aceito, se o tribunal tivesse de decidir o conflito jurídico concreto em invalidade da lei de outra forma como em sua validade. Se, por exemplo, um acusado já deve ser absolvido, porque os pressupostos do tipo da lei penal correspondente não estão dados, não se trata da anticonstitucionalidade da lei penal, porque – de uma maneira ou outra – uma absolvição deveria realizar-se. O tribunal deve, portanto, primeiro fazer todas as averiguações fáticas e esclarecer todas (as outras) questões jurídicas e somente pode, quando, também então, ainda se "trata" da anticonstitucionalidade da norma determinante, apresentar a matéria ao tribunal constitucional federal. Isso pode levar a averiguações amplas, também a registros das provas dispendiosas, que então parecem desnecessárias, quando posteriormente é comprovado, que a lei determinante era anticonstitucional e nula e – "já" por esses fundamentos – a demanda devia ser acolhida. Fundamentos econômico-processuais podem, por isso, falar em favor de uma apresentação anterior. O tribunal constitucional federal persevera, contudo, fundamentalmente, nos requisitos da relevância da decisão, admite, todavia, também exceções.[41]

d) Os pressupostos mencionados limitam conscientemente a apresentação judicial. A restrição a leis formais serve, como já foi exposto, à proteção do dador de leis parlamentar. Ambos os outros pressupostos servem, de uma parte, ao alívio do tribunal constitucional federal, que deve ser preservado de apresentações judiciais precipitadas e não-asseguradas suficientemente. De outra parte, eles devem garantir que os aspectos específico-técnicos da norma duvidosa e suas repercussões, jurídicas e práticas, sejam pré-esclarecidos pelos tribunais especializados.

3. O recurso constitucional

a) O recurso constitucional, com o qual o cidadão pode fazer valer a violação de seus direitos fundamentais,[42] pode levar tanto a um controle normativo principal como a um controle normativo incidental. No primei-

---

[39] BVerfGE 1, 184, 189; jurisprudência contínua, comparar, por exemplo, BVerfGE 80, 59, 65.
[40] Comparar BVerfGE 7, 171, 173; jurisprudência contínua, comparar, por exemplo, BVerfGE 89, 329, 337; 105, 61, 67. O tribunal constitucional federal põe exigências altas na "convicção" e na "relevância da decisão" e, por esses fundamentos, sempre de novo, negou a admissibilidade da apresentação judicial.
[41] Comparar BVerfGE 47, 146, 157 ff., onde os pressupostos do § 90 II 2, da lei do tribunal constitucional federal, são invocados em conformidade.
[42] A base jurídica forma o artigo 93 I, número 4a, da lei fundamental, §§ 90 e seguintes, da lei do tribunal constitucional federal.

ro caso, ele dirige-se imediatamente contra uma lei (recurso constitucional contra uma lei); no segundo caso, ele dirige-se contra uma sentença judicial com a fundamentação que ela é antijurídica, porque ela baseia-se em uma lei anticonstitucional (recurso constitucional contra uma sentença). O recurso constitucional dirigido imediatamente contra uma lei forma a exceção. Ele somente é admissível, quando o promovente do recurso é violado mesmo, atual e imediatamente pela lei em seus direitos fundamentais e a via jurídica está esgotada.[43]

b) O recurso constitucional tem uma função dupla. Ele serve, de uma parte, à proteção dos direitos fundamentais do cidadão e, de outra parte, à salvaguarda e à continuação de desenvolvimento do direito constitucional objetivo.[44] A primeira alternativa está no primeiro plano. Com o recurso constitucional o sistema de proteção jurídica obtém, na Alemanha, sua conclusão que coroa. O cidadão pode, em violação de seus direitos fundamentais, chamar o tribunal extremo. Ele deve, sem dúvida, se ele acredita estar violado em seus direitos pelo poder público, primeiro chamar o tribunal administrativo ou o tribunal competente costumeiramente, mas pode, então, quando sua demanda e os recursos jurídicos subseqüentes ficam sem resultado, finalmente, no tribunal constitucional federal, promover recurso constitucional. Em conformidade com isso, o procedimento é formado como procedimento de proteção jurídica subjetivo.

c) Os pressupostos do recurso constitucional consistem no que segue:

aa) o recurso constitucional pode ser promovido por "cada um". Em oposição aos outros procedimentos judicial-constitucionais, não órgãos constitucionais apresentam-se como solicitador, mas pessoas privadas. Trata-se de uma demanda de cidadão;

bb) objeto do procedimento podem ser todos os atos do poder estatal: leis, regulamentos jurídicos e estatutos, ademais, atos de governo, atos administrativos e outras medidas administrativas, finalmente, também decisões judiciais de todos os tipos e graus. As decisões judiciais estão até no primeiro plano, porque, como ainda deve ser mostrado, o recurso constitucional é admissível, primeiro, depois do esgotamento da via jurídica;

cc) com o recurso constitucional pode a violação de direitos fundamentais e de alguns outros direitos iguais aos direitos fundamentais, mencionados no artigo 93 I, número 4a, da lei fundamental,[45] ser objetada. A violação de direitos subjetivos, que só legalmente são fundamentados, em compensação, não podem ser feitos valer no quadro do recurso constitucional;

---
[43] Comparar para isso, circunstanciado, infra.
[44] Comparar para isso, BVerfGE 85, 109, 113.
[45] Artigo 33, da lei fundamental (direitos cívicos iguais), artigo 38, da lei fundamental (direito eleitoral), artigo 101, da lei fundamental (juiz legal), artigo 103, da lei fundamental (audiência jurídica, direitos jurídico-penais determinados), artigo 104, da lei fundamental (retirada da liberdade).

dd) o promovente do recurso deve estar afetado mesmo, atual e imediatamente em seus direitos fundamentais pelo ato estatal prejudicial a ele. *Mesmo* diz respeito à pessoa do promovente do recurso (ele, não uma outra pessoa); *atual* diz respeito à data (agora, não depois, qualquer dia, uma vez) e *imediatamente*, ao efeito do ato prejudicial (sem intercalação possível de um outro ato jurídico). O terceiro pressuposto desempenha, na prática, exatamente em leis, um papel considerável. A imediatidade falta, quando a lei pode ser efetivada ou até deve ser efetivada. O afetado deve, ao contrário, aguardar o ato de efetivação ou outro ato de aplicação e demandar contra esses. O tribunal competente irá então, no caminho do controle incidental, examinar a constitucionalidade da lei que está na base do ato de efetivação. Se ele nega a constitucionalidade, então ele deve, segundo o artigo 100 I, da lei fundamental, apresentar ao tribunal constitucional federal. Se ele afirma a constitucionalidade, então ele tem de decidir o fundo do assunto sob aplicação da lei. O demandante, contudo, não precisa aceitar essa decisão, mas pode, em compensação, promover recurso jurídico contra isso e, se também esses ficam sem resultado, chamar o tribunal constitucional federal no caminho do recurso constitucional contra a sentença de última instância. O promovente do recurso deve esgotar todos os recursos jurídicos antes de ele promover o recurso constitucional.[46] O recurso constitucional é pensado como ultima ratio. O princípio da subsidiariedade, que nisso expressa-se, deve – como no controle normativo concreto – aliviar o tribunal constitucional federal, proporcionar ao tribunal constitucional federal a concepção dos tribunais especializados em perspectiva fática e jurídica e garantir a competência dos tribunais especializados.

d) Se o recurso constitucional contra uma sentença de última instância é exitoso, porque a lei que está na base da sentença mostra-se anticonstitucional, deve o tribunal constitucional federal anular a sentença impugnada e, dado o caso, remeter a matéria ao tribunal competente.[47] Ademais, deve o tribunal constitucional federal declarar expressamente nula a lei, cuja anticonstitucionalidade ele comprovou incidentalmente.[48] Isso significa que o recurso constitucional contra uma sentença leva não só à comprovação incidental da nulidade da lei, mas também à declaração de nulidade, com vinculatividade universal, da lei.

e) O número dos recursos constitucionais que entram no tribunal constitucional federal no decorrer do tempo cresceu consideravelmente. Ele está situado, atualmente, em aproximadamente 5.000 recursos constitucionais por ano. As conseqüências são o agravamento crescente do tribunal, o número ascendente dos casos não-resolvidos e o perigo, disso resultante, para a capacidade funcional do tribunal. Isso vale tanto mais que um gran-

---

[46] Comparar para isso, também o § 90 II 1, da lei do tribunal constitucional federal.

[47] § 95 II, da lei do tribunal constitucional federal.

[48] § 95 III, da lei do tribunal constitucional federal.

de número das chegadas novas são, de antemão, inadmissíveis ou infundadas. Foram, por isso, sempre de novo, feitas tentativas para limitação do recurso constitucional ou para a separação de recursos constitucionais inadmissíveis ou insignificantes. Também o dador de leis tentou, muitas vezes, por regulações correspondentes, reagir contra a afluência. Segundo as regulações atualmente determinantes, o recurso constitucional carece "da aceitação para a decisão".[49] Ele deve ser aceito, quando lhe cabe significado jurídico-constitucional fundamental ou quando parece indicado para a imposição dos direitos fundamentais do promovente do recurso, o que, em regra, é então o caso, quando ao promovente do recurso, pela recusação da decisão do fundo, nasce uma desvantagem particularmente grave. Sobre a aceitação decide, primeiro, uma câmara, composta por três juízes constitucionais federais e, então, o senado. As câmaras podem, sob determinados pressupostos, decidir o fundo do assunto. Fala-se, nesses casos, de decisões da câmara, em oposição às decisões do senado.

4. Procedimento de litígio entre órgãos

O procedimento de litígio entre órgãos é um procedimento litigioso contraditório autêntico entre dois órgãos constitucionais (por exemplo, governo federal contra parlamento federal) ou dentro de um órgão constitucional (por exemplo, deputados do parlamento federal contra presidente do parlamento federal) sobre direitos e deveres fundamentados jurídico-constitucionalmente (artigo 93 I, número 1, da lei fundamental).[50] Objeto do procedimento de litígio entre órgãos podem ser todas as medidas, relevantes juridicamente, do oponente, pelas quais o solicitador é violado em seus direitos – também a promulgação de uma lei, mais rigorosamente, da decisão de lei do parlamento federal e do ato de cooperação do conselho federal no procedimento de dação de leis.[51] O solicitador, nesse caso, sem dúvida, não obtém uma decisão de controle normativo com vinculatividade universal, contudo, a comprovação vinculativa judicial-constitucionalmente, que a promulgação da lei foi anticonstitucional. Se, porém, a promulgação da lei é anticonstitucional, então também o produto do procedimento de dação de leis, ou seja, a própria lei, é anticonstitucional. A anticonstitucionalidade das decisões de lei indicia a anticonstitucionalidade da lei. Desse modo, o solicitador obtém, no procedimento de litígio entre órgãos, o mesmo objetivo como no controle normativo abstrato. Isso também é praticamente significativo, porque o círculo dos autorizados à

---

[49] Comparar os §§ 93a-d, da lei do tribunal constitucional federal.

[50] O texto do artigo 93 I, número 1, da lei fundamental, indica, sem dúvida, antes, uma interpretação da norma abstrata por motivo de um litígio entre dois órgãos constitucionais; ele é, contudo, pelos §§ 63 e seguintes, da lei do tribunal constitucional federal, concretizado no sentido de um procedimento litigioso contraditório, comparar BVerfGE 2, 143, 155 ff.; *Schlaich/Korioth* (nota 5) S. 56 ff.

[51] Comparar BVerfGE 1, 208, 220; jurisprudência contínua, comparar BVerfGE 82, 322, 335.

solicitação do controle normativo abstrato, segundo o artigo 93 I, número 2, da lei fundamental, é limitado. Pelo procedimento de litígio entre órgãos, também deputados particulares e frações do parlamento federal, assim como partidos políticos,[52] podem impor um controle normativo, de certo modo, disfarçado. O procedimento de litígio entre órgãos, todavia, não é um procedimento de objeção objetivo, mas um procedimento de proteção jurídica subjetivo. Por isso, esse "controle normativo" pressupõe que o demandante, pela promulgação da norma, é violado em seus direitos fundamentados jurídico-constitucionalmente.

5. Controles normativos limitados objetivamente

Um controle normativo limitado objetivamente deve então ser aceito, quando o critério de exame ou o objeto do exame limita-se materialmente a um determinado âmbito. Isso toca ao recurso constitucional comunal e ao exame da lei eleitoral no quadro do procedimento de exame de eleições.

a) Com o chamado recurso constitucional comunal, segundo o artigo 93 I, número 4b, da lei fundamental, podem os municípios e grêmios de municípios fazer valer a violação da garantia da auto-administração do artigo 28 II, da lei fundamental, por uma lei. Como critério de exame, somente entra em consideração a garantia da auto-administração do artigo 28 II, da lei fundamental. Objeto do exame podem ser, em compensação, todas as leis.[53] A questão, se se trata de um procedimento de objeção objetivo ou de um procedimento de proteção jurídica subjetivo, depende disto, se o artigo 28 II, da lei fundamental, contém somente uma garantia objetiva ou (também) um direito subjetivo dos municípios.[54] Conseqüências práticas não resultam disso, uma vez que os municípios, em todo o caso, somente então, podem demandar, quando eles mesmos, atual e imediatamente são afetados pela lei objetada.[55]

b) O exame de eleições, segundo o artigo 41, da lei fundamental, diz respeito à validade da eleição para o parlamento federal. Sobre objeções

---

[52] Eles têm, segundo a jurisprudência contínua do tribunal constitucional federal, no direito processual constitucional, a posição de órgãos constitucionais, à medida que eles fazem valer o seu *status* jurídico-constitucional, segundo o artigo 21 I, da lei fundamental, comparar BVerfGE 1, 208, 223 ff.; 4, 27, 30 f.; 20, 119, 128 ff.; 82, 322, 335 f. A doutrina preponderante recusa essa concepção e remete os partidos políticos ao recurso constitucional, mas ignora nisso, que o artigo 21, da lei fundamental, não está mencionado no artigo 93 I, número 4a, da lei fundamental, e, por isso, também não é armado com recurso constitucional. Comparar para a literatura que recusa a jurisprudência, por exemplo, *Henke*, Bonner Kommentar, Art. 21 (1991) Rn. 254; *Kunig*, Die Parteien, in: Isensee/Kirchhof, Handbuch des Staatsrechts, Bd. II, 1987, S. 103 (145); *Schlaich/Korioth* (nota 5) S. 64 ff.

[53] Ademais, regulamentos jurídicos e outras normas jurídicas, que desenvolvem efeito externo diante de uma comuna, comparar BVerfGE 76, 107, 114.

[54] Comparar para isso, *H. Maurer*, Verfassungsrechtliche Grundlagen der Kommunalen Selbstverwaltung, DVBl. 1995, 1037, 1041 f.

[55] Assim, BVerfGE 71, 25, 36; 76, 107, 112 f.

de eleitores e candidatos decide primeiro o próprio parlamento federal. Contra essa decisão pode, a seguir, sob determinados pressupostos, ser promovido recurso no tribunal constitucional federal. Enquanto o parlamento federal somente decide sobre isto, se a lei eleitoral foi observada e aplicada acertadamente,[56] a decisão do tribunal constitucional federal compreende também a compatibilidade da lei eleitoral, que está na base da eleição, com a lei fundamental, especialmente, com os princípios eleitorais do artigo 38 I 2, da lei fundamental.[57] O exame de eleições pode, assim, levar a um controle normativo incidental. É imaginável que o tribunal constitucional federal declare inválida uma eleição para o parlamento federal, porque a lei eleitoral determinante é anticonstitucional.[58]

VI. A decisão no procedimento de controle normativo

1. Declaração de nulidade

Leis anticonstitucionais são, fundamentalmente, nulas.[59] Isso não é, sem dúvida, completamente indiscutível,[60] mas resulta da tradição constitucional alemã, da regulação do artigo 100 I, da lei fundamental, sobre a apresentação judicial, de algumas prescrições da lei do tribunal constitucional federal,[61] da primazia da constituição e da sistemática do controle normativo. Pela decisão do controle normativo será, por isso, comprovada a nulidade que resulta da anticonstitucionalidade. Essa comprovação é, em si, somente declaratória, tem, contudo, um certo efeito constitutivo,

---

[56] Comparar para isso, W. Hoppe, Die Wahlprüfung durch den Bundestag (Art. 41 Abs. 1 S. 1 GG), DVBl. 1996, 344 ff.

[57] Assim, BVerfGE 16, 130, 135 f.; 59, 119, 124; 79, 160, 165.

[58] Isso pode levar a dificuldades jurídico-constitucionais e políticas consideráveis, comparar para isso, H. Maurer, Die ungültige Bundestagswahl, 1969. O tribunal constitucional federal, em sua resolução, de 22.5.1963 (BVerfGE 16, 130), comprovou que a lei eleitoral (a divisão dos distritos eleitorais), na última eleição para o parlamento federal, não mais correspondeu ao princípio da igualdade por causa da flutuação populacional, mas, não obstante, não foi anticonstitucional, porém somente deveria ser modificada durante o período legislativo corrente para a próxima eleição para o parlamento. Relevante para a decisão foi que a infração contra o princípio da igualdade produziu-se pela modificação das circunstâncias e, segundo concepção do tribunal constitucional federal, primeiro se torna relevante, quando ela é notória. Sem dúvida, também as conseqüências problemáticas da anulação da eleição para o parlamento desempenharam um papel.

[59] Assim, o tribunal constitucional federal em jurisprudência contínua. Comparar BVerfGE 1, 14, 37; 68, 384, 390; 101, 397, 409; 104, 126, 149; ademais, a doutrina dominante, comparar, por exemplo, J. Ipsen, Rechtsfolgen der Verfassungswidrigkeit von Norm und Einzelakt, 1980, S. 24 ff.; Schlaich/Korioth (nota 5) S. 261 ff.; H. Maurer, Staatsrecht, § 20 Rn. 84 ff.

[60] A opinião contrária é, baseando-se no monopólio da rejeição do tribunal constitucional federal, segundo o artigo 100 I, da lei fundamental, da concepção que leis anticonstitucionais são somente nulificáveis, isto é, eficazes juridicamente até elas, por uma decisão do tribunal constitucional federal com efeito ex tunc, serem declaradas nulas, assim, ultimamente, outra vez, D. Heckmann, Geltungskraft und Geltungsverlust von Rechtsnormen, 1997, S. 53 ff.

[61] §§ 78, 82 I, 95 III, da lei do tribunal constitucional federal.

à medida que ela esclarece, determinante e vinculativamente, a situação jurídica. A declaração de nulidade atua – como a nulidade – ex tunc, isto é, a partir da data da promulgação da lei ou, quando a anticonstitucionalidade produziu-se, primeiro, depois, por modificação da situação fática ou jurídica, a partir desta data.

A declaração de nulidade tem efeito diferente, conforme se ela realiza-se no quadro do controle normativo principal ou do controle normativo incidental.

a) No procedimento de controle normativo principal, a própria questão da constitucionalidade da lei é objeto do procedimento e da decisão. A nulidade da lei é, por isso, explicitamente manifestada no dispositivo da decisão do controle normativo. A declaração de nulidade atua, por conseguinte, geralmente e é vinculativo-universal. A lei anticonstitucional é, de certo modo, separada formalmente do efetivo das normas.

b) No controle normativo incidental, trata-se somente da questão se a lei, que deve ser aplicada no conflito jurídico concreto, está de acordo com a constituição ou não. Se a constitucionalidade é negada, então a lei, como nula, não é aplicada. A decisão do controle normativo incidental vale, assim, somente para o conflito jurídico concreto. É, sem mais, possível, sim, até provável, que outros tribunais, em procedimentos paralelos, afirmem a constitucionalidade e apliquem a lei em conformidade com isso. Primeiro a decisão judicial superior irá trazer um esclarecimento definitivo em virtude de seu efeito de precedente.

2. *Alternativas para a declaração de nulidade*

A nulidade de leis anticonstitucionais e, com isso, a declaração de nulidade valem só fundamentalmente, não sem exceção. Elas têm a finalidade de eliminar a infração da constituição, ao elas recusarem à lei anticonstitucional a validez. A declaração de nulidade atua, sob esse aspecto, negativa, cassativamente. Existem, contudo, sempre de novo, casos nos quais a declaração de nulidade e, com isso, a separação cassativa da lei anticonstitucional não compreendem a verdadeira anticonstitucionalidade ou até aprofundam mais a anticonstitucionalidade.[62] Isso vale, sobretudo, então, quando uma lei, que proporciona prestações estatais, por exemplo, concede subvenções ou percepções de pensão, infringe o princípio da igualdade, porque um grupo de pessoas é beneficiado e um outro grupo de pessoas antiigualitariamente não é incluído no benefício. Nesses casos, na realidade, nem o benefício de um grupo nem o prejuízo do outro grupo, mas somente o tratamento diferente de ambos os grupos é anticonstitucio-

---

[62] Comparar *Schlaich/Korioth* (aaO. nota 5) S. 269 ff.; *Maurer*, Staatsrecht, § 20 Rn. 90 ff., com mais indicações.

nal. A declaração de nulidade – seja de toda a lei, seja do benefício ou seja do prejuízo – não iria compreender a infração da constituição, prescindindo totalmente disto, que o prejuízo somente poderia ser declarado nulo se ele é expressamente manifestado no texto da lei, não, porém, quando ele resulta só mediatamente da delimitação do grupo dos beneficiados. A infração contra o princípio da igualdade também pode ser liquidada em modos distintos: por eliminação do benefício, por inclusão do grupo de pessoas, até agora, não-beneficiado, no benefício ou por uma regulação completamente nova, correspondente ao princípio da igualdade. O tribunal constitucional federal limita-se, por conseguinte, nesses casos, à comprovação da anticonstitucionalidade da lei. Ela obriga o dador de leis a, dentro de um prazo conveniente ou de um determinado pelo tribunal constitucional federal, adotar uma regulação compatível com o princípio da igualdade. A regulação até agora não mais deve, à medida que ela é anticonstitucional e incompatível com a lei fundamental, ser aplicada; ao contrário, procedimentos correntes devem ser suspensos até a regulação nova e, então, sobre esse fundamento, decidir novamente. Nos últimos tempos tais decisões cresceram consideravelmente.[63]

Mas, também isso vale somente em regra. Em casos posteriores, o tribunal constitucional federal até ordenou o continuar a valer provisório de uma lei não-compatível com a lei fundamental, porque a não-aplicação instantânea ainda teria intensificado a anticonstitucionalidade por conta do cidadão. Assim, por exemplo, o tribunal constitucional federal declarou anticonstitucional, só em parte, a regulação sobre a ocupação dos postos de verificação federal para escritos que põem em perigo a juventude, mas, não obstante, afirmou sua continuidade da vigência temporária, porque a comprovação da anticonstitucionalidade ou até da nulidade dessa regulação teria levado a isto, que nenhum posto de verificação teria existido e, com isso, também nenhum procedimento de verificação poderia ter sido realizado.[64]

Com a limitação à comprovação da anticonstitucionalidade, o tribunal constitucional federal deixa a cargo do dador de leis a liquidação definitiva da infração da constituição. Ela sucede, por isso, sobretudo, então, quando ao dador de leis, para isso, estão à disposição possibilidades distintas, assim, em regra, na violação do princípio da igualdade. A ordenação da continuação da validez temporária de uma lei anticonstitucional baseia-se na reflexão que, em determinadas situações, uma lei, embora anticonstitucional, sempre ainda é melhor que absolutamente nenhuma lei, pressuposto, todavia, que a infração da constituição não é grave.

---

[63] Comparar, por exemplo, BVerfGE 82, 126, 154 f.; 93, 386, 396, 402; 99, 280, 298; 102, 68, 98 f.; 104, 126, 149; 105, 73, 133; comparar, de tempo mais antigo, as indicações em *H. Maurer*, Zur Verfassungswidrigerklärung von Gesetzen, Festschrift für W. Weber, 1974, S. 345 ff.
[64] Comparar BVerfGE 83, 130, 154.

Anexo

Legislação[1]

Artigos da lei fundamental (de 23 de maio de 1949, BGBl. S. 1; BGBl. III/FNA 100-1; modificada pela última vez por lei em 26 de julho de 2002, BGBl. I S. 2863)

Artigo 1 [dignidade humana, vinculação aos direitos fundamentais]

(1) A dignidade da pessoa é intangível. Considerá-la e protegê-la é obrigação de todo o poder estatal;

(2) O povo alemão professa-se, por isso, por direitos do homem invioláveis e inalienáveis como fundamento de cada comunidade humana, da paz e da justiça no mundo;

(3) Os direitos fundamentais que seguem vinculam dação de leis, poder executivo e jurisdição como direito imediatamente vigente.

Artigo 2 [livre desenvolvimento da personalidade, direito à vida; à integridade corporal, liberdade da pessoa]

(1) Cada um tem o direito ao livre desenvolvimento de sua personalidade, à medida que ele não viola os direitos de outros e não infringe a ordem constitucional ou lei moral;

(2) Cada um tem o direito à vida e à integridade corporal. A liberdade da pessoa é inviolável. Nesses direitos poderá somente com base em uma lei ser intervindo.

Artigo 3 [igualdade]

(1) Todas as pessoas são, diante da lei, iguais;

(2) homens e mulheres têm os mesmos direitos. O estado fomenta a imposição real da igualdade de direitos de mulheres e homens e esforça-se pela eliminação de desvantagens existentes;

(3) ninguém pode, por causa do seu sexo, sua descendência, sua raça, seu idioma, sua pátria e origem, sua fé, suas visões religiosas ou políticas, ser prejudicado ou privilegiado. Ninguém pode, por causa do seu aleijamento, ser prejudicado.

Artigo 4 [liberdade de fé, de consciência e de profissão, objeção de consciência]

(1) A liberdade da fé, da consciência e a liberdade da profissão religiosa e concepção de mundo são invioláveis;

(2) o exercício da religião tranqüilo será garantido;

(3) ninguém deve, contra a sua consciência, ser coagido ao serviço militar com as armas. Os detalhes uma lei federal regula.

---

[1] Nota do tradutor: (1) os títulos entre colchetes não são oficiais; (2) a tradução foi revisada.

Artigo 5 [liberdade de opinião, de imprensa, radiodifusão, liberdade de arte e ciência]

(1) Cada um tem o direito de manifestar e de propagar livremente a sua opinião em palavra, escrita ou imagem e de informar-se, sem entraves, nas fontes gerais acessíveis. A liberdade de imprensa e a liberdade de reportagem por meio de radiodifusão e filme serão garantidas. Uma censura não tem lugar;

(2) esses direitos encontram suas barreiras nas prescrições das leis gerais, determinações legais para a proteção da juventude e no direito da honra pessoal;

(3) arte e ciência, investigação e ensino são livres. A liberdade do ensino não desata da lealdade à constituição.

Artigo 6 [casamento e família]

(1) Casamento e família estão sob proteção particular da ordem estatal;

(2) criação e educação dos filhos é o direito natural dos pais e o dever que cabe a eles primeiro. Pela sua atuação vela a comunidade estatal;

(3) contra a vontade dos titulares do direito de educação podem os filhos ser separados da família somente com base em uma lei, quando os titulares do direito de educação fracassam ou quando os filhos, por outros fundamentos, ameaçam ficar descuidados;

(4) cada mãe tem a pretensão de proteção e de assistência da comunidade;

(5) aos filhos ilegítimos devem, por meio de dação de lei, ser criadas as mesmas condições para o seu desenvolvimento corporal e espiritual e para a sua posição na sociedade como para os filhos legítimos.

Artigo 7 [sistema escolar]

(1) O sistema escolar todo está sob a inspeção do estado;

(2) os titulares do direito de educação têm o direito de determinar a participação do filho na lição religiosa;

(3) a lição religiosa é nas escolas públicas, com exceção das escolas não-confessionais, disciplina ordinária. Sem prejuízo do direito de inspeção estatal a lição religiosa é dada em concordância com os princípios das comunidades religiosas. Nenhum professor deve, contra a sua vontade, ser obrigado a dar lição religiosa;

(4) o direito para o estabelecimento de escolas privadas é garantido. Escolas privadas como substituição para escolas públicas carecem da autorização do estado e estão subordinadas às leis estaduais. A autorização deve ser dada, quando as escolas privadas, em seus objetivos de ensino e instalações, assim como na formação científica de seus professores, não são inferiores às escolas públicas e não é fomentada uma separação dos alunos segundo as relações de posse do pais. A autorização deve ser recusada quando a posição econômica e jurídica dos professores não é assegurada suficientemente;

(5) uma escola primária privada somente deve ser admitida, quando a administração das lições reconhece um interesse pedagógico particular ou, por solicitação de titulares do direito de educação, quando ela deve ser estabelecida como escola confessional ou escola de concepção de mundo e uma escola primária pública desse tipo não existe no município;

(6) pré-escolas permanecem anuladas.

Artigo 10 [segredo espistolar, postal e de comunicação]

(1) O segredo espistolar, assim como o segredo postal e de comunicação são invioláveis;

(2) limitações podem ser ordenadas somente com base em uma lei. Se a limitação serve à proteção da ordem fundamental democrática liberal ou à existência ou ao asseguramento da federação ou de um estado, então pode a lei determinar que ela não será comunicada ao afetado e que no lugar da via jurídica põe-se o controle pelos órgãos ou órgãos de auxílio, designados pela representação popular.

Artigo 13 [inviolabilidade da habitação]

(1) A habitação é inviolável;

(2) buscas podem somente pelo juiz ser ordenadas, no perigo em mora também pelos outros órgãos previstos nas leis, e somente pela forma lá prescrita;

(3) se determinados fatos fundamentam a suspeita, que alguém cometeu uma conduta, por lei singularmente determinada, particularmente grave, então podem, para perseguição do ato, com base em ordenação judicial, ser empregados meios técnicos para a vigilância acústica de habitações, nas quais o inculpado detém-se presumivelmente, se a investigação do estado de coisas, de um outro modo, seria dificultada desproporcionalmente ou inútil. A medida deve ser aprazada. A ordenação realiza-se por um corpo sentenciador provido com três juízes. No perigo de mora ela também pode ser feita por um único juiz;

(4) para o rechaço de perigos urgentes à segurança pública, particularmente, de um perigo comum ou de um perigo de vida, podem meios técnicos para a vigilância de habitações ser empregados somente com base em ordenação judicial. No perigo em mora a medida pode também ser ordenada por um outro posto legalmente determinado; uma decisão judicial deve ser reparada sem demora;

(5) são meios técnicos previstos exclusivamente para a proteção das pessoas ativas em um emprego em habitações pode a medida ser ordenada por um posto determinado legalmente. Uma utilização, de outro modo, dos conhecimentos, obtidos nisso, é admissível somente para a finalidade da persecução penal ou do rechaço do perigo, e, somente quando antes a juridicidade da medida está comprovada judicialmente; no perigo em mora a decisão judicial deve ser reparada sem demora;

(6) O governo federal informa o parlamento federal anualmente sobre o emprego de meios técnicos realizados segundo a alínea 3, assim como sobre o, no âmbito de competências da federação, segundo a alínea 4 e, à medida que carente de revisão judicial, segundo a alínea 5. Um grêmio eleito pelo parlamento exerce o contole parlamentar sobre o fundamento desse relatório. Os estados garantem um controle parlamentar do mesmo valor;

(7) intervenções e limitações podem, de resto, ser feitas somente para o rechaço de perigo comum ou de um perigo de vida para pessoas particulares, com base em uma lei também para o impedimento de perigos urgentes para a segurança e ordem pública, particularmente, para a dissipação de falta de espaço, para a luta contra perigo de epidemia ou para a proteção de menor posto em perigo.

Artigo 14 [propriedade, direito de herança, desapropriação]

(1) A propriedade e o direito de herança serão garantidos. Conteúdo e barreiras serão determinados pelas leis;

(2) propriedade obriga. Seu uso deve servir simultaneamente ao bem-estar da comunidade;

(3) uma desapropriação é admissível somente para o bem-estar da comunidade. Ela deve realizar-se somente por lei ou em virtude de uma lei, que regula tipo e dimensão da indenização. A indenização deve ser determinada sob justa ponderação dos interesses da comunidade e dos

participantes. Por causa do montante da indenização está aberto em caso litigioso a via jurídica diante dos tribunais ordinários.

Artigo 16 [expatriação, extradição]

(1) A nacionalidade alemã não deve ser retirada. A perda da nacionalidade deve produzir-se somente com base em uma lei e contra a vontade do afetado somente então, quando o afetado com isso não se torna apátrida;

(2) nenhum alemão deve ser extraditado ao estrangeiro.

Obs.: essa redação do artigo 16 é a antiga.

Artigo 16a [direito de asilo]

(1) Perseguidos politicamente gozam de asilo;

(2) na alínea 1 não pode apoiar-se quem entra de um estado-membro das comunidades européias ou de um outro estado terceiro no qual está assegurada a aplicação do acordo sobre a posição jurídica dos refugiados e da convenção para a proteção dos direitos do homem e liberdades fundamentais. Os estados fora das comunidades européias, para os quais se aplicam os pressupostos da proposição 1, serão determinados por lei que carece da aprovação do conselho federal. Nos casos da proposição 1 medidas terminantes de residência podem ser efetivadas independente de um expediente jurídico promovido contra isso;

(3) por lei, que carece da aprovação do conselho federal, podem ser determinados estados, nos quais, com base na situação jurídica, na aplicação do direito e nas relações políticas gerais, parece garantido que lá não tem lugar nem perseguição política nem apenação ou tratamento desumano ou envilecedor. É presumido que um estrangeiro de um tal estado não é perseguido, enquanto ele não expõe fatos que fundamentam a suposição que ele, contra essa presunção, é perseguido politicamente;

(4) a efetivação de medidas terminantes de residência será, nos casos da alínea 3 e em outros casos, que manifestamente são infundados ou valem como manifestamente infundados, pelo tribunal somente suspensa se existe dúvida séria na juridicidade da medida; a extensão do exame pode ser limitada e alegar fora do prazo ficar sem consideração;

(5) as alíneas 1 até 4 não se opõem a contratos de direito público, de estados-membros das comunidades européias uns com os outros e com estados terceiros, que, sob observância das obrigações do acordo sobre a posição jurídica dos refugiados e da convenção para a proteção dos direitos do homem e liberdades fundamentais, cuja aplicação deve estar assegurada nos estados contratantes, adotam regulações de competência para o exame de petições de asilo, inclusive o reconhecimento recíproco de decisões de asilo.

Artigo 19 [limitações de direitos fundamentais, garantia da via jurídica]

(1) À medida que, segundo esta lei fundamental, um direito fundamental pode ser limitado por lei ou com base em uma lei, a lei deve valer geral e não somente para o caso particular. Além disso, a lei deve mencionar o direito fundamental sob indicação do artigo;

(2) em nenhum caso um direito fundamental pode ser tangido em seu conteúdo essencial;

(3) os direitos fundamentais valem também para pessoas jurídicas internas, à medida que eles, segundo a sua essência, são aplicáveis a estas;

(4) se alguém é violado em seus direitos pelo poder público, então está-lhe aberta a via jurídica. À medida que uma outra competência não está fundamentada, está dada a via jurídica ordinária. Artigo 10, alínea 2, proposição 2, fica intato.

Artigo 20 [determinações dos fundamentos do estado, direito de resistência]

(1) A república federal da Alemanha é um estado federal democrático e social;

(2) todo o poder estatal provém do povo. Ele é exercido em eleições e votações e por órgãos particulares da dação de leis, do poder executivo e da jurisdição;

(3) a dação de leis está vinculada à ordem constitucional, o poder executivo e a jurisdição, à lei e ao direito;

(4) contra cada um, que empreende eliminar essa ordem, todos os alemães têm o direito à resistência, quando outras remediações não são possíveis.

Artigo 34 [responsabilidade em violação do dever do cargo]

Se alguém viola, em exercício de um cargo público a ele confiado, o dever do cargo, que cabe a ele perante um terceiro, então a responsabilidade cabe fundamentalmente ao estado ou à entidade, em cujo serviço ele está. Em dolo ou imprudência grave o regresso permanece reservado. Para a pretensão de ressarcimento de dano e para o regresso não deve ser excluída a via jurídica ordinária.

Artigo 41 [exame de eleições]

(1) O exame de eleições é matéria do parlamento federal. Ele também decide se um deputado do parlamento federal perdeu a qualidade de membro;

(2) contra a decisão do parlamento federal é admissível o recurso ao tribunal constitucional federal;

(3) os detalhes regula uma lei federal.

Artigo 44 [comissão de investigação]

(1) O parlamento federal tem o direito e, por solicitação de um quarto de seus membros, o dever de empregar uma comissão de investigação que, em negociação pública, pratica as provas necessárias. A publicidade pode ser excluída;

(2) às práticas de prova são aplicáveis conforme o sentido as prescrições sobre o processo penal. O segredo epistolar, postal e das telecomunicações permanece intato;

(3) tribunais e autoridades administrativas são obrigados ao auxílio jurídico e administrativo;

(4) as decisões das comissões de investigação estão retiradas à discussão judicial. Na apreciação e julgamento do estado de coisas, que está na base da investigação, os tribunais são livres.

Artigo 74 [objetos da dação de leis concorrente]

(1) A dação de leis concorrente estende-se às seguintes áreas:

1. o direito civil, o direito penal e a efetivação da pena, a organização dos tribunais, o procedimento judicial, a advocacia, o notariado e o assessoramento jurídico;

2. sistema do estado civil;

3. o direito de associação e de reunião;

4. o direito de residência e de estabelecimento dos estrangeiros;

4a. o direito das armas e o de matéria explosiva;

5. (anulado)

6. os assuntos dos refugiados e deportados;

7. a assistência pública;

8. (anulado)

9. os danos de guerra e a reparação de agravos

10. o abastecimento dos mutilados da guerra e viúvas e órgãos da guerra e a assistência para os antigos prisioneiros da guerra;

10a. os túmulos de guerra e túmulos de outras vítimas da guerra e vítimas de despotismo;

11. o direito da economia (minas, indústria, economia energética, artesanato, indústria e comércio, comércio, sistema bancário e de bolsas, sistema de seguros jurídico-privado;

11a. a produção e aproveitamento da energia nuclear para finalidades pacíficas, o estabelecimento e a exploração de instalações, que servem a essas finalidades, a proteção contra perigos, que nascem no tornar-se livre de energia nuclear ou por raios ionizantes, e a eliminação de matérias radioativas;

12. o direito do trabalho, inclusive da constituição da exploração, da proteção do trabalho e do proporcionamento de trabalho, assim como o seguro social, inclusive o seguro aos desempregados;

13. a regulação dos subsídios de formação e o fomento da investigação científica;

14. o direito da desapropriação, à medida que ela entra em consideração nos âmbitos materiais do artigo 73 e 74;

15. a conversão de solo, de riquezas naturais e meios de produção em propriedade coletiva ou em outras formas da economia coletiva;

16. o impedimento do abuso de posição de poder econômica;

17. o fomento da produção agrícola e silvícula, o asseguramento da alimentação, a importação e exportação de produtos agrícolas e silvículas, a pesca em alto mar e costeira e a proteção das costas;

18. o tráfego de terrenos, o direito do solo (sem o direito de contribuições de urbanização), sistema de arrendamento agrícola, sistema de habitação, sistema de colônias e do lar.

19. as medidas contra doenças de perigo comum e transferíveis em pessoas e animais, a admissão às profissões médicas e outras de cura e à atividade de curandeiro, a circulação com medicamentos, remédios e anestésicos e venenos;

19a. o asseguramento econômico dos hospitais e regulação das diárias dos hospitais;

20. a proteção na circulação com produtos alimentícios e estimulantes, objetos de demanda, alimentos para animais e sementes e enxertos agrícolas e silvículas, a proteção das plantas contra doenças e parasitas, assim como a proteção dos animais;

21. a navegação em alto mar e costeira, assim como os sinais marítimos, a navegação interior, o serviço meteorológico, as vias de águas marítimas e as vias de água interior que servem à circulação geral;

22. a circulação rodoviária, o sistema automobilístico, a construção e conservação de rodovias estaduais para a circulação à distância, assim como a cobrança e distribuição de taxas para o uso de rodovias públicas com veículos;

23. os comboios ferroviários, que não são ferrovias da federação, com exceção das ferrovias de minas;

24. a evacuação de resíduos, manutenção de limpeza do ar e a luta contra o ruído;

25. a responsabilidade do estado;

26. a fecundação artificial em pessoas, a investigação e a alteração artificial de informações genéticas, assim como a regulações para o transplante de órgãos e tecidos.

(2) Leis segundo a alínea 1, número 25 carecem da aprovação do conselho federal.

Artigo 79 [modificação da lei fundamental]

(1) A lei fundamental pode somente por uma lei ser modificada, que expressamente modifica ou complementa o texto da lei fundamental. Em contratos de direito internacional público, que têm como objeto uma regulação de paz, a preparação de uma regulação de paz ou a abolição de uma ordem jurídica de ocupação ou são determinados a servir à defesa da república federal, basta para o esclarecimento, que as determinações da lei fundamental não se opõem à conclusão e ao pôr em vigor dos contratos, um complemento do texto da lei fundamental, que se limita a esse esclarecimento;

(2) uma tal lei carece da aprovação de dois terços dos membros do parlamento federal e de dois terços dos votos do conselho federal;

(3) uma modificação desta lei fundamental, pela qual são tocados a estrutura da federação em estados, a cooperação fundamental dos estados na dação de leis ou os princípios expostos nos artigos 1 e 20, é inadmissível.

Artigo 84 [administração estadual sob inspeção federal]

(1) Se os estados executam as leis federais como assuntos próprios, então eles regulam a instalação das autoridades e do procedimento administrativo, à medida que leis federais, com aprovação do conselho federal, não determinam outra coisa;

(2) o governo federal pode, com aprovação do conselho federal, promulgar prescrições administrativas gerais;

(3) o governo federal exerce a inspeção sobre isto, que os estados executam as leis federais segundo o direito vigente. O governo federal pode, para essa finalidade, enviar encarregados para as autoridades estaduais supremas, com a sua aprovação e, caso essa aprovação seja recusada, com a aprovação do conselho federal, também para as autoridades inferiores;

(4) se defeitos, que o governo federal comprovou na execução das leis federais nos estados, não são eliminados, então decide, por solicitação do governo federal ou do estado, o conselho federal se o estado violou o direito. Contra a decisão do conselho federal pode ser recorrido ao tribunal constitucional federal;

(5) ao governo federal pode, por lei federal, que carece da aprovação do conselho federal, para a execução de leis federais, ser concedido o poder de dar, para casos particulares, instruções particulares. Elas devem, a não ser que o governo federal considere o caso como imperioso, ser dirigidas às autoridades estaduais supremas.

Artigo 85 [administração de pedido dos estados]

(1) Se os estados executam as leis federais a pedido da federação, então a instalação das autoridades permanece assunto dos estados, à medida que leis federais, com aprovação do conselho federal, não determinam outra coisa;.

(2) o governo federal pode, com aprovação do conselho federal, promulgar prescrições administrativas gerais. Ele pode regular a formação uniforme dos funcionários e empregados. Os diretores das autoridades intermediárias devem ser designados com o seu acordo;

(3) as autoridades estaduais estão subordinadas às instruções das autoridades federais supremas competentes. As instruções são, a não ser que o governo federal considere como impe-

rioso, ser dirigidas às autoridades estaduais supremas. A efetivação da instrução deve ser assegurada pelas autoridades estaduais supremas;

(4) a inspeção federal estende-se à legalidade e conformidade com a finalidade da execução. O governo federal pode, para essa finalidade, pedir relatório e apresentação dos autos e enviar encarregados para todas as autoridades.

Artigo 108 [administração financeira, jurisdição financeira]

(1) Aduana, monopólios financeiros, os impostos de consumo regulados por lei federal, inclusive o imposto sobre as transações de importação e os tributos no quadro das comunidades européias são administrados por autoridades financeiras federais. A estrutura dessas autoridades é regulada por lei federal. Os diretores das autoridades intermediárias devem ser designados em conferência com os governos estaduais;

(2) os impostos restantes são administrados por autoridades financeiras estaduais. A estrutura dessas autoridades e a formação uniforme dos funcionários podem ser regulados por lei federal com aprovação do conselho federal. Os diretores das autoridades intermediárias devem ser designados em conferência com o governo federal;

(3) se as autoridades financeiras estaduais administram impostos que afluem, completamente ou em parte, para a federação, então elas tornam-se ativas a pedido da federação. O artigo 85, alínea 3 e 4, vale com a reserva de que no lugar do governo federal põe-se o ministro federal das finanças;

(4) por lei federal, que carece da aprovação do conselho federal, pode, na administração de impostos, ser prevista uma cooperação de autoridades financeiras federais e estaduais, assim como para impostos, que caem sob a alínea 1, a administração por autoridades financeiras estaduais e, para outros impostos, a administração por autoridades financeiras federais, se e enquanto, com isso, a efetivação de leis de imposto é melhorada ou facilitada consideravelmente. Para os impostos que afluem somente para os municípios (grêmios de municípios) pode a administração, que compete às autoridades financeiras estaduais, ser transferida, pelos estados, completamente ou em parte, aos municípios (grêmios de municípios);

(5) o procedimento, a ser aplicado pelas autoridades financeiras federais, é regulado por lei federal. O procedimento, a ser aplicado pelas autoridades financeiras estaduais e, nos casos da alínea 4, proposição 2, pelos municípios (grêmios de municípios), pode ser regulado por lei federal com aprovação do conselho federal;

(6) a jurisdição financeira é regulada uniformemente por lei federal;

(7) o governo federal pode promulgar prescrições administrativas gerais, e precisamente com a aprovação do conselho federal, à medida que a administração cabe às autoridades financeiras estaduais ou municípios (grêmios de municípios).

Artigo 140 [assunção de determinações jurídico-eclesiásticas estatais da constituição de Weimar]

As determinações dos artigos 136, 137, 138, 139 e 141 da constituição alemã de 11 de agosto de 1919 são componentes desta lei fundamental.

Artigos da constituição do império de Weimar
(de 11 de agosto de 1919, RGBl. S. 1383)

Artigo 31

(2) O tribunal do exame de eleições compõe-se de membros do parlamento imperial, que os elege para o período eleitoral, e de membros do tribunal administrativo do império, que o presidente imperial designa por proposta da presidência deste tribunal.

Artigo 107

No império e nos estados devem, em conformidade com as leis, existir tribunais administrativos para a proteção do particular contra ordenações e disposições das autoridades administrativas.

Artigo 137

(3) Cada comunidade religiosa ordena e administra seus assuntos independentemente no interior das barreiras das leis vigentes para todos. Ela confere seus cargos sem cooperação do estado ou da comunidade civil.

Artigo 153

(1) A propriedade é garantida pela constituição. Seu conteúdo e suas barreiras resultam das leis;

(2) uma desapropriação pode ser feita somente para o bem-estar da comunidade e sobre fundamento legal. Ela realiza-se mediante indenização conveniente, à medida que uma lei imperial não determina outra coisa. Por causa do montante da indenização deve, em casos litigiosos, ser mantida aberta a via jurídica nos tribunais ordinários, à medida que leis imperiais não determinam outra coisa. Desapropriação pelo império perante estados, municípios e grêmios de utilidade pública pode realizar-se somente mediante indenização.

(3) propriedade obriga. Seu uso deve, simultaneamente, ser serviço para o bem-estar comum.

Artigo 166

Até o estabelecimento do tribunal administrativo do império coloca-se no seu lugar para a formação do tribunal do exame de eleições o tribunal imperial.

Parágrafo do código penal

§ 74 do código penal

Pressupostos da retirada

(1) Se uma conduta punível dolosa foi cometida, então podem objetos, que foram produzidos por ela ou foram utilizados ou eram determinados para o seu cometimento ou preparação, ser retirados.

(2) A retirada somente é admissível, quando

1. os objetos, na época da decisão, pertencem ou competem ao autor ou participante, ou

2. os objetos, segundo seu tipo e as circunstâncias, põem em perigo a comunidade ou o perigo consiste que eles servirão ao cometimento de atos antijurídicos.

(3) Sob os pressupostos da alínea 2, número 2, a retirada dos objetos também é admissível quando o autor atuou sem culpa.

(4) Se a retirada é prescrita ou admitida por uma prescrição particular além da alínea 1, então as alíneas 2 e 3 valem analogamente.

Parágrafos da lei do procedimento administrativo
(na redação de 23 de janeiro de 2003, BGBl I. S. 102)

§ 3a
Comunicação eletrônica

(1) O envio de documentos eletrônicos é admissível, à medida que o recebedor, para isso, abre um acesso.

(2) Uma forma escrita ordenada por prescrição jurídica pode, à medida que outra coisa não está determinada por prescrição jurídica, ser substituída pela forma eletrônica. Nesse caso, o documento eletrônico deve ser dotado com uma assinatura eletrônica qualificada, segundo a lei da assinatura. A assinatura com um pseudônimo, que não possibilita a identificação da pessoa do possuidor da chave da assinatura, não é admissível.

(3) Se um documento eletrônico enviado à autoridade para ela não é idôneo para o processamento, ela comunica isso, sem demora, ao enviador, com indicação das condições-quadro técnicas vigentes para ela. Se um recebedor faz valer que ele não pode processar o documento eletrônico enviado pela autoridade, ela tem de enviar isso a ele de novo em um formato eletrônico idôneo ou como escrito.

Parte III

Ato administrativo

Título 1

Realização do ato administrativo

§ 35
Conceito de ato administrativo

Ato administrativo é cada disposição, decisão ou outra medida soberana que uma autoridade toma para a regulação de um caso particular na área do direito público e que está dirigida ao efeito jurídico imediato para fora. Disposição geral é um ato administrativo dirigido a um círculo de pessoas, determinado ou determinável segundo características gerais, ou que concerne à qualidade jurídico-pública de uma coisa ou ao seu uso pela comunidade.

§ 36
Determinação acessória para o ato administrativo

(1) Um ato administrativo, ao qual existe uma pretensão, somente pode ser dotado com uma determinação acessória quando ela é admitida por prescrição jurídica ou quando ela deve assegurar que os pressupostos legais do ato administrativo serão cumpridos.

(2) Sem prejuízo da alínea 1, pode um ato administrativo, segundo poder discricionário conforme o seu dever, ser promulgado com

1. uma determinação, segundo a qual uma vantagem ou agravamento inicia, termina em uma data determinada ou vale para um espaço de tempo determinado (aprazamento);

2. uma determinação, segundo a qual a produção ou o desaparecimento de uma vantagem ou de um agravamento depende da produção incerta de um acontecimento futuro (condição);

3. uma reserva de revogação

ou ser unido com

4. uma determinação, pela qual ao beneficiado é prescrita uma ação, tolerância ou omissão (obrigação);

5. uma reserva do estabelecimento, modificação ou complemento posterior de uma obrigação.

(3) Uma determinação acessória não pode ser contrária à finalidade do ato administrativo.

§ 37

Precisão e forma do ato administrativo

(1) Um ato administrativo deve ser determinado suficientemente quanto ao conteúdo.

(2) Um ato administrativo pode ser promulgado por escrito, eletronicamente, oralmente ou em outro modo. Um ato administrativo oral deve ser certificado por escrito ou eletronicamente quando existe, nisso, um interesse autorizado e o afetado pede, sem demora, isso. Um ato administrativo eletrônico deve, sob os mesmos pressupostos, ser certificado por escrito; o § 3a, alínea 2, não encontra, sob esse aspecto, aplicação.

(3) Um ato administrativo escrito ou eletrônico deve deixar reconhecer a autoridade promulgadora e conter a assinatura ou a reprodução do nome do diretor da autoridade ou seu encarregado. Se para um ato administrativo, para o qual, por prescrição jurídica, é ordenada a forma escrita, é empregada a forma eletrônica, também deve o certificado, que está na base da assinatura, ou um certificado de atributo qualificado correspondente deixar reconhecer a autoridade promulgadora.

(4) Para um ato administrativo, pode para a assinatura, necessária segundo o § 3a, alínea 2, por prescrição jurídica, ser prescrita a revisibilidade duradoura.

(5) Em um ato administrativo escrito, que é promulgado com auxílio de instalações automáticas, podem, desviador da alínea 3, faltar assinatura e reprodução do nome. Para o sumário, podem ser empregados sinais-chave se aquele, para qual o ato administrativo é determinado, ou que por ele será afetado pode, com base nos esclarecimentos para isso dados, reconhecer inequivocamente o conteúdo do ato administrativo.

§ 38

Garantia

(1) Uma promessa, dada pelas autoridades competentes, de promulgar ou omitir (garantia) posteriormente um ato administrativo determinado, carece, para a sua eficácia, da forma escrita. Se antes da promulgação do ato administrativo garantido é necessária a audiência de participantes ou a cooperação de uma outra autoridade ou de uma comissão com base em uma prescrição jurídica, então a garantia somente pode ser dada depois da audiência dos participantes ou depois da cooperação dessas autoridades ou da comissão.

(2) À ineficácia da garantia são, sem prejuízo da alínea 1, o § 44, ao saneamento de defeitos na audiência de participantes e na cooperação de outras autoridades ou comissões, o § 45, alínea 1, número 3 até 5, assim como alínea 2, à retratação, o § 48, à revogação, sem prejuízo da alínea 3, o § 49, aplicados correspondentemente.

(3) Se após a emissão da garantia a situação fática ou jurídica modifica-se de tal maneira que a autoridade, no conhecimento da modificação produzida posteriormente, não teria dado a garantia ou, por fundamentos jurídicos, não deveria ter dado, a autoridade não mais está vinculada à garantia.

§ 39
Fundamentação do ato administrativo

(1) Um ato administrativo escrito ou eletrônico, assim como um certificado por escrito ou eletronicamente deve ser dotado com uma fundamentação. Na fundamentação devem ser comunicados os fundamentos fáticos e jurídicos essenciais que moveram a autoridade para a sua decisão. A fundamentação de decisões discricionárias também deve deixar reconhecer os pontos de vista dos quais partiu a autoridade no exercício do seu poder discricionário.

(2) De uma fundamentação não carece

1. à medida que a autoridade corresponde a uma solicitação ou segue uma declaração e o ato administrativo não intervém em direitos de um outro;

2. à medida que àquele, para o qual o ato administrativo está determinado, ou ao qual por ele será afetado é conhecida a concepção da autoridade sobre a situação fática ou jurídica ou também sem fundamentação para ele, sem mais, reconhecível;

3. se a autoridade promulga atos administrativos da mesma classe em número maior ou atos administrativos com auxílio de instalações automáticas e a fundamentação, segundo as circunstâncias do caso particular, não é ordenada;

4. quando isso resulta de uma prescrição jurídica;

5. quando uma disposição geral é dada a conhecer publicamente.

§ 40
Poder discricionário

Se a autoridade está autorizada a atuar segundo o seu poder discricionário, ela tem de exercer o seu poder discricionário em conformidade com a finalidade da autorização e observar os limites legais do poder discricionário.

§ 41
Dação de conhecimento do ato administrativo

(1) Um ato administrativo deve ser dado a conhecer àquele participante para o qual ele está determinado ou que por ele será afetado. Se um procurador está designado, então pode a dação de conhecimento perante ele ser feita.

(2) Um ato administrativo escrito vale, no envio pelo correio no interior do país, no terceiro dia após o envio ao correio, um ato administrativo, que é comunicado eletronicamente, no terceiro dia após o envio como dado a conhecer. Isso não vale, quando o ato administrativo não foi enviado ou em uma data posterior; na dúvida, a autoridade tem de provar a chegada do ato administrativo e a data da chegada.

(3) Um ato administrativo pode ser dado a conhecer publicamente quando isso é admitido por prescrição jurídica. Uma disposição geral pode, também então, ser dada a conhecer publicamente, quando uma dação de conhecimento aos participantes é inoportuna.

(4) A dação de conhecimento pública de um ato administrativo escrito ou eletrônico é efetuada pelo fato de sua parte ordenadora ser dada a conhecer segundo o costume do lugar. Na dação de conhecimento segundo o costume do lugar deve ser indicado onde o ato administrativo e sua fundamentação podem ser vistos. O ato administrativo vale como dado a conhecer duas semanas após a dação de conhecimento segundo o costume do lugar. Em uma disposição geral pode ser determinado um dia disso desviador, contudo, não antes do dia seguinte ao da dação de conhecimento.

(5) Prescrições sobre a dação de conhecimento de um ato administrativo por meio de notificação permanecem intatas.

§ 42
Incorreções notórias no ato administrativo

A autoridade pode, a qualquer hora, corrigir vícios de escrita, vícios de cálculo e incorreções notórias semelhantes em um ato administrativo. Em interesse autorizado do participante deve ser corrigido. A autoridade está autorizada a pedir a apresentação do documento que deve ser corrigido.

Título 2
Força de existência do ato administrativo

§ 43
Eficácia do ato administrativo

(1) Um ato administrativo torna-se, perante aquele, para o qual ele é determinado, ou o qual por ele será afetado, eficaz na data na qual ele é-lhe dado a conhecer. O ato administrativo torna-se eficaz com o conteúdo com o qual ele é dado a conhecer.

(2) Um ato administrativo permanece eficaz enquanto e à medida que ele não é retratado, revogado, anulado de outro modo ou resolvido por decurso de tempo ou de outro modo.

(3) Um ato administrativo nulo é ineficaz.

§ 44
Nulidade do ato administrativo

(1) Um ato administrativo é nulo à medida que ele padece de um vício particularmente grave e isso, em apreciação sensata de todas as circunstâncias que entram em consideração, é manifesto.

(2) Sem consideração ao existir dos pressupostos da alínea 1, é nulo um ato administrativo

1. que foi promulgado por escrito ou eletronicamente, a autoridade promulgadora, porém, não deixa reconhecer;

2. que, segundo uma prescrição jurídica, somente pela entrega de um documento pode ser promulgado, porém, não satisfaz essa forma;

3. que uma autoridade, fora de sua competência, fundamentada pelo § 3, alínea 1, número 1, promulgou, sem, para isso, estar autorizada;

4. que, por fundamentos fáticos, ninguém pode executar;

5. que pede o cometimento de um ato antijurídico, que realiza um tipo penal ou da multa;

6. que infringe os bons costumes.

(3) Um ato administrativo não já por isso é nulo, porque

1. prescrições sobre a competência local não foram observadas, a não ser que exista um caso da alínea 2, número 3;

2. uma pessoa, excluída segundo o § 20, alínea 1, proposição 1, número 2 até 6, cooperou;

3. uma comissão, chamada por prescrição jurídica para a cooperação, não formulou a resolução, prescrita para a promulgação do ato administrativo, ou não tinha quorum;

4. a cooperação, segundo uma prescrição jurídica necessária, de uma outra autoridade não se realizou.

(4) Se a nulidade afeta somente uma parte do ato administrativo, então ele é nulo em conjunto quando a parte nula é tão essencial que a autoridade não teria promulgado o ato administrativo sem a parte nula.

(5) A autoridade pode determinar a nulidade, a qualquer hora, de ofício; por solicitação, ela deve ser determinada quando o solicitador, nisso, tem um interesse autorizado.

§ 45

Saneamento de vícios de procedimento e de forma

(1) Uma violação de prescrições de procedimento ou de forma, que não torna nulo o ato administrativo segundo o § 44, é não-observável quando

1. a solicitação, para a promulgação do ato administrativo necessária, posteriormente foi apresentada;

2. a fundamentação necessária posteriormente é dada;

3. a audiência necessária de um participante é reparada;

4. a resolução de uma comissão, cuja cooperação para a promulgação do ato administrativo é necessária, posteriormente é formulada;

5. a cooperação necessária de uma outra autoridade é reparada.

(2) Atuações segundo a alínea 1, podem, até a conclusão da última instância de fato de um procedimento judicial-administrativo, ser reparadas.

(3) Se falta a um ato administrativo a fundamentação necessária ou se a audiência necessária de um participante antes da promulgação do ato administrativo não se realizou e se, com isso, foi perdida a impugnação em tempo oportuno do ato administrativo, então vale a perda do prazo do expediente jurídico como não-culpada. O acontecimento, determinante para o prazo de restabelecimento segundo o § 32, alínea 2, produz-se na data da reparação da atuação procedimental omitida.

§ 46

Conseqüências de vícios de procedimento e de forma

A anulação de um ato administrativo, que não é nulo segundo o § 44, não pode ser requerido somente porque ele realizou-se sob violação de prescrições sobre o procedimento, a forma ou a competência local quando é manifesto que a violação não influenciou a decisão sobre o fundo do assunto.

§ 47

Reinterpretação de um ato administrativo vicioso

(1) Um ato administrativo vicioso pode ser reinterpretado em um outro ato administrativo, quando ele é dirigido ao mesmo objetivo, poderia ter sido promulgado juridicamente pela autoridade promulgadora no modo do procedimento e forma ocorrido e quando os pressupostos para a sua promulgação são cumpridos.

(2) A alínea 1 não vale, quando o ato administrativo, no qual o ato administrativo vicioso deveria ser reinterpretado, contradissesse a intenção reconhecível da autoridade promulgadora ou suas conseqüências jurídicas fossem mais desfavoráveis para o afetado que as do ato administrativo vicioso. Uma reinterpretação é, ademais, inadmissível, quando o ato administrativo vicioso não pudesse ser retratado.

(3) Uma decisão, que somente pode ser pronunciada como decisão vinculada legalmente, não pode ser reinterpretada em uma decisão discricionária.

(4) O § 28 deve ser aplicado em conformidade.

§ 48

Retratação de um ato administrativo antijurídico

(1) Um ato administrativo antijurídico pode, também depois que ele tornou-se inimpugnável, ser retratado, completamente ou em parte, com efeito para o futuro ou para o passado. Um ato administrativo que fundamentou ou certificou um direito ou uma vantagem juridicamente considerável (ato administrativo beneficente) pode ser retratado somente sob as limitações das alíneas 2 até 4.

(2) Um ato administrativo antijurídico que concede uma prestação pecuniária única ou corrente ou prestação material divisível ou para isso é pressuposto, não pode ser retratado à medida que o beneficiado confiou na existência do ato administrativo e sua confiança, sob ponderação com o interesse público em uma retratação, é digna de proteção. A confiança é, em regra, digna de proteção, quando o beneficiado consumiu prestações concedidas ou fez uma disposição patrimonial que ele não mais pode desfazer ou somente sob desvantagens não-exigíveis. Em confiança, o beneficiado não se pode apoiar, quando ele

1. obteve o ato administrativo por engano doloso, ameaça ou corrupção;

2. obteve o ato administrativo por dados que em conexão essencial eram incorretos ou incompletos;

3. conhecia a antijuridicidade do ato administrativo ou por causa de imprudência grave não conhecia.

Nos casos da proposição 3, o ato administrativo é, em regra, retratatado com efeito para o passado.

(3) Se um ato administrativo antijurídico, que não cai sob a alínea 2, é retratado, então a autoridade deve compensar o afetado, por solicitação, da desvantagem patrimonial, que ele sofre pelo fato de ele ter confiado na existência do ato administrativo, à medida que sua confiança, sob ponderação com o interesse público, é digna de proteção. Alínea 2, proposição 3, deve ser aplicada. A desvantagem patrimonial, contudo, não deve ser substituída além da quantia do interesse que o afetado tem na existência do ato administrativo. A desvantagem patrimonial a ser compensada será fixada pela autoridade. A pretensão pode ser feita valer somente dentro de um ano; o prazo inicia assim que a autoridade chamou a atenção do afetado sobre ele.

(4) Se a autoridade ganha conhecimento de fatos que justificam a retratação de um ato administrativo antijurídico, então a retratação é admissível somente dentro de um ano desde a data do conhecimento. Isso não vale no caso da alínea 2, proposição 3, número 1.

(5) Sobre a retratação decide, após a inimpugnabilidade do ato administrativo, a autoridade competente segundo o § 3; isso vale também então, quando o ato administrativo a ser retratado foi promulgado por uma outra autoridade.

§ 49
Revogação de um ato administrativo jurídico

(1) Um ato administrativo jurídico não-beneficente pode, também depois que ele tornou-se inimpugnável, ser revogado, completamente ou em parte, com efeito para o futuro, a não ser que um ato administrativo de conteúdo igual devesse ser promulgado de novo ou por outros fundamentos uma revogação é inadmissível.

(2) Um ato administrativo jurídico beneficente pode, também depois que ele tornou-se inimpugnável, completamente ou em parte, com efeito para o futuro, somente ser revogado,

1. quando a revogação é admitida por prescrição jurídica ou reservada no ato administrativo;

2. quando com o ato administrativo está unida uma obrigação e o beneficiado não cumpriu essa ou não dentro de um prazo para ele fixado;

3. quando a autoridade, com base em fatos posteriormente produzidos, estivesse autorizada a não promulgar o ato administrativo e quando, sem a revogação, o interesse público iria ser posto em perigo;

4. quando a autoridade, com base em uma prescrição jurídica modificada, estivesse autorizada a não promulgar o ato administrativo, à medida que o beneficiado ainda não fez uso da vantagem ou com base no ato administrativo ainda não recebeu prestações e quando, sem a revogação, o interesse público iria ser posto em perigo;

5. para impedir ou eliminar graves desvantagens para o bem-estar da comunidade.

O § 48, alínea 4, vale em conformidade.

(3) Um ato administrativo jurídico que concede uma prestação pecuniária única ou corrente ou prestação material divisível para o cumprimento de uma finalidade determinada ou para isso é pressuposto, pode, também depois que ele tornou-se inimpugnável, completamente ou em parte, também com efeito para o passado, ser revogado,

1. quando a prestação não, não em seguida após a produção ou não mais é empregada para a finalidade determinada no ato administrativo;

2. quando com o ato administrativo está unida uma obrigação e o beneficiado não cumpriu essa ou não dentro de um prazo para ele fixado.

O § 48, alínea 4, vale em conformidade.

(4) O ato administrativo revogado torna-se ineficaz com a entrada em vigor da revogação, se a autoridade não determina outra data.

(5) Sobre a revogação decide, após a inimpugnabilidade do ato administrativo, a autoridade competente segundo o § 3; isso também vale então, quando o ato administrativo a ser revogado foi promulgado por uma outra autoridade.

(6) Se um ato administrativo beneficente é revogado nos casos da alínea 2, número 3 até 5, então a autoridade tem de indenizar o afetado, por solicitação, pela desvantagem patrimonial, que ele sofre pelo fato de ele ter confiado na existência do ato administrativo, à medida que sua confiança é digna de proteção. O § 48, alínea 3, proposição 3 até 5, vale em conformidade. Para litígios sobre a indenização está dada a via jurídica ordinária.

§ 49a

Reembolso, pagamento de juros

(1) À medida que um ato administrativo, com efeito para o passado, foi retratado ou revogado ou, por causa da produção de uma condição dissolvente, tornou-se ineficaz, devem ser reembolsadas prestações já poduzidas. A prestação a ser reembolsada deve ser fixada por ato administrativo escrito.

(2) Para a extensão do reembolso, com exceção do pagamento de juros, valem as prescrições do código civil sobre a devolução de um enriquecimento injustificado em conformidade. No desaparecimento do enriquecimento o beneficiado não pode apoiar-se, à medida que ele conhecia as circunstâncias ou, por causa de imprudência grave, não conhecia, que levaram à retratação, à revogação ou à ineficácia do ato administrativo.

(3) À quantia a ser reembolsada deve, a partir da produção da ineficácia do ato administrativo, ser pago juros anualmente com cinco pontos percentuais sobre a taxa de juros básica. Com o fazer valer da pretensão de juros pode, especialmente então, ser prescindido, quando o beneficiado não tem de sustentar as circunstâncias que levaram à retratação, à revogação ou à ineficácia do ato administrativo e presta a quantia a ser reembolsada dentro do prazo fixado pela autoridade.

(4) Se uma prestação não é empregada em seguida após o pagamento para a finalidade determinada, então podem, para o tempo até o emprego correspondente à finalidade, ser pedidos juros segundo a alínea 3, proposição 1. Análogo vale, à medida que uma prestação é utilizada, embora outros meios devam ser empregados proporcional ou preferencialmente. O § 49, alínea 3, número 1, permanece intato.

§ 50

Retratação e revogação no procedimento de expedientes jurídicos

O § 48, alínea 1, proposição 2, e alínea 2 até 4, assim como o § 49, alínea 2 até 4 e 6, não valem quando um ato administrativo beneficente, que foi impugnado por um terceiro, durante o procedimento preparatório ou durante o procedimento judicial-administrativo, é anulado, à medida que, com isso, a oposição ou a demanda é remediada.

§ 51

Revisão do procedimento

(1) A autoridade tem de, por solicitação do afetado, decidir sobre a anulação ou modificação de um ato administrativo inimpugnável, quando

1. a situação fática ou jurídica, que está na base do ato administrativo, posteriormente, modificou-se em favor do afetado;

2. novos meios de prova existem, que teriam produzido ao afetado uma decisão mais favorável;

3. fundamentos de revisão, em conformidade com o § 580, do código de processo civil, estão dados.

(2) A solicitação somente é admissível quando o beneficiado, sem culpa grave, foi incapaz de fazer valer o fundamento para a revisão no procedimento mais antigo, especialmente, por expediente jurídico.

(3) A solicitação deve ser apresentada dentro de três meses. O prazo inicia com o dia no qual o afetado recebeu conhecimento do fundamento para a revisão.

(4) Sobre a solicitação decide a autoridade competente segundo o § 3; isso também vale então, quando o ato administrativo, cuja anulação ou modificação é pedida, foi promulgado por uma outra autoridade.

(5) As prescrições do § 48, alínea 1, proposição 1, e do § 49, alínea 1, permanecem intatas.

§ 52
Devolução de documentos e coisas

Se um ato administrativo está revogado ou retratado inimpugnavelmente ou se sua eficácia, por um outro fundamento, não ou não mais está dada, então pode a autoridade pedir a devolução dos documentos e coisas, dados com base nesse ato administrativo, que são determinados para a prova dos direitos do ato administrativo ou para o seu exercício. O proprietário e, à medida que ele não é o possuidor, também o possuidor desses documentos ou coisas são obrigados à sua devolução. O proprietário ou possuidor pode, contudo, pedir que a ele os documentos ou coisas, outra vez, sejam entregues depois que eles, pela autoridade, são caracterizados como inválidos; isso não vale em coisas, nas quais uma tal caracterização não é possível ou não com a manifestação ou durabilidade necessária.

Documentações de impressão

1. *Idéia e realidade dos direitos fundamentais.* Publicado na Juristen Zeitung, 14/1999, S. 689 ff. (Sonderdruck). Título no original: Idee und Wirklichkeit der Grundrechte.
2. *Conceito de desapropriação e garantia da propriedade.* Publicado na Festschrift für Günter Dürig zum 70. Geburtstag. Herausgegeben von Hartmut Maurer. München: Verlag C. H. Beck, 1990, S. 293 ff. Título no original: Enteignungsbegriff und Eigentumsgarantie.
3. *Garantia de continuidade e proteção à confiança.* Publicado em Kirchhof, Paul/Isensee, Josef (Hg.). Handbuch des Staatsrechts. 3 Aufl., Band IV (Aufgaben des Staates). Heidelberg: C. F. Müller Verlag, 2006, S. 395 ff. Título no original: Kontinuitätsgewähr und Vertrauensschutz. Primeira edição: 1992.
4. *O órgão constitucional federativo na comparação européia.* Publicado em Verfassung im Diskurs der Welt. Liber Amicorum für Peter Häberle zum siebzigsten Geburtstag. Herausgegeben von Alexander Blankenagel, Ingolf Pernice und Helmut Schulze-Fielitz. Tübingen: Mohr Siebeck, 2004, S. 551 ff. Título no original: Das föderative Verfassungsorgan im europäischen Vergleich.
5. *Direito processual estatal jurídico.* Publicado na Festschrift 50 Jahre Bundesverfassungsgericht. Bd. 2. hrsg. von Peter Badura und Horst Dreier. Tübingen: Mohr Siebeck, 2001, S. 467 ff. Título no original: Rechtsstaatliches Prozessrecht.
6. *Jurisdição constitucional.* Publicado em Maurer, Hartmut. Staatsrecht I, 4. Aufl., München: Verlag C. H. Beck, 2005, S. 663 ff. Título no original: Verfassungsgerichsbarkeit.
7. *A revisão jurídico-constitucional das leis pelo tribunal constitucional federal.* Publicado em Fundamentos do estado de direito. Estudos em homenagem ao professor Almiro do Couto e Silva. (Org. Humberto Ávila.) São Paulo: Malheiros editores, 2005, página 169 e seguintes. Tradução: Luís Afonso Heck. Título no original: Die verfassungsrechtliche Überprüfung der Gesetze durch das Bundesverfassungsgericht.

Impressão:
Evangraf
Rua Waldomiro Schapke, 77 - P. Alegre, RS
Fone: (51) 3336.2466 - Fax: (51) 3336.0422
E-mail: evangraf.adm@terra.com.br